DROEMER

CHARLOTTE VON FEYERABEND

SEID NETT AUFEINANDER

ROMAN NACH DEM ABENTEUERLICHEN LEBEN DER *BEATE UHSE*

DROEMER

Dieser Roman beruht auf der Lebensgeschichte von Beate Uhse, bleibt aber ein fiktives Werk. Die Autorin ist beim Schreiben so nah an den historischen Personen und Ereignissen geblieben wie möglich. Dennoch sind ihre Beschreibungen ebenso wie das Handlungsgeflecht, das sie bilden, und die Ereignisse und Situationen, die sich dabei ergeben, fiktiv.

Besuchen Sie uns im Internet:
www.droemer-knaur.de

MIX
Papier | Fördert gute Waldnutzung
FSC® C014496

Originalausgabe Juni 2024

Redaktion: Clarissa Czöppan
Covergestaltung: © SO YEAH DESIGN, Gabi Braun
Coverabbildung: © Malte Mueller / fStop / Getty Images und Peter Palm / akg-images
Satz und Layout: Adobe InDesign im Verlag
Druck und Bindung: GGP Media GmbH, Pößneck
ISBN 978-3-426-44751-2

2 4 5 3 1

Gode Dag,

willkommen, liebe Leserin und lieber Leser, vielen Dank, dass mein historischer Roman den Weg zu dir gefunden hat! Enthalten ist neben sorgfältiger Recherche auch einiges an Herzblut. Dabei bin ich beim Schreiben so nah an der Realität geblieben, wie es mir möglich war, doch sind die Handlungen, Gespräche und Zusammentreffen natürlich frei erfunden.

Im Glossar findest du die Übersetzungen der ostpreußischen Begriffe. Weiterführende Informationen stehen in den Endnoten und auf meiner Homepage: https://vonfeyerabend.de/

Ich verbleibe mit den besten Grüßen und wünsche viel Spaß beim Lesen!

Deine Charly von Feyerabend

Freiheit und Selbstbestimmung sind die wichtigsten Güter, die sich die Menschen, insbesondere die Frauen, erst mühsam erkämpft haben. Mögen wir sie bewahren und dafür wieder anfangen aufzustehen!

Für meine Kinder und all die anderen mutigen
und starken Menschen da draußen!

»Der kostbarste Besitz der Frau ist die Phantasie des Mannes.«

Beate Uhse

START FREI

21. APRIL 1945[1]

BERLIN, FLUGPLATZ GATOW

Selbst der Himmel hatte die Farbe von Blut angenommen. Hellrote Schlieren glitten ins Lilafarbene und rissen die Sonne mit sich in die aufkommende Dunkelheit.

Blut tränkte die Erde zwischen den Kleinflugzeugen, glitzerte in den Cockpitscheiben. Unter die Gewehrschüsse mischte sich ein Donnern. Panzerfäuste. Noch klangen sie entfernt. Dreißig bis fünfzig Meter war ihre Reichweite, die Russen näherten sich dem Flughafen Gatow.

Hektisch blickte Beate sich um. Sie stand inmitten fluguntauglicher Maschinen. Kaputte Motoren, zerschossene Tragflächen, fehlende Ruder und eingeknickte Fahrwerke. Unfähig zu fliegen, zum Sterben zurückgelassen.

Sie riss ihren Kopf in den Nacken, schaute kurz dem letzten flugtüchtigen Flugzeug, einer dreimotorigen Junkers Ju 52, hinterher, das vollgestopft mit Wehrmachtshelfern und Verletzten gen Norden jagte. Anstelle von fünfzehn Menschen als Maximalfracht barg sie achtzehn. Braver, zäher Flieger. Rotes Licht leckte kurz über seine silbernen Wellblechflügel, dann verschwand er im Tiefflug. Von der Schwärze verschluckt.

Panik stieg in ihr auf. Sie hatte das Kindermädchen mitsamt ihrem Sohn Klaus in den Luftschutzkeller hier auf dem Gelände geschickt. Sie brauchte eine Lösung, einen Plan. Sofort. Übelkeit schlich sich in ihren Bauch, kroch die Kehle hinauf.

»Es muss doch eine Maschine geben! Muss!« Beate stieß die Worte aus wie Pressluft. Sie stürmte die Reihen entlang, als wäre der Leibhaftige hinter ihr her. Atmen, sagte sie sich, so wie sie es als Jugendliche in der eiskalten Nordsee gelernt hatte. Langsames Einatmen. Langes Ausatmen. Sie bückte sich, um ein Loch in einem Flugzeugbauch zu begutachten. Unmöglich. Als sie sich wieder aufrichtete und umdrehte, rannte sie in eine dunkle Gestalt.

»Jesus. Maria. Gottverdammter Bastard, kannst du nicht aufpassen, du Affenarsch?« Die Gesichtszüge des Mannes lagen im Dunkeln, aber so fluchte nur einer auf der ganzen Welt.

Beate fasste ihn am Arm. »Hans. Hans, ich bin es. Maxe.«

Von den Fliegerkollegen wurde Beate nur mit Maxe angesprochen. Das kam davon, wenn man eine von wenigen Pilotinnen war und besser fliegen konnte als so mancher Mann.

»Wo ist unsere Staffel?«, fragte Beate. »Was ist passiert?« Sie selbst hatte sich von ihnen getrennt, um ihren Sohn und das Kindermädchen von zu Hause zu holen.

»Die Schweine haben mich sitzen lassen. Ich war ein paar Minuten zu spät. Solche Schweine!« Hans Vedder war der Bordmonteur der zweiten Staffel. Ein ölverschmierter Mann mit Händen wie Pranken. »Komm mit«, fuhr er fort. »Es soll hier noch eine Siebel 104 geben.«

Hans preschte weiter und kam vor einem Hangar, der etwas abseits lag, wieder zum Stehen. Eine aufrecht gereckte Flugzeugnase begrüßte sie mit einem Propeller, an dem ein Schild hing. *Unklar* stand hastig hingekritzelt darauf.

Beide schauten sich an. Zuckten zusammen, als eine Gewehrsalve im Wald neben ihnen erklang.

»Bekomm sie hin! Ich besorg Benzin!« Beate wusste, was zu

tun war. Es gab noch weitere Verletzte, die beim Kampfkommandanten waren. Die Siebel Fh 104 war zwar nur für vier Passagiere ausgelegt, aber ein Maximalgewicht konnte man auch etwas dehnen. Musste!

Ein paar Stunden später riss sie das Flughandbuch aus der Klappe im Flieger. Es war das erste Mal, dass sie eine Siebel fliegen würde. Was hatte ihr Vater damals in Ostpreußen über die Himmelsfarben gesagt? Abendrot – gut Wetter – Brot. Immerhin hätten sie am Morgen gutes Flugwetter. Verbissen lief sie die Startbahn ab. Sobald Hans mit dem Check fertig war, musste es schnell gehen. Die Startbahn hatte einige Beschädigungen abbekommen. Löcher klafften wie Wunden in der asphaltierten Bahn. Wenn sie da hängen blieb, wäre es eine sehr kurze Flucht.

Wieder ein paar Stunden später wich das Himmelsschwarz einem dunklen Blau. Der Sonnenaufgang war zu erahnen. Das Donnern der Panzerfäuste kam bedrohlich nah.

»Hans!« Beates Stimme klang schrill. Sie durften den Russen nicht in die Hände fallen, das hier war ihre letzte Chance. Ihr Blick fiel auf das kleine Kind, das sich ängstlich im Arm der Kinderfrau Hanna barg. Es war ihr Erstgeborener. Gezeugt während des Kriegs, nachdem sie aufgegeben hatten, auf das Ende der Kämpfe zu warten. Es hätte die Krönung ihrer Liebe sein sollen, doch hatte der Krieg sie bereits zur Witwe gemacht.

»Jetzt!« Hans wischte sich seine Hände an der Hose ab, nickte. Es war fünf Minuten vor sechs. Nach einem anfänglichen Tuckern schnurrte der Motor wie ein Kätzchen. Beate ließ die Luft zwischen ihren zusammengepressten Lippen ausströmen. Hinten saßen zusammengepfercht wie Schlachtvieh auf engstem Raum zwei deutsche Soldaten, auf deren verschmutzten Verbänden sich rote Flecken ausbreiteten. Sie mussten dringend zu einem Arzt, sonst wäre der Russe auch bald egal. Rot, so viel Rot überall. Daneben Hanna, zitternd und leise wimmernd. Neben Beate saß Hans, auf dessen Schoß der kleine Klaus, mit großen, angsterfüllten Augen.

Adrenalin durchströmte Beates Körper, ihre Sinne schienen zu prickeln, sich aufzuladen. Sie startete die beiden Motoren schnell nacheinander, prüfte kurz den Öldruck und erhöhte zügig die Drehzahl, um die Motoren auf Betriebstemperatur zu bringen. Kurz die Zündung und die Verstellpropeller prüfen, diese in Startstellung bringen. Handgriffe, die sie gefühlt bereits tausendmal ausgeführt hatte. Jetzt funktionierte sie, wusste, was sie machen musste, jetzt hatte sie wieder das Gefühl, die Situation zu kontrollieren. Ausgeblendet waren die Gefahr, die Schüsse, die rennenden Gestalten, die nur noch wenige Schritte entfernt zu sein schienen, das Schreien ihres Kindes, das Schluchzen der Kinderfrau, das unterdrückte Stöhnen der Soldaten. Jetzt war sie ganz bei sich. Doch die Maschine war überladen. Wollte nicht abheben. Geschickt rollte Beate an einem breiten Riss vorbei, der nächste kam in zehn Schritt auf der linken Seite. Sie hielt die Radbremsen für einen Moment fest, während sie an beiden Triebwerken maximale Leistung setzte. Nach dem Lösen der Bremsen beschleunigte die Maschine dadurch schneller. Sie musste den Flieger noch etwas länger am Boden rollen lassen, um dann mit etwas Fahrtreserve vorsichtig im flachen Winkel abheben zu können. Nur noch ein Stück weiterrollen.

Sie spürte, wie der Flieger in einem höheren Ton antwortete, fühlte, wie er vibrierte, er wollte in die Luft, er wollte, genauso wie sie, in sein natürliches Habitat. Die Schwingen ausbreiten, sich tragen lassen, alles unter sich lassen. Einfach weg.

Und die Maschine fügte sich, verschmolz mit ihr zu einem einzigen Körper, wurde zu einer äußeren Schutzhülle. Fünfzehn Schritte bis zum nächsten Schlagloch, die Siebel zog nach oben, zäh und langsam. Sie kämpfte mit dem Gewicht, gab dem Ziehen nach hinten nicht nach, drängte weiter.

Aus dem Wald preschten Gestalten heran. Drei, fünf, zehn.

Gewehre wurden auf sie gerichtet. Sie gewannen an Höhe, waren fast über den Baumkronen, als die ersten Kugeln einschlugen. Klaus' helles Schluchzen vermischte sich mit den schrillen Schreien der anderen. Doch sie hatten es geschafft. Sie waren über dem Wald. Beate zog die Nase der kleinen Maschine tief, küsste fast die Wipfel der Bäume. Du schaffst das, sagte eine Stimme in ihrem Kopf, du schaffst das. Noch nie hatte eine Maschine sie im Stich gelassen. Und sie wusste, dass im Norden ihr Glück lag.

»Dass die Welt im Ganzen immer zum Besseren fortschreite, dies anzunehmen berechtiget ihn keine Theorie, aber wohl die reine praktische Vernunft, welche nach einer solchen Hypothese zu handeln dogmatisch gebietet.«

Immanuel Kant (1724–1804)

KAPITEL 1

Angezeigt

* * *

VIER JAHRE SPÄTER, JANUAR 1949

FLENSBURG, POLIZEIPRÄSIDIUM

Beates Gesicht war unter Kontrolle. Nur die kleine Falte auf der Stirn deutete darauf hin, dass sie sich konzentrierte. Ihre blonden Haare hingen ordentlich gekämmt bis über die Ohren. Die leichte Welle war ein Hinweis auf ihre Eigenwilligkeit, so hatte zumindest früher ihr Vater gescherzt.

Doch hörte sich ihre Stimme gepresst an. »Bitte, ich verstehe immer noch nicht, warum Sie mich hierherbestellt haben. Ich weiß, dass eine Anzeige vorliegt, aber die ist doch nicht tragbar.« Sie biss sich auf die Zunge. Abwarten, was ihr vorgeworfen wurde. Sich selbst keine Blöße geben. Füße stillhalten. Nur reagieren, nicht agieren.

In dem kleinen Flensburger Polizeipräsidium ging es laut

und hektisch zu. Sie saß in einem Großraumbüro an einem fahlgrauen Tisch. Ihr gegenüber ein Polizist, der mit einem Kugelschreiber auf ein Dokument pochte, als ob er es erdolchen wollte. Er ließ den Stift in der Luft verharren und näherte seine Nase dem Schriftstück, um davon abzulesen: »Es ist mehr als eine bloße Taktlosigkeit, wenn eine fremde Firma zum Zwecke des Gelderwerbs derartige Angebote in offenen, auch Jugendlichen zugänglichen Postwurfsendungen an jeden zugehen lässt.« Er machte eine Pause und sah Beate abschätzend an, als ob er auf einem Viehmarkt einem Pferd ins Maul schaute, um das richtige Alter und damit den Preis zu bestimmen. Das konnte sie nicht irritieren, wer als Flüchtling alles verloren hatte, die Heimat, Besitztümer und auch ein Stück der Seele, den ließen Meinungen anderer kalt.

Der Beamte räusperte sich. »Es geht um Ihre Broschüre, diese … diese sogenannte *Schrift X*. Sie sei kränkend, taktlos und zudem maßlos überteuert. Sie haben eine Anzeige wegen groben Unfugs, betrügerischer Absicht und Verstoßes gegen die Preisvorschriften am Hals.« Der Beamte tippte mit dem Finger auf ein Exemplar, das vor ihm lag, und unterdrückte ein Gähnen. »Neben dem Strafrechtsprofessor aus Münster, der die Anzeige erstattete, liegen uns weitere Beschwerden vor. Wie kommt es überhaupt, dass Sie als Frau mit so etwas … so etwas Geschmacklosem Ihr Geld verdienen wollen?«

Beate schaute den Polizisten aus ihren klaren, hellen blauen Augen an. Machte er sich lustig über sie, oder wollte er sie provozieren? Ein süffisantes Lächeln flackerte um seine Lippen. Aus dem Augenwinkel nahm sie wahr, dass er keinen Ehering trug. An seinem weißen Kragen prangte dazu ein Fleck, und so richtig gut rasiert war er auch nicht. Alleinstehend, nahm sie an. Nach einer kleinen Pause erwiderte sie: »Wenn Sie eine Partnerin finden, dann vermute ich, dass Sie Geschlechtsverkehr nicht nur dazu durchführen wollen, um Kinder zu zeugen, oder? Vielleicht hilft Ihnen dann genau meine *Schrift X*.

Lesen Sie ruhig mal rein.« Sie stand auf. »Wenn Sie keine weiteren Fragen haben, kann ich wohl gehen?«

Aus dem Gesicht des Polizisten war das überhebliche Schmunzeln verschwunden. Er nickte nur und rief ihr hinterher: »Ich bin mir sicher, dass wir uns wiedersehen. So Leute wie Sie, die landen hier immer wieder … immer wieder!«

Beate drehte sich nicht um. Würde sie für jeden abfälligen Blick oder jede geringschätzige Bemerkung einen Pfennig bekommen, wäre sie bereits reich. Reich sein, das musste sie nicht unbedingt, aber finanziell unabhängig. Zu wissen, wo das nächste Mahl auf dem Tisch für alle fünf Mäuler herkommen würde, das hätte sie schon gerne. Der Weg bis jetzt war steinig genug gewesen, und sie wusste, sie war gerade erst am Anfang. Da war noch eine Menge Luft!

Kurz darauf stand Beate ein Stück entfernt vom Polizeipräsidium, das mit seinem gründerzeitlichen Charme und den schnörkeligen Verzierungen an seiner Fassade aus der Zeit gefallen schien. Die hohen Räume mit dem verspielten Stuck an der Decke passten so gar nicht zu den polizeilichen Aktivitäten. Mit einem Seufzen streckte sie ihr Gesicht gen Sonne. Wie es dazu komme, dass sie damit Geld verdienen wolle, hatte er gefragt. Um das zu beantworten, müsste sie weit in die Vergangenheit reisen. Weit, weit zurück. Um exakt zu sein, bis nach Gut Wargenau in Ostpreußen, zu ihren Eltern, zu ihren beiden älteren Geschwistern, zurück zu ihrer eigenen Kindheit. Drei Dinge waren es damals gewesen, die ihr Leben in eine Richtung gelenkt hatten, die es für immer verändern sollten. Nur drei Dinge, die auf sie als Achtjährige einen immensen Einfluss haben sollten, die bis heute lichterloh in ihrem Herzen brannten und sie stark machten, der Welt ihre Stirn mitsamt Zornesfalte zu bieten. Sie war eine geborene Köstlin, Tochter eines famosen Gutsbesitzers und der dritten Frau in Deutschland, die als Ärztin praktizierte. Aber das waren nicht die drei Dinge, das kam nur noch obendrauf.

Ostpreußenlied (Erich Hannighofer)

Land der dunklen Wälder
und kristallnen Seen;
über weite Felder
lichte Wunder gehn.

Starke Bauern schreiten
hinter Pferd und Pflug;
über Ackerbreiten
streicht der Vogelzug.

Und die Meere rauschen
den Choral der Zeit;
Elche steh'n und lauschen
in die Ewigkeit.

Tag ist aufgegangen
über Haff und Moor;
Licht hat angefangen,
steigt im Ost empor.

KAPITEL 2

Wurzeln der Leichtigkeit

* * *

ZWEIUNDZWANZIG JAHRE ZUVOR, MAI 1927

GUT WARGENAU, OSTPREUSSEN

»Na, war meine Manka brav?« Margarete Köstlin-Räntsch trat vor das Gutshaus und schaute ihrer Tochter entgegen, die gemütlich auf dem Rücken eines Pferdes saß und im Schritt angeritten kam. Weit über ihr segelten Möwen hinweg, wehten mit ihren lauten, krächzenden Rufen ein Stück Meeresbrise herbei.

Mit einem breiten Lachen, das das Gesicht des Kindes komplett erhellte und die Sonne in Verlegenheit brachte, sprang das Mädchen ab. »Manka schon«, sie tätschelte die Stute am Hals. »Aber du hättest mal die Klassenkameraden erleben sollen, die waren vielleicht komisch. Als ob sie noch nie ein Pferd gesehen hätten!«

»Das wohl nicht«, antwortete die Mutter. »Du bist ja heute zum ersten Mal hoch zu Ross in die Schule gekommen … und es sind hauptsächlich Stadtkinder, die haben nicht das Glück …«

»… im Grünen unter dem weiten Blau aufzuwachsen, ja, ja. Habt ihr mir die Zeitung aufgehoben?«

»Ja, mein Schatz, wir haben sie für dich in die Küche gelegt. Aber versorge erst das Pferd, lass es auf die Weide. Manka stand lange genug vor deiner Grundschule[2] und hat auf dich gewartet. Bestimmt brauchte sie genauso viel Geduld dabei wie du heute beim Stillsitzen in der Klasse! Und denk an deine Schulaufgaben, nicht dass du sie wieder kurz vor dem Schlafen machen musst.« Damit ging Margarete Köstlin-Räntsch zurück ins Innere des Gutshauses.

»Immerhin darf sie schnauben und tänzeln, wann immer sie mag«, moserte Beate. Und dann noch Schulaufgaben! Gut, dass man die Seite aus der Fibel in Druckschrift schnell abschreiben konnte, das mit den fünf Aufgaben rechnen war etwas anderes.

Sie streichelte der Stute über die Nüstern. Warum quietschten eigentlich Mädchen ihres Alters, wenn sie ein Pferd sahen? Manchmal waren ihr die männlichen Klassenkameraden lieber, die hatten das Pferd gemustert, festgestellt, wo vorne und hinten war, es vielleicht mal kurz gestreichelt, sich über die Menge der Pferdeäpfel und deren Brennwert unterhalten und sich dann wieder anderen Dingen zugewendet. Aber die Louise, die hatte sie regelrecht unsanft von den Hufen fernhalten müssen, als ob das ein Holzschaukelpferd wäre! Ein Tritt, und es hätte sich ausgelouiset.

Beate schüttelte ihren Kopf und ging mit dem Pferd um das Gutshaus herum, vorbei an dem Eiskeller und dem Karpfenteich, zu den Stallungen und den Rossgärten direkt neben dem großen Apfelgarten. Die Stute schnaubte, und Beate wusste, dass das ein Ausdruck von Zufriedenheit war. Zufrieden darüber, wieder in vertrauter Umgebung zu sein und die Arbeit für heute beendet zu haben. Beate hatte von ihrem Vater schon eine Menge über Pferde gelernt, zum Beispiel, dass sie nicht durch den Mund atmen konnten und dass man der Pferdenase verschiedene Gefühle ansah: Gerunzelt zeigte sie Unwillen und aufgebläht Nervosität. Am besten von allen Sinnen funktionierte der Geruchssinn. Es gab sogar ein sogenanntes Superschnuppern, das Flehmen, das ein Pferd machte, indem es die Oberlippe über die Zähne hochzog. Es sah aus, als ob das

Pferd versuchte, lauthals zu lachen, aber ihr Vater hatte erklärt, dass ein Pferd auf diese Weise aus einer ganzen Geruchswolke feinste Duftnoten unterscheiden konnte, wobei die Hengste damit meist herauszufinden versuchten, ob eine der Stuten gerade rossig war.

»Gleich«, besänftigte Beate die Stute und lief weiter. Neben ihr trottete einer der Hofhunde und hechelte mit heraushängender Zunge. Ihr Zuhause war ein altes Rittergut, das lang gestreckt den Stürmen seiner Zeit trotzte. Zwei Giebel ragten hoch gen Wolken und zeigten der Umgebung, wer hier seit langer Zeit das Sagen hatte. Ihre zehn Jahre ältere Schwester bezeichnete das ganze Anwesen als scheußlich, doch hatte es Charme, auch wenn es ein ganz eigener war. Einer, der an alte Zeiten und alte Geschichten erinnerte. Die Eltern hatten es ja auch nicht der Schönheit wegen gekauft, sondern weil die fruchtbaren Böden eine reiche Ernte versprachen, und sie hatten Glück. Die achtzehnhundert Morgen Land hielten ihr Versprechen. Von verschiedenen Getreidesorten, Rüben bis zu Kartoffeln konnten sie so viel einfahren, dass sie über dreißig Pferde benötigten, um all die Gespanne bewegen zu können. Dazu noch über hundert fette Milchkühe, die so viel Geld mit ihrer Milch erwirtschafteten, dass die laufenden Kosten damit gedeckt werden konnten. Weißes Gold nannten sie sie. Obendrauf erzeugte das Milchvieh ein beruhigendes Muhen, das durch sämtliche Ritzen der Gebäude kroch und an jeder Ecke und Kurve zu hören war, auch über oder unter der Bettdecke. Wenn man Beate damals gefragt hätte, wie sich Landleben anfühlte, dann hätte sie gesagt: wie eine Mischung aus Honigkuchen und tröstendem Muhen.

Sie lief an der Wohnstube vorbei und hörte aus dem geöffneten Fenster ein lautes Knacksen, das anzeigte, dass jemand den Schallplattenspieler angestellt hatte. Ein paar flotte Klaviertakte waren zu hören, bis eine raue Stimme das R rollend sang:

»Mir hat ja die Natur verliehn
die scheensten Beene von Berlin.
Nach meine Beene is ja janz Berlin verrückt,
mit meine Beene hab ick manches Herz jeknickt.
Und zeig ick meine Beene voller Intell'jenz
dann schlag ick aus dem Feld jede Konkurrenz.«

Das konnte nur die Mutter sein, doch bevor sie mit ziemlich hoher Wahrscheinlichkeit zusammen mit dem Ehepaar Astaire Stücke aus dem Gershwin-Musical *Lady, Be Good* anstimmen konnte, war Beate um die Ecke gebogen. Ihre Mutter liebte Musik, die entweder sofort in die Beine ging, sie zum Lachen brachte oder die Büroarbeit vorantrieb.

Beate löste den Sattelgurt und ließ den Sattel geübt auf den rechten Arm rutschen, um an die schweißnasse Stelle frische Luft zu lassen. Mit einem »Bis morgen, mein kleiner Schmisser. Buttschche«, drückte sie der Stute einen Schmatzer auf die Nüstern, entließ sie auf die Weide und schaute hinterher, wie sie Bocksprünge wie eine junge Ziege vollführte. Freude pur über ihre zurückgewonnene Freiheit. So glücklich war Beate auch, wenn sie auf dem Rücken eines Pferdes in den Galopp wechselte. Das fühlte sich fast wie ein bisschen Schwerelosigkeit an. Und das Reiten lag ihr quasi im Blut. Denn bevor sie laufen konnte, hatte sie bereits sicher auf den Rücken der Pferde gesessen. So erzählte das zumindest ihr Vater, auch wenn das nicht so ganz den Tatsachen entsprach. Er übertrieb hin und wieder bei Geschichten, die er vor Bekannten und Nachbarn zum Besten gab, um sich daran zu ergötzen, wenn diese ungläubig staunten. Beate war immerhin schon drei Jahre alt gewesen, als sie in den Sattel der braven Manka gehoben worden war, und konnte natürlich bereits laufen, vorwärts und rückwärts, und besaß einen nicht zu verachtenden Sprachschatz, mit dem sie ihr Umfeld löcherte. Vor allem mit Fragen und vor allem ihre Schwester Elisabeth und ihren Bruder Ulrich, der noch mal zwei Jahre älter war als Elli, es somit auf insgesamt zwölf Jahre Altersunterschied schaffte. Beate war auch die Einzige aus der ganzen Familie, die hier auf dem Gut geboren worden war, sie war somit durch und durch ein Kind Ostpreußens.

Als sie als Kleinkind aufs Pferd gehoben wurde und ihre Mutter einwarf, dass sie das nicht so gut finde, sagte ihr Vater Otto nur: Wer mit Tieren aufwächst, der soll sich auch früh damit vertraut machen. Manka war Vaters Hochzeitsgeschenk gewesen, ein Araber-Trakehner-Schimmel. Ein wunderbar sanftes Tier, das so zärtlich gegen die Handfläche schnaubte, als ob es damit alle Sorgen der Welt wärmen könnte. Die Mutter verwies auf die Hühner und den Jagdhund Schuft, das seien Tiere genug, aber Vater bestand aufs Reiten. Er ritt täglich die Felder ab, um zu kontrollieren, ob seine Angestellten ihre Aufgaben richtig erfüllten, da wollte er seine jüngste Tochter dabeihaben. Zur Gesellschaft, und um sie mit den Pflanzen und der Erde vertraut zu machen. Ihr Vater Otto war Landwirt mit Leib und Seele, genauso wie sein Vater es gewesen war, doch hatte der älteste Bruder den elterlichen Hof in Württemberg geerbt, was auch der Grund dafür gewesen war, dass sie auf Umwegen im weit entfernten Ostpreußen gelandet waren. Vater konnte minutenlang die Erde durch seine Finger zerkrümeln. Das sei das Fundament, die Keimzelle allen Daseins. Die Hälfte davon bestand aus Luft und Wasser, und in der anderen Hälfte mit den mineralischen Anteilen tummelte sich das nackte Leben. In zwei Händen Erde befanden sich mehr Mikroorganismen, als es Menschen auf der ganzen Welt gab. Je feiner man die Erde zwischen den Fingern verreiben konnte, desto fruchtbarer war sie, dabei ging es um die Fähigkeit, Wasser zu binden. Beate liebte die kurzen Vorträge ihres Vaters. Neben seiner Naturverbundenheit und seinen Zuchtversuchen mit den verschiedensten Feldfrüchten war er auch dem Fortschritt zugeneigt und sorgte dafür, dass das Gut neben

Elektrizität, fließendem Wasser und einer Spültoilette auch ein Telefon besaß. Ein seltenes Exemplar in freier Wildbahn. Die Nachbarn hatten noch alle Kerzen und Petroleumlampen und kamen zum Telefonieren zu ihnen.

Aber runtergefallen war Beate nicht. Also von Manka. Zumindest hatte der Vater das verneint, und auch die Mutter pflegte zu sagen, dass sie ganz und gar nicht auf den Kopf gefallen sei. Dann musste das ja auch stimmen.

Beate lief an den drei Söhnen der Feldarbeiter vorbei, die sie kurz mit einem »Goden Dag!« begrüßten und fragten, ob sie Kodderball mitspielen wolle. Da sie die Tochter des Chefs war, durfte sie fast immer mitspielen, obwohl sie ein Mädchen war. Konnte sie doch Spielorte ermöglichen, die sonst verboten waren, wie in der Scheune im Stroh herumzutoben. Oder sie konnte Strafen reduzieren, wie zuletzt, als sie Lehmklumpen an die Wand des Stalls geschmissen hatten. Karl, Fritz und Ernst unterbrachen sogar ihren Streit, wer jetzt den Knüppel bekommen solle, um den aus alten Lumpen zusammengenähten Ball auf die anderen schmettern zu können. Aber Beate hatte schon was vor, sie verneinte, eilte weiter zur Küchentür und drückte die Klinke herunter. Ein erdiger Geruch kam ihr entgegen. Kartoffeln kochten in zwei riesigen Töpfen, die auf einem Herd thronten, und aus denen lustig heiße Blubberblasen über den gusseisernen Rand quollen und zeitweise den Duft von Dill, Kardamom und Kümmel verdrängten, der sich sonst dort breitmachte. Zwei Küchenmägde wuselten fleißig herum, verquirlten Mehl mit Milch und Schmand und schnitten Zwiebeln. Die Hauswirtschafterin Frau Romeike rumorte in der Speisekammer und schimpfte: »Welcher Lorbas hat seine Finger nicht von der Wurst lassen können?« Etwas rumpelte, und Beate vermutete, dass sie vom Holzfass den Deckel lüpfte, um nach dem eingesalzenen Fleisch zu schauen, aber heraus kam sie mit einem Arm voller Würste.

Beate zog aus einer der Küchenschubladen eine Schere. Da

würde es heute sehr zur Freude der Angestellten Schmandkartoffeln mit frischer Wurst geben. Wenn im Sommer alle da waren, saßen sie zu achtzehnt am Esstisch. Eine Gruppe weiterer Arbeiter hauste im kleinen Dörfchen, das sich ein paar Gehminuten entfernt befand, und kochte ihre eigenen Speisen.

Beate rückte am Tisch einen Stuhl zurecht und breitete die Zeitung vor sich aus.

Mit einem Schnaufen, das den stärksten Zuchtbullen hätte zusammenzucken lassen, blieb Frau Romeike neben ihr stehen. »Gnaschelchen, wat machst du denn da?«

Beate zeigte auf die großen schwarzen Lettern, die auf der ersten Seite den Schriftzug: *Königsberger Hartungsche Zeitung*[3] bildeten. Ihr ausgestreckter Zeigefinger wanderte weiter die verschiedenen Artikel entlang, bis er bei dem Wort *Lindy* hängen blieb, die einzelnen Buchstaben langsam antippte, sich dann zusammen mit den anderen vier Fingern um die Schere schloss, um den Artikel auszuschneiden.

»Wat schneidest du denn die ganzen lieben Tage lang da rum?« Die rundliche Frau beugte sich über den Tisch, um besser sehen zu können. »Öh … wer ist denn Luc… Lucky Lin… Lindy?«

Das Mädchen lachte. »Aber Frau Romeike, das ist doch der Spitzname der Presse für Charles Lindbergh!«

»Ei, kick dem. Der mit dem Flugzeug?«

»Ja! Eine einmotorige Ryan, die hieß … die hieß *Spirit of St. Louis.* Und fast hätte er seine Katze mitgenommen! Aber dann hat er sie doch zu Hause gelassen.«

»Sin Katze, na Gott sei Dank ist die nicht ersoffen! On Mäuse hätte es da oben ja auch nich gegeben, oder? Da ist mir ons Kant doch bodenständiger.«

Die Hauswirtschafterin nickte stolz in Richtung Kalender, der neben dem Fenster an der Wand hing. Im Masurenkalender prangten immer mal wieder Zitate des Philosophen Immanuel Kant, wohl dem bekanntesten Sohn Ostpreußens, auch jetzt stand von ihm zu lesen: *Große Männer sind wie hohe Kirchentürme – um beide ist viel Wind.*[4] Leiser fügte Frau Romeike hinzu: »Auch wenn ich sin Bücher nu wirklich nich verstehe.«

Beate ließ sich nicht stören, sie erzählte mit schneller Stimme: »Dreiunddreißig Stunden und zweiunddreißig Minuten hat er gebraucht, stell dir das mal vor. An einem Stück über den riesigen Atlantik!«

»Mhm, man muss auch nich alles versuchen, nur weil man denkt, dass man es kann, Marjell. Du weißt ja, wer viel wagt, der kommt sogar bis nach Allenstein, on wer zu viel …«

»Ja, ja, … wer zu viel wagt, der kommt nach Kortau«, ergänzte Beate. Den Spruch kannte sie in- und auswendig. Auch wenn sie nicht daran glaubte, dass Menschen, die zu viel wagten, automatisch in die Irrenanstalt nach Kortau kamen.

Die Haushälterin sagte besänftigend: »Wat soll öck streiten?«, und stellte ihr frisches Roggenbrot hin, das noch lauwarm war. Eine erwiesene Köstlichkeit, wonach sich alle Kinder hier die Finger abschleckten. Etwas Schmalz oder Butter darauf zerlaufen lassen, und das Festessen war gesichert.

Die Tür öffnete sich, und zwei Knechte kamen herein, blieben in der Ecke stehen, nahmen ihre Mützen ab und drehten sie in den Händen. Während der eine mit dem gelockten schwarzen Haar der jüngeren Küchenmargell schöne Augen machte, schimpfte der andere über die Smorra, und wie viel Arbeit sie gerade gehabt hätten. Beate wusste, dass sie einfach nur das frisch gebackene Brot gerochen hatten und etwas davon abhaben wollten. Von wegen Smorra. Wobei diese eine der ersten Märchenfiguren war, mit denen Beate in Berührung gekommen war. Eine grässlich buckelige verfilzte Gestalt, die die Mähnen der Pferde verknotete und Albträume bescherte. Das Buch, in dem sie als grässliche Hexe mit Zahnfäule abgebildet war, hatte Beate vor Jahren hinter dem Schrank versteckt. Dann waren auch die Albträume verschwunden, die das Bild heraufbeschworen hatte.

Beate betrachtete den ausgeschnittenen Artikel und entzifferte mühsam die Worte, stolperte immer wieder über so manche Länge oder über seltsam aneinandergereihte Buchstabenkombinationen. Sie schob sich das letzte Stückchen Brot in den Mund, wischte sich die fettigen Finger an ihrer Hose ab und sagte kauend zu Frau Romeike: »Weißt du, wenn ich mal groß bin, dann werde ich auch Pilotin[5] und fliege über das Meer!«

Lautes Gelächter ertönte von hinten. Die beiden Knechte spuckten dabei Brotkrümel auf den Fußboden, sodass Frau Romeike schimpfte: »Nu beeil di ein bisschen.«

Worauf der Knecht mit den schwarzen Haaren antwortete: »Öck beeil mi schon, awer langsam.« Und zur Küchenhilfe gewandt: »Bis morje.«

Die allerdings nur etwas mit »Glumskopp« zurückzischte.

»Pilotin will die Kleine werden, die ist doch nur ein Mädchen«, hörte Beate die beiden Männer noch draußen lachen. »De es dumm wie Hoawerstroh.« Als die Stimmen so leise geworden waren, dass der Wind die letzten Laute in Fetzen zerriss, hatte sich Beates Herz zusammengeballt und schmerzte. Tränen liefen ihr über die Wangen und hinterließen eine helle Spur in einer feinen Schicht Staub.

Frau Romeike tupfte mit der Küchenschürze über ihr Gesicht und sagte in einem tröstenden Tonfall: »Er kann de Mund nich hole. Nich weine, min Marjellchen.« Je mehr sich die Köchin aufregte, desto mehr verfiel sie ins Ostpreußische, vor allem Schimpfwörter rutschten ihr in der Muttersprache besser aus dem Mund.

Die Haustür rumste laut, und die tiefe Stimme von Beates Vaters dröhnte durchs Haus. Mittagspause. Schnell griff sich Beate den ausgeschnittenen Artikel und rannte in die Arbeitsstube des Vaters, auf den rettenden vertrauten Schoß, den

Kopf an der warmen Brust geborgen, die immer angenehm nach Pferd und nasser Erde roch.

Der Vater, Otto Köstlin, tätschelte ihren Kopf. »Was ist denn los, Attei?«

Beate wischte mit dem Handrücken über ihre Augen. »Nichts.«

»Für nichts laufen aber viele Tränen.«

»Papa, warum können Mädchen denn nicht auch Pilotin werden?«

Der Vater kratzte sich über seine glatt rasierten Wangen. »Wer sagt denn so was?«

Beate zog die Nase hoch und zuckte mit den Schultern.

»Mhm … weißt du, mein Schatz, Menschen glauben an Dinge, die sie sich vorstellen können. Und manche können sich leider nur sehr wenig vorstellen. Aber du weißt doch, was deine Mama von Beruf ist?«

»Ja, die ist Ärztin und kümmert sich doch um uns alle hier, gestern hat sie mich erst mit einem Saft zu Jakob geschickt, der mit Fieber im Bett liegt.«

Mit seiner großen rauen Hand streichelte Otto Köstlin dem Mädchen übers Haar. »Ja, und als deine Mama damals jung war, haben alle gesagt, dass Mädchen keine Ärzte werden können, aber darauf hat sie nicht gehört, sie hat sich durchgebissen und wurde die dritte Frau[6] in Deutschland, die sich regulär immatrikuliert hat. Dazu war sie die Erste, die überhaupt in Medizin promovierte! Die Allererste! Sie ist mir ein echtes Vorbild mit ihrer Willensstärke.«

Lange schaute Beate in das liebe Gesicht ihres Vaters. »Warum sagen Menschen dann so was?«

»Vielleicht, weil sie es sich selbst nicht zutrauen, aber das ist ja nicht der Maßstab für uns, oder?« Er kitzelte ihr Ohr, sodass sie zusammenzuckte und kichern musste. Er fuhr fort: »Du wirst sehen, wenn du an dich selbst glaubst, dann kannst du alles schaffen, so, wie Mama Ärztin wurde …«

»Und du dir diesen Hof geholt hast«, ergänzte eine vertraute Stimme von hinten. Die Mutter war dazugekommen und küsste ihren Mann auf den Mund, die Tochter auf das Köpfchen. »Weißt du, Beate, weil Papas ältester Bruder den Hof zu Hause geerbt hat, sagten alle, es lohne sich nicht, Landwirtschaft zu studieren. Aber dein Vater glaubte an seinen Traum, pachtete erst einen fremden Hof, bis wir Wargenau kauften. Und jetzt bekommt er Auszeichnungen für seine neuen Züchtungen wie die Köstlin'sche Rotgranige Sommergerste, und uns geht es gut.«

»Richtig gut«, sagte der Vater und zog seine Frau in eine Umarmung. Er strich kurz über die fingerlange Bernsteinbrosche, die er seiner Frau erst vor Kurzem geschenkt hatte und die diese seitlich an ihrer Bluse trug. Das Gold des Meeres, hatte er damals gesagt. Tränen aus längst vergangener Erdenzeit, uns zurückgegeben, um das Leben in seinem ganzen Zauber zu schätzen, so wie man Frauen als Schöpfer des Lebens ehren sollte. Beate vermutete, dass ihre Mutter das Schmuckstück sogar beim Schlafen trug.

»Mama, was ist prom… probomiert?«

Margarete antwortete: »Promoviert. Das ist, wenn man seinen Doktor erhält. Ich besuchte ja in vier Städten Vorlesungen, aber in Würzburg habe ich dann meine Doktorarbeit geschrieben. Über das Glätten von Kleiderstoffen. Mein Professor dort, Herr Lehmann, hat mich mit verschiedenen Materialien experimentieren lassen …« Sie machte eine kurze Pause. »Und später arbeitete ich in Kiel als Kinderärztin.«

Der Vater fuhr fort: »Drei gesunde Kinder, und meine Frau ist Ärztin, was kann mir da schon passieren?« Er drückte Beate fest an sich, wobei der Zeitungsausschnitt zu Boden fiel. Otto hob ihn auf und grinste. »Weißt du, Attei, gerade dein Lindbergh, der jetzt überall als Held gefeiert wird und zu dem sich die Presse vor Lob überschlägt, über den wurde vorher gelacht. Die verspotteten ihn richtig. Aber auch er hat sich nicht unterkriegen lassen. Und jetzt schau ihn dir an. Kein anderer Mensch wird gerade so gefeiert wie er.«

»Papachen, ich weiß, was mir gute Laune geben wird.«

»So?«

»Nimm mich mit auf den nächsten Pferdemarkt, nicht?«

Und mit einem Brummton unterlegt, nickte der große bärige Mann und legte seiner Tochter die Hand auf die Schulter. Ein Gefühl von Sicherheit und Geborgenheit durchströmte den kleinen Körper, und sie wusste, dass alles gut war und immer sein würde. So sicher wie die Sonne morgens aufging und der Mond sich den Nachthimmel mit den Sternen teilte.

»Was will ich? Fragt der Verstand.
Worauf kommt es an? Fragt die Urteilskraft.
Was kommt heraus? Fragt die Vernunft.«

Immanuel Kant

KAPITEL 3

Summen und Surren

* * *

EINIGE WOCHEN SPÄTER

GUT WARGENAU, OSTPREUSSEN

Passend zum Beginn des Sommers[7], wenn das ganze Land nur noch aus einem arbeitsamen Summen und Surren zu bestehen schien, waren neue Laute zu den Hofgeräuschen hinzugekommen: das Brummen, Rattern und Schnurren von kleinen, leichten Flugzeugen. Zwei Piloten hatten dem Vater die Erlaubnis abgerungen, das brachliegende Stoppelfeld als Start- und Landebahn für ihre beiden Flieger benutzen zu dürfen. Zumindest für einige Wochen, zogen sie doch durchs Land und verdienten ihr Geld damit, der umliegenden Dorfbevölkerung die luxuriöse Abwechslung anzubieten, einen Flug über die vertrauten Bäche und Berge zu machen und dabei auf ihr eigenes Hausdach spucken zu können. Wer tiefer in die Tasche griff, flog nicht nur bis nach Cranz, sondern entlang der Kurischen Nehrung. Ein dünner, langer Schlangenkörper, der das Haff von der Ostsee abtrennte. Eine gelbliche Linie zwischen zwei Blautönen. Der schmale Landstrich beherbergte neben Waldstücken, in denen sich Elche und Rothirsche versteckten, die größte Wanderdüne weit und breit. Sie sah aus wie eine kleine Wüste, die von beiden Seiten bewässert wurde. Behäbige Kurenkähne zogen dort mit ihren langen, schmalen Segeln ihre Bahnen, um mit reicher Fischbeute in die winzigen Dörfer zurückzukehren.

Aus der Luft konnte man unzählige Vogelschwärme beobachten, die sich auf dem windgeschützten Brackwasser zwischen all den kleinen grünen Inseln niederließen und Unruhe in den Wohlklang aus Frieden und Licht brachten. Der Artenreichtum zog nicht nur eine Vogelwarte an, sondern das verträumte Glitzerspiel mit den warmen Farben lockte auch etliche Dichter und Maler in die Gegend. Frau Romeike hatte Beate die Legende erzählt, wie die Riesin Neringa die Nehrung aus Sand aufgeworfen hatte, um sich vor dem eifersüchtigen Wellengott zu schützen. Sie soll so blondes Haar wie Beate gehabt und stets den Fischern geholfen haben.

Es gab aber auch andere Routen. Wenn die Fluggäste über dem Land bleiben wollten, konnte man über Rudau bis nach Königsberg fliegen, zu der Stelle, wo die Pregel in die Ostsee mündete, die sich als blaues Band weit hinein ins Land zog. Königsberg war eine alte Siedlung der Preußen. Derjenigen, die sich dieses Land zuerst untertan gemacht und Handel mit den Wikingern und deutschen Kaufleuten betrieben hatten. Später erblühte die Stadt zur Provinzhauptstadt Ostpreußens und führte mit einer direkten Zugverbindung nach Berlin nicht nur Frischluftsuchende in die Weite, sondern lockte auch mit ihrer Universität. Als dritte Strecke konnte der Passagier beides verbinden. Einmal an der Küste entlang von Cranz bis nach Königsberg. Von oben sah dieser Küstenabschnitt aus wie ein Quader, der ins Meer hineinragte, mit unendlichen Sandstränden und Wäldern, die stellenweise bis direkt ans

Wasser reichten, als ob die Bäume ihre Wurzeln zum Trinken direkt hineinstrecken wollten. Schroffe Felsen boten Brutplätze für krächzende Möwen, und kleine Städte verbanden sich mit baumfreien Schneisen, um sich gegenseitig besuchen zu können. Vorbei an der Bernsteinhochburg Palmnicken, die Gegend, wo Kinder mit Hosentaschen voll dem honiggelben Gold von Strandausflügen zurückkehrten, und vorbei an Pillau mit seiner Festung und der zweiten Nehrung, der Frische Nehrung, die sich in die andere Richtung wie eine Vogelschwinge ausstreckte und das Frische Haff von der Ostsee trennte. Doch munkelte man, dass die Fische hier nicht so frisch waren wie die aus dem anderen Haff, trotz des Namens.

Vor den Augen Beates rollte sich etwas gänzlich Neues aus. Es versprach Abenteuer und schmeckte nach Leichtigkeit, nach etwas Unmöglichem. Menschen, die den Gesetzen der Schwerkraft trotzten und den Vögeln Konkurrenz machten. Direkt hier, auf dem Gutshof Wargenau, ihrem Zuhause. Die beiden Fremden waren zwar nicht Lindy und hatten nicht dieses heldenhafte Profil, aber sie scherzten gerne und behandelten sie nicht wie ein frisch geschlüpftes, dummes Küken, sondern gingen auf ihre neugierigen Fragen geduldig ein. Auch wenn sie zum dritten Mal wissen wollte, wie so ein kleiner Motor so einen großen Flugapparat in der Luft halten konnte oder was die englischen Begriffe bedeuteten, die ständig fielen. Englisch, das war Beate bald bewusst, war die Sprache der Flieger, die Sprache der Freiheit.

Während ihre Spielkameraden die letzten grau-grün gesprenkelten Kräheneier aus den Nestern holten, die als Delikatesse geachtet wurden, übernahm Beate die persönliche Betreuung der Piloten, vor allem die Versorgung mit Getränken und Essen aus der Küche. Als Dank durfte sie immer mitfliegen, wenn ein Platz in der Maschine frei war. Vier Personen passten pro Flieger hinein, minus dem Piloten, somit war Beate ein Dauerbegleiter für Paare, die hinten zusammensaßen, die Hände ineinander verschränkt, sich schüchterne Küsse stahlen, verzückt über die ameisengroßen Gestalten sprachen und sich gegenseitig die bunten Feldstücke zeigten, die wie aus farbigen Resten gestrickte Teppiche aussahen. Und Beate war in der Luft. Zwischen den Wolken, spürte das Vibrieren der Leichtflugzeuge bis zu den Haarspitzen, genoss das Kribbeln im Bauch, wenn durch das Können des Piloten die metallene Hülle vom festen Untergrund abließ und sich erhob. Genoss es, wenn sie durch Luftlöcher flogen und die Maschine kurz herabsackte, als würde sie fallen, um kurz darauf aufgefangen und mit sicherer Hand weitergesteuert zu werden. Aber am meisten Spaß machte es ihr, wenn sie sich in Kurven legten und mit einem lauten Brummen fast so kunstvolle Luftschwünge unternahmen wie die Möwen und Turmfalken, die sie erstaunt anblickten, wenn sie aufgescheucht und aufgeschreckt von dannen eilten. Weg von dem silbernen Himmelskonkurrenten. Der Himmel erschien endlos, und die Piloten zeigten, dass man alles erreichen konnte, wahrscheinlich sogar die Sonne.

* * *

Am Abend war Beate zwar müde, aber zu viele Dinge gingen ihr durch den Kopf, sodass sie nicht zur Ruhe kam. Da konnten ihre Eltern sie noch so oft auf ihr Zimmer schicken, manchmal klappte das halt einfach nicht.

»Du kannst nicht schlafen?« Beates Bruder Ulrich fasste sie an der Hand und zog sie aus der Wohnstube, in der die Eltern mit einem Gast lautstark über die gestiegenen Preise von Saatgut diskutierten, nach oben ins Kinderzimmer. Draußen schien der Mond und tauchte das Bett, den Schreibtisch nebst Stuhl, das Regal voller Bücher und Spielsachen in ein milchig bläuliches Hell.

»Ikarus!«, sagte Beate und legte sich ins Bett.

»Schon wieder, kleine Schwester? So langsam kennst du die Geschichte doch schon besser als ich! Sag mal, die Eltern erzählen, dass du von der Wäscheleine ein Hemd stibitzt hast, um dich wie Tarzan an den Alleebäumen entlangzuschwingen?«

Sie zuckte mit den Schultern. »Hat geklappt.«

Der große Bruder lachte leise vor sich hin und zog den Stuhl näher heran. »Ich hab eine neue Geschichte von dem Wassermann, vom Dobnik. Der mit der roten Jacke und Hose und dem grünen algenfeuchten Vollbart, wie er die unschuldigen …«

»Aber nee!« Die Kleine hörte sich so trotzig an, dass ihr Bruder theatralisch seufzte und anfing: »Daedalus wollte fliehen, aber wie sollte er es anstellen? Er …«

»Nein, nein, nein, du musst schon von vorne anfangen.«

Jetzt klang das Seufzen von Ulrich echt. »Puuh, in Ordnung. Es gab bei den alten Griechen eine fürchterliche Bestie, den Minotaurus, der sah aus wie ein riesiger Mensch mit einem Stierkopf. Aus seinen Nüstern quoll Feuer, und sein Brüllen war so durchdringend, dass die Kühe saure Milch gaben und die Singvögel ihren Gesang vergaßen und nur noch krächzten. Außerdem legten die Hühner keine Eier mehr und die Ernte …«

»Nee, oder?« Beate legte den Kopf schief.

»Erzähle ich die Geschichte oder du? Also, um ihn einzusperren, ließ der König Minos den geschicktesten Erfinder und Handwerker im ganzen Reich kommen …«

»Daedalus und seinen Sohn Ikarus«, unterbrach ihn Beate.

»Genau. Die beiden bauten ein Labyrinth, in das der Minotaurus reingesteckt wurde. Aber statt der königlichen Belohnung wurden Vater und Sohn selbst in das Labyrinth bugsiert, damit sie nicht verraten konnten, wo der Ausgang war.[8] Sollten sie es wagen zu fliehen, würden die Häscher des Königs sie finden und erdolchen.« Der Bruder schmunzelte kurz über Beates empörtes Gesicht und fuhr fort: »Aber Daedalus ließ sich das nicht gefallen. Zuerst wurde er knallrot im Gesicht, bekam keine Luft vor lauter Ärger, genauso wie du, liebstes Schwesterlein, er stampfte mit dem Fuß auf und kniff die Augen zusammen und ...«

Beate beugte sich aus dem Bett und zwackte ihren Bruder ins Bein.

»Ist ja schon gut. Also. Nachdem er wieder schnaufen konnte, ohne dass sein Kopf explodierte, trat er ans Ende des Labyrinths und schaute in die Luft. Fliegen müsste man können, fliegen, um das Land zu verlassen, dachte er. Und da er nicht umsonst der bekannteste, berühmteste und begabteste Erfinder seiner Zeit war, hatte er eine Idee.« Er machte eine kleine Pause und grinste. »Weißt du, Beate, über diese Stelle habe ich lange nachgedacht. Ich glaube, dass ihm einfach ein Vogel auf den Kopf gekackt hat, genauso wie das letzte Woche Elli passiert ist!«

Beate musste lachen. »Das wär's. Aber erzähl weiter, jetzt kommt meine Lieblingsstelle.«

»Er sammelte alle Federn ein, derer er habhaft werden konnte, schickte Ikarus los, Nester zu plündern. Sie holten mit Schleudern die Vögel vom Himmel, was ganz praktisch war, da sie ja auch was essen mussten, oder? Und Daedalus konstruierte vier prächtige Flügelarme, so hoch wie Mamas Stute, wenn sie steigt, und so strahlend wie deine Augen, wenn es Süßigkeiten gibt. Er ordnete die Federn so an wie bei echten Flügeln, von klein bis groß, nahm Schnüre, um sie zu befestigen, und Wachs, damit die Schafte zusammenhielten. Als er die Flügel anlegte und seine Arme ausbreitete, sie hin und her bewegte, löste er einen richtigen Sturm bei den Kleinviechern aus, die auf dem Boden krabbelten.«

»Kleinviechern?«

»Ja, halt Ameisen und so. Und Daedalus hob ab, er schwebte über dem Boden und wusste, dass er es geschafft hatte. Vorerst zumindest. Er sagte zu Ikarus: ›Pass auf, mein Sohn, auf die Winde, Orkane, Vögel, die kacken, und vor allem auf die Sonne. Du weißt, dass die Federn nur mit Wachs am Schaft zusammengehalten werden, und wenn du der Sonne zu nahe kommst, dann schmilzt das. Dann sind die Flügel futsch. Bitte pass auf!‹ Und sie hoben ab. Bald hatten sie es raus und konnten zwischen den Wolken Purzelbäume schlagen, den Möwen hinterherjagen, und als sie über das Meer flogen, ließen sie sich fallen wie schwere Gewehrkugeln, um ihre Nase kurz ins Wasser zu tunken und dann wieder die Flügel nach oben zu reißen und wie ein Drache aufzusteigen. So muss sich Freiheit anfühlen. Unendliche Freiheit, Attei. Blaues Wasser unter dir und blauer Himmel um dich rum. Du kannst überall hinfliegen, wo du willst, und Ikarus … tja, das war so, als ob die Eltern dir etwas verbieten. Du machst es trotzdem. Ikarus wurde übermütig, dachte, er wäre der Chef, und flog höher und höher und immer weiter, bis das Wachs an seinen Flügeln schmolz und er abstürzte. Als Daedalus ihn fand, hatte ihn das Meer bereits an den Strand einer Insel gespült. Tot.«

Beate schwieg, schüttelte den Kopf.

»Was denn?«

»Wie kann man so doof sein und der Sonne so nah kommen? Das merkt man doch, wenn es heiß wird. Blöd, oder? Ich hätte das anders gemacht.«

»Ich weiß, kleine Schwester.« Ulrich strich ihr über den Kopf, wünschte eine gute Nacht und ging leise zur Zimmertür hinaus. Dort blieb er stehen und schaute zu, wie ihr die Äuglein zufielen und ein gleichmäßiges Atmen davon zeugte, dass sie eingeschlafen war. Er lächelte und zog die Tür zu.

* * *

Am nächsten Tag kam Beates Schwester Elisabeth zu Besuch. Sie machte eine Ausbildung zur Erzieherin in Berlin und ließ sich, wenn es ihr zeitlich möglich war, an den Wochenenden gerne bekochen und mit frischer Wäsche ausstaffieren. Während die Eltern auf dem Hof unterwegs waren, schnappte sie sich Beate. »Weißt du, was ich die Woche gelernt habe?« Und ohne eine Antwort abzuwarten, stellte sie einen kleinen Korb ab, aus dem ihre alten Puppen herausschauten. »Bitte schön. Mädchen sollen mit Puppen spielen. Ich weiß ja nicht, warum das Mutter durchgehen lässt, dass du das so gar nicht machen willst. Mit deinem Teddybären kannst du schließlich nicht üben, wie man ein Baby schaukelt oder es richtig auf dem Arm hält. Na ja, jetzt bin ich ja da.«

»Du bist dümmer als das hinterste Ende vom Ferkel, das rennt immerhin noch dem vorderen Teil nach.« Beate schaute sie an, als ob ihr ein Geweih auf dem Kopf wachsen würde. Am liebsten würde sie ihr den stets angriffslustigen Ganter vom Teich auf den Hals schicken.

»Hä?« Elli schob ihre kleine Schwester ins Badezimmer, schubste den Korb hinterher und schloss von außen ab. »Du bleibst jetzt so lange da drin, bis du eine Puppenmutter geworden bist, ja!«

Beate wusste, dass lautes Rufen nichts bringen würde. Sie musterte die beigefarbenen Kacheln, den halb blinden Spiegel über dem Waschbecken, in dem sie das Augenzukneifen geübt hatte. Die Küche war zu weit entfernt, und alle anderen befanden sich bei den Ställen oder für Feldarbeiten auf den Schlägen. Wenn ihre Schwester wollte, dass sie mit ihren Puppen spielte, um das Muttersein zu üben, dann bitte.

Eine halbe Stunde später kam Elli zurück, mit einem Buch unter dem Arm, klopfte gegen die Tür und rief: »Und? Hast du mit den Puppen gespielt?«

»Ja.«

»Wirklich?« Ungläubig öffnete die große Schwester die Tür,

für den Bruchteil mehrerer Sekunden herrschte eine Stille, die Beate nutzte, sich an ihr vorbeizudrängeln und im Freien zu verschwinden. Dann durchbrach ein markerschütternder Schrei den vermeintlichen Frieden. Die Puppen saßen ordentlich am Rand der Badewanne. Mit kurz geschnittenen Haaren oder kopflos. Nur eine steckte im Klo und streckte ihren Plastikpo in die Luft. Von draußen drang Beates Gesang »Alle meine Entchen schwimmen in der See, schwimmen in der See, Köpfchen in das Wasser, Hintern in die Höh« herein.

* * *

»Was? Ihr lasst ihr das durchgehen?« Elisabeths Stimme überschlug sich, als sie in der Wohnstube mit ihren Eltern diskutierte. »Das ist doch gestört. Das ist doch nicht mehr normal! Die ist nicht ganz dicht!«

Der Vater musste ein Schmunzeln unterdrücken und bekam von der Mutter einen strengen Blick zugeworfen. Sie sagte: »Weißt du, Schatz, du kannst doch keinen zwingen, mit etwas zu spielen, worauf er keine Lust hat! Sie wird für den Schaden aufkommen, aber du kannst nicht verlangen, dass wir sie bestrafen.«

»Sie hat meine Puppe geköpft, das ist krank!«

»Mein Schatz, jemanden einzusperren, damit er das tut, was du willst, ist weniger krank?«

In den nächsten Wochen kam die Schwester etwas spärlicher zu Besuch.

Die Piloten waren weitergezogen und hatten nicht nur ihre Flugzeuge, sondern auch ein Stück von Beates Herz mitgenommen. Beate brütete nun über einem Plan, der so langsam Gestalt annahm. Sie stand in der Küche neben dem Herd, atmete den Duft von in Butter angedünsteten Zwiebeln und

Speck ein und schaute Frau Romeike zu, wie sie zwei große eingefettete gusseiserne Auflaufformen mit Teig auslegte, um danach abwechselnd die Zwiebelmasse und gehobelten Käse darin zu verteilen. Der Magen des Mädchens meldete sich mit einem Knurren. Das roch ja jetzt schon herrlich.

»Gnaschelchen, hast du schon Hunger?« Frau Romeike schenkte ihr ein Lächeln, wobei die Falten um ihre Augen Polka tanzten.

Beate sagte: »Nein, das ist es nicht. Frau Romeike, kannst du für mich Federn aufheben? Bitte!«

Die Köchin schaute sie musternd an. »Ich hab Madamchen gehört …« Mit Madamchen meinten die Dienstmädchen und Angestellten Beates Mutter. »Du hast wirklich die Haare von den schönen Puppen abgeschnitten?« Sie schüttelte den Kopf, was in ein Nicken überging. »Ja, wenn öck das nächste Mal die Ente oder Hehn rupfe, hebe ich dir was auf. Ich werde zum Wochenende wohl mal wieder Brade moake.«

Beate bedankte sich höflich mit einem Knicks, ihre Eltern legten auf gute Manieren viel wert, auch wenn sie mit Lederhosen draußen rumrennen durfte und mit den Jungs Ball kickte, als wäre sie selber einer. Das mit den Lederhosen war auch eine Frage der Wirtschaftlichkeit. Wenn man jeden Tag kaputte Strümpfe und zerrissene Röcke hatte, musste halt eine andere Lösung her. Mit Wirtschaftlichkeit waren ihre Eltern immer einzufangen.

Sie lief weiter zum Stellmacher des Hofes. »Ich bräuchte einen Hammer und ein paar Nägel und Leim. Könnte ich vielleicht das von dir bekommen, bitte?« Dabei blickte sie so lieb, als ob es einen gefüllten Honigkuchen geben würde.

»Marjellchen, für wat brauchst du denn den ganzen Kroam?«, fragte er zurück.

»Ich will mir was bauen.«

»Mhm, öck helf dir, ja? Sonst muss öck deinen Eltern erklären, warum du nur noch nein von tiee Fingere hast.«

Zwei Wochen später war es geschafft: Beate hatte eine Zeichnung gemacht, nach der sie zusammen mit dem Stellmacher zwei Flügel[9] konstruiert hatte. Zwei Flügel, so schön wie die von Daedalus, nur ohne Wachs. Sie hatten richtige Schlaufen für die Arme und Griffe für die Hände. Das Gerüst bestand aus Peddigrohr aus der Rattanpalme, aus dem sonst Körbe oder geflochtene Möbel hergestellt wurden. Drachenpapier wurde darauf gespannt und mit den von Beate gesammelten Federn versehen.

Der Stellmacher hatte ihr bei dem gemeinsamen Hämmern und Kleben stolz erzählt, dass auf der Kurischen Nehrung ein Verwandter von ihm den Segelflugsport eingeführt habe. Der Ferdinand Schulz[10] komme zwar aus dem Ermland, aber es gebe halt kein besseres Fleckchen Erde für frische Luft als hier.

Als Beate die Flügel anlegte und damit hin und her wedelte, entfachte sie einen kleinen Orkan, vielleicht eher ein klitzekleines Orkänchen, aber der Staub wurde aufgewirbelt, und ein Marienkäfer, der sich im Anflug auf eine Blume vor Beates Füßen befand, wurde ordentlich aus der Bahn gefegt. Das Mädchen stand auf dem Hof, lauschte dem Topfgeklapper, das aus der Küche drang, und schaute am Haus entlang. Sie brauchte etwas zum Runterspringen. Ihr Blick schweifte zum Vordach der Küche. Mhm, dachte sie, um kurz darauf das Fenster darüber zu öffnen. Vorsichtig ließ sie die beiden Flügel auf das Dach gleiten, kletterte hinterdrein, zog sich die Federgebilde über, schielte über die Kante, schluckte, schloss die Augen bis auf einen schmalen Schlitz, fing an, die Arme auf und ab zu bewegen, und sprang. Es dauerte vielleicht gerade einmal zwei Augenblicke, da stand sie schon wieder unten. Wie sie es beim Sprung vom Pferderücken gelernt hatte, stand sie abgefedert mit gebeugten Knien da, nur ein paar der Federn waren geknickt.

»Das war so was von nichts«, sagte sie schmollend zu sich selbst und machte sich auf zur nächsthöheren Absprungmöglichkeit.

Über der Veranda war ein Balkon. Darunter ein umgepflügtes Gartenbeet. Als sie dort stand, mit ihrer Federpracht, verließ sie der Mut. Das war ziemlich hoch. Mindestens fünf große Schritte. Sie hatte zwar schon etliche Mutproben hinter sich, wie von einer hochschwingenden Schaukel oder von einer der oberen Sprossen einer Leiter abzuspringen, aber das hier? Die Stimme ihres Bruders kam ihr in den Sinn: *So muss sich Freiheit anfühlen. Unendliche Freiheit.* Und sie konzentrierte sich. Auf drei Punkte kommt es an, dachte sie: anfangen zu wedeln, abspringen, schneller wedeln. Sie stellte sich an den Rand der Brüstung, spuckte hinunter, schloss die Augen diesmal komplett und dachte: eins. Sie wedelte. Dann: zwei ... Und bis sie drei denken konnte, war sie bereits aufgekommen. Mit einem lauten Schmerzensschrei, der nicht nur die Mutter und zwei Handvoll der Angestellten auf den Plan rief, sondern auch das Lachen ihres Bruders sowie einen verstauchten Fuß nebst Bänderzerrung und Prellungen. Immerhin musste sie dann nicht in Mathe und wurde mit Honigkuchen aus der Küche getröstet. Gefüllter Honigkuchen und frisch gebackene Purzelchen. Auf Frau Romeike war Verlass. Und Beate hatte Glück, keiner schimpfte so richtig mit ihr.

»Was hast du dir denn nur dabei gedacht, Attei?«, wollte Beates Mutter ungeduldig wissen, als sie feuchte Wickel um ihre Fußgelenke legte.

»Ich wollte fliegen. Nur fliegen, Mama. Ich hab doch kein Flugzeug mehr hier. Und der Sonne wäre ich nicht zu nah gekommen! Ich pass auf, versprochen.«

Margarete klemmte ihre Haare hinter die Ohren, holte eins ihrer Medizinbücher zum Bett und schaute sich zusammen mit ihrer Tochter den zerbrechlichen Aufbau des Sprunggelenks an, um weitere solcher Unternehmungen im Keime zu ersticken.

Als die Mutter draußen vor der Kinderzimmertür stand, lehnte sie sich an die Wand. Die große, starke Hand Ottos streichelte ihre Wange. »Sie wird es nicht mehr tun. Nicht nach dem Verbot. Auch wenn sie uns das Versprechen abgerungen hat, fliegen zu dürfen, wenn sie älter ist … Du bist so schweigsam. Was denkst du, Madamchen?«

»Ich denke, wir sollten uns überlege, auf welche weiterführende Schule wir Beate schicken wollen. Das Kind kommt aus Langeweile ja auf die abstrusesten Ideen.«[11]

»O Welt, vor deinem hässlichen Schlund
Wird guter Wille selbst zunichte.
Scheint das Licht auf einen schwarzen Grund,
So sieht man nichts mehr von dem Lichte.«

Johann Wolfgang von Goethe (1749–1832)

KAPITEL 4

Die Schule am Meer

* * *

FÜNF JAHRE SPÄTER, 6. SEPTEMBER 1932

JUIST

Es war ein zusammengewürfelter Haufen von einfachen länglichen und zweistöckigen Häusern, die sich den Platz zwischen den Dünen streitig machten. Kein Wunder, dass sie um jeden Meter Land zankten, war die Insel hier doch höchstens achthundert oder siebenhundert Meter breit, vielleicht sogar noch weniger. Beate und ihre Mutter waren vor über einer halben Stunde von dem Fähranleger des Dorfes Juist losgelaufen. Das Tosen des Meeres, das lauter und leiser werdende Rauschen hüllte jeden ihrer Schritte ein. Schweißperlen standen ihnen auf der Stirn, bis sie nahe genug waren, um das Licht in den Fensterscheiben der Schulgebäude glitzern zu sehen. In der

Mitte des sandigen Landstreifens bildeten vier große Häuser einen Innenhof, sie formten quasi das Herz des Schulgeländes. Den Kern. Um dahin zu gelangen, mussten die beiden noch an zwei Häusern und zwei kleinen Schuppen vorbei, zwischen denen sich einige Kinder tummelten.

»Was ist das denn?« Beate ließ ihren kleinen Reisekoffer sinken und zeigte auf ein wuchtiges Gebäude, das nördlich zwischen den Dünen und dem Hauptkomplex stand. Es war über drei Stockwerke hoch, hatte ein flaches Dach und sah mehr aus wie ein Quader denn wie ein Haus. Prägnant waren die drei Reihen Fenster, die sich nur auf der linken Hälfte befanden. Ganz unten winzige quadratische Fenster, darüber riesige längliche, durch die selbst ein Titan hätten schauen können, und darüber eine Reihe, die halb so groß waren. Grimmig starrten sie über die Dünen auf die weißen Schaumkronen der Wellen. Das Ganze war so klotzig, dass es nicht einmal ein Sturm hätte wegpusten können.

Von einem der Gebäude löste sich eine Gestalt und kam mit schnellen Schritten auf sie zu.

Die Mutter sagte: »Keine Ahnung, aber ich bin mir sicher, das werden wir gleich erfahren. Mhm … gibt es hier keine Bäume, oder täusche ich mich?«

Zu Recht konnte man die Insel als karg bezeichnen. Um Bäume zu finden, musste man diese suchen gehen. Dafür gab es jede Menge Möwen, die sich krächzend vom Aufwind in die Luft reißen ließen. Innerhalb von Sekunden befanden sie sich direkt über der Nordsee, schlugen mit den Flügeln, um sich dann ins Blaue zu stürzen. Beate fuhr sich mit der Zunge über die Lippen und schmeckte das Salz darauf. So frisch. Ein Stück draußen auf der See sah man das Weiß von mehreren Segeln aufblitzen. Diese Weite. Die Jollenkreuzer trotzten den weltlichen Bedingungen der Erdanziehungskraft und flogen scheinbar so frei wie die Vögel über ihnen.

Es war ein Junge, der ihnen entgegengelaufen kam. Seine

braunen Haare hingen ihm ohrenlang zottelig um den Kopf, und seine Sommersprossen hüpften auf der Nase fröhlich auf und ab. »Herzlich willkommen in der Schule am Meer.[12] Herr Luserke schickt mich, euch abzuholen.« Unverhohlen musterte er Beate. »Interessierst du dich fürs Segeln? Ja? Dann bist du hier genau richtig. Ich bin übrigens Peter.«

Beate zog ihre Schultern hoch. Sie war sich noch nicht ganz sicher, ob sie sich fürs Segeln interessierte. Abitur sollte sie machen. Nur so stünden ihr die meisten Türen zu Studium und Beruf offen. Dabei wusste sie eigentlich ja schon, was sie werden wollte, und dafür bräuchte sie gar kein Abi. Anstelle von diesem Landerziehungsheim hätte sie in Königsberg auf ein Gymnasium gehen können, aber dort wäre sie alleine bei irgendeiner Pensionswirtin untergebracht worden. Da kam diese Schule mit den reformpädagogischen Ansätzen und dem Zusammenleben in Kameradschaft gerade recht. Das meinte zumindest ihre Mutter. Das am Ganzheitlichen Orientierte sei das Liberalste, was das Schulwesen im deutschsprachigen Raum zu bieten habe. In einem Prospekt über die Schule hatte Margarete mit einem Bleistift Kreuze gemacht, eines davon an der Stelle, wo man Schüler mit einem Lehrer vor mehreren gläsernen Kästen voller Wasser und Fische sehen konnte und *Biologiestunde im Aquarium der Schule* stand. Unter einem anderen Bild, das ein Schulorchester auf einer Bühne zeigte, prangte *Eine Kantate, die im Schulleben entstand, wird im Hallenbau aufgeführt.* Ihre Mutter hatte dem Vater begeistert erzählt, dass die musikalische Leitung der Schule in Händen des Komponisten und Musikers Eduard Zuckmayer liege, dem älteren Bruder des Schriftstellers Carl Zuckmayer, der gerade mit seinem Drama *Der Hauptmann von Köpenick* deutschlandweit in den Theatern für Aufsehen und Gelächter sorgte. Der ehemalige Konzertpianist setzte in der Schule Ideen der Jugendmusikbewegung um. Es hieß, dass ein Volk, das musiziere, der Nährboden für eine künftige Musikkultur sei. Und wo fing man da am besten an? Natürlich bei der Jugend. Das Konzept kam so gut an, dass hier sogar Jugendliche aus dem Ausland angespült wurden.

Peter nahm Beates Mutter den Koffer ab und sagte: »Komm, ich führ euch kurz rum, und dann sollt ihr zum Chef ins Diesseits kommen.«

»Diesseits?«, wiederholte Beate und beeilte sich, sich dem schnellen Schritt des Jungen anzupassen.

»Genau.« Peter zeigte auf die vier Häuser, die den Innenhof bildeten. »Rechts ist das Diesseits, dort wohnt das Lehrerpaar Aeschlimann. Aber noch wichtiger ist der Speisesaal dort. Stell dich gleich mit Frau Franke gut, die ist hier die wichtigste Person.«

»Warum denn?«, fragte die Mutter lächelnd.

»Sie ist die Wirtschaftsleiterin und hat das Sagen über Wurst und Schokolade.«

Beate kicherte und beschloss, dass sie Peter schon mal leiden konnte. Immerhin bereits einen. Der Kloß, der sich seit der Abfahrt von zu Hause in ihrem Hals festgesetzt hatte, drückte doch mächtig. »Gibt es hier auch Pferde?«, fragte sie.

»Da hast du Glück, schau mal.« Peter zeigte nach links in Richtung Watt. Man konnte etwas weiter entfernt ein Pferd erkennen, das einen Karren hinter sich herzog, auf dem ein paar Gestalten saßen und standen. »Wir haben hier verschiedene Arbeitsdienste. Die dort beliefern unsere Aquarien mit Frischwasser und Futter, dafür braucht es auch ein paar Pferdestärken. Warum fragst du?«

Doch bevor Beate antworten konnte, zeigte er auf die anderen Gebäude. »Das ist das Jenseits, hier wohnen einige der Schüler, genauso wie in der Arche. Und dann gibt es noch die Westfalenhalle mit Küche, Werkräumen und Krankenraum. Mein persönlicher Lieblingsort.« Auf den fragenden Blick Beates fügte er schnell »die Werkräume, meine ich« hinzu. »Ich weiß gar nicht, wo du einquartiert wirst. Normalerweise kommen unsere Frischlinge nach Neufundland, aber das haben wir vermietet. Wegen den Kröten, weißt du? Aber das wirst du bestimmt gleich erfahren. So, und nun natürlich zu unserem Musentempel.« Er lief, ohne sich umzudrehen, an einem riesigen Fahnenmast vorbei, an dem etliche Wimpel mit irgendwelchen Tieren wie Pinguin, Seehund und Wolf flatterten, nickte anderen Schülern zu, die geschäftig irgendwohin eilten, und hielt direkt auf das riesige Quadergebäude zu. Er stoppte erst, als sie vor der Treppe standen, die zur Eingangstür führte. Klavier- und Violinenklänge erschallten. Etwas Klassisches. Dramatisches. Dann eine kurze Pause. Erneut ertönte das Klavier, nun in einer anderen Tonart. Heller, leichter. Stimmen fielen ein, schwebten darüber und sangen von »schwerem Herzen« und »See«.

Peter fasste die Klinke und öffnete die Tür mit den Worten: »Größter Stahlbetonbau weit und breit«, wobei er das *Größte* so sehr dehnte, wie zwei Herzschläge lang waren.

Vor ihnen lag ein schnörkelloser hoher Raum. Schmale, verzerrte Lichtflecken tummelten sich auf dem Boden. Doch beachtete diese keiner. Die Bühne war so präsent, dass der Blick fast automatisch davon angezogen wurde. Hohe Stufen führten an mehreren Seiten hinauf, zwei würfelförmige Podeste thronten rechts und links davor, und hinten schloss eine Empore an, von der aus einige Schüler neugierig zu den Eindringlingen hinunterstarrten. Der ganze Raum war dafür gemacht, um mit Lachen, Spiel und Musik erfüllt zu werden. Trotz der geringen Zahl an Menschen herrschte hier eine angespannte Energie, die zu vibrieren schien.

Beate rieb sich ihr Auge. Auf dem Herweg hatte ihr der Wind etwas zugesetzt und ausgiebig Sand in ihr Gesicht gepustet.

Ein Ton auf dem Klavier wurde angespielt. Zuerst zart, dann energisch, fünfmal hintereinander. Hinten auf der Bühne stand ein großer, eleganter, dunkler Flügel, an dem ein mittelalter Lehrer mit einer runden Brille in einem runden Gesicht und nach hinten gekämmten Haaren saß. »So, wir üben das gleich noch einmal. Bitte um Ruhe und …« Er schaute in Richtung Peter. »Alle, die nicht zur Probe erschienen sind, mögen doch bitte wieder die Tür leiser hinter sich zuziehen, als sie geöffnet wurde, ja? Danke.«

Zwei Schülerinnen, die gerade ihre Violinen in die dazugehörigen Instrumentenkästen packten, glucksten, unterließen es aber, als sie ein strenger Blick des Lehrers traf. Wieder schlug dieser die Taste mit einer Hand an, erhob die andere in die Luft, um damit zu dirigieren: »Und eins und zwei und …« Der Rest ging im Schließen der Tür unter.

Diesmal schaute Beates Mutter Peter fragend an. Dieser nickte. »Ja, das ist Zuck.«

»Bitte?«, fragte Margarete.

»Eduard Zuckmayer, unsere musikalische Oberleitung und bester Kumpan von Lu, wenn es um die Vertonung von Theaterstücken geht.«

Margarete lächelte. »Und Lu ist bestimmt Herr Luserke?«

»Richtig, dieser vertextet auch manchmal die Musik von Zuck«, antwortete Peter, der sie weiterführte. Er zeigte in verschiedene Richtungen an den Gebäuden entlang und sagte: »Hier und dort und auch da drüben gibt es überall Nutzgärten. Elf sind es, wenn nicht noch einer dazugekommen ist in den letzten Wochen. Wir bauen unser eigenes Gemüse an und versuchen, Blumen und Bäume sprießen zu lassen.«

»Was machen die denn da?«, fragte Beate und zeigte auf ein paar Schüler, die zusammen mit einem Lehrer an einer Düne standen und buddelten, als ob sie maulwurfsgleich auf der Suche nach Würmern wären.

»Grassoden pflanzen«, sagte der Junge. »Die Wurzeln sollen die Dünen im Zaum halten. Sonst war's das mit den Tomaten und Gurken. Und wer will schon jeden Tag Dosenfutter essen?«

»Ah, hier seid ihr!« Ein großer, kräftiger Mann mit dunkler

langer Hose, weißem Hemd mit hochgekrempelten Ärmeln und einem schwarzen Käppi auf dem Kopf trat zu ihnen. Unter zwei Denkerfalten ragte eine kräftige Nase hervor, unter der wiederum ein kleiner Oberlippenbart struppig abstand. Beate grinste. Auf Gut Wargenau hatte sie ein Buch über Meeresbewohner, worin Walrösser abgebildet waren mit genauso strubbeligen Barthaaren, nur viel länger. Sie legte den Kopf schief. Gutmütig schien er auch zu sein, zumindest blickten seine Augen so. Der Mann hatte bereits ihrer Mutter die Hand geschüttelt und Höflichkeitsfloskeln ausgetauscht, als er sich ihr zuwandte. »Schön, dass du zu uns kommst, Beate. Ich bin schon sehr gespannt, was dir am meisten Spaß machen wird. Da du dich für Natur, Tiere und Sport interessierst, bist du hier genau richtig. Und wir feiern nächsten Monat deinen dreizehnten Geburtstag hier, das ist ja ein perfekter Start.«

Margarete ging ein paar Schritte in Richtung einer der Nutzgärten und betrachtete interessiert die in Reih und Glied stehenden grünen Büschel von Karotten. »Herr Luserke, ich hätte nie gedacht, dass im Sand so etwas gedeihen kann.«

Der Mann lachte, wobei etliche Falten um seine Augen in Bewegung kamen. »Schön ist wüst, und wüst ist schön. Wirbelt durch Nebel und Wolkenhöhn.«

»Shakespeare?«

»Natürlich. Und wir hätten das auch nie gedacht, aber Frau Reiner hat einen nicht zu bändigenden Durchsetzungswillen, der sogar die Natur überzeugen kann. Apropos Frau Reiner.« Er drehte sich zu Peter. »Zeigst du bitte deiner neuen Kameradin ihre Unterkunft bei der Familie Reiner?«

Peter nickte, schnappte sich Beate, schlenderte aber nur ein paar Schritte vor dem Lehrer vornweg in entspannter Hörweite.

Luserke sagte währenddessen zu Beates Mutter: »So, und wir setzen uns jetzt gemütlich in den Speisesaal. Ich habe gehört, es soll zur Feier des Schulstarts Kuchen geben. Und haben Sie keine Bedenken, uns kneift die Wirtschaftskrise zwar mächtig ins Bein, aber wir haben es bis jetzt immer irgendwie geschafft und können mit stolzgeschwellter Brust behaupten, dass wir existenzfähig sind. Auch wenn wir jetzt weniger Schüler haben als letztes Jahr.[13] Um die siebzig, aber dafür sind die Klassen schön übersichtlich, hat ja auch was für sich. Sie hatten noch Fragen zu unserer Struktur?«

Beates Mutter nickte, und er fuhr fort: »Es dreht sich ja alles um die Gemeinschaft, in der wir vor allem die kulturell geprägten, musischen Fächer wie das Laienspiel und die Musik fördern. Dazu wollen wir die Selbstständigkeit und Verantwortung der jungen Menschen herauskitzeln, indem wir gemeinsam Dinge erschaffen und bauen. Manche sind für die Meerwasseraquarien zuständig, andere für die Hühner oder den Neubau von Gebäuden. Haben Sie unsere Becken denn schon gesehen?«

Margarete antwortete: »Nein, wir waren bis jetzt nur in der Theaterhalle.«

»Ah, dann gibt es noch einiges zu besichtigen. Aber lassen Sie mich abschließen. Wir begegnen uns hier alle auf Augenhöhe, jeder hat das Recht zu sagen, was er denkt.« Er pausierte kurz. »Nicht nur das Recht, nein, er wird dazu erzogen, dass er selbst reflektiert und zu eigenen Schlussfolgerungen kommt. Dafür haben wir auch unsere Schülerausschüsse. Wir diskutieren also nicht nur im Unterricht, sondern die Schüler dürfen sich hier komplett mit einbringen, was das ganze Leben anbelangt. Und nicht zu vergessen unsere unmittelbare Nähe zur Natur. Wir erleben hier tagtäglich, dass wir doch nur ein kleines Stück Leben im ganzen Großen sind. Wie sagte der große Dramatiker: Die ganze Welt ist eine Bühne und alle Frauen und Männer bloße Spieler. Auch wenn wir vom Rest der Welt etwas abgeschirmt sind. Meistens zumindest.«

* * *

Die Wohnung der Familie Reiner war sehr gemütlich eingerichtet. Wenn Beate es mit einem Wort hätte beschreiben sollen, wäre es »Bücherregal« gewesen. Im Wohnzimmer, im Arbeitszimmer und auch auf dem Flur: alles voller Bücher. Doch versprühte gerade das eine gemütliche Atmosphäre. Zunächst zumindest. Unter dem Dach gab es zwei Zimmer. Eins, das sich drei Mädchen des Lehrerpaares teilten, und das zweite, in dem Beate mit der vierten Tochter Eva sowie Maria Fein[14], einem Spross bekannter Schauspielereltern, hausen sollte.

Dummerweise war Frau Reiner aktuell im Ausland, um sich um ihren kranken Mann zu kümmern, der in einer Klinik versorgt wurde. Aber das Haus und die Kinder waren bestens betreut von zwei Frauen, die sich um ihr Wohl kümmerten und falls benötigt ihnen auch tröstend zur Seite standen. Christel Hafner, die Frau des Kunst- und Deutschlehrers, hatte selbst drei Kinder in fast gleichem Alter und brachte Ruhe und Ausgeglichenheit in die muntere Schar. Wenn ihre Kinder dabei waren, allerdings auch noch mehr Lautstärke und Toberei.

Maria hakte sich bei Beate ein und zog sie zur Tür hinaus. »Komm mit, ich zeig dir, wo du deine Schultracht bekommst. Weißt du, ich bin schon seit eineinhalb Jahren hier, da weiß man, wie der Hase läuft. Wenn du Fragen zu den Kameradschaften hast, frag mich ruhig.«

Beate wusste, dass die Schüler den sogenannten Kameradschaften zugeteilt waren, das hieß, dass man sich einem Lehrer anschloss, der sich um sie kümmerte und versuchte, die vielen Wünsche und Besonderheiten der Einzelnen in die Gemeinschaft einzubringen. In jeder Kameradschaft stand ein anderes Kernthema im Mittelpunkt. So malte und skizzierte zum Beispiel Fritz Hafner mit seinen Wölfen, während Lu mit seiner Kameradschaft der Bären segelte. Beate hatte keine Ahnung, was zu ihr passen könnte. Mit hochgerecktem Kopf stapfte sie neben dem hübschen Mädchen mit den langen dunklen Zöpfen und den grünen Augen daher und dachte nur: Dann ist ja gut, wenn wenigstens sie weiß, wie der Hase läuft. Ich hab's mehr mit Pferden, und die schlagen keine Haken.

Die Schultracht bestand aus einem roten Kleid mit weißer Bluse und einer schwarzen Baskenmütze, wie sie auch Lu trug. Eine Besonderheit der Schule, sagte Maria lachend und machte Beate ein Kompliment, dass der dunkle Klecks auf ihren kurzen blonden Haaren einen hübschen Kontrast dazu bilde. Mit einem Blick auf ihre Armbanduhr sagte sie: »Wir haben fast halb sieben, da kannst du die Schulkleidung gleich anlassen. Komm, ich zeig dir, wo wir zu Abend essen.«

Maria zog Beate zum Diesseits, wo bereits die ersten Schüler und Lehrer hinströmten, redete kurz mit Lu und setzte sie an dessen Tisch, den der Kameradschaft der Bären. »Hier bist du erst mal gut aufgehoben. So, ich muss weiter.« Sie eilte an einen anderen Tisch, an der die junge Lehrerin Erne Wehnert mit dem Spitznamen Fock ihre Schützlinge um sich gruppierte. Als Beate hinüberschielte, sah sie, wie Maria sich lachend mit einem anderen Mädchen mit weizenblonden Locken unterhielt und fühlte einen kleinen Stich in der Magengegend. Beate wippte mit den Beinen unter dem Tisch. Ihre Mutter war in einem nahen Gästehaus untergebracht und wollte am nächsten Morgen nochmals zum Verabschieden vorbeikommen. Dann würden sie sich erst mal viele Monate nicht mehr sehen.

Lu trat in die Mitte des Raumes, lehnte sich mit dem einen Arm an das Klavier, das dort stand, und bat um Ruhe. Er sprach mit tiefer, klarer Stimme: »Zur Einstimmung in den Abend zitiere ich heute aus der *Edda:* Das schönste Leben ist dem beschieden, der recht weiß, was er weiß.« Er machte eine Pause, in der er die ihm zugewandten Gesichter entlangschaute. »Wer mag, kann sich gerne später darüber auch mit mir austauschen. Und für die Neuankömmlinge noch kurz die Information, dass wir das Essen schweigend beginnen, bis ich in ein paar Minuten den Gong betätige. Dann könnt ihr euch gerne leise unterhalten. Nun wünsche ich allen einen guten Appetit.«

Es gab frisch gebackenes, herrlich duftendes Brot und einen deftigen Gemüseeintopf. Ganz nach Beates Geschmack. Sie hatte heute aber auch einen Hunger! Zwischen den ersten Löffeln schaute sie kurz hoch und musste grinsen. Es war ein Meer aus tiefdunklen Kappen, die sich schmatzend über die Teller beugten und das Essen genauso in sich hineinschaufelten wie Beates Geschwister oder Karl, Fritz und Ernst von Gut Wargenau. Der Kloß in ihrem Hals war schon viel kleiner geworden, fast ein Klößchen. Mit neuem Elan stieß sie den Löffel in den Suppenteller, sodass etwas danebenschwappte. Sie erstarrte kurz, aber keiner schimpfte oder ermahnte sie. Keine Meckereikultur, das war schon mal gut.

Die erste Nacht in dem neuen Bett war ungewohnt. Frau Hafner hatte ihnen noch etwas vorgelesen, eine gute Nacht gewünscht und war gegangen. Beate lag da und lauschte der neuen Melodie, die ab jetzt ihre Einschlafmusik bildete: eine Melange aus dem Donnern der Wellen und Brausen des Windes, das an dem Fenster rüttelte. Es gab hier keine Kühe, das war schade.

Maria diskutierte mit Eva leise über etwas, das sie als Rache bezeichneten. Sie wollten einigen Jungs die Schlafanzugärmel und Hosenbeine zunähen. Heimlich und still, und sie fragten Beate, ob sie denn gut mit Nadel und Faden umgehen könne und mitmachen wolle.

»Warum denn?«, fragte Beate und gähnte.

Eva dreht sich raschelnd in ihrem Bett um. »Zum einem gehört es hier quasi zum guten Ton, sich Streiche zu spielen, und zum anderen …«

Maria unterbrach sie. »Hat es August verdient. Der mit seinen blöden Sprüchen. Du erkennst ihn an seiner braunen HJ-Uniform, sein Vater ist der Bürgermeister von Borkum, das hat ihm wohl seinen Kopf zugeschissen.«

Die Mädchen lachten.

»Wie geht es deinem Vater?«, fragte Maria Eva.

Und als Eva anfing, von dem letzten Brief zu erzählen, den sie von ihren Eltern erhalten hatte, wurde die Stimmung mit einem Schlag sehr nüchtern. Beate hörte heraus, wie das Mädchen Angst um das Leben seines Vaters hatte, der schon seit Jahren immer wieder in Kliniken behandelt wurde, aber diesmal schien er nicht wiederzukommen. Maria seufzte und verriet Beate flüsternd, wie sich ihr Vater vor einigen Jahren von ihrer Mutter getrennt und die heiß geliebte kleine Schwester einfach so von heute auf morgen aus ihrem Leben gerissen und mit in eine ferne Stadt genommen hatte. Da ahnte Beate, dass ihre eigene Welt heil und ganz war.

Noch lange nachdem die regelmäßigen Atemzüge der beiden Mädchen von tiefem Schlaf kündigten, lag sie wach, lauschte dem Tosen der Nordsee und ließ ihre Gedanken frei fliegen.

»Nicht das Kind sollte sich der Umgebung anpassen, sondern wir sollten die Umgebung dem Kind anpassen.«

Maria Montessori (1870–1952),
Reformpädagogin, Ärztin

KAPITEL 5

Nichts bleibt, wie es ist

* * *

ÜBER EIN JAHR SPÄTER, OKTOBER 1933

ZWEITES SCHULJAHR IN DER SCHULE AM MEER

Ein lauter Ruf weckte Beate frühmorgens. Es musste gegen sechs Uhr dreißig sein, passend zur ansteigenden Flut. Lu verspätete sich nie. In einen schwarzen Leinenumhang, seinen Allwettermantel, gewandet, die Mütze auf dem Kopf, stapfte er zwischen den Gebäuden umher und schmetterte in ein altes Sprachrohr. Der Stimmverstärker war länger als sein Arm und sah aus, als ob man ganze Fußbälle in die Trichteröffnung versenken könnte. Es hatte etwas von einem mittelalterlichen Ausrufer. Lu sang zunächst ein kurzes Lied. Es ertönte wirklich immer, jeden einzelnen Morgen, und einige von Beates Kameraden behaupteten, dass sie alleine an der Tonlage erkennen könnten, ob die Sonne schien oder es bald Regen geben würde. Eine hohe Stimmlage ließ wohl auf gute Witterung und eine tiefe auf wetterliche Tristesse schließen.

»Rise, Rise, Rise, nach alter Seemannsweise. Ein jeder stößt den Nachbarn an, der Letzte stößt sich selber an. Einen guten Morgen, ihr Landratten, das Wasser hat akzeptable Badetemperatur, der Wind kommt mäßig aus südlicher Richtung, der Wellengang ist niedrig. Alles in allem gute Bedingungen. Rise, Rise, Rise, nach alter Seemannsweise …«

Die Stimme war verklungen, dafür drang Poltern und Lachen aus den verschiedenen Zimmern.

Beate gähnte herzhaft und streckte sich. Das frühe Aufstehen war sie ja gewohnt, aber hier schien sie morgens immer müder zu sein. So viel müder. Sie ging sogar freiwillig pünktlich ins Bett, ohne zu protestieren. Meistens zumindest.

Es waren nun bereits viele Monate in der Schule am Meer verstrichen, Monate voll imposanter Wolkengebilde, die der Wind über die Häuser auftürmte, um sie dann bei der nächsten Gelegenheit liebevoll zu zerzausen, bis sie zerstreut als eine Herde watteweicher Schafe das ganze Blau ausfüllten. Es war Oktober, und sie war heilfroh, dass für den nahenden Winter in allen Räumen elektrische Heizkörper installiert waren.

Natürlich hatte sie anfangs ganz schreckliches Heimweh gehabt, nach ihrem Pferd, den Hunden, ihren Eltern und vor allem nach ihrem Freund Jochen Heller, den sie in Cranz kennengelernt hatte und mit dem sie sich regelmäßig Briefe schrieb. Ihr erster Freund, der Sohn eines Arztes, der in einer mondänen Villa lebte und sie geküsst hatte. Die Familie war so mondän, dass sie nicht einmal einen eigenen Nutzgarten hatte und alles in Geschäften käuflich erwarb. Sogar Zucchini oder Salat, was nun wirklich schnell wuchs und recht anspruchslos war. Man musste nur rechtzeitig die Schnecken einsammeln.

Alles andere wäre ja auch komisch gewesen, also kein Heimweh zu haben. War ihr Zuhause doch ein Ort der Wärme und Liebe. Seltsam war nur, dass immer, wenn sie den Eindruck hatte, auf der Insel so richtig angekommen zu sein, wenn sie aufs Wasser schaute und spürte, dass sie ein Teil des Ganzen war, genau dann vermisste sie wieder ihr Ostpreußen. Die unaufgeregte Ordnung, die das Landleben mit sich brachte. Wenn die Männer auf dem Felde standen und im Gleichklang mit ihren Sensen das gelbe Roggenfeld zum Niedersenken brachten. Jeder Schritt ein Wiegen, jeder Schritt ein Rauschen. Irgendwann blieben alle stehen, zogen ein Strichholz aus dem Gürtel und schärften die Sensen mit einem metallischen Klang, der zur Ernte dazugehörte wie das Zirpen der Grillen zum Sommer. Die Frauen liefen hinterdrein, bückten sich, sammelten die Garben auf und banden sie, wie weiche Wellen auf dem Meer, unterbrochen von Lachen und Gesang, unterbrochen von barfüßigen Kindern, die ihnen Saft, Malzkaffee und Brote brachten, für neuen Schwung, für neues Rauschen. Auch das war eine Ausprägung von Unendlichkeit, verursacht durch immerwährendes Wiederholen, das spürte sie hier am intensivsten, wenn sie aufs Wasser schaute und versuchte herauszufinden, wo der Himmel ins Wasser überging und wo die Schaumkronen der Wellen zu Wolken wurden.

»Beate, komm …«, sagte Maria und betrachtete ihre Freundin für einen kurzen Augenblick verwundert. So verträumt wirkte Beate sonst selten. Doch gab es gegen die morgendliche Schläfrigkeit ein ganz besonderes Heilmittel, das gleich anstand.

Beate lachte, sprang leichtfüßig aus der Koje und zog sich mit einem »Wetten?« den Pyjama aus, den Badeanzug an, streifte sich einen Wollpulli über, zupfte sich ein Handtuch aus dem Schrank und sagte: »Erste!«

»Aber ich bin als Erste unten.« Maria grinste und sprintete bereits zur Treppe in Richtung Sammelplatz zwischen den windgeschützten Dünen.

Beate hatte mittlerweile ihre Kameradschaft gewechselt. Zwar liebte sie es zu segeln; diese Momente, wenn die Jollenkreuzer stückweise zu fliegen schienen, bis sie mit einem dumpfen Geräusch wieder zurück auf die Wasseroberfläche knallten. Es fühlte sich heldenhaft an, wenn es draußen stürmisch war und man trotzdem die Boote auf Holzkarren zur See zog, die Segel hisste. Wenn man den Naturgewalten trotzte und sie bezwang. Manchmal schwammen Seehunde neben ihnen entlang und schauten neugierig mit ihren schwarzen Knopfaugen zu ihnen hoch.

Wenn man wieder zurück an Land kam, hatte man das Gefühl, alles schaffen, alles erreichen zu können, was das Leben einem so vor die Füße spülen würde.

Doch der Grund, warum sie gewechselt hatte, hatte mit der Takelage zu tun. Sie hasste alles, was sich darum drehte: das Klettern auf den Masten; die nassen, glitschigen Taue, deren Salz sofort in die kleinste Schürfwunde zog und schmerzte. Und da jede Kameradschaft eine eigene Jolle hatte und sowieso segelte, wollte sie lieber anderen Dingen nachgehen. Sport trieb sie gerne, was man an der Schule ausgiebig in der großen Pause und auch nachmittags machen konnte. Es gab verschiedene Angebote wie Völker- oder Fußball, Hockey und Leichtathletik, bei denen alle Schüler gemeinsam spielten. Mädchen wie Jungen, auch der Unterricht fand ja in gemischten Klassen statt, Koedukation nannten die Lehrer das. Sowieso schien die Körperertüchtigung ein Ansatz zu sein, um vieles zu lösen.

Wenn jemand voller Zorn den Kopf nicht frei bekam, riet man ihm, so lange am knirschenden Sandstrand entlangzurennen, bis das Gehirn einmal leer gepustet war. Lu nannte das Wutrennen, und es gab zwar nicht täglich welche, aber doch wöchentlich etliche, die davon Gebrauch machten. In der ersten Pause stand dazu ein Spiel an, das sich Tobsucht nannte. Alle, die Lust hatten, trafen sich am Strand und durften wie ein junges Rudel Hunde übereinander herfallen und sich balgen, bis entweder die Kräfte nachließen oder der Gong zur nächsten Unterrichtseinheit rief. Dafür gab es dann den Rest des Tages größtenteils Zucht und Ordnung, was bedeutete, dass sich die Schüler in Ruhe ließen und sich nicht die Köpfe einschlugen.

Beate war schon immer vorne mit dabei gewesen, wenn es zu Hause oder im Sportunterricht ums Rennen und Schwitzen gegangen war, aber hier merkte sie erst, wie sie das Gefühl brauchte, ihren Körper zu beanspruchen, ihm nicht nur das Geschick des Segelns abzuverlangen, sondern sie musste ihn spüren. Kurz bevor das Brennen in den Beinen nicht mehr zu ertragen war, bevor man aufgeben wollte, wenn der Kopf über den Körper siegte, wenn man doch noch weiterkonnte, es geschafft hatte, man innerlich triumphierte, mehr erreicht zu haben als in der Woche zuvor, mehr als die Jungs, und danach die zufriedene Entspannung, die durch einen hindurchfloss. Es ging immer ein Stück weiter. Immer.

Ihre neue Kameradschaft waren die Wölfe, man sollte und durfte neue Gruppierungen ausprobieren, und sie fühlte sich hier ganz wohl. Dazu verbrachte sie ihre Arbeitszeit gerne in den Nutzgärten, die unter der Leitung von Anni Reiner standen.

Anni war letztes Jahr im November trauernd in die Schule am Meer zurückgekehrt. Alleine. Ihr Mann war einem Krebsleiden erlegen. Voller Staunen hatte Beate wahrgenommen, wie diese Frau nach einigen Tagen der Stille sich wieder voller Motivation ihren Kindern, der Schule und auch ihr, der Neuen, hatte widmen können. Eine groß gewachsene, kräftige Frau mit kurzen schwarzen gewellten Haaren und dunklem Lippenstift. Wenn sie einen Raum betrat, erfüllte sie diesen sofort mit ihrer Energie. Oft konnte man sie abends das Violoncello spielen hören. Voller Melancholie oder Ingrimm. Oft sah man sie auch in einem der Nutzgärten beim Rausrupfen von Unkraut, und in diesen Momenten hätte wirklich keiner gerne mit dem Unkraut getauscht. Da Beate von Haus aus sehr gerne mit Pflanzen und Erde zu tun hatte, machte ihr die Arbeit Spaß, und sie versuchte, den widrigen Bedingungen Tomaten und Gänseblümchen abzutrotzen.[15]

Doch war diese Zeit, in der alles seinen geregelten Rhythmus gefunden hatte, in der Beate gewusst hatte, welches Fach, welche Aktivität als Nächstes kommen würde, jetzt schon wieder vorbei. Denn seit einigen Tagen war nichts mehr so, wie es vorher gewesen war. Eine Handvoll Männer, die aus der Ortschaft Juist kamen, hatten vor ein paar Tagen die Privaträume der Familie Reiner auf den Kopf gestellt und Bücher sowie Ordner herausgetragen. Anni selbst hatte dem gefasst zugesehen, die Fragen der Mädchen abgewiegelt und sie pünktlich in die Theaterprobe geschickt.

Als Beate wiederkam, hörte sie lautes, angeregtes Stimmengewirr aus der Reiner'schen Wohnung. Abends saß Eva heulend in dem Gemeinschaftszimmer. Ihre Mutter hatte ihre Anstellung an der Schule gekündigt und wollte zusammen mit den Töchtern ins warme Tessin ziehen.[16] Davon waren allerdings die wenigsten angetan. Eine gemeinschaftliche Trübsal hatte sich in den Häusern breitgemacht. Es waren bald nur noch achtundvierzig[17] Schüler, die von fünfzehn Lehrern betreut wurden. Viele zogen ins Ausland, andere konnten sich die Schule nicht mehr leisten. wieder andere schienen einfach von der Bildfläche verschwunden zu sein. Alles schien zu schrumpfen. Christel Hafner[18] kümmerte sich um die Verbliebenen. Doch ohne die Familie Reiner war eine Lücke im Gesamtgefüge entstanden, die nicht mehr zu flicken war.

Beate und Maria waren am Sammelpunkt angekommen. Gleichzeitig. Behauptete zumindest Beate. Und mit ihnen die komplette Schülerschar und alle Lehrer. Mit dem deutschen Gruß[19], der vor ein paar Wochen als neues Ritual eingeführt worden war, begrüßten sie sich. Es folgte ein Beugen und Strecken, Frühgymnastik genannt, was von lautem Schnaufen begleitet wurde und manchmal sogar die ersten Sonnenstrahlen anlockte, doch Beate wusste, dass das Aufwärmen des Körpers entscheidend war für das, was dann folgte: ein Bad im Meer. Jeden Morgen. Kältebad. Vorausgesetzt, es stürmte nicht oder der Regen peitschte in Reitgertenstärke. Um eine Schockwirkung zu vermeiden, was zum Tod führen konnte laut den Lehrern, sollten sie erst bis zur Hüfte hineingehen, das Gesicht ins Wasser tunken, Blubberblasen hineinschnaufen. Dann langsam mit dem restlichen Körper rein. Natürlich klappte das nicht immer, eigentlich so gut wie gar nicht, da der wilde Haufen oft einfach hineinstürmte und die Schockwirkung zum Teufel jagte. Wach und voller Tatendrang flitzten sie ans Ufer zurück, um sich abzutrocknen. Beate fühlte sich danach besonders klar, und oft fielen ihr dann Lösungen für Schulaufgaben ein, über die sie abends zuvor noch lange gegrübelt hatte. So als ob das klare Wasser alles erhellen würde.

Nach dem Duschen kleideten sich Maria und Beate schnell an, um wie aus dem Ei gepellt kurz darauf im Speisesaal zusammenzukommen. Stehenderweise. Denn vor dem Frühstück gab es erst einmal Musik. Zuck setzte sich an das in der Mitte des Raumes stehende Cembalo, versuchte, nicht auf die Tasten zu tropfen, waren die Haare doch noch recht nass, und ließ seine Finger gemessen über die Tasten wandern. Das Präludium und die Fuge aus dem *Wohltemperierten Klavier* von Johann Sebastian Bach erklangen. Jeden Morgen. Jede Woche. Das ganze Jahr über.

Heute fiel es Beate besonders schwer, stehen zu bleiben und zu lauschen, es war wieder einer dieser bescheidenen Tage. Der Porridge, der bereits in mehreren Pötten auf die Frühstücker wartete, dampfte und verteilte seinen Zimtduft im Saal. Beate würgte. Mit zittrigen Beinen stützte sie sich auf die Lehne des nächsten Stuhls, aber es war zu spät, ihr wurde schwarz vor Augen, und im nächsten Augenblick sackte sie zusammen. Es dauerte nur wenige Sekunden, bis sie jemand auf einen

Stuhl gehievt hatte, ein zweiter wurde dazugeschoben, um ihre Beine hochzulegen. Es war mal wieder so weit, sie bekam ihre Periode. Da brauchte sie gar keinen Kalender zu führen. Das passierte so gut wie alle vier Wochen. Bei der Hündin zu Hause auf dem Hof nannte man das Läufigkeit, aber Beate fand diese Bezeichnung mehr als unpassend, war sie selbst doch gerade dann am schlechtesten auf den Beinen.

Drei Stunden Unterricht bei Lu standen auf der Tagesordnung. Beate dachte oft, dass man es eigentlich Erzählzeit nennen sollte. Wie wenig hatte das mit dem Unterricht zu tun, den sie aus Cranz kannte. Natürlich übten sie auch die Rechtschreibung, aber Lu nutzte die Aufmerksamkeit der Schüler, um ihnen Geschichten in den buntesten Bildern auszumalen, vor allem die nordische Mythologie oder alles rund um die Seefahrt, diese Themen hatten es ihm besonders angetan. Manchmal brachte er auch einen Satz aus einem Buch oder ein Zitat von einem Philosophen mit und ließ sie ewig darüber diskutieren. Es gab keine falschen Aussagen oder Meinungen, alles hatte seine Berechtigung, es musste allerdings gut begründet sein. Bei zu laschen, unüberlegten Behauptungen konnte er fuchsteufelswild werden. Die Genauigkeit von Gedankenführung, das war ihm wichtig. »Beate, sei nicht so schüchtern, ich weiß, dass du etwas zu sagen hast«, bekam sie öfters zu hören. Aber sie wollte sich die Worte zunächst ganz genau zurechtlegen, bevor sie diese in der Gruppe vorbrachte. Hier lernte sie Schnelligkeit und Logik. Und dass sie ernst genommen wurde.

In dieser Stunde stand allerdings etwas anderes an. Mit einem Räuspern machte sich Lu die Kehle frei und erhielt sofortige Stille. »Liebe alle, ich will wieder zusammen mit euch ein neues Theaterstück ins Leben rufen. Ich habe bereits ein paar Spieler, aber ich denke, dass wir noch Unterstützung gebrauchen könnten. Hanna und Lorenz, ihr seid doch auch mit dabei. Was ist mit dir, Beate? Bei den letzten Scharadespielen hattest du doch großen Spaß?«

Beate nickte, Wörter pantomimisch darzustellen, lag ihr recht gut. Und ein Stück von Anfang an mitzuentwickeln, mitzuschreiben, selbst zu entscheiden, wie ihre Rolle aussehen sollte, was sie sagen würde, das hörte sich recht spannend an. Vor allem war sie sehr beeindruckt von den Vorführungen, die sie als Schulgemeinschaft zusammen immer wieder stemmten. Ob im Orchester, bei der Technik, beim Aufbau oder in der Laienspielgruppe, alle wurden miteinbezogen, und alle freuten sich, wenn die Vorführung rundlief und der Applaus dem Erfolg die Krone aufsetzte. Ihre Teilnahme bedeutete zwar, dass sie Lu wieder viele Stunden über das Bewegungsspiel und den Fluss, den Shakespeare-Stücke erzeugten, zuhören musste, aber am Ende war das alles das Ergebnis wert.

Lu fragte in die Runde: »Wollen wir ein Singspiel daraus machen?«

Und Beate war sehr froh, dass in ihr »Ach, nöö« die anderen mit einfielen. Singen, das konnte sie nun wirklich nicht.

* * *

ZWEI MONATE SPÄTER – WEIHNACHTSFERIEN

BAHNHOF KÖNIGSBERG

Es schneite dicke weiße Flocken. Als der Zug in den Bahnhof in Königsberg einratterte, wurde Beate bereits sehnlichst erwartet. Ihre Mutter stand zusammen mit Ulrich am Bahngleis, und das Lächeln auf beiden Gesichtern war das Schönste, was Beate seit Langem gesehen hatte. Sie wurde in die Pferdekutsche gesetzt, dick in Decken eingewickelt, bekam einen Becher mit heißem, herrlich duftendem Kakao in die Hand gedrückt und fühlte sich wie eine nordische Prinzessin. Es konnte hier schnell mal minus vierzig Grad haben, da brauchte es schon ordentlich Decken und Kakao. In wenigen Stunden würde sie wieder vor dem heimeligen Kamin in der guten Stube sitzen, mit den feuchten Hundenasen im Nacken und ihren Eltern und Geschwistern zur Gesellschaft. Der Schulalltag auf Juist war von morgens bis abends so vollgestopft, dass sie oft gar nicht dazu kam, etwas zu vermissen. Manchmal aber traf sie das Gefühl der Sehnsucht wie ein Schlag in die Magengrube. Beate war eine der schnellsten Läuferinnen in ihrer Altersgruppe und hatte mit Erfolg bei einem Sportwettbewerb teilgenommen, der von der Juister NSDAP veranstaltet worden war. Zuerst hatte sie gezögert, daran teilzunehmen, da viele ihrer Freunde lieber freihaben wollten, und Maria durfte eh nicht mitmachen, da sie Jüdin war, aber Lu und ein paar Kameraden sprachen von ›politischer Instinktlosigkeit‹ und dass man sich der Zeit und den Umständen anpassen müsse. Seiner Meinung nach brachte die HJ immerhin etwas Disziplin in die Schule. Eins von Lus Lieblingsmäkelthemen, wenn er sich darüber aufregte, dass einige Schüler Regeln brachen und nachts baden gingen oder sich Dinge kauften, die man in seinen Augen nicht brauchte.

Aber Beates Herz war zwiegespalten. Lu hatte im Herbst bei einer Rede begeistert davon erzählt, dass die Schule von der Hitlerjugend übernommen werden könnte und die Zukunft damit erst mal gesichert wäre, doch gab es in den Schulversammlungen immer heftiger geführte Diskussionen über den Punkt, dass die Schule doch judenfrei sein müsse. Das verlangten die NSDAP, die Hitlerjugend und auch der Bürgermeister der Insel. Vier jüdische Kinder gab es noch, Maria war eins davon. Wie es aussah, würde keiner der vier nach den Weihnachtsferien zurück in die Schule kommen. Notwendigkeit für das Gemeinwohl, betonte Lu, aber ganz richtig fühlte sich das nicht an. Es ging ja auch um den Einzelnen, oder nicht? Auf so einen Einwand antwortete er stets, dass sich der Einzelne der Gemeinschaft unterzuordnen habe. Es gehe ja ums große Ganze. Darauf fiel Beate keine Erwiderung ein. Lu und auch ihr Vater hatten im Ersten Weltkrieg gedient und Verletzungen davongetragen. Das war der Grund, warum Lu immer eine Mütze auf dem Kopf trug, was zum Erkennungssymbol der Schule geworden war. Damals war es auch um das Ganze gegangen und nicht um den Einzelnen.

In den letzten Schultagen hatte man Maria täglich den Strand entlangsprinten sehen, aber das hatte die Tränen nicht verdrängen können, die sie beim Abschied geweint hatten. Wenn es den Einzelnen betraf, war die Perspektive auf das Ereignis doch eine ganz andere.

Gut Wargenau erstrahlte im hellsten, schönsten Glanz. Es musste zwar gespart werden, aber dank der fruchtbaren Felder und des weißen Goldes fühlte man sich auch hier wie auf einer Insel. In den ersten Tagen hatte Beate viel nachzuholen, sie musste auftanken. Den Duft der Pferde, die Gewürze der Küche, das Muhen der Kühe, sich verhätscheln lassen von Frau Romeike, ihrer Mutter, dem Bruder. Sich auf den neuesten Stand bringen lassen von ihren alten Spielkameraden auf dem Hof, wer was wo erlebt hatte, und war das wirklich so? Und sie brauchte Zeit, um trauern zu können. Um ihren Freund. Auch er war mit seinen Eltern weggezogen. Einen Brief hatte er ihr dagelassen und davon geschrieben, dass man sich im Leben doch immer zweimal begegne, zumindest wünsche er sich das.

An einem der Weihnachtstage kramte Beate all ihren Mut zusammen und nutzte die Gunst des Augenblicks, als ihre Geschwister bereits den Esstisch verlassen hatten und nur noch die Eltern mit ihr dasaßen. Gesättigt und zufrieden, einverstanden mit dem Leben sagte sie: »Ich muss mit euch reden, liebe Eltern. Es geht um … Ja, wie soll ich anfangen.«

Sie hatte sich die Sätze im Kopf bereits Dutzende Male zurechtgelegt, sogar vorgestellt, wie sie die Hände faltete, um erwachsener zu wirken, das Gesagte damit quasi zu unterstreichen, und welche Miene sie auflegen sollte. Und jetzt fiel ihr als Einziges ein, die Hände zusammenzuführen. Was die Eltern übrigens sehr irritierte, da diese Gestik von ihr einfach nur ungewohnt war. Beate verschluckte sich und musste husten. »Ui, das war … Also. Ich mein, ich will ja Pilotin werden. Und da hab ich mit dem Lu gesprochen, und der meint auch, dass mein Englisch da ungeheuer aufpoliert werden müsste, und vielleicht ist es möglich …« Sie machte eine kurze Pause und war froh, dass noch kein Einspruch gekommen war. Wollte ihre Mutter doch, dass sie etwas studierte, am besten in Richtung Medizin, und der Vater hoffte, dass sie später das Gut übernehmen würde. »Es ist möglich, im Ausland als Aupair zu arbeiten. Das wäre fein. Ihr wünscht euch doch, dass ich selbstständig werde.«

Der Vater griff nach dem Bärenfang, der auf dem Tisch stand, und goss sich ein Schnapsglas davon ein und nach einem kurzen Blickkontakt mit seiner Frau auch ihr.

»Mhm«, brummte Margarete und musterte Beate. »Dein Klavierspiel ist schon viel besser geworden. Man merkt, wie gut dir der Unterricht bei Herrn Zuckmayer tut.«

»Klavier?«, wiederholte Beate.

Der Vater sagte: »Mein liebes Attei, ich finde es gut, dass du sagst, was du willst. Dass du einen Traum hast … ein Ziel. Weißt du was, ich spreche in Ruhe mit deiner Mutter darüber, und dann können wir uns noch mal zusammensetzen, ja? Und jetzt erzähl mal von den anderen Schülern. Also von den Eltern. Habt ihr auch Landwirte oder Züchter darunter?«

Es dauerte drei Tage, bis die Eltern das Thema wieder ansprachen. Es sei in Ordnung, wenn sie nach dem Schulabschluss mit sechzehn ins Ausland gehen würde. Sprachen seien heute immer von Vorteil. Doch müsse sie sich auf den Kompromiss einlassen, dass sie direkt im Anschluss für ein halbes Jahr Hauswirtschaft lernen solle. Entweder auf einer Hauswirtschaftsschule oder hier bei der Mutter. Egal, was komme, man müsse das beherrschen. Sollte man arm heiraten, sei es wichtig, das Geld zusammenzuhalten, und bei Wohlstand gelte es, die Angestellten anzuweisen. Die Frau des Hauses solle die ›Seele vons Janze‹[20] sein, sonst würde nichts funktionieren.

Vielleicht nach Großbritannien.

Beate brauchte nicht einmal eine Sekunde, um ihre Hand vorzustrecken und einzuschlagen. Nach Großbritannien! Davon hatte sie angefangen zu träumen, als Peter in der Schule davon das erste Mal erzählt hatte. Na ja, eher angegeben. Er hatte mit seinen Eltern schon die halbe Welt bereist. Italien, Frankreich und Dänemark. Aber seine Erzählungen über Großbritannien hatten sie am meisten beeindruckt.

»Der ziellose Mensch erleidet sein Schicksal,
der zielbewusste gestaltet es.«

Immanuel Kant

KAPITEL 6

Aufwärts – immer dem Blau entgegen

* * *

VIER JAHRE SPÄTER, 7. AUGUST 1937

RANGSDORF

Manchmal passierte in einer eigentlich überschaubaren Zeitspanne so wahnsinnig viel, dass man das Gefühl hatte, bereits uralt zu sein. Selbst wenn das Grün hinter den Ohren doch noch recht feucht war.

In den letzten Jahren hatte Beate die Schule wechseln müssen, den Abschluss gemacht, hatte in Wales gelebt und bei ihrer Mutter ein halbes Jahr das Hauswirtschaften erlernt. Nicht nur das. Da ihre Mutter das, was ihr Mann auf dem Feld einbrachte, zu Geld machte, bekam Beate auch einen Einblick in ihre Verhandlungen mit den Kommissionären in Königsberg und sah ihr dabei zu, wie sie die Buchhaltung machte und sich um die Löhne aller dreiundzwanzig Familien kümmerte, die als Knechte und Mägde bei ihnen angestellt waren.

Als die Wirtin schwer erkrankte, fand sich Beate für achtzehn Personen kochend am Herd wieder und schwitzte bereits beim Anfeuern, da zu wenig Holz ungares Essen und zu viel Holz verbranntes bedeutete.[21]

Tatsächlich stiegen ihr fast täglich Erinnerungen an die Schulzeit in den Kopf. Kurze Bilder von intensiven Momenten oder besondere Ereignisse. Das letzte Mal, als sie Lu getroffen hatte, lag ein paar Monate zurück. Das war zusammen mit ihren Eltern gewesen und sehr lustig abgelaufen. Lu hatte sich ein niederländisches Plattbodenschiff zu einem bewohnbaren Boot umbauen lassen und segelte zusammen mit seinem Sohn an den Küsten der Nord- und Ostsee entlang. Auf den Spuren alter Wikinger-Routen. Auf dem Schiffsbug prangte weithin sichtbar der Name *Krake,* und er selbst bezeichnete sein Boot als schwimmende Dichterwerkstatt. Beate war vor drei Jahren an Bord dabei gewesen, als das Schiff aus dem niederländischen Zoutkamp abgeholt worden war, um es zum Umbau zu einer Werft in der Nähe von Juist zu segeln. Es war das letzte gemeinsame Abenteuer gewesen, das sie mit Lu erlebt hatte, und nie würde sie es vergessen, vor allem, weil ein Teil der maroden Kajüte eingestürzt war und fast die Lehrerin Erna[22] unter sich begraben hatte. Segeln unter Lu wurde eh nie langweilig, es wurde praktische Physik vermittelt über Auftriebskraft, Aerodynamik, und wie man mit der Stellung der Segel die Winkel zwischen Mittschiffslinie und dem Windeinfallswinkel beeinflussen konnte, um sogar gegen den Wind zu segeln. Am beeindruckendsten fand Beate das Navigieren nach den Sternen. In der Dunkelheit an Deck zu stehen, sich von den Wellen wiegen zu lassen, das Plätschern des Wassers, der Wind, der sanft über Deck und die Haut strich und über sich die unendliche Weite des Nachthimmels mit seinen strahlenden Himmelskörpern. In diesem Moment fühlte man sich eins mit der Natur, und ein Gefühl der Dankbarkeit und des Staunens machte sich in der Brust breit. Als ob die Weisheit der Welt in einen eindrang, wenn man sich so klein wie ein Regenwurm fühlte, aber gleichzeitig so erhaben wie die Götter über den Himmelskörper. Es war so schön, dass es fast wehtat.

Als sie die *Krake* überführten, erzählte Lu zum Einschlafen Geschichten, in die er seine geliebte nordische Mythologie einwebte. Er pflege die Tradition der Barden, so bezeichnete er es zumindest. Beate konnte sich noch gut daran erinnern, wie er eine Art Märchen über die Fertigung der *Krake* zusammengeknotet hatte: Das Holz des Schiffes stammte von einer uralten Zigeunereiche, die krumm und buckelig verwachsen seit Menschengedenken auf einer Lichtung thronte. Die Äste sahen aus wie zwei riesige Arme, die bedrohlich ihre Hände ausstreckten, als ob zwischen den Wurzeln der Eiche ein Bösewicht vergraben liege und die Äste die Verlängerung seines Körpers wären. Noch hielten sie sich ruhig, lagen auf der Lauer, um bald erneut zuzuschlagen und ihr dunkles Werk in der Welt der Menschen fortzusetzen.

So ein Bösewicht musste auch dahintergesteckt haben, als Ostern 1934 die Schule am Meer geschlossen worden war. So empfand es zumindest Beate, die darüber sehr traurig war. Alles passierte in einem ungeheuerlichen Tempo. Gerade waren Schüler und Lehrer morgens zusammen im Meer baden, dann hieß es, die Theaterveranstaltung vor Ostern würde die letzte sein. Für immer. Dabei hatte sich Beate so darauf gefreut, spielte sie doch den Kulle in dem Stück *Die herrliche Windbüchse*[23], welches sie mit den anderen Schülern zusammen geschrieben hatte. Als Kulle war sie das einzige Mädchen, das aufgrund seines Muts in einer Jungenbande aufgenommen wurde. Aber das Besondere an dem Stück war, dass am Ende der Mond tatsächlich in Feuer aufging. Sie hätte nie gedacht, dass Lu das erlauben würde. Es brannte lichterloh.

Der ganze Spaß, den sie bei den Proben gehabt hatten, ging den Bach hinunter. Es war eine düstere Endzeitstimmung, nur aufgelockert durch die Überbringungsfahrt der *Krake*.

Verschiedenste Gerüchte kursierten in der Schule. Dass es sich finanziell nicht mehr trage, seitdem so viele Schüler ausgeschieden und Anni Reiner ins Ausland gegangen sei. Der Versuch, die Schule an die Hitlerjugend als Führerschule zu übergeben, war fehlgeschlagen, weil die Leute im Dorf Stimmung dagegen gemacht und mit ihren Hinweisen, dass es eine Judenschule sei, eine Untersuchung heraufbeschworen hatten, die das Prozedere im Keim erstickt hatte.

Im Grunde war es Beate auch egal, warum die Schule am Meer geschlossen wurde, das änderte nichts an ihrem Abschiedsschmerz.

Sie war fünfzehn und musste schnell eine andere Schule finden, auf der sie die letzten eineinhalb Jahre bis zum Abschluss verbringen sollte. Lu war für solche Fragen nicht mehr ansprechbar, er hatte sich dazu entschieden, sein Leben auf der *Krake* zu verbringen, und war oft fort, um die Umbaumaßnahmen zu überwachen. Einige Lehrer verteilten sich auf andere Landschulheime. Zuckmayer und ein weiterer gingen an die Odenwaldschule. Hier gab es ähnliche reformpädagogische Ansätze, die sich durch Koedukation und das Zusammenleben der Schüler in Kameradschaften auszeichneten, mit gemeinsamen Schulveranstaltungen und Proben. Und was Beate wichtig war: Sport stand hier ebenfalls im Fokus. Sie bedauerte es zwar, dass sie vom Meer wegmusste, da die Odenwaldschule bei Heppenheim umrundet von Wald und Bergen lag, aber die Zeit von eineinhalb Jahren war ja überschaubar. Sie wurde Mitglied beim Bund Deutscher Mädel und zeigte sportlich so gute Leistungen, dass sie sogar Fähnleinführerin wurde. Samstags schulfrei, um Sport treiben zu können und in der Gemeinschaft dieses unglaubliche Gefühl der Einheit zu spüren. Und dann gab es da noch ihren Freund Clewie Kröger[24], der endgültig dafür gesorgt hatte, dass ihr weder langweilig geworden noch dass weitere Wehmut aufgekommen war.

Aber nun war sie in Rangsdorf.

Endlich!

Ein Traum schien wahr geworden zu sein.

Beate trat aus der Pension. Sie wohnte bei einer älteren Dame, die ihren Mann im Ersten Weltkrieg verloren hatte und sich rund um die Uhr der Pflege des Gartens und des Hauses widmete. Da Blumen und Putzkübel nun mal nicht die geselligsten Gesprächspartner waren und sie kinderlos geblieben war, kostete es Beate ein gutes Geschick, ungesehen in ihr Zimmer zu kommen. Dreißig Minuten übers Wetter und Nachbarn zu plauschen, bildete sonst ein Minimum.

Frau Geheimrätin legte zwar Wert auf Titel und gute Umgangsformen, aber nicht auf Gemütlichkeit oder viele Möbel, zumindest was Beates Zimmer anbelangte. Hätte Elli das gesehen, hätte sie die Einrichtung mit ihrem typischen ›hässlich‹ kommentiert, was hier durchaus zutraf. Selbst der Kuhstall auf dem elterlichen Gut hatte mehr Charme. Achtundzwanzig Mark kostete das Zimmer, was in keinem Verhältnis stand. Das einzig Positive an dieser Unterkunft war, dass Beate sich morgens in der Küche etwas Heißes zum Trinken machen durfte. Durfte! Frau Geheimrätin erwartete dafür natürlich größte Dankbarkeit.

Seit vier Tagen war Beate nun schon in Rangsdorf und hatte die Zeit genutzt, sich mit der Umgebung vertraut zu machen. Heute fing an der Reichsschule für Motorflug ihre Pilotenausbildung an. Sie schwang sich auf ihr Rad und fuhr an einem Stück der Bahnstrecke und an Häusern mit ordentlich gestutzten Vorgärten vorbei. Die sauber in Reihen gepflanzten Gurken und Tomaten wirkten wie ihre Mädchentruppe beim Bund Deutscher Mädel, wenn sie zum Appell antraten. Gerade und ordentlich. Kleine grüne Soldaten.

Zu Beates rechter Seite öffnete sich der Blick aufs Wasser. Der Rangsdorfer See. Es hatte ihre Eltern einige Wochen Mühe gekostet, in dieser Gegend ein Zimmer zu finden, tummelten sich die Berliner doch scharenweise an den Wochenenden an diesem erfrischenden Nass, und die Anwohner verdienten gerne mit der Vermietung an Erholungssuchende. Obwohl die Fahrt mit der S-Bahn gerade mal zweiunddreißig Minuten vom Stadtzentrum aus dauerte, da konnte man problemlos Kind nebst Kegel in die Badetasche packen und sogar noch nach dem Mittagessen losfahren. Voller Bauch studiert nicht gern, aber sollte sich bewegen, lautete einer der Sprüche von Lu. Offensichtlich wurde das von den Berlinern gut umgesetzt. Bis jetzt kannte sie diese Großstadt nur von Erzählungen ihrer Schwester, die hier ihre Ausbildung gemacht, von ihrem Bruder, der 1935 sein Assessoren-Examen in der Großstadt abgelegt hatte, und von den wenigen Besuchen mit ihren Eltern. Eine riesige Stadt, die nie zu schlafen schien. Immer ertönten irgendwo Lärm und Geratter. Aber sie war ja nicht nach Rangsdorf gekommen, um auf städtische Erkundungstour zu gehen.

Beates Herz klopfte immer schneller, was nicht am Radeln lag. Die paar Minuten bedeuteten für sie gerade mal ein erstes Aufwärmen der Muskeln. Nein, es war das Dröhnen der Leichtflugzeuge. Es schien jede Nervenzelle in ihrem Körper zu aktivieren, floss kribbelnd durch ihre Adern und richtete ihre Haare im Nacken auf, der sich plötzlich eiskalt anfühlte. Wie hatte Lu die Reaktion von Menschen auf Extremzustände benannt? *Flight or fight.* So fühlte sie sich gerade. Jeder Muskel in Habachtstellung, bereit, sich anzuspannen. Obwohl keine Bedrohung herrschte, geschweige denn eine Todesgefahr.

Beate musste grinsen, als sie vom Rad stieg und an die Begegnung mit Lu im Hafen von Cranz dachte. Ihre Eltern hatten Gemüse aus dem Garten und eine Flasche Bärenfang eingepackt und dachten, es würde ein gemütlicher Plausch, doch sie kletterte sogleich den Mast in die Höhe, wie sie es wohl Hunderte Male gemacht hatte. Mindestens dreißigmal alleine auf der *Krake*. Allerdings hatten die Eltern keinerlei Verständnis für ihre Geschicklichkeit oder Begeisterung, sondern forderten lautstark, dass sie sofort wieder herunterkommen solle. So einen entsetzten Blick hatte sie auf dem Gesicht ihrer Mutter noch nie gesehen. Dabei waren ihre schicke Hose und ihr Oberteil nicht einmal zerrissen gewesen oder stark verschmutzt. Lu hatte sie gerettet, indem er sogleich die Flasche Bärenfang geöffnet und stolz von Beates Leistungen erzählt hatte, die sogar die meisten Jungs in den Schatten stellten. Er wunderte sich nicht, dass sie Pilotin werden wollte, im Gegenteil, er fand das ausgesprochen gut. Predigte er doch immer, dass das richtige Lernen das Lernen fürs Leben sei, was bedeute, jederzeit seinen Horizont zu erweitern und die Welt zu erobern.

Beate schob das Rad durch ein breites Tor. Wie pflegte Lu zu sagen: An der Vergangenheit kleben zu bleiben, hindert einen nur daran, nach vorne zu schauen.

So tat sie das, nach vorne schauen!

Das eiserne baumhohe Tor bildete den Durchgang zu einer anderen Welt, so fühlte es sich zumindest an. Eine breite Wolkenfront hatte sich übers Himmelsblau geschoben, verdüsterte den Tag, legte Schatten auf die riesige freie Fläche, die sich vor ihr ausstreckte wie ein Stück randloses Meer. Nur in Grün. Raspelkurz geschnittener Rasen, auf dem keine Pusteblume die Möglichkeit hatte, ihre Schirmchen in den Wind zu werfen, sandbraune schmale Wege, die sich geradlinig an den wenigen Gebäuden entlangzogen.

Ein junger schlaksiger Mann, dem dunkle Locken unter seiner Fliegermütze hervorquollen, ging an ihr mit einem »Moin« vorüber, tippte mit dem Finger an die Kopfbedeckung, so als ob er schon seit Hunderten von Jahren nichts anderes machen würde. So lässig, als wäre er eine Figur aus einem Film. Ob das alleine die Fliegerjacke bewirkte? Oder dieses lockere Schlenkern der Arme? Beate nickte zurück. Bevor ihr etwas einfiel, das sie antworten konnte, war er schon in Richtung See verschwunden.

Der untere Zipfel des Rangsdorfer Sees war die westliche Begrenzung des Flughafens und diente Wasserflugzeugen zum Landen. Auch heute lagen drei weiße Flieger mit etwas Abstand nebeneinander, wie riesige Libellen, die im Tiefschlaf versunken waren und sanft vor sich hin schaukelten. Der Strand bestand aus feinstem Sand nebst Liegewiese und wurde dementsprechend zum Planschen benutzt. In dieser Bestlage, zwischen dem hundertachtzig Meter langen Badestrand und dem Rollfeld, thronte der Aero-Club. Ein lang gezogenes, eher flaches Gebäude mit immens hohen Fenstern zu zwei Seiten, sodass sich die Besucher entscheiden mussten, ob sie Wasser oder Gras sehen wollten. Schlanke Säulen, die an einen römischen Tempel erinnerten, hoben die Vordächer in die Höhe und ermöglichten auch bei Regenwetter einen trockenen Platz zum Kaffeetrinken, Speisen oder zum Rauchen. Unter dem Dach des Aero-Clubs vereinten sich alle Luftsportler, ob Fallschirmspringer, Ballonflieger oder Piloten. Jeder, der eine Lizenz hatte, um abzuheben, durfte Mitglied werden unter dem Mantel der gegenseitigen Unterstützung. Neben einem riesigen Saal gab es Küchen, Wirtschaftsräume, Aufenthaltsräume, Speisesäle, Garagen und vor allem Unterkünfte. Hier konnten Gäste fürstlich ruhen, und wenn die zwölf Zimmer mal voll waren, erweiterte man mit dem kleinen Holzhaus daneben. Selbstverständlich bot man den Mitgliedern neben dem Baden noch andere Aktivitäten: Tennisplätze, Ruderboote, Segelboote sowie eine Anlage für Leichtathletik. Wem es hier langweilig wurde, der war quasi selbst schuld.

Richtung Rollfeld lag die z-fömige Reichsschule für Motorflug. Sechzig Schüler konnten in verschiedenen Unterrichtsräumen belehrt werden, und neben Clubräumen gab es auch hier die Möglichkeit, untergebracht zu werden. Und da ein leerer Magen schlecht studierte, befanden sich dort auch Speisesäle nebst Terrasse. Die Internatsschüler zahlten für ein Bett plus Verpflegung hundert Reichsmark im Monat. Dazu kamen natürlich noch die Kosten für den Flugschein plus die Übungsflüge. Wer Pilot werden wollte, kam am besten aus gut betuchtem Hause. Es gab noch weitere kleine Gebäude, die lustig zusammengewürfelt auf dem Gelände standen, und eine Flugwetterwarte, eine Luftaufsicht sowie eine Zoll- und Devisenstelle beherbergten. Dazu gesellten sich noch mehrere Tankstellen und Rollfeld-Tankwagen, um den Durst der Himmelsmaschinen zu stillen.

Auffällig waren hier, am nördlichen Rand des Flugplatzes, drei riesige Hallen, in denen jeweils zwanzig Flugzeuge Platz hatten und nach deutscher Logik als Halle 1, Halle 2 und Halle 3 bezeichnet wurden. Halle 1 wurde um einige Meter vom Tower überragt und barg die Flugzeuge der Reichsschule. In Halle 2 konnten Flugzeuge repariert und geflickt werden, und in der letzten Halle stellten die Mitglieder des Aero-Clubs ihre Privatflugzeuge unter.

Weiter hinten, in nördlicher Richtung, aus der Beate kam, lagen die Werkhallen und Häuser, die zu Bücker zählten. Das Bücker-Gelände klebte als Verlängerung an dem rechteckigen Flugplatzgelände oben dran. Ein Fliegerkollege nannte es auch den ›Pickel Rangsdorfs‹. Wobei man in diesen Pickel erst hineinkam, wenn man die Wachen am Eingang passiert hatte, die mit Pistolen bewaffnet waren. Die Bücker-Flugzeugwerke stellten vor allem Schul- und Sportflugzeuge her, die besonders in der Kunstfliegerszene von sich reden machten. Als Beate zusammen mit ihren Eltern vor ein paar Monaten die Örtlichkeit besichtigt und eine Art Aufnahmegespräch geführt hatte, war der Name Bücker ständig gefallen. Bücker hatte sich hier einen exquisiten Platz ausgesucht. Er nutzte die Nähe zur Bahnlinie, den Ruf des Flugplatzes als modernster seiner Zeit, die Tatsache, dass in der Schule einmalig in Deutschland auch

Ausländer zugelassen wurden und somit die Kenntnisse über die Bücker-Flugzeuge weit streuten, den attraktiven Aero-Club, der aus Berlin und dem ganzen Land Piloten anzog, und vor allem das vor der Nase liegende Rollfeld, um die eigenen Flugzeuge einzufliegen. Und planschen taten auch die Angestellten gerne.

Ihre Mutter hatte allerdings die meiste Zeit damit verbracht, ihren Kopf zu schütteln. Keiner konnte ihr erklären, warum Frauen für den A2-Führerschein, der zum Fliegen von Maschinen bis zu eintausend Kilogramm Gewicht und bis zu drei Personen berechtigte, zweihundert Reichsmark mehr zahlen mussten als Männer. Frauen und Ausländer sollten insgesamt tausend Reichsmark hinblättern, männliche Flugschüler achthundert.

»Meine Tochter ist definitiv klug«, schimpfte Margarete. »Es gibt wissenschaftlich überhaupt keinen Anhalt, dass hier monetär unterschieden werden muss.«

Otto presste seine große Hand auf ihre Schulter und drückte etwas fester, bis seine Frau aufhörte, Fragen zu stellen. Manche Dinge musste man einfach hinnehmen, wenn sie auf dem Weg zum Ziel lagen. Als Margarete dann noch erfuhr, dass auch der Satz für die Übungsflüge für Frauen um zwölf Reichsmark teurer war, seufzte sie nur und meinte: »Dann nehme ich an, dass in dem Mehrwert auch mehr Betreuung steckt, oder servieren Sie auf dem Flug ausschließlich für die Damen Kuchen?«

Beate hatte ihrer Mutter angesehen, wie diese innerlich kochte. So richtig viel hatte sie über ihr Studium und die Probleme, die diese als Studentin an der medizinischen Fakultät gehabt hatte, noch nicht gehört. Ein Professor sollte sich geweigert haben, mit seiner Vorlesung fortzufahren, solange sich noch diese sogenannten Langhaarträger im Raume befänden. Und das war wohl noch das Harmloseste gewesen. ›Wer nich Angst hefft, dem done se ok nuscht‹, sagte man in Ostpreußen, und Beate dachte oft, dass genau das ein Leitmotiv ihrer Mutter war: furchtlos und immer das Ziel im Visier. Eigentlich hätte sie auch einen guten Piloten abgegeben.

Immer mehr Männer strömten zur Flugschule, und Beate begab sich in den Sog. Sie fühlte sich wie eine klitzekleine Schraube unter breiten Muttern. Für einen Moment ließ sie ihre Arme herunterbaumeln. So wie der Typ mit den dunklen Locken. Als wären diese willenlos am Schultergelenk aufgehängt und nur ein Fortsatz des Oberkörpers ohne richtige Funktion. Aber das Baumeln gelang ihr nicht so geschmeidig, wie es bei dem Typen ausgeschaut hatte. Vielleicht war das Schlenkern bei ihm doch eher funktional gewesen.

»Frau Köstlin?« Ein groß gewachsener Mann mit dunklem Schnauzer und Dreitagebart trat auf sie zu. »Was sagt Ihnen Heinkel He 72?«

»Ääh … Flugzeug?«, antwortete Beate und kam sich so dumm vor wie noch nie zuvor in ihrem Leben. »Schulflugzeug?« Das machte die Sache auch nicht besser. Der Mann, der sich als ihr Fluglehrer Tobischewski[25] vorstellte, betrachtete sie ruhig. Lächeln war nicht so ganz seins, würde es auch nicht werden. Er war Flieger. Das reichte wohl.

»Kommen Se mal mit …« Der Mann eilte in großen Schritten zu den zehn Flugzeugen, die etwas abseits des Rollfelds ein träges Nickerchen hielten. Er umrundete einen weiß gestrichenen Doppeldecker, tätschelte kurz auf den einen Flügel und sagte: »Tragflächen. Holzkonstruktion mit Stoffbespannung.« Er ging in Richtung Flugzeugnase. »Rumpf. Stahlrohrgerüst mit Stoff.« Er bückte sich und zeigte nach unten. »Fahrwerk: Spornradfahrwerk. Tailwheel. Das Flugzeug ruht auf zwei Rädern und dem Sporn. Später mehr dazu. Vorne sitzt der Propeller, das Anschmeißen ist gefährlich. Also Finger weg. Was für Motoren kennen Se?«

Beate bekam schlagartig feuchte Hände. Sie wusste nicht einmal mehr, was für Flugzeuge bei Gut Wargenau gestanden, geschweige denn, was für Motoren diese gehabt hatten. Sie zuckte mit den Schultern.

Tobischewski schnalzte missbilligend mit der Zunge. »Mädchen, ein guter Pilot muss das Innere seiner Maschine genauso gut kennen, wie er eine Flugkarte lesen können muss.« Er öffnete vorne links, hinter dem Propeller, eine kleine Luke und zeigte hinein. »Siemens-Sh-14-Sternmotor. In einer Woche erwarte ich, dass Sie wissen, wie so ein Motor arbeitet. Und nun«, er warf ihr eine Fliegermütze zu, die er zuvor aus dem Flugzeuginneren geangelt hatte, »wollen wir uns erst einmal den Wind um die Nase wehen lassen. Einweisungsflug.[26] Sie haben genau fünf Minuten Zeit, sich eine Fliegerjacke zu besorgen.«

Beate brauchte vier.

Sie durfte in dem zweiten Sitz hinter ihrem Fluglehrer Platz nehmen und setzte sich eine Fliegerbrille auf. Die Steppjacke, die sie nun einhüllte und gegen den Wind schützen sollte, war ihr obenrum etwas zu weit. Als der Motor ansprang, flüsterte sie leise »Siemens-Sh-14-Sternmotor«, hörte das vertraute brummige Surren und fühlte, wie das Rattern ihren Körper vibrieren ließ. Bis in die Haarspitzen. Ein Grinsen zog sich über ihr Gesicht. Sie konnte gar nicht anders. Das war es, wovon sie seit zehn Jahren träumte. Seit zehn Jahren. Genau das.

Als die Heinkel ihre Nase gen Himmel schob und die gräuliche Wolkendecke durchbrach, empfing sie das klare Blau der unendlichen Weite und das brillierende Hell der Sonne. Flüssiges Gold legte sich auf die Maschine und die beiden Flieger. Beates Herz hatte einen Sprung gemacht, und sie biss sich auf die Zunge, um nicht laut zu jubeln oder zu schreien. Es war, als wäre sie in diesem Moment gestorben und direkt wiedergeboren. Pure Freude und Glück durchströmten sie. Es war ein verbotenes Universum, die Heimat der Götter, in die sie eingedrungen waren, nur für Eingeweihte zugänglich.

Eine Welt, die so viel freier und schöner war als die unter ihnen. Sie hatte sich noch nie in ihrem Leben so richtig an einem Platz gefühlt wie hier. *On top of the world.*[27] Der Himmel mit seiner grenzenlosen Weite würde ihr neues Zuhause sein.

Von den Erklärungen und Fachbegriffen, die ihr Lehrer nach hinten rief, bekam Beate nichts mit. Die Luft trug einen Teil davon weg, und der andere drang nicht bis zu ihrem Verstand, der war noch damit beschäftigt, die Gefühle zu verarbeiten, die ungefiltert und intensiv auf sie einprasselten. Frei. Frei wie Ikarus!

* * *

Ein paar Tage später saß Beate am Schreibtisch in ihrem Zimmer und zog ein weißes Blatt Papier aus der Schublade. Sie schob das aufgeschlagene Buch, mit dem sie sich bis jetzt beschäftigt hatte, zur Seite. Unter dem Titel *Der induzierte Widerstand* zeigte es Bilder von einem Flugzeug. Über den Tragflächen stand *Unterdruck* und darunter *Überdruck*. Die Überschrift lautete *Druckausgleich*. In einem Kasten war zu lesen: *Je größer der Auftrieb, desto größer der induzierte Widerstand. Der Auftrieb ist abhängig vom Anstellwinkel,* der somit auch den induzierten Widerstand beeinflusst. Des Weiteren spielt die Schnelligkeit mit hinein, je langsamer ein Flugzeug fliegt, desto größer wird der induzierte Widerstand.

Sie konnte gut zwei Stunden am Stück lernen, bis ihr Kopf rauchte. Dann brauchte auch sie eine Pause. Sie nahm ihren Stift in die Hand und schrieb:

Liebe Mama, lieber Papa,
wie geht es euch? Was machen der Hof und die Pferde? Wenn ich an euch denke, vermisse ich die Kapernsauce und die ge-

füllten Keilchen, Heimat ist irgendwie immer mit einem Geschmack verbunden, oder? Immerhin verstehen sie es hier, Bratkartoffeln zu machen.
Das Abschlussjahr an der Odenwaldschule war ein Witz im Vergleich zu dem, was ich hier pauke. Wetterkunde, Navigation, Motorkunde. Außer mit Unterricht, Fliegen und Lernen verbringe ich meine restliche Zeit am Flughafen. Ihr wärt sehr stolz, wenn ihr mich hier sehen könntet, mit meiner feschen Fliegerkleidung. Herr Tobischewski sagt, dass ich noch ein bis zwei Wochen brauche, dann darf ich zum ersten Mal alleine fliegen. Stellt euch das vor! Was für ein riesiges Glück. Und wer hier alles seine Maschine stehen hat. Elly Beinhorn, über die ich vor über fünf Jahren so gestaunt hatte, als die Zeitungen über ihren abenteuerlichen Alleinflug nach Afrika berichteten, oder Heinz Rühmann. Er ist zwar nicht so toll wie Hans Albers, aber er hat ja immerhin mit Albers zusammen in Der Mann, der Sherlock Holmes war gespielt. Ich kann in meinen Ohren immer noch das laute Lachen von Ulrich hören, als wir das im Kino gesehen haben. Und wisst ihr, Tobi hat erzählt, dass sich Rühmann von der Gage von Die Drei von der Tankstelle seine erste Maschine gekauft hat.[28] Das ist die Motte, die hier auf dem Gelände steht. Eine Klemm. Elly hat ihre Maschine Taifun getauft, eine Messerschmitt, auch lustig. Rühmann soll recht begabt sein als Flieger und von einem alten Kampfpiloten Unterricht bekommen haben. Und er ist Kunstflieger. Aber da ist er hier nicht der Einzige. Es ist unglaublich, diesen Akrobaten am Himmel zuzuschauen. Loopings, wie ihr es von dem Fest bei Cranz kennt, ist hier was zum Aufwärmen. Wie ihr seht, steht es um eure Tochter gut, und sie geht gar nicht in der großen Stadt verloren, weil sie einfach keine Zeit dazu hat. Wenn alles klappt, bin ich im Oktober fertig. Aber davor muss ich Starten, Landen, das Fliegen zu Zielpunkten und auch das Fliegen in vorgegebenen Höhen üben. Als Prüfung gehört dann noch ein Alleinflug dazu, der

mich viele Hunderte von Kilometern übers Land führen wird. Wenn ihr doch eines Tages zusammen mit mir fliegen könntet, dann versteht ihr vielleicht diese unendliche Freude und Freiheit, die einen überkommt …

* * *

Wieder waren ein paar Tage vergangen. Beate trat frühmorgens aus der Pension und summte eins ihrer Lieblingslieder vor sich hin: »Flieger, grüß mir die Sonne, grüß mir die Sterne und grüß mir den Mond. Dein Leben, das ist ein Schweben, durch die Ferne, die keiner bewohnt.« Sie schwang sich auf ihr Rad und trat emsig in die Pedale. Es fühlte sich so an, als hätte sie diesen Tagesablauf schon immer so gehabt. Es dauerte gar nicht lange, bis man eine neue Routine verinnerlichte und sich alles normal anfühlte. Ihr Radweg hatte sich verändert, jetzt zierten grüne Linden die Straßenseiten, was daran lag, dass sie eine neue Vermieterin gefunden hatte und umgezogen war. Frau Schommartz, auch eine ältere alleinstehende Dame, die viel Zeit in ihrem Garten verbrachte, aber neben guten Umgangsformen auch Wert auf gemütliche Zimmer im ganzen Haus legte. Beates Wohnraum hatte einen kleinen, aber netten Balkon, und neben einem Bett, Tisch und Stuhl gab es einen bequemen Sessel, einen weiß lackierten Kleiderschrank, eine Stehlampe und einen flauschigen Teppich. Die Frau war ebenfalls nett, machte ihr sogar Frühstück. Mit heißem Getränk. Zum Umzug waren die Flugkameraden mit ihren Rädern gekommen und hatten geholfen, das spärliche Gepäck ein paar Straßen weiter zu schleppen.

Das Zimmer ist echt bombe, hatte sie Clewie vor ein paar Tagen in einem Brief geschrieben. Sie vermisste ihren Freund, mit dem sie seit über zwei Jahren zusammen war.

Sie hatte ihn vermisst, als sie sechzehnjährig nach Abschluss der Odenwaldschule in Wales als Au-pair gearbeitet hatte, und danach, als sie unter den Fittichen ihrer Mutter auf dem Gut das Hauswirtschaften lernte. Jetzt lebte sie bei Berlin, und er studierte Diplom-Ingenieurwesen in Heidelberg. Obwohl in seinen Briefen immer noch durchblitzte, wie sehr er den Geist der Odenwaldschule vermisste und er bestimmt einen fantastischen Lehrer abgegeben hätte. Clewie schrieb zuletzt, dass er sich nicht ganz sicher sei, ob sein Vater nicht vielleicht doch erwarte, dass er in seine kaufmännischen Fußstapfen trete. Genauso wie Beates Vater immer noch hoffte, dass sie vielleicht doch noch das Gut übernehmen würde. Aber waren nicht gerade sie so erzogen worden, für ihre eigenen Träume einzustehen und nicht für die ihrer Eltern?

Beate sah Clewie so selten, dass sie sogar vergessen hatte, wie er roch oder wie es sich anfühlte, sich an seine starke Schulter zu lehnen. Zusammen waren sie an den Wochenenden zelten gegangen und hatten ein eingeschweißtes Team gebildet, wo sich einer auf den anderen verlassen konnte. Er hatte ihr bei ihren Hassfächern Chemie und Latein geholfen, und gemeinsam hatten sie Küchendienst geschoben. Als sie vor zwei Jahren in den Ferien zum ersten Mal ihrer Mutter von ihm erzählt hatte, war sie von ihr zur Seite genommen worden. Wie Fortpflanzung funktionierte, hatte Beate bereits als junges Kind gesehen, wenn der Zuchtbulle zur Kuh geführt worden war, und die biologische Erläuterung dazu hatte sie damals direkt von der Mutter in einem kurzen Vortrag über Eizelle und Samen bekommen. Aber diesmal ging es um die Hormone. Und was noch wichtiger war, die fast magische Verbundenheit, die dann entstand, wenn man mit einem Mann schlief.

»Attei«, hatte Margarete gesagt. »Weißt du, wenn zwei Menschen miteinander schlafen, dann spielen in den Körpern Hormone verrückt, und du fühlst dich zu dem anderen auf eine Art hingezogen, die sich mit Worten nicht fassen lässt.

Als ob ihr eine Einheit wärt und ohneeinander nicht mehr existieren könntet. Das klare Denken ist abgeschaltet.« Die Mutter hatte kurz aufgelacht. »Vernebelt trifft es wohl ganz gut. Und wenn du das in jungen Jahren machst, dann kann es sein, dass du einen Partner wählst, den du später vielleicht nicht mehr so toll findest, dann bist du aber schon verheiratet. Das kann ganz schön übel ausgehen, glaub mir das. Mit jemandem zusammen zu sein, der sich dann später als feiner Pinkel oder Sesselfurzer entpuppt … Attei, das ist nichts für dich. Und wenn man sich bindet, sollte es für immer sein, um auch den Kindern ein sicheres Zuhause zu bieten. Lass dir Zeit, Liebes! Das rennt dir nicht weg. Wähle mit Verstand, mit wem du dein Bett teilen willst. Das ist ein kostbares Gut, das überlegt verschenkt werden soll. Ja?«

Und wenn sich Beate ihre Eltern so anschaute, wusste sie, was lang anhaltende Liebe ausmachte. Das Langanhaltende konnte man auch bereits an den grauen Strähnen in den Haaren ihres Vaters sehen. Doch entstellte einen Bären auch ein grauer Pelz nicht.

Nie hatte Beate das Gefühl, dass so ein Tag auf dem Flugplatz zu lange war. Im Gegenteil, sie bedauerte es fast jeden Abend, wenn sie zum Lernen zurück in die Pension radelte. Jetzt saß sie zwischen zwei Unterrichtsblöcken auf der Terrasse vor dem Schulgebäude, eine würzig duftende Gemüsesuppe nebst einem Stück Brot vor sich, mit Blick auf zwei Flugzeuge, die auf Starterlaubnis warteten. Ins Auge stachen die Hakenkreuze[29], die als Hoheitssymbol auf den hinten hochstehenden Seitenleitwerken prangten. Zurzeit wurde darüber spekuliert, ob die Focke-Wulf Fw 44, die sogenannte Stieglitz, die Bücker aktuell in Lizenz baute, für Hitler war. Beate juckte das wenig, sie würde einfach nur mal gerne eine fliegen.

»Na?« Zwei Schüler aus einer anderen Klasse hockten sich, ohne zu fragen, neben sie. Vielleicht galt ja bereits ein »Na?«

als Ersatz für »Ist es genehm, wenn ich mich neben dich setze?«. Klappernd parkten die beiden ihre Suppenschüsseln auf dem Tisch und stießen ihre Löffel hinein, als ob es die Kartoffelstücke zu erdolchen gälte.

Eine Bücker hob ab, zog einen großen Kreis über den Platz.

Der eine junge Mann, mit millimeterkurzen blonden Haaren, schnalzte missbilligend mit der Zunge. »Hast du gehört, Kurt, dass sie die Sportfliegerei einschränken wollen?«

»Wie meinst du das?«, fragte Kurt, während er schlürfend seine Suppe aß. »Ich dachte, Bücker entwickelt da gerade etwas Neues.«

Das Flugzeug über ihren Köpfen veränderte seinen Klang, als ob per Knopfdruck eine höhere Tonlage eingeschaltet würde. Es rollte auf den Rücken wie eine Katze und ließ sich in einen Looping kippen. Einen rückwärts geflogenen Looping, der später in eine Acht überging.

Beates Löffel pausierte in der Luft. Sie merkte nicht, wie die Suppe davon runtertropfte und beim Aufprall Fettspritzer verteilte.

»Bevor ich Kunstflug mache, muss mir aber sehr langweilig sein!« Der Blonde kniff die Augen zusammen und musterte Beate aus dem Augenwinkel. »Und wenn ich in der Zeitung stehen wollte, dann müsste ich wohl Brüste haben.«

Kurt verschluckte sich und hustete. Dabei prustete er einen Teil seines Essens quer über den Tisch.

Beate schaute angeekelt die ausgespuckten Stücke auf ihrem Handrücken an und wischte ihn an der Hose ab, ließ den Löffel sinken.

Als Kurt wieder Luft bekam, sagte er: »Du … du meinst unser Einhorn, oder? Die Elly …« Der andere nickte, und Kurt fuhr fort: »Ohne ihren Rennfahrermann würde die doch keiner beachten.«

»So?« Beate stand auf und nahm ihren leeren Suppenteller in die Hand.

Der Blonde hatte seine Portion ebenfalls aufgegessen und schob seinen Teller zu ihr rüber. Nickte ihr mit dem Kopf zu, als ob sie sein Dienstmädchen wäre.

Beate sagte: »So? Mit vierzig PS unter dem Hintern alleine nach Afrika fliegen ist also keine Leistung? Übrigens hat sie die Sturzflugbremse mitentwickelt, davon schon mal gehört? Oder habt ihr von Hitler auch schon eine Auszeichnung persönlich aus seinen Händen erhalten? Und Messerschmitt hat sein neues Modell wegen ihr Taifun genannt. Wenn ihr Schiss habt, Kunstflug zu machen, kann ich das verstehen, das ist ja auch nur was für echte Männer oder Frauen.« Mit einer flinken Bewegung schulterte sie ihren Rucksack und stellte ihren Teller in den leeren auf dem Tisch. »Danke, dass du meinen mitnimmst«, sagte sie, drehte sich um und ging, achtete nicht auf das Protestieren der beiden jungen Männer. In Ostpreußen sagte man dazu: Wat nicht gegönnt was, schmeckt am beste. So sah sie das auch und hoffte, dass ihr Fleiß sich auszahlen würde, ob sie nun Brüste hatte oder nicht. Ihr Vater hatte ihr bei der Verabschiedung den Tipp gegeben, sich am besten gleich einen dicken Pelz wachsen zu lassen. Sie war dabei.

Sie war dabei!

Nach ein paar Schritten hatte sie den Kopf wieder frei, um vor sich hin zu summen: »Wir warten nicht, wir starten, was immer auch geschieht.« In ihrem Lieblingsfilm *F.P.1 antwortet nicht,* in dem Hans Albers einen Ozeanflieger spielte, der seinem besten Freund half, die schwimmende Plattform F.P.1 im Meer vor einer Sabotage zu retten, gab es noch echte Helden. Albers war selbstlos, mutig, unbezwingbar, obwohl sein Freund ihm die Frau ausgespannt hatte. Beate fand ihn so toll, dass sie gleich sechsmal im Kino gewesen war und ihre Freunde auf der Schule am Meer mit ihren Schwärmereien zugetextet hatte. Spätestens als die Schule im kalten, zugeschneiten Winter vom Rest der Welt abgetrennt gewesen und ein Flieger auf Juist gelandet war, um sie ans Festland zu bringen, hatten einige der Kameraden Beates Begeisterung fürs Fliegen verstehen können.

Beate lief zum Seeufer und setzte sich in den Sand, holte ihr Lehrbuch über Wetterkunde heraus. Hinter ihr hielt quietschend ein Sportwagen vor dem Aero-Club, und sie drehte ihren Kopf in Richtung Tumult. Cabriolet. Heinz Rühmann traf ein. Vom Besten nur das Beste. Natürlich. Mit nach hinten gekämmten Haaren und einer Sonnenbrille mit kleinen, kreisrunden dunklen Gläsern. Neben ihm stieg ein kräftig gebauter Mann in Uniform aus, den eine strenge, autoritäre Aura umgab. Ihre Mutter hätte gesagt, der gehe zum Lachen bestimmt in den Keller. Neben diesem Schrank von Mann wirkte Rühmann noch zierlicher, auch wenn er diesen jungenhaften, spitzbübischen Zug in seinem Gesicht vor sich hertrug wie ein Schutzschild.

»Das ist General Udet, falls Sie überlegen, wer der Hüne von Mensch wohl ist«, erklang eine Männerstimme neben ihr.

Beate war zusammengezuckt und blickte dem Fremden ins Gesicht. Unter kurzen dunklen Haaren trug er ein sympathisches Lächeln, das Wärme ausstrahlte. Er war ein paar Jahre älter als sie, aber kaum größer, trug Fliegerklamotten, die an einigen Stellen abgewetzt und von Ölflecken verziert waren.

»Ist neben Ihnen noch frei?«, fragte er galant und zeigte auf den weitläufigen Strand. »Ich will Sie ja nicht stören, aber hier hat man selten die Gelegenheit, seine Pause mit einem netten Plausch zu verbringen.«

Beate lächelte zurück, strich sich über ihre fingerlangen Haare, die sie in einem Seitenscheitel trug, und nickte.

»General Udet?«, wiederholte sie fragend.

»Ja. General. Aber nicht nur das. Göring hat ihn zum Leiter des Technischen Amtes im Reichsluftfahrtministerium ernannt, und ihm untersteht hier in Rangsdorf die Flugübungsstelle … Ursprünglich ist er ein begnadeter Jagdflieger und hat hier seine Maschine stehen. Der rennt hier oft rum. Im Großen Krieg[30] flog er übrigens zusammen mit Göring.«

»Aha«, erwiderte Beate, die wieder über ihre Schulter sah und die Gestalten beobachtete, die sich dort mittlerweile angesammelt hatten und über etwas zu diskutieren schienen. Mittendrin fuchtelte Elly Beinhorn mit der Hand in der Luft herum und zeigte auf ihren Mann, den Rennfahrer Bernd Rosemeyer. Beate hatte beide schon oft in der Zeitung gesehen. Es war echt seltsam, solchen bekannten Persönlichkeiten hier ständig zu begegnen. Das war die Elite des Flugsports. Nicht nur das, das waren die beeindruckendsten Menschen, von denen Beate je gelesen hatte.

Der Fremde fuhr fort: »Nicht, dass ich behaupten will, dass Udet deswegen seinen Posten bekam. Im Gegenteil, er hat sogar selbst Flugzeuge gebaut und flog für Expeditionen bis nach Grönland und Afrika. Angeblich hat er von den Eskimos[31] ein Kajak aus Seehundsfell geschenkt bekommen[32] und turnt damit bei Elly draußen am Siethensee rum.« Er machte eine Pause, und Beate fühlte, wie sie von der Seite gemustert wurde. »Die Fliegerei zieht viele außergewöhnliche Menschen an, oder?«

Beate drehte sich wieder zu ihm. Seine blauen Augen waren fast so dunkel wie der See an seiner tiefsten Stelle. »Was ist schon außergewöhnlich? Beim Scheißen ziehen doch alle die Hosen runter.« Beate biss sich auf die Zunge. Manchmal redete sie schneller, als sie denken konnte.

Der Pilot brach in ein schallendes Gelächter aus.

Beate merkte, wie ihre Wangen anfingen zu glühen. »Es ist … das ist …«

»Bestimmt ein Spruch, der es ganz gut trifft.« Er rieb sich eine Träne aus dem Augenwinkel und streckte ihr die Hand hin. »Entschuldigen Sie. Hans-Jürgen Uhse, aber mich nennen alle einfach nur Hans.«

»Beate Köstlin, also Beate«, antwortete sie, und damit war

auch klar, dass sie sich duzen würden. Sie klappte ihr Buch zu und packte es wieder ein.

Hans blickte zum Aero-Club. »Ich glaube aber, dass einige Menschen doch etwas aus der Art schlagen. Hast du das Wettrennen von Bernd hier auf dem Flugplatz gesehen?«

Beate schüttelte den Kopf.

»›Auto gegen Flieger‹. Lustiges Rennen[33] nannten sie es. Bernd hatte extra seinen Auto-Union-Rennwagen hergefahren und trat gegen Graf Hagenburg an, der eine BÜ 133 Jungmeister flog. Aber nicht einfach nur so, sondern im Rückenflug knapp über dem Boden. Du kannst mir glauben, dass einigen Zuschauern fast das Herz stehen blieb.«

»Und?«, fragte Beate, die aufgestanden war und sich ihren Hosenboden abklopfte.

»Was und?«

»Ja, wer hat gewonnen?«

Er lächelte. »Natürlich die Bücker.«

»Ich muss los, ich hab gleich Wetterkunde. Sie sind … ähm, du bist Sportflieger?«

Er fischte mit den Fingern kleine Steine aus dem Sand, die er ins Wasser schmiss. »Auch, aber hier arbeite ich als Kunstfluglehrer … falls du mal Interesse hast. Die Kunstflieger machen definitiv auch die besseren Sportflieger aus, vor allem, wenn sie mal eine Windböe erwischt und sie sich in Schieflage befinden! Du kennst doch sicherlich Liesel Bach? Die hat hier letztes Jahr bei der Olympiade den Kunstflugwettbewerb gewonnen, vielleicht sprichst du sie mal an, die rennt hier auch oft rum.«

»Wenn man Einflieger werden will, dann braucht man das mit dem Kunstflug auch, oder?«

»Ja, ziemlich sicher sogar. Einflieger zu werden, ist aber nicht leicht. Bei Bücker drüben gibt es Werkspiloten, die diese Arbeit machen. Die werden mit Argusaugen ausgesucht.«

Beate nickte und verabschiedete sich. Neugierig lief sie am

Aero-Club vorbei, betrachtete die Menschen, die sich laut unterhielten, sah, wie Rühmann mit einem Taschentuch über den Kotflügel seines Autos polierte, hörte, wie er sagte: »Was meinte mein alter Fluglehrer so treffend: Schlechte Piloten gibt es nicht, die sind …«

Er wurde von Elly unterbrochen, die danebenstand und lachte: »… die sind alle tot.«[34]

Tot, tot, tot, hallte es in Beates Kopf nach, als sie vor sich hin murmelnd weiterging und dabei einen großen Bogen um eine kleine Herde Schafe machte, deren Arbeit darin bestand, die Grasnarbe kurz zu halten. Okklusion, wenn eine Kaltfront eine Warmfront einholt. Da die Kaltfront immer schneller ist, wird daraus etwas Neues, eine Okklusion. Es gibt dann zwei Typen, bei denen entweder die Warmfront oder die Kaltfront überwiegt. Bei der Warmfrontokklusion dauern die Niederschläge länger. Was ist eine Zyklone? Ein Tiefdruckwirbel, der …

»Ich habe doch diese herrlichen, unabhängigen Zeiten erlebt, als man am Himmel ganz für sich alleine war! Ich hatte das Glück, in einer Zeit fliegen zu dürfen, als das wirklich noch ein Abenteuer war.«

Elly Rosemeyer-Beinhorn (1907–2007), Fliegerin[35]

KAPITEL 7

Kreis für Kreis für Kreis

* * *

ACHT MONATE SPÄTER, 11. APRIL 1938

RANGSDORF, HERSTELLUNGSHALLE
BÜCKER FLUGZEUGBAU

Es war nicht der Lärm, der Beate verunsicherte, die Hammerschläge, die Rufe, das Zischen der Schweißgeräte, das Rattern von Nähmaschinen, die Signallaute, an all das hatte sie sich schnell gewöhnt, nein, es war das Gefühl, ständig unter Beobachtung zu stehen. Ständig doppelt so viel leisten zu müssen wie die männlichen Praktikanten bei Bücker. Das war fast noch schlimmer als bei der Ausbildung zum Piloten.[36] Hier, bei der Rangsdorf Bücker Flugzeugbau GmbH, war sie der einzige weibliche Praktikant[37] in einer vor allem männlichen Belegschaft von Arbeitern, die die Flugzeuge entwickelten, bauten, reparierten und einflogen.

Es gab eine Gefolgschaft[38] von rund eintausend Menschen, die in einer riesigen Werkhalle mit weit über neuntausend Quadratmetern arbeiteten, die alle Herstellungsprozesse unter einem Dach vereinte. Gemischtbauweise nannte man das hier, das hatte Beate so zumindest gelernt. Es gab Bereiche für Holz- und Metallbearbeitung, und wenn die Tragflächengerüste fertig verleimt waren, kamen auch weibliche Angestellte ins Spiel, die in der Sattlerei mit geschickter Fingerfertigkeit Stoffbahnen nähten und an andere Frauen weiterreichten, die diese dann auf die Tragflächen spannten. Beate war also nicht die einzige Frau im Betrieb, hatte aber hauptsächlich mit Männern zu tun. Das kam ihr auch ganz gelegen, war der Umgangston unter den Männern doch rau, aber direkt. Und *direkt* mochte Beate. Meistens zumindest. Nachdem die Männer aufgehört hatten, sie auf die Brüste im Overall zu reduzieren, und ihre obszönen Bemerkungen stecken ließen. Dann war eine direkte Art, die fair und sachlich vorgetragen wurde und um die Arbeit ging, eine feine Sache. Da wusste sie gleich, woran sie war, und musste nicht lange nachfragen.

Als sie vor sechs Monaten angefangen hatte, war jeder kleinste Fehler bei ihr gleich zur großen Sache hochgekocht worden. Den anderen konnten die Werkstücke zwischen den Fingern zerbröseln, und es fiel nicht einmal ein dummer Spruch. Bereits beim allmorgendlichen Fahnenappell und Frühsport musste sie unfreundliche Blicke und Bemerkungen wegstecken. Mittlerweile war es besser geworden, obwohl es einiges an Zeit gebraucht hatte, bis die anderen Praktikanten und die Lehrlinge für Metallflugzeugbauer sie nicht nur als weiblichen Eindringling in eine Männerdomäne abstempelten.

Als sie zu Beginn des Praktikums in der Lehrwerkstatt gearbeitet hatte, was stundenlanges Stehen und Schwitzen über den Werkstücken bedeutete, die zunächst mit Feilen bearbeitet, dann durchbohrt und zusammengeschraubt wurden, hatte sie sich bemüht, nicht zu jammern, sondern ihre Arbeit so gut wie möglich zu machen. Auch wenn der Rücken schmerzte. Doch hatte sie Glück: Ihr Meister Spitzkatz war offensichtlich zufrieden mit ihren Ergebnissen gewesen und hatte sie nach drei Monaten aus dem reinen Übungsbereich in die richtigen Abteilungen der Firma wechseln lassen. Die Werkabteilungen. Das Herz und die Lunge der Bücker-Flieger. So nah kam man dem Innenleben eines Flugzeuges nur selten.

Am besten gefielen ihr die Schlosserarbeiten mit dem Schweißen. Wenn die Funken sprühten und in einem gleißenden Licht Chrom-Molybdän-Stahlrohre so verbunden wurden, dass einzelne Rumpfgerüste entstanden. Danach wurden die Gerüste mit einem Sandstrahlgebläse abgespritzt, gereinigt, mit einem Schutzanstrich versehen, um sie dann schließlich zu einem Rumpf zusammenzubauen. So stabil, dass sie Menschen durch den Himmel trugen. Sie, Beate Köstlin, baute mit ihren eigenen Händen Flieger, die den Gefahren der Luft trotzten. Sie war daran beteiligt, eins der letzten Geheimnisse der Welt zu knacken und gefügig zu machen. Der Schwerkraft ein Schnippchen zu schlagen. Den Traum von Ikarus weiterzuführen. Hier brauchte man keine Entenfedern.

»Maxe«, schnitt die Stimme von Spitzkatz durch den Lärm und meinte Beate damit. »Du sollst in die Einfliegerhalle kommen. Ins Büro. Pronto.«

Ihr Kunstfluglehrer, bei dem sie aktuell Unterricht nahm, hatte gestern mit einem Augenzwinkern gesagt, sie sei die Sahnehaube auf dem ganzen Schrottberg hier, aber sie sah sich da noch nicht so ganz. Also oben auf dem Berg, Sahne hin oder her. Sie fing gerade erst an zu klettern.

Warum sie Maxe[39] gerufen wurde? Sicher wusste sie das nicht. Mit ihren kurzen Haaren und dem schlaksigen Leib in dem nicht gerade körperbetonten Kittel hätte sie alles sein können. Frau, Mann, geschlechtsneutrale Schaufensterpuppe.

Wahrscheinlich fiel der Spitzname auf ihre Eigenheit zurück, beim Auffüllen von Öl und Benzin stets das Maximale strichgenau anzustreben. Auf jeden Fall war das eine bessere Erklärung, als der erste Teil von Max und Moritz zu sein. Wobei das auch keinen Sinn machen würde, war doch Moritz der Blonde.

Beate putzte sich die Finger an einem Tuch ab, nickte dem Meister zu und ging los in Richtung Ausgang. Gemächlich. Was so gar nicht ihrem Naturell entsprach, aber eine leise Stimme in ihrem Kopf raunte: Sie haben dich erwischt. Das nahm etwas Luft aus den Flügeln.

Warum sollte sie ins Büro? Ob wohl ihr Praktikum gefährdet war? Gekündigt werden konnte ihr nicht wegen der Sache, aber dumme Sprüche würde es wohl regnen. In Starkstromstärke.

Beate öffnete die Tür an der südlichen Seite der Halle und trat in die Aprilfrische, die sie umfing wie eine kalte Dusche. Rechts und links gab es Baustellen von neuen Gebäuden, Bücker expandierte. Der Geruch von Regen hing in der Luft. Ein paar Meter weiter, neben den Bahngleisen, am Rande des Flugfeldes, lag die Einfliegerhalle. Schon von draußen war der Motorenlärm zu hören. Mussten die Piloten doch vor den Testflügen alles überprüfen. Einzelne fertige Maschinen standen in der Halle, um die sich ein paar Männer gruppierten, Testbögen in der Hand, und alle mit gewichtiger Miene.

Beate streifte beim Vorbeilaufen eine der Tragflächen fast zärtlich mit der Hand, nickte zwei Männern zu, die sie vom Sehen kannte, drückte in aller Gemütsruhe die Türklinke zum Büro hinunter und trat ein. Der Raum war rechteckig, im hinteren Bereich stand ein Schreibtisch, auf dem ein Radio kauerte, das lärmend seine neuesten Nachrichten in die Luft ausstieß und drei Männer hypnotisierte, die unbeweglich mit geneigtem Kopf davorstanden. Vielleicht blinzelte mal der eine oder andere, aber das Zuhören vereinnahmte die ganze Konzentration.

Beate hob die Augenbrauen, aber keiner forderte sie auf, irgendetwas zu tun oder etwas zu sagen. So setzte sie sich auf einen der Stühle, die vor ihrer Nase standen und sich um einen Besprechungstisch gruppierten. Mehrere Zeitungen lagen verstreut darauf herum, einige waren aufgeschlagen, andere hatten Eselsohren. Beate lauschte dem Radiosprecher mit halbem Ohr, während ihre Hände ganz automatisch die Zeitungen auf einen Stapel zusammenschoben.

Begeistert überschlug sich die Stimme, die voller Stolz verkündete:

»Nun kommen wir zur gestrigen Wahl zum Großdeutschen Reichstag, die gleichzeitig mit der nachträglichen Volksabstimmung über die Wiedervereinigung Österreichs mit dem Deutschen Reich stattfand. Ein durchschlagender Erfolg. Das kann ich mit gutem Gewissen sagen. Das war mehr als ein durchschlagender Erfolg, es ist ein einhundertprozentiges Bekenntnis zum Führer. In Österreich verkündete Gauleiter Bürckel, dass von den 4 284 795 abgegebenen Stimmen 99,75 Prozent sich dazu bekannten, Deutsch zu sein und dem Führer dienen zu wollen. Genauso überzeugend fiel es in den fünfunddreißig Wahlkreisen des alten Reichsgebietes aus. 99,01 Prozent hatten Hitler ihr Vertrauen ausgesprochen. Noch nie in der gesamten Weltgeschichte der Menschheit gab es einen so eindeutigen Wahlsieg. Österreich und Deutschland sind vereint. Der Führer meldete sich gerührt zu Wort und sagte, dass das der schönste Tag in seinem Leben sei. Fünfzig Millionen deutsche Menschen haben ihm bewiesen, hinter ihm zu stehen und mit ihm seinen Weg weiterzugehen.« Die Stimme des Radiosprechers brach vor Ergriffenheit kurz ab. »Und wir, verehrte Hörer am Radio, wir sind Zeitzeugen dieses einmaligen Geschehens. Stellen Sie sich das bitte einmal vor. Eines Tages können Sie Ihren Enkeln erzählen, dabei gewesen zu sein, als Hitler die ersten Steine seines Ruhmes, seines Ruhmes für Deutschland und für uns alle, gesetzt hat. Wir …«

Mittlerweile hatte Beate die Zeitungen sorgfältig zusammengelegt und strich die Ecken glatt, bevor sie diese aufeinanderschichtete. Es waren Zeitungen aus den verschiedensten Gebieten in Deutschland. Manchmal brachten die Chefs diese aus dem Aero-Club mit. Auch wenn das nicht erlaubt war. Zuoberst lag die *Landeszeitung*. Beate ließ ihren Blick über die Titelseite schweifen. In schwarzen Lettern prangte die Schlagzeile: *Paris bewundert und nörgelt. Die französische Presse zur Volksabstimmung: »Das Beispiel Deutschlands«*. Die Schlagzeilen daneben lauteten: *In Paris streiken 100.000. Der Lohnkonflikt in der Metallindustrie.* Und: *Bereit mit Großdeutschland zu rechnen. Die* Times *spricht von erwünschten deutsch-englischen Verhandlungen.*[40]

Daneben legte sie die Werkszeitung[41], die extra für die Arbeiter des Rangsdorfer Werkes hergestellt wurde. *Für ein Gemeinschaftsgefühl und um die Freude am gemeinsamen Werk zu steigern,* so hatte der Betriebsführer Bücker das zumindest ganz oben drauf drucken lassen. Beate fand es höchst interessant, so direkt aus erster Hand mit den Neuigkeiten versorgt zu werden und sich nicht auf den Flurfunk verlassen zu müssen. Sie las: *C. C. Bücker: Vor 4 Jahren war die Firma noch fast unbekannt, heute können wir mit Stolz sagen, dass man unsere Flugzeuge schon in fast allen Ländern der Welt kennt. Wir fliegen bereits in 19 Staaten und …*[42]

Schlagartig wurde es still. Jemand musste den Volksempfänger ausgestellt haben. Beate drehte sich in Richtung Radio und sah, wie Carl Clemens Bücker seine Lippen aufeinanderpresste und zufrieden mit dem Kopf wackelte. »Männer«, sagte er in einem fast feierlichen Ton. »Männer, fruchtbare Zeiten brechen für uns an. Noch fruchtbarere, dabei können wir bereits beste Verkaufserfolge trotz hoher Konkurrenz einstreichen. Das liegt natürlich auch daran, dass wir kostengünstig beste Qualität anbieten. Und das erreichen wir nur, weil wir alle Produktionsschritte unter einem Dach vereinen und Stockungen sofort entgegenwirken können. Ihr wisst ja, was Göring zu sagen pflegt: Das deutsche Volk muss ein Volk von Fliegern werden! Und die brauchen nun mal etwas unterm Arsch, was man auch fliegen kann.«

»Herr Bücker.« Der Werkspilot Werner Ahlfeld nickte in Richtung Beate, die mittlerweile aufgestanden war und erwartungsvoll zu ihnen schaute.

»Ach, entschuldigen Sie bitte, Fräulein Köstlin«, sagte der Betriebsleiter beflissentlich und forderte Ahlfeld und seinen Chefpiloten Arthur Benitz mit einem Wink dazu auf, sich an den Tisch zu ihr zu setzen. »Unsere direkte Zukunft hängt in diesen Tagen von der Politik sehr eindringlich ab. Da muss man am Nabel bleiben. Also am Ball. Also …« Er machte eine längere Pause, in der sich auf Beates Stirn die ersten Schweißperlen sammelten. »Also, wie lange arbeiten Sie denn nun schon bei uns?«

»Neun Monate und drei Tage«, ratterte die Gefragte herunter.

»Sie haben sich in Ihrer Freizeit auf dem Doppeldecker Gotha Go 145 und der Arado Ar 66 weiterschulen lassen?«

Beate nickte.

»Und Sie haben angefangen, Kunstflugunterricht zu nehmen? Bei wem?« Die Stimme hatte etwas an Schärfe hinzugewonnen.

Für einen Moment blieb Beates Herz stehen, sie sagte zögerlich: »Bei Uhse.«

Nachdem sie letztes Jahr ihre Ausbildung zur Pilotin erfolgreich abgeschlossen hatte, stand ihr Entschluss fest: Sie wollte das zu ihrem Beruf machen. Am besten als Einfliegerin. Was ihr etliche erregt gehaltene Diskussionen zu Hause einbrachte, aber sie setzte sich durch. Auch wenn ihr viele vorhersagten, dass Frauen in diesen Tagen doch zurück an den Herd sollten, um für Familiennachwuchs zu sorgen, und weibliche Piloten es sehr schwer hätten. Der nächste logische Schritt auf ihrem Weg war das Praktikum bei Bücker, weil sie nur über diesen Weg an eine Arbeit als Einfliegerin kommen konnte. Nebenbei[43] sollte sie Kunstflug erlernen, was die Geschicklichkeit als Pilot enorm steigerte. Einflieger mussten ja die werkneuen Maschinen in allen Fluglagen testen. Das hieß auch auf dem Kopf, bei Loopings, beim Trudeln sowie im Sturzflug. Vor dem Unterricht zum Kunstflieger benötigte man vierzig Stunden Fliegerpraxis, deshalb hatte sie jede Chance ergriffen, zu fliegen und sich parallel auf den Flugzeugen Gotha Go 145 und Arado Ar 66 bis zur Klasse B1 weiterschulen zu lassen.[44] Je mehr sie vorweisen konnte, desto besser. Vor allem als Frau, das wusste sie mittlerweile.

Bücker lächelte. »Uhse? Ah ja, ein guter Mann.[45] Zählt zu den besten Ausbildern hier am Platz. Wie Sie wissen, Fräulein Köstlin, hat sich damals der Aero-Club[46] sehr für Ihre Einstellung als Praktikantin bei uns eingesetzt, und wir drückten damals quasi ein Auge zu. In der Regel ist ja ein Studium die Aufnahmebedingung. Aber wie Herr Spitzkatz uns versicherte, haben Sie es zu einer gehobenen Fertigkeit gebracht. Es ist fast schade, Sie dann aus der Produktion herauszunehmen.«

Beate schluckte.

»Aber wie Sie vielleicht gehört haben, flatterte uns ein Großauftrag der japanischen Armee herein, nachdem wir denen unsere Bü 131 präsentiert haben. Neunzig Maschinen wollen die!«

Schlagartig entspannte sich Beate. Das Gespräch nahm nun einen Verlauf, der nicht heikel war.

»Herr Benitz begleitet diesen Auftrag und wird für fünf Monate außer Lande sein. Um mich kurz zu fassen: Wir brauchen Unterstützung, also bei einfacheren Dingen wie beim Instrumententestflug, und haben dabei an Sie gedacht. Wollen Sie unsere neue Einfliegerin werden? Sie werden eingelernt und starten nächsten Monat durch.«[47]

Die Männer hatten sich erhoben und strahlten sie an, als ob sie ihr verkündeten, bei einer Lotterie den Hauptpreis gezogen zu haben. Bücker streckte ihr die Hand hin.

Automatisch schlug Beate ein und nickte. »Ja, das mache ich.« Irgendwie war das auch das große Los, sogar das ganz große, hatte sie sich doch nichts sehnlicher gewünscht.

Benitz betrachtete ihr Gesicht. »Sie sind ja noch recht jung, neunzehn, oder? Trauen Sie sich so was denn überhaupt zu? Sollte eine Maschine fehlerbehaftet sein, dann müssen Sie schnell und korrekt reagieren. Das setzt eine Menge Erfahrung voraus, die Sie ja noch gar nicht haben können. Auch wenn Bücker gerne Frauen als Einfliegerinnen einsetzt, Sie wären ja dann seine drei. Allerdings die mit den wenigsten Flugstunden.«

Beate fuhr sich mit der Hand durch ihre Haare. »Ja.«

Verwundert blickte der Chefpilot sie an. »Was ja?«

»Sie haben mich gefragt, ob ich mir das zutraue. Ja.« Sie war sich ziemlich sicher, dass es nicht bei den Instrumententestflügen bleiben würde, und damit sollte sie später recht behalten. Sie verabschiedete sich von den Männern und ging raus. Zurück zu ihrer Abteilung. Sie musste heute noch regeln, wer ihre Arbeit übernehmen, dann noch, wo sie ihre Zeiten herbekommen würde, und welche Maschine würde sie wohl als Erstes einfliegen dürfen? Wobei das mit dem Einfliegen zuerst andere Handgriffe voraussetzte: Im Stand alle Instrumente, die Steuerung und den Motor checken, dann kam der lustige Part. Mit einem Notizblock, den man sich um die Knie schnallte, damit er bei den Flugpositionen über Kopf sich nicht ungewollt selbstständig machte, ging es hoch in die Luft. Es gab jede Menge Fakten, die überprüft werden wollten: Spritverbrauch, Öldruck, Querruder, Trimmung, Drehzahl in tausend Metern Höhe, in zweitausend Metern. Nach diesem ersten

Durchgang meldete man den Monteuren festgestellte Fehler, was dann pronto verbessert wurde. Ein erneuter Testflug folgte, und wenn alles passte, flog man vor den scharfen Augen der Bauaufsicht dreißig Minuten lang und mindestens in einer Höhe von fünfzehnhundert Metern. Dann war das Flugzeug bereit und fertig zur Auslieferung.

* * *

Nach Feierabend hatte sich Beate zum Fahrradfahren verabredet. Sie brauchte nie lange, bis sie sich nach der Arbeit fertig hergerichtet hatte. Duschen, das Oberteil, das auf dem Stapel in ihrem Kleiderschrank zuoberst lag, anziehen, in die Hose schlüpfen, die über dem Stuhl hing, ihre Lieblingskette mit der Muschel vom Juister Sandstrand über den Kopf gestreift und raus an die frische Luft. Heute wollten sie an die Notte. Man konnte kilometerlang herrlich direkt neben dem Fluss entlangradeln, umgeben von einer wundervollen Stille, nur unterbrochen von Vogelgezwitscher.

Ihr Begleiter und Kavalier auf dem zweirädrigen Ross war Hans-Jürgen Uhse. Ihr Kunstfluglehrer. Ihr aktueller Freund. Liebster, nannte Beate ihn in ihren Gedanken. Aber sie hatte sich noch nicht so richtig getraut, das auch laut auszusprechen. Das klang so nach billiger Romantik eines Kitschkinofilms. Doch mochte sie Happy Ends und den dazugehörigen Schmus, wenn es zuvor ausreichend Action gegeben hatte, verstand sich.

»Bea«, rief Hans über seine Schulter. Sie waren seit zwei Stunden unterwegs. »Hier ist gut, ja?« Er hielt an und zeigte auf eine Stelle direkt am Ufer des Flusses, wo ein dornenfreies Wiesenstück zum Verweilen einlud. Neben einer Picknickdecke zog er eine Flasche Saft aus seinem Beutel und zwei Stückchen Rührkuchen. »Den hat meine Hauswirtin gebacken.«

Eigentlich mochte Beate seine Hauswirtin Frau Rocksmar überhaupt nicht. Kein Mensch konnte so kleinlich sein. Punkt 22 Uhr musste sie jedes Mal aus dem Zimmer von Hans draußen sein, sonst würde sie sofort gemeldet werden. Verstoß gegen die Regeln. Das könnte bei weiterem Fehlverhalten sogar bis zum Rausschmiss führen. Bis jetzt hatten sie ihre Beziehung noch geheim halten können. Wobei genauen Beobachtern schon hätte auffallen können, dass Hans und Beate oft am selben Tag zu Radtouren aufbrachen, aber sie trafen sich immer etwas außerhalb, und die abendlichen Besuche fanden sehr unauffällig statt. Beate hatte das Gefühl, mehr Geheimagent zu sein als Pilotin, wenn sie zig Umwege in Kauf nahm, bis sie bei Hans im Zimmer landete, wobei er nur ein paar Straßen weiter wohnte. Er meinte, dass es für seine Karriere schlecht sein konnte, wenn seine Beziehung zu einer Schülerin herauskam, und von dummen Sprüchen der Kollegen hatte sie eh schon genug.

Sie nahm sich ein Stück Kuchen und sagte: »Oh, danke schön!« Für Süßes war sie schnell zu haben. Vor allem, wenn man bereits hungrig zur Tour erschienen war. Sie zog noch zwei Äpfel aus der Tasche und legte sie neben die Saftpackung. »Hans, hast du schon davon gehört, dass Andersson, der Chefkonstrukteur bei Bücker, ein ganz neues Modell plant? Es soll nichts mit der neuen Bauweise des Tiefdeckers zu tun haben, sondern was mit der Sitzanordnung. Einer der Lehrlinge hat wohl zufällig einen Blick auf einen Entwurfsplan werfen können.«

»Die sollen doch beim Jungmeister bleiben, ein besseres Kunstflugzeug werden sie nicht bauen können!«, antwortete er, aß den Kuchen und auch einen der Äpfel, während er ihr zuhörte. Es sprudelte nur so aus ihr heraus. Sie hüpfte federleicht zwischen den Themen umher und versprühte dabei so viel Lebensfreude und Leichtigkeit, dass er Lust bekam, sie einfach zu küssen. Was er dann auch tat. Er nahm sie in den Arm und küsste sie.

Beate erwiderte innig die Umarmung und ließ sich in den Kuss fallen, als wäre er eine Wolke, die sie über die höchsten Spitzen der Berge trug. Es war jedes Mal überwältigend, was für Explosionen die zärtliche Berührung der Lippen hinter ihrer Stirn auslöste. Wärme durchströmte sie, und sie genoss das Spiel ihrer Zungen, die sich lockten und wieder voneinander entfernten. Das hätte Stunden so weitergehen können. Hans' Hände huschten unter ihr Oberteil und streichelten ihre Brüste, fuhren über die aufgerichteten Brustwarzen. Beate schob ihn ein Stück weg und sah ihm forschend ins Gesicht. »Du hast mir gerade gar nicht zugehört, oder? Ist es nicht großartig, dass ich ausgerechnet jetzt Einflieger werde?«

Hans lachte, entließ sie aus seinen Armen und goss den Saft in zwei Becher. »Hätte ich das geahnt, hätte ich uns was Prickelndes mit Schuss besorgt. Hast du eigentlich die Chance genutzt und über dein Gehalt verhandelt?«

»Ach Mist!« Beate schaute ihn betroffen an. »Nein, da hab ich überhaupt nicht dran gedacht. Zählt das denn nicht weiterhin zum Praktikum?«

»Ich glaube nicht«, antwortete er. »Was verdienst du? Hundertzweiunddreißig Mark? Na ja«, sagte er grinsend. »Dann ist es für mich schon einfacher, dich mit meinem Gehalt zu beeindrucken. Das ist gerade auch gar nicht so wichtig. Freu dich, sei stolz auf dich. Ich bin es! Ich bin sehr stolz auf dich. Hoch die Tassen!«

Sie wiederholte: »Hoch die Tassen!«, und fügte nach einem ersten Schluck hinzu: »Mit dem Autoführerschein bin ich seit zwei Wochen durch. Ich hätte große Lust, in meiner neu gewonnenen Freizeit an Wettbewerben teilzunehmen.« Ein Strahlen überzog ihr Antlitz.

Hans schaute sie an. Schaute einfach nur. Ohne etwas zu sagen. Minutenlang. Blickte ihr ins Gesicht und fuhr jede Linie und Kurve mit seinen Augen nach, als ob er sie für ein Porträt studieren wollte.

»Was machst du denn, das ist ja fast unheimlich«, sagte Beate und schubste ihn, sodass er zur Seite kippte.

Dabei schnappte er sich ihren Arm und zog sie mit sich ins Gras. »Bea, du weißt, dass ich das damals ernst gemeint habe?«

»Was? Dass ich am Höhensteuer nicht so reißen soll wie an der Leine eines bissigen Hofhundes? Oder dass ich nie wieder in meinen Stulpenhandschuh kotzen soll, während du in Rückenlage einen Looping machst[48]?«

Er lachte. »Nein, dass du die richtige Frau für mich bist.«

»Das war dir aber schnell klar, mein Freund. Wie viele Wochen waren wir damals ausgegangen?«

»Zehn Wochen und davor zig Begegnungen. Mittlerweile sind es über vier Monate.«

»Du hast mir in der Kantine aufgelauert.«

»Nein, ich habe dich nicht mutterseelenallein traurig und einsam dein Mahl hinunterschlingen lassen.«

Beate lachte. Seitdem sie mit Hans zusammen war, lachte sie überhaupt wieder viel.

Am Ufer des Flusses war es angenehm warm, und der süßliche Duft von weiß blühenden Buschwindröschen und den gelben Adonisröschen hüllte sie ein.

Er steckte sich einen langen Grashalm in den Mund. »Lass uns doch ein Spiel spielen. Wahrheit oder Pflicht, ja?« Auf ihr Nicken fing er an: »Was vermisst du hier am meisten?«

Ohne zu zögern, sagte sie: »Meine Eltern.«

»Hab ich dir eigentlich schon mal von der Forschungsarbeit meines Bruders Joachim erzählt?[49] Die geht über Milchproduktion. Im Januar hat er in Breslau den Doktortitel für Landwirte geschafft. Vielleicht sollte ich den mitnehmen, wenn ich mal deinem Vater vorgestellt werde. Dann kann er ihn quasi für mich beeindrucken, und beim Fachsimpeln wird er dann sagen: ›Das habe ich alles von Hans gelernt.‹ Ein guter Plan, oder?«

Beate lächelte. Neben ihnen platschte etwas. Ein Frosch schwamm mit lang gestreckten Zügen quer durch den Fluss.

»Hans, was ist eigentlich mit deinem zweiten Bruder?«

Er zuckte mit den Schultern. »Bodo[50]? Was soll mit ihm sein? Das Letzte, was wir wissen, ist, dass er nach Frankreich emigriert ist. Joachim hat vor zig Monaten den letzten Brief von ihm empfangen.«

»Ich versteh das nicht so ganz, er war bei der NSDAP, hatte für die erste NS-Tageszeitung geschrieben, kennt Hitler, Goebbels und Göring persönlich und wurde dann von denen ausgebürgert?«

»Tja, ich kann es dir auch nicht erklären. Er war sogar Chefredakteur bei der Tageszeitung in Itzehoe und dort Ortsgruppenleiter. Keine Ahnung, was ihn geritten hat, sich den Strasser-Brüdern und dann der KDP anzuschließen. Ich lebe ganz gut damit, die Politik denjenigen zu überlassen, die sich damit auskennen. Und schau uns heute an. Keine Arbeitslosen mehr, und Hitler gelingt das, was keinem anderen zuvor gelang: Ohne Kämpfe bekommen wir unsere Länder zurück.« Er legte den Kopf in den Nacken und schaute in den Himmel. »Weißt du, uns Uhses ist eins mitgegeben: Wenn wir etwas machen, dann mit Begeisterung, aus vollem Herzen und mit vollstem Einsatz. Joachim brennt für die Landwirtschaft, Bodo für die Politik und ich fürs Fliegen … und für dich.« Er fasste nach ihrer Hand und küsste diese. »Auf was bist du besonders stolz?«

Beate überlegte. »Das ist eine schwierige Frage. Ich könnte stolz darauf sein, dass ich auf Wargenau groß geworden bin, aber eigentlich bin ich stolz auf die Dinge, die ich selbst erreicht habe. Aus eigener Kraft. Die Pilotenscheine, und dass ich damals an der Odenwaldschule hessische Meisterin im Speerwerfen geworden bin.«

»Aha, davon wusste ich ja noch gar nichts.«

»Du weißt noch eine ganze Menge nicht«, sagte Beate. »Aus Sport bestand damals mein Leben. Sport, etwas Schule und dem BDM.«

Hans streichelte von ihrer Hand entlang bis zu ihren Oberarmmuskeln, die recht gut ausgebildet waren. »Hast du noch mehr Geheimnisse, von denen ich wissen sollte?«

»Nee, nee, ich bin mit fragen dran. Seit wann wusstest du, dass du Pilot werden wolltest?«

»Schon immer.« Der Schalk blitzte aus seinen Augen. »Als ich im Kindesalter meinen ersten Spatzen fing, wusste ich, dass ich genau das werden wollte.«

»Ein Spatz?«

»Nein, ein Himmelsstürmer. Ein Freier. Grenzenlos!« Er versuchte, sie zu küssen, doch wich sie ihm aus. »Dann eben eine neue Frage, Bea, welche Länder willst du sehen?«

»Mhm … alle. Alle außer Wales. Da war ich ja schon. Aber vor allem Amerika, einmal über den Atlantik …«

Er unterbrach sie: »… einmal über den Atlantik fliegen. Das ist tatsächlich ein Traum!«

Beate legte ihren Kopf schräg und fragte: »Wie viele Freundinnen hattest du vor mir?«

»Pflicht«, rief Hans mit gespielt aufgerissenen Augen und hielt die Hände abwehrend vor sich. »Pflicht!«

»Nun gut, dann musst du in die Notte springen! Nackt!«

»Nur wenn du dich auch ausziehst.«

»Schummel nicht, das war deine Entscheidung.«

»Bea, ich hatte vor dir vielleicht drei oder vier Freundinnen, aber keine, wirklich keine war wie du. Ich bin die Maschine, du der Propeller. Ich der Tank und du der Treibstoff.« Er schenkte ihr einen seiner Blicke, die sich bei ihr bis zum Zeh hinunterzogen. Er räusperte sich. »So. Ich wieder. Wenn du nicht als Pilotin arbeiten würdest, als was dann?«

»Kapitän. Das war leicht. Mhm … Ist Rühmann jetzt verheiratet oder nicht?«

»Das ist doch keine Wahrheits- oder Pflichtfrage, das ist Klatsch und Tratsch.«

»Nun? Ich habe dir eine Frage gestellt«, beharrte sie.

Er seufzte. »Ich hab gehört, dass er sich von seiner jüdischen Frau hat scheiden lassen.[51] Damit er weiterhin Filme drehen kann. Aber man munkelt hier, dass die Beziehung schon lange aus war und er sich um sie kümmert. So irgendwie.« Er machte eine Pause. »Willst du mal Kinder haben?«

»Ja«, kam es ohne Zögern. »Auf jeden Fall. Meine Eltern sagen immer, dass man eigene Kinder braucht, um nicht den Verstand zu verlieren, sie rücken die Dinge ins richtige Licht. Warum fragst du?«

»Warum? Das fragst du mich?« Hans zog sie in eine enge Umarmung. »Ich stelle mir gerade vor, wie so ein Prachtexemplar wohl ausschauen würde, dass das Glück hat, eine Mischung von dir und mir zu sein. Wetten, dass es bereits mit einer Pilotenbrille auf die Welt kommen würde?«

Bevor Beate erneut kichern konnte, verschloss er zärtlich ihren Mund mit dem seinen. Es dauerte eine ganze Weile, bis beide gewillt waren, sich zu lösen. Er betrachtete sie wieder mit diesem Blick, der ihr entlang der Wirbelsäule ein Schaudern verursachte. Mit belegter Stimme fragte er: »Beate, könntest du dir vorstellen, mit mir zu schlafen?«

Sie blickte zu Boden und zuckte mit den Schultern.

Er fügte hastig hinzu: »Nein, noch nicht antworten. Weißt du, das muss gut überlegt sein und genauso von dir gewünscht wie von mir. Lass dir Zeit mit der Entscheidung. Ich liebe dich. Ob wir in einer Woche, in einem Monat oder in einem Jahr …«

Mit immer noch gesenktem Kopf sagte sie: »Hans, du musst wissen, dass ich …«

»Ich weiß, meine Süße, ich weiß.« Er streichelte ihre Wange, bis sie ihm in die Augen sah. »Ich weiß, dass es für dich das erste Mal sein wird. Alles gut. Aber du musst das für dich klären, ob du es wirklich willst, sonst bringt dir das keine Freude. Und darum geht es ja! Hast du schon gehört, dass Lindbergh vielleicht in den nächsten Wochen in Rangsdorf vorbeikommt? Er will sich wohl anschauen, was die deutsche Luftwaffe so zu bieten hat.«

»Das muss ich gleich meinen Eltern schreiben, das ist ja irre!«

»Und wenn du dich für Klatsch interessierst: Man munkelt, dass er in Deutschland wohl eine Geliebte hat und deshalb so gerne bei uns ist.«

»Quatsch, laut Presse ist er doch der Vorzeigemann. Schrecklich, was mit seinem Sohn passiert ist.«

»Seit der Entführung und dem Tod des Kleinen hat er sich ja aus dem Blitzlicht zurückgezogen. Wer weiß also, was er so treibt!«[52]

»Hans!«

»Schau mal, ich hab was für dich dabei.« Er zog ein Buch aus seinem Beutel, auf dem Elly Beinhorn abgebildet war, darunter ein Flugzeug. Es trug den Titel: *Frauen fliegen. 16 Deutsche Pilotinnen in ihren Leistungen und Abenteuern.*[53] »Für dich, meine Lieblingspilotin.«

Beate lächelte, schlug auf, las darin und lachte laut auf. »Wie lustig. Goethes Worte *Das Ewig-Weibliche zieht uns hinan* soll in einem Flugzeug mit einer weiblichen Pilotin entstanden sein.« Sie las weiter, stockte. »Ich werde wohl nie verstehen, warum Männer auf die Idee kamen, dass Frauen nicht zum Fliegen geeignet seien. Im Gegenteil, sobald man einmal in einer Maschine saß, dann ist man dieser Magie verfallen. *Luftgetauft* zwischen den Wolken. Ob Frau oder Mann, und von der körperlichen Statur ist das nun wirklich nicht abhängig. Schau dir Rühmann und Udet an …«

»Luftgetauft«, wiederholte Hans und küsste sie. »Ein schönes Wort.«

Für weiteres Lesen oder längere Gespräche war an diesem Abend keine Zeit mehr. Zum einen musste es ausgereizt werden, einfach Arm in Arm am Fluss entlangzulaufen, Händchen haltend Fahrrad zu fahren, soweit es der Weg zuließ, sich weiterhin zu küssen, und zum anderen war Beates Kopf zu voll. Gedanken purzelten übereinander und stritten sich darum, wer zuerst Gehör finden würde. Einfliegerin! Hans wollte mit ihr schlafen!

»In der Liebe kann man nur auf eine Art siegen: indem man fliegt.«

Napoleon de Bonaparte (1769–1821)

KAPITEL 8

Ein Bund, sie zu einen

* * *

FAST EINEINHALB JAHRE SPÄTER, 28. SEPTEMBER 1939

RANGSDORF, FLUGPLATZGELÄNDE

Otto Köstlin hatte Nein gesagt. Das war jetzt ein Jahr her. Beate hatte ihm und der Mutter ihren Freund Hans Uhse vorgestellt mit der Information, dass sie heiraten wollten.

»Nein«, hatte Otto gesagt. Ohne mit der Wimper zu zucken. Es war so geölt und gestochen scharf herausgekommen, als gäbe es nur diese eine Antwort. Er wolle nicht den Rotz seiner Tochter wegputzen müssen, wenn der Gatte bei einem Fliegerunfall ums Leben kommen würde. Das war seine Erklärung gewesen. Keine Frage zum Charakter des Zukünftigen, nichts über die Tatsache, dass Hans sie glücklich machte, dass sie Kinder haben wollten, eine blaue Bank vor dem Haus und frische Karotten und Tomaten im Garten hinter dem Haus. Dass keiner sie so zum Lachen bringen konnte wie er und keiner sie jemals im Leben so bestärkt hatte, dass sie beim Fliegen alles erreichen konnte. Selbstverständlich würde sie auch als Ehefrau weiterfliegen, nicht nur das, Hans hatte mit ihr für die beiden Kunstflugprüfungen gelernt, sodass sie vor ein paar Monaten die Kunstflugprüfung K2 mit Bravour bestanden hatte. »Kunstflug ist wie Kunstturnen, es geht darum, deinen Körper zu beherrschen, denn beim Kunstflug ist die Maschine einfach nur eine Verlängerung von dir selbst.«

Sie konnte das fühlen, was er ihr erklärte. Er war ein guter Lehrer. Das einstudierte Programm für die zweite Kunstflugprüfung würde sie wohl nie vergessen: Vrille links, drei Umdrehungen, Looping, Renversement links, Renversement rechts, Retournement links, Retournement links, Rolle rechts, Immelmann rechts ... Sie hatten die Figuren so aufeinander abgestimmt, dass die Prüfer gar nicht anders konnten, als begeistert zu sein. Und das waren sie auch gewesen. Beate hatte Blut geleckt, und da Rangsdorf ein Knotenpunkt für Wettbewerbe war, hatte sie sich einfach angemeldet, auch dabei half Hans ihr stets. Der erste Flugwettbewerb, an dem sie teilgenommen hatte, war der erste Zuverlässigkeitsflug für Sportfliegerinnen[54], das war letztes Jahr kurz nach der Einstellung als Einfliegerin bei Bücker gewesen. Es gab dreizehn Teilnehmerinnen, und keine wollte die Unglückszahl dreizehn freiwillig nehmen. So musste Beate als Jüngste und als Debütantin die Zahl akzeptieren. Sie bekam, wie alle anderen Pilotinnen, eine Klemm Kl 25 gestellt. Wenn es bei irgendwelchen Wettbewerben weltweit Preisträger gab, hatte einer der ersten Plätze mit Sicherheit eine Klemm gehabt. Vor etlichen Jahren war Udet mit so einem Flugzeugtyp bei den Dreharbeiten zu *Stürme über dem Mont-Blanc* auf einem der dortigen Gletscher gelandet. Somit war der Flieger bewiesenermaßen auch eis- und schneetauglich.

Der Streckenverlauf sah folgendermaßen aus: Rangsdorf – Magdeburg – Altona – Fuhlsbüttel – Wyk auf Föhr – Fuhlsbüttel. Zusammen mit Hans studierte sie die Streckenpläne immer wieder, sie suchten dabei markante Stellen heraus, die aus der Höhe gut zu erkennen waren. Das konnten Flüsse, Autobahnen oder Eisenbahnstrecken sein, deren Verlauf man folgen konnte, oder die Form von Waldgebieten und große Städte. Sie lernte die Landmarken so intensiv, dass sie diese im Schlaf vor sich hin murmelte. Das behauptete Hans zumindest, wenn sie übermüdet bei ihm einnickte. Zweite war sie geworden! Was für ein Riesenerfolg! Sie als Debütantin! Sie hatte einige alte Hasen noch älter aussehen und an ihren Kondensstreifen schnuppern lassen. Seitdem hatte Beate keine Vorurteile mehr Startnummern gegenüber. Nur Melitta Schenk Gräfin von Stauffenberg war schneller als sie gewesen. Dafür arbeitete diese auch seit Jahren als Ingenieurin und Testpilotin, besaß als einzige Frau Deutschlands sämtliche Flugscheine und war als zweite Frau in Deutschland zum Flugkapitän ernannt worden. Ein großes Idol Beates, neben der sie nun hatte stehen und mitfeiern dürfen. So fühlte es sich an, wenn ein Traum wahr wurde. Nach diesem zweiten Platz fühlte sie sich auch nicht mehr als kleines Häschen neben dem erfahrenen Uhse, was der Beziehung neues Selbstbewusstsein brachte, vor allem da sie noch einige andere Wettbewerbe gewinnen sollte. Weiteres Selbstbewusstsein brachte ihr die Sache mit dem Film. Als die Filmproduktionsfirma UFA[55] aus Potsdam bei Bücker anrief und fragte, ob sie einen tüchtigen Piloten hätten, der für einen Film als Stuntpilot agieren könne, wurde sie hingeschickt. Sie war klein genug, dass sie im vorderen Sitz Platz nehmen und steuern konnte, ungesehen von den Kameras, während der Schauspieler hinter ihr im zweiten Sitz saß und so tat als ob. Beates Eltern waren sehr stolz auf ihre Erfolge, und trotzdem sagte ihr Vater Nein.

Einfach so, ein klares Nein.

Warum nur? Vielleicht hatte er insgeheim immer noch gehofft, dass Beate einen Landwirt heiraten und sich einfach eine kleine Privatmaschine aufs Feld daneben stellen würde? Doch wie hätte Beate auf dem Flugplatz Rangsdorf einen Landwirt kennenlernen sollen? Selbst um die Schafe kümmerten sich Leute, die sich fürs Fliegen begeisterten und hauptberuflich bestimmt keine Bauern waren. Abgesehen davon war sie glücklich bis über beide Ohren in Hans verliebt. Sogar noch viel mehr: Sie liebte ihn und würde bis zum Rest ihres Lebens fliegen wollen. Nur fliegen.

Fast ein ganzes Jahr dauerte es, bis der Vater einwilligte. Er war in dieser Zeit ungewöhnlich wortkarg, bärbeißig und strich sogar die finanziellen monatlichen Zuwendungen für sie. Aber wie sagte man in Ostpreußen: Wo die Liebe hinfällt, da frisst die Kuh kein Gras mehr. Und die Kuh war weder blind, noch war das Gras rosarot eingefärbt. Seit zwei Jahren waren Beate und Hans nun ein Liebespaar, da hatte sie einiges an Zeit gehabt, ihn zu beschnuppern und sich sicher zu sein, dass sie sich sicher war.

Ob Otto schließlich zustimmte, weil er davon ausgehen konnte, dass Beate eh tat, was sie wollte? Ob vom Dach springen oder heiraten? Vielleicht. Schlussendlich wurde für Oktober dieses Jahres eine Hochzeit mit allem Drum und Dran auf Gut Wargenau geplant.[56] Mehrspännig zur Kirche, mehrgängig zu Tisch. Musik, Tanz, Gesang als Rahmenprogramm. Verwandtschaft aus allen Teilen Deutschlands. Und nun?

Nun kam alles anders.

Und Schuld hatte Polen.[57]

Seit Anfang des Jahres meldeten die Medien immer gehäufter Übergriffe in Polen. Volksdeutsche wurden dort misshandelt, Frauen und Kinder verschleppt. Es gab mit Brutalität ausgeführte Überfälle von polnischen Banden an der Grenze zu Deutschland. In den letzten Monaten hatte es sich so zugespitzt, dass fast täglich von abgeschossenen Flugzeugen, in Brand gesteckten Autos und brennenden deutschen Bauernhöfen im polnischen Korridor berichtet wurde. Das war der Landstreifen zwischen Deutschland und Ostpreußen, der zu

Polen gehörte. Zuletzt überschlug sich die Presse mit der Meldung über einen Anschlag auf eine deutsche Radiostation. Die Polen plünderten und mordeten.

Hitler hatte in einer Rede am 1. September klargemacht, dass er seine friedlichen Verhandlungsmethoden nicht mehr weiterverfolgen könne. Alle seine gütigen Vermittlungsversuche, um Klärung über Danzig und den polnischen Korridor auf eine gegenseitige respektvolle Weise herbeizubringen, seien abgeschmettert worden. Der Aggressor Polen drohte mit Krieg, und Hitler war nicht gewillt, klein beizugeben und die Volksdeutschen im Stich zu lassen.

Seit diesem 1. September hatte sich alles geändert.

»Polen hat heute Nacht zum ersten Mal auf unserem eigenen Territorium auch mit bereits regulären Soldaten geschossen«, dröhnte Hitlers Stimme aus dem Radio. »Seit fünf Uhr fünfundvierzig wird jetzt zurückgeschossen.«

Die Sportfliegerei auf dem Flugplatz Rangsdorf gehörte nun der Vergangenheit an, er wurde als Fliegerhorst für die Luftwaffe dringender benötigt. Man munkelte, dass Rangsdorf sogar vorübergehend für den zivilen Luftverkehr genutzt werden sollte, da man Angst hatte, dass Berlin-Tempelhof bombardiert werden könnte.[58]

Es hatte nur siebenundzwanzig Tage gedauert, bis der große Schrecken, der Grenzdeutschland betraf, auch hier bei ihnen im Kleinen angekommen war.

Beate hatte noch nicht einmal Zeit gehabt, Tränen der Enttäuschung zu weinen. Sie mussten jetzt mit klarem Kopf planen.

»Jetzt?«, fragte sie Hans.

»Jetzt!«, erwiderte er.

Sie saßen im Aero-Club, in dem beide Mitglieder waren, und starrten auf ein Schreiben, das Hans heute Morgen um zehn Uhr ausgehändigt bekommen hatte.

Es war sein Gestellungsbefehl.

Nachmittags wurde er bereits in Magdeburg erwartet. Er sollte dort als Leutnant anfangen und Piloten ausbilden.

»Bea, wenn wir jetzt sofort heiraten, dann bringt das einige Vorteile«, er sah sie bittend an. »Ich bekomme mehr Urlaubstage und habe mehr Anrecht darauf, zu meiner Frau nach Hause zu kommen.«

Beate zögerte.

»Liebes, wir wollten doch sowieso heiraten!«

Die meisten Papiere, die zur Hochzeit notwendig waren, hatten sie bereits herausgesucht. Zwar fehlte ihnen noch das Ehetauglichkeitszeugnis vom Gesundheitsamt, das gesetzlich vorgeschrieben war und die Erbgesundheit ausweisen sollte, aber sie wussten von Bekannten, die vor Kurzem geheiratet hatten, dass das wohl in der Praxis kaum verlangt wurde.

Hans küsste sie über den Tisch hinweg. Zum allerersten Mal in der Öffentlichkeit des Flugplatzes. »Dann feiern wir einfach nach, sobald ich wieder bei dir bin. Ein wunderschönes Fest mit bestem Essen und einer richtigen Hochzeitsnacht, ja? So wie du es dir vorstellst. Das machen wir dann. Versprochen. Jetzt haben wir so lange gewartet, und nun soll es doch holterdiepolter stattfinden. Aber dann ist es halt so.«

»Ja«, sagte Beate mit fester Stimme. »Dann ist es halt so.«

Jetzt musste geplant werden. Und zwar rasant: Es fehlten zwei Trauzeugen, ein Termin beim nächstgelegenen Standesamt Dahlewitz und kurzfristig ein paar Stunden Urlaub für die Kriegstrauung.

»Wie viel Zeit haben wir denn?«, fragte sie.

»Vier Stunden«, antwortete er. »Wir treffen uns in zwanzig Minuten am Parkplatz, schaffst du das? Ich organisiere einen Trauzeugen, du einen zweiten.« Hans küsste Beate erneut auf den Mund. Nur kurz. Es war keine Zeit, es war einfach keine Zeit.

»Ich brauche ein paar Stunden frei, Chef«, sagte Beate atemlos zum Technischen Leiter Stocker in der Einflughalle.

»Warum das denn? Ist was passiert? Hier warten ein paar Maschinen auf dich.«

»Ja, ich weiß, aber ich muss heiraten.«

Sprachlos starrte er sie für einen Moment an, sah, dass sie es ernst meinte. »Maxe. Echt jetzt? Gegen wen denn?«

»Hans-Jürgen Uhse«

»Was?«

»Ja, wir sind seit zwei Jahren ein Paar, aber ich hab jetzt keine Zeit! Er bekam gerade seinen Gestellungsbefehl.«

»Alles klar, dann ab dafür.«

Zwanzig Minuten später saßen sie zu viert in einem ausgeliehenen Wagen des Aero-Clubs und heizten die Straße gen Dahlewitz. Werksmeister Jimmy Längericht und Stenotypistin Minna Pavel,[59] die mit Beate und Hans befreundet waren, konnten sich ebenfalls Zeit freischaufeln und wollten gerne als Trauzeugen fungieren.

»Stop«, rief Jimmy, und der Wagen hielt mit quietschenden Bremsen.

»Was zum Teufel«, fluchte Hans mit zusammengekniffenen Augen, als Jimmy aus dem Auto sprang, veränderte aber seinen Ausdruck, als er sah, dass dieser zum nächsten Feld rannte, um Blumen zu pflücken. Einen Brautstrauß sollte Beate doch mindestens haben.

Die Trauung fiel unter die Kategorie praktisch und sachlich, auch das Hochzeitsessen danach, das in der Werkskantine stattfand und aus Erbsen nebst Bier bestand, gefolgt von Kaffee und Apfelkuchen[60], war nicht gerade das, was man sich unter einem anständigen Hochzeitsmahl so vorstellte. Nicht einmal unter einem unanständigen. Beate war ja nicht unbedingt die Romantischste unter dem weiten Himmel, aber so gehetzt mit verschwitzten Arbeitsklamotten zu heiraten, ohne Zeit für etwas Zweisamkeit, das war sogar für sie etwas arg. Es blieb gar keine Luft zum Innehalten und Sackenlassen, was das gerade mit dem Bund fürs Leben inklusive ewiger Treue und Liebe und gemeinsamer Zukunft bedeutet hatte. Gerade diese gemeinsame Zukunft stand aktuell etwas wackelig auf den Beinen. Sie wussten nicht, wann Hans das erste Mal freibekommen würde und was mit dem Krieg war. Konnte Hitler Polen dazu bringen, von seinen Überfällen abzulassen?

Als Beate die Zweimotorige, die Hans nach Magdeburg mitnehmen sollte, auftankte und ihn mit einem langen Kuss verabschiedete, war sie froh, den Namen Uhse angenommen zu haben. Immerhin etwas, was sie von ihm hierbehalten würde. Zurück in der Einfliegerhalle schwappten ihre Gefühle über. Die Enttäuschung und die Angst um Hans purzelten in Form von Tränen aus ihren Augen, es wollte gar nicht mehr aufhören. Über ein Jahr hatte sie auf die Hochzeit gewartet, es hätte der schönste Tag ihres Lebens werden sollen, mit ihrem Lieblingspferd vom Hof vor der Kutsche und ihrem Bruder und den Eltern, der alten Köchin und ein paar Freunden aus der Kindheit. Und nun das. Stocker trat zu ihr, reichte ein zerknautschtes Stofftaschentuch, das am Rand ein paar Ölflecken aufwies, und nahm sie in den Arm: »Maxe, der kommt schon wieder. Der kommt schon wieder!«

Aber das konnte die Stimme in ihrem Kopf nicht übertönen, die eindringlich flüsterte: … *und wenn er bei einem Fliegerunfall umkommt, was dann? Soll ich die Rotze meiner Kleinen wegputzen und sagen »Kopf hoch, das wird schon wieder«? Nein! Das kann ich nicht … nein.*

* * *

VIER JAHRE SPÄTER, SEPTEMBER 1943

RANGSDORF

In den letzten Jahren hatte sich für Beate einiges in Sachen Fliegerei geändert[61]. An wichtigster Stelle ihr Arbeitsplatz. Sie wurde von Alfred Friedrich angesprochen, ob sie nicht für sein Flugzeugreparaturwerk als Einfliegerin[62] arbeiten wolle. In seinem Betrieb setzte man Flugzeuge, die kaputt geliefert wurden, wieder instand, indem man sie generalüberholte und mit neuen Bauteilen ausstattete. Diese Flieger zu testen, war eine durchaus gefährliche Sache, da trotz ausführlicher Überprüfung am Boden sich schwerwiegende Fehler erst in der Luft zeigen konnten. So musste man zunächst im Normalflug checken, ob die Maschine die zulässige Geschwindigkeit erreichen konnte, um sie danach auf die Kunstflugtauglichkeit zu testen. Das hieß auch hier: Rückenlage, Loopings, Sturzflug und weitere Kunststücke. Eine herausfordernde Tätigkeit, die Geschicklichkeit und genaue Beobachtungsgabe voraussetzte. Beate fühlte sich geschmeichelt, dass ausgerechnet sie gefragt wurde, und das zu einem Gehalt von fünfzehnhundert Reichsmark, was mehr als zehnmal so viel war wie ihr Praktikumslohn. Sie hatte ja in der Zwischenzeit als Bücker-Einfliegerin viel Erfahrung sammeln können und wusste, dass ihre Wettbewerbserfolge ihr einen guten Ruf bescherten. Auch Alfred Friedrich war kein Unbekannter unter den Piloten, im Gegenteil: Er war 1913 mit dem Flugzeug *Etrich Taube* von Berlin nach Paris geflogen, um dort den Kanal zu überqueren und über London wieder an die Spree zurückzukehren, und war als *Welterstflug des Luftverkehrs* in die Schulungsbücher eingegangen, die Beate studiert hatte. Prinz Heinrich von Preußen stellte damals zu Recht fest, dass dies der Beginn einer internationalen Luftfahrt war. Von Friedrich könnte sie noch ein paar

Kniffe lernen. Besonders amüsant fand Beate die Tatsache, dass er bei dem Flug nach Paris mehrere Male hatte zwischenlanden müssen, um am Boden nach dem Weg zu fragen, da er als einzige Orientierungshilfe einen Kompass und eine Eisenbahnkarte dabeigehabt hatte.

Auf dem Rangsdorfer Flugplatzgelände hatte sich so viel verändert, dass Beate mit leichtem Herzen wechseln konnte. Hinter Stacheldrahtzäunen hausten auf dem Flugplatz nun französische Zwangsarbeiter in schnell errichteten Baracken,[63] und die Bücker-Werke mussten fünfzig Prozent ihrer Werkstätigkeit auf Kriegsproduktion[64] umstellen, das hieß, es gab auch weniger Flieger zum Einfliegen. Dazu hatte sich die Arbeitszeit ständig erhöht, sodass sie jetzt im Schichtbetrieb zwölf Stunden arbeiteten und für Sport so gut wie keine Zeit blieb. Auf dem Gelände befanden sich überall weitere Baracken, die für die Flugbereitschaft, die Kurierstaffel, als Geschäftszimmer oder für die Technik genutzt wurden. Von dem ruhigen, organisierten einstigen Betrieb des Flugplatzes war nicht mehr viel übrig geblieben. Es herrschte ein ständiges Gewusel mit rund achthundert Starts sowie Landungen pro Monat[65], ein rastloses Kommen und Gehen von fremden Soldaten, die es alle nach Liebe dürstete. Kein Wunder, dass sich unter ihnen Geschlechtskrankheiten ausbreiteten wie eine Seuche. Es wurde befohlen, Schutzmittel zu gebrauchen, und es gab die Anweisung, spätestens sechs Stunden nach dem Verkehr eine Sanierung durchzuführen, wobei eine Selbstsanierung nicht ausreiche. Beate musste Hans fragen, was mit dieser Sanierung gemeint war und schüttelte sich, als sie die Antwort bekam. Sie kannte so etwas von Wargenau nicht, dort gab es keine Desinfektionsspritzen direkt in die Harnröhre. Warum auch?

Aber es gab noch etwas anderes, was eine viel größere Veränderung nach sich zog: Beate hielt ein kleines Bündel im Arm und drückte es vorsichtig an sich. Dabei machte es glucksende Geräusche und strampelte, als gäbe es etwas zu gewinnen. Kleine Ärmchen reckten sich ihr entgegen. Es war das hübscheste Baby der Welt und hieß Klaus. Es war ihr Baby. Was für ein kleines Wunder. Immer wenn er Beates Gesicht sah, lächelte er. Einfach so. Sie musste gar nichts dafür tun, um geliebt zu werden. Er schenkte ihr sein Herz, seitdem er vor vier Monaten das Licht der Welt erblickt hatte.

Er war königlich unter Sirenengeheul zur Welt gekommen, fast zumindest. Beate hatte geplant, in der Entbindungsanstalt des homöopathischen Rittberg-Krankenhauses[66] in Lichterfelde ihr Kind zu gebären. Ein wunderschönes Anwesen, dessen Haupthaus aussah wie ein kleines Schloss. Sie lag pünktlich mit Wehen auf dem Krankenhausbett. Gekleidet in einen weiten Kittel, ausgebreitete Beine, zwei Schwestern neben sich, alle in den Startlöchern für die Geburt, da setzte der Fliegeralarm ein. Adrenalin kickte in Beates Körper, die Wehen brachen ab, sie stand auf, schnappte sich eine Jacke und ging in den Kellerbunker. Etwas schwerfällig stützte sie mit einer Hand den Bauch, aber sie ging selbstständig und nicht gerade unflott. So musste es Rehen ergehen, die von Wölfen kurz vor der Niederkunft attackiert wurden. Die schüttelten sich, sprangen mit einem leisen »Schon wieder, so ein Mist« auf und schleppten sich in ein Versteck. Da machten sie dann weiter, wo sie aufgehört hatten. So einfach lief es bei Beate leider nicht, wobei sie großes Glück hatte, da die Druckwellen der abgeworfenen Bomben nur einige der Fenster zum Zersplittern brachten, aber das Gebäude stand noch, der Entbindungsraum ebenfalls, und die Geburt fand schließlich nach einer künstlichen Einleitung geschmeidig statt. Und Klaus sorgte mit seinem ersten Schrei für einen positiven Stimmungsschub und Erleichterung.

Beate wusste oft gar nicht, wohin mit ihren Gefühlen. Manchmal weinte sie, einfach, weil sie so glücklich war, und musste unter Tränen selbst darüber lachen. Das war es wohl, was man in Romanen als grenzenlose Liebe beschrieb. Jetzt konnte sie ihre Mutter verstehen, die ihr ein paarmal von ihrem Beruf als Kinderärztin in Kiel[67] erzählt hatte und Kinder als Geschenk des Lebens bezeichnete. Wie schützenswert gerade die Kleinsten waren. So winzig die Finger und die Zehen. So zerbrechlich, hilflos. Und doch war schon alles quasi betriebsbereit. Das mit dem Kreislauf von trinken und kacken funktionierte auf jeden Fall schon recht zufriedenstellend. Was oben reinkam, kam auch wieder raus. Da unterschied sich so ein kleines Lebewesen nicht groß von einer Maschine, die getankten Treibstoff in Energie umwandelte. Bei Klaus kam allerdings noch ein begleitender Duft hinzu, was Beate aber nicht groß störte, war sie von klein auf doch an alles Menschliche und Tierische vom Hof aus gewöhnt. Kranke mitversorgen, Stall ausmisten oder das Verteilen von Pferdeäpfeln auf dem Gemüsebeet. Gestank und Dreck hatten zu ihrer Kindheit dazugehört. Außerdem war es etwas ganz anderes, ob man Kuhfladen mit der Schaufel vom Boden kratzen musste oder die volle Windel des eigenen Kindes wechselte.

Schwieriger gestaltete sich als junge Mutter der Alltag, wenn es darum ging, Essen zu kochen. Es gab Lebensmittelmarken und Bezugsscheine für Kleidung, was kaum ausreichte. Pro Karte hatte man hundert Wertepunkte[68], wobei ein Pullover bereits fünfundzwanzig kostete, ein Kleid fünfundvierzig und Socken vier. Aber das war nicht das größte Problem. Es gab einfach so gut wie gar nichts mehr. So nähte Beate aus abgetragener Kleidung Windeln und Hosen für Klaus und war heilfroh, dass sie selbst Gemüse angepflanzt hatten. Und sie war froh über die Hauswirtschaftsausbildung bei ihrer Mutter, so konnte sie mit wenigen Zutaten schmackhaftes Essen zubereiten und hatte einen guten Überblick über die Mengen.

Sie liebte es so sehr, Mutter zu sein. Dabei hatten Hans und sie die Schwangerschaft noch hinausgezögert, zuerst Kondome benutzt, waren sie sich doch nicht sicher gewesen, ob man in diesen Krieg ein neues Leben setzen wollte. Aber die Kämpfe dehnten sich aus, an immer mehr Grenzen wurde gekämpft, Jahr um Jahr, immer weiter, ein Ende war nicht absehbar. Worauf hatte man da noch warten sollen?

Wenn der Kleine Hunger hatte, stillte sie ihn, wenn er weinte, schaukelte sie ihn und sang ihm leise ein Kinderlied vor, das ihr selbst schon als Kleines vorgesungen worden war:

»Heil, heil und Segen.
Drei Tage Regen.
Drei Tage Schnee.
Fuß tut nicht mehr weh.«[69]

Es war eine so innige Bindung zwischen ihnen, dass sie oft bereits spürte, dass er hungrig war, bevor er sich von selbst meldete. Die ersten Monate als frischgebackene Mutter hatte sie bei ihren Eltern auf dem Gut verbracht und sich von Margarete zeigen lassen, wie man einen Säugling in einem Tuch am eigenen Körper trug. Nähe sei immer gut, und so habe sie die Hände frei für den Haushalt. Außerdem würde das Bäuchlein automatisch massiert und Klaus bekomme keine Probleme mit Blähungen, wenn sich Beate bewege. Und ihre Mutter hatte recht behaltet. Bis auf Unruhe und etwas weinen, was Margarete auf das Zahnen schob, tat es den Babys doch oft weh, wenn die Zähne in den Kiefer einschossen, lief alles bestens.

Zurück in Rangsdorf, kam Hans tageweise nach Hause. Sein Einsatzort war nach Warschau verlegt worden, aber immer, wenn es möglich war, verbrachte er die Zeit bei ihnen. Hans, ihr Ehemann, der Vater ihres Kindes. Wie sich das anfühlte, ihn zusammen mit seinem Kind zu sehen. Wie er ihn hielt, so vorsichtig, als wäre er ein rohes Ei, so glücklich, als würde sich seine Welt nur im Hier und Jetzt abspielen, und so zärtlich, dass ihr Herz jedes Mal wieder aufs Neue schmolz.

»Perfekt«, raunte er ihr abends auf der blauen Bank vor dem gemieteten Häuschen zu. Es war ein allerliebstes dunkles Holzhaus, eingerichtet mit Anbaumöbeln aus Haselnuss, die ihnen Beates Eltern geschenkt hatten. »Wenn jetzt noch der Krieg zu Ende geht, dann kann uns nichts mehr aus der Bahn werfen, oder?« Dann nahm er ihre Hand und drückte sie. »Das hier ist alles, wovon ich geträumt habe. Du machst mich zum glücklichsten Menschen der Welt, Bea. Ich liebe dich. Sehr sogar. Und unseren kleinen Buarschd[70].« Er küsste ihre Hand, ihre Wange, ihren Mund.

Beate genoss es, wie jede zärtliche Berührung von ihm. Sie musste einen Gedanken loswerden, der sich in ihrem Kopf seit einiger Zeit festgesetzt hatte, sonst würde sie platzen. »Hans, ich überlege … ich überlege, wieder zu fliegen!«

Er stutzte kurz, umschloss ihre Hand fester. »Das dachte ich mir, dass dich bald wieder die Sehnsucht packt. Aber jetzt schon?«

Sie nickte, schaute ihre nackten Zehen an.

»Bea, du weißt, dass dein Beruf als kriegswichtig eingestuft wird, da können wir eine Säuglingsschwester beantragen. Soll ich?«

»Ja, bitte!«

»Noch mehr Flugzeugtypen für dein Flugbuch?«, fragte Hans mit einem breiten und verschmitzten Lächeln im Gesicht.

»Ja, mein Lieber, wenn wir nach dem Krieg vielleicht etwas Eigenes aufmachen wollen, dann sollte ich das sogar ganz unbedingt machen, meinst du nicht?«

»Ja, ganz unbedingt sogar.«

»Die Frau soll dem Mann, wo es nur geht, die Front frei machen, weißte doch«, ergänzte sie.

»Goebbels totalen Krieg muss ich nicht haben, höchstens er kommt bald mal zum Ende.«

»Vom Bolschewismus überrannt zu werden, ist auch keine Lösung, oder? *Nun, Volk, steh auf, und Sturm, brich los.* Das hat mich … gepackt. Noch mal alle Reserven aufladen. Glaubst du daran, dass wir kurz vor dem Sieg stehen?«

»Ich glaube daran, dass dich gleich was ganz anderes packen wird!«

* * *

ZWEI WOCHEN SPÄTER, OKTOBER 1943

RANGSDORF

Gerade als Hans im Bad verschwand, um sich zu rasieren, schrillte die Türglocke. Ein junges, hübsches Mädchen mit langen braunen Haaren und Stupsnase stand vor der Tür und hob den rechten Arm. »Heil Hitler. Ich bin doch richtig bei Uhse, oder?«

»Ja, natürlich. Sie müssen Hanna Roch sein, kommen Sie doch bitte rein.« Beate führte sie ins Wohnzimmer, wo Klaus auf einer Decke am Boden lag und versuchte, seinen großen Zeh in den Mund zu schieben.

Hans kam aus dem Bad mit einem um die Schultern gelegten Handtuch, mit dessen Zipfel er sich Seifenreste vom Gesicht tupfte. Beate meinte auch, ein oder zwei kleine Blutflecke auf dem Tuch zu erkennen. Es wurde schon längst Zeit für neue Klingen, sie musste sich umhören, wo sie welche organisieren konnte.

Hans musterte das Mädchen und sagte: »Und, Sie haben schon ausreichend Erfahrung mit Kleinkindern sammeln können? Wie alt sind Sie denn?«

»Ja, ich bin neunzehn und habe Geschwister, die hab ich … also die hab ich eigentlich mit großgezogen … ganz ordentlich würde ich sagen.«

Hans lächelte. »Ich hoffe, dass Klaus größer wird, ohne dass man an ihm ziehen muss. Nun gut, ich muss los.« Flink ging er zur Garderobe, schlüpfte in seine Fliegerjacke, nahm sich seine Tasche, küsste den Kleinen, umarmte zärtlich Beate und schüttelte Hanna kurz die Hand. »Meine Frau wird entscheiden, ob das mit uns klappt«, meinte er und sagte zu Beate: »Hast du kurz noch einen Augenblick?«

Beide traten raus vor die Tür und gingen ein paar Schritte in den Garten. Hans streichelte ihr übers Haar. »Bea, hast du das über Udet gehört?«

»Du meinst, was damals im Radio gesendet wurde, über seinen Tod fürs Vaterland? Dass er an den Folgen eines tragischen Unglücksfalls in Ausübung seines Dienstes für den Führer gestorben ist?«

Hans senkte seine Stimme. »Ich weiß jetzt ziemlich sicher, dass das nicht stimmt. Er hat Selbstmord[71] begangen. Stell dir das mal vor. Udet!«

Erschrocken schaute Beate ihm ins Gesicht. »Was? Bist du dir sicher? Man hört ja so vieles, und am Ende stimmt nicht einmal die Hälfte.«

Hans schüttelte den Kopf. »Ich hab mit jemandem gesprochen, der ihn damals gefunden hat.«

»Warum machen sie das? Wenn das rauskommt … ehrenvoll und ruhmreich geht anders. Wie bei Rühmann.«

Hans zog sie in seine Arme. »Damit Werbung zu machen, dass gerade er für die Kurierstaffel fliegt, und seine Fotos in allen Zeitungen abzubilden, das war schon eine fette Lüge.«

»Das nennt man Werbung, lieber Hans. Er ist doch für die Filme viel zu wichtig, als dass man ihn in echt auf einen Kurierflug schicken würde.«

Hans flüsterte: »Eine Lüge bleibt eine Lüge, auch wenn sie nach außen hin schön glänzt. Bea, sei vorsichtig, ja? Hanna kennen wir nicht, also pass auf! Ich hoffe, dass ich in einer Woche wieder bei euch sein kann.« Er küsste sie so innig zum Abschied, dass ihr keine weiteren Einwände mehr einfielen.

Als er mit seinem Reisegepäck, einer kleinen Tasche, auf die Straße raustrat, rief er: »Ich liebe dich!«

»Ich dich auch!«, rief Beate zurück und schluckte.

Auf Beates Stirn hatte sich eine Falte gebildet, als sie wieder ins Haus trat. Ein Glucksen kam aus dem Wohnzimmer. Hanna saß neben Klaus auf dem Boden und rollte einen kleinen roten Ball zu ihm, den er immer wieder versuchte zu erwischen, um hineinzubeißen. Wenn der Ball unter Klaus' Händen wegglitt, klatschte Hanna mit einem lauten »Ojeojeohe« in die Hände, sodass der Kleine lachen musste, bis sie das ganze Spiel wieder von vorne begannen.

Beate gefiel, was sie sah. »Hanna, kommen Sie, ich zeige Ihnen das Haus. Und was fast noch wichtiger ist: unseren Bunker Marke Eigenbau. Wissen Sie, es ist nachts praktischer, wenn man keine Kilometer durch die Dunkelheit eilen muss zum nächsten offiziellen Bunker, sondern hier im Garten einen Schutz hat. Und seien Sie versichert, die Holzstämme stabilisieren das ausreichend, und neben einem Ofen haben wir auch genügend Vorräte dort.«

Das Mädchen schaute sich im Garten um, und Beate registrierte zufrieden, dass Hanna zu den Gemüsesorten, die dort wuchsen, gleich einen Rezeptvorschlag äußerte. Sie schien etwas vom Kochen zu verstehen.

Beate zeigte auf ein Beet, in dem sich Unkraut breitmachte. »Glauben Sie, dass neben dem Babyaufpassen auch Zeit für etwas Gartenarbeit bleibt?«

»Sie meinen das Unkraut? Kein Problem, was denken Sie, wie meine Eltern mich und meine sechs Geschwister groß bekommen haben!«

»Was machen Sie, wenn Klaus etwas verschluckt hat und es nicht mehr ausspucken kann?« Sie betraten erneut das Haus, und Beate schaute Hanna lauernd an.

»Ich fasse ihn an den Beinen und stelle ihn in der Luft auf den Kopf, klopfe leicht auf den Rücken, bis er es ausspuckt. Meine kleinste Schwester hat sich fast jeden Tag am Brot verschluckt, glauben Sie mir, das kann ich mit geschlossenen Augen.«

Nachdem Hanna sich im Haus das kleine Zimmer angeschaut hatte, in das eine Couch zum Schlafen reingestellt worden war, und damit zufrieden schien, sagte Beate: »Mir ist schon klar, dass Sie uns zugeteilt worden sind und wir Sie gar nicht so leicht umtauschen können.« Sie lachte. »Aber ich glaube, das brauchen wir auch gar nicht. Willkommen in unserer kleinen Familie. Ich hoffe, Sie werden sich bei uns etwas wohlfühlen.«

Hanna nickte. Als Beate rausging, um Klaus eine Milch warm zu machen, flüsterte Hanna Klaus zu: »Alles ist besser als die Arbeit in der Rüstungsfabrik, das kannst du mir glauben, und du scheinst ja ganz nett zu sein.« Sie knipste das Radio an.

Eine tiefe sympathische Männerstimme tönte:

»… das Oberkommando der Wehrmacht gibt bekannt, dass in Süditalien am Volturno-Fluss wiederholt feindliche Panzer- und Infanterieeinheiten im Gegenstoß abgeschlagen wurden und unsere Truppen siegreich waren. Deutsche Sturzkampfflugzeuge griffen im Schwarzen Meer einen Verband von drei sowjetischen Zerstörern an, der versuchte, die Südküste der Krim zu beschießen. Durch Bombentreffer wurden alle drei Zerstörer versenkt. Die Luftwaffe belegte in der vergangenen Nacht Ziele im Gebiet von London mit Sprengbomben schweren Kalibers. Alle Flugzeuge kehrten zu ihren Stützpunkten zurück. Wir sind stolz, den Krieg fürs deutsche Vaterland zu unterstützen und so siegreich zu sein. Wir machen weiter mit Musik. Zarah Leander mit *Ich weiß, es wird einmal ein Wunder gescheh'n.*«

»Sapere aude – habe Mut, dich deines eigenen Verstandes zu bedienen.«

Immanuel Kant

KAPITEL 9

Unter dem Brennglas

* * *

ACHT MONATE SPÄTER, 31. MAI 1944

RANGSDORF

Als es an der Tür klingelte, wusste Beate, dass etwas passiert war. Der Glockenton klang diesmal verzerrt, fast schrill, so als ob er versuchte, sich zu weigern, dem Druck des Fingers auf dem Klingelknopf nachzugeben. Beate öffnete mit Klaus auf dem Arm. Hanna hatte heute ihren freien Tag. Ein Kommandant stand davor, erkennbar an seinen Rangabzeichen und dem ernsten Blick.

Dieser Blick wich aus, er wollte ansetzen, etwas zu sagen, doch Beate schüttelte den Kopf. Ihre Kehle war zugeschnürt. Sie presste die Lippen aufeinander, ging rückwärts einen Schritt ins Haus, zwei Schritte, drei. Wollte die Tür wieder schließen, aber sie fand keine Kraft, diese ins Schloss zu drücken. Ließ sie angelehnt.

Wie durch Watte hörte sie, wie der Kommandant ein paar

Worte sagte und etwas vor die Tür legte, dann das Geräusch von sich entfernenden schnellen Schritten.

Zuletzt war Hans beim Nachtfluggeschwader 102 eingesetzt gewesen und hatte amerikanische und englische Bomberflugzeuge beim Anflug auf Berlin abschießen müssen. Ein Himmelfahrtskommando.[72] Von unten an die Bomber heranzufliegen, um diese abzuschießen. Als ob eine Maus unterm Bauch einer Katze entlangrobben und unerkannt bleiben wollte. Er sei eine spitzenmäßige Maus, hatte er ihr vor ein paar Wochen lachend erklärt, die beste und schnellste Maus von allen!

Beate lehnte ihren Rücken an die kalte Tür. Sank bis zum Boden und ließ ihren Sohn los, der sich auf seine beiden Ärmlein stützte und sie verwundert mit großen Augen anschaute. Ein Schluchzer drang zwischen ihren Lippen hervor, und ihr Körper zitterte, verzweifelt presste sie ihre Hände vor ihren Mund.

Hans war tot.

Hans war tot.

Hans war tot.

Hans war tot.

Hans war tot.

Hans war tot.

Eine Stimme wisperte leise in ihrem Kopf, bis sie das ganze Haus zu füllen schien: *Er hat nicht angerufen. Er hat gestern Nacht nicht angerufen, um Bescheid zu sagen, dass er für einen Einsatz rausmuss. Er hat nicht angerufen. Er hat seine Abmachung gebrochen. Er hat sonst jeden Tag angerufen, jeden Abend vor einem Flug und nach einem Flug. Er war schuld. Hans war schuld.*

Hans war schuld, dass er tot war.

Er war tot.

Tot.

Erst als Klaus mit heller Stimme schrie, mit seinen Fingern in ihr Gesicht patschte und die Nachbarn an ihre Haustür klopften und Beates Namen riefen, kam sie wieder an. Im Jetzt und Hier. Blinzelte und wurde erneut vom Schmerz überrollt. Ihr Mann war tot. Aber das ging doch gar nicht. Klaus war gerade eins geworden. Das Schicksal würde doch nie zulassen, dass ihrem unschuldigen Kind der Vater geraubt wurde. Sie dachten, sie seien sicher in ihrem kleinen Zuhause, von den Sternen geküsst, vom Leben geliebt. Es hatte sich alles so gut zusammengefügt, dass darüber doch kein Zweifel bestanden hatte. Beate hatte wieder angefangen, als Pilotin Flugzeuge zu überführen, und Hans hatte sie an seinen freien Tagen begleitet. Sie waren gemeinsam zu dem Zielort geflogen, hatten sich die Stadt angeschaut und waren zu zweit in einem Abteil der Bahn zurückgereist. Es war, als würden sie in einer kleinen, behüteten Nische leben und wenigstens zeitweise vom Chaos um sie herum vergessen werden.

Er hatte es ihr versprochen. Versprochen! Er hatte versprochen, dass er von seinen Einsätzen gesund zurückkehren würde, um für sie und Klaus da zu sein.

Er hatte sie im Stich gelassen.

Das Leben hatte sie im Stich gelassen.

Das Leben war ein mieser Verräter.

Und sie blieb zurück mit einem Loch im Brustkorb und gähnender Leere im Kopf, unfähig, Schmerz oder etwas anderes zu fühlen.

Warum gab es so etwas überhaupt, so etwas wie Liebe?

Für was?

Dass einem das Herz herausbrach und die Seele gleich mit sich zerrte?

Hätte Klaus sie in den folgenden Tagen nicht mit seinem Hunger nach Nahrung und Liebe beschäftigt, hätte die Beerdigung nicht auf Gut Wargenau stattgefunden, wäre ihre Mutter im Anschluss nicht nach Rangsdorf mitgekommen, um für sie da zu sein, wäre das alles nicht gewesen, dann hätte Beate einfach aufgehört zu atmen. Da war sie sich sicher.

Für was hätte sie denn leben sollen?

Für was noch atmen?

Jeden Abend bettete sie Klaus neben sich ins Ehebett, lauschte seinen regelmäßigen Atemzügen und legte ihren Kopf auf Hans' Kissen. Noch haftete etwas Duft von ihm daran. Herb mit einer Note wolkigen Öls.

Hans hatte doch für sie beide da sein wollen. Sie hatten Pläne gehabt, nach dem Krieg zusammen zu fliegen. Vielleicht sogar eine Fliegerschule aufzumachen. Kunstflug Uhse. Etwas für die Kinder hinterlassen. Ja, Kinder. Bei einem hätte es nicht bleiben sollen. Und jetzt?

Jetzt blieb ihr nur noch die Trauer.

Nach einer Woche musste ihre Mutter abreisen. Auf dem Gut in Ostpreußen wurden weitere Flüchtlinge einquartiert, wovon einige ärztliche Hilfe benötigten, und Otto brauchte Unterstützung, um den Betrieb organisatorisch am Laufen zu halten. Margarete stand mit ihrem kleinen Koffer vor dem Haus und lächelte. »Attei, wir tragen unsere Liebsten immer im Herzen mit uns. Du wirst nie alleine sein, hörst du! Du hast Klaus, uns und dich selbst. Vertraue immer deinem Herzen. Hör genau hin, dort wirst du seine Stimme hören können. Er ist bei dir, und er spricht mit dir. Du musst nur hinhören! Und ruf an, Liebes, ja? Wenn irgendwas ist, komme ich wieder.« Sie küsste ihren Enkel auf den Kopf, ihre Tochter auf die Wange, nickte Hanna zu, die im Türrahmen stand, und ging, ohne sich noch einmal umzudrehen. An der Weise, wie ihre Mutter die Schultern hängen ließ, konnte Beate erkennen, dass diese weinte. Es gab in diesen Tagen so viel zum Betrauern, dass man manchmal fast vergaß zu leben. Elli, ihre große Schwester, war nach der Geburt ihres zweiten Kindes an Lungenentzündung gestorben. Ihr Ehemann lebte mitsamt den Kindern in Holland und war nicht zu erreichen. Tochter tot, Enkelkind verschollen, Schwiegersohn tot. Wenn eins in diesen Zeiten sicher war, dann die Tatsache, dass alles unsicher war.

Beate schaute ihrer Mutter so lange hinterher, bis diese in eine Straße einbog, die in Richtung Bahnhof führte, und hinter hohen Bäumen verschwand. Beate hätte auf Gut Wargenau bleiben können, viele Männer waren eingezogen worden, und es fehlte an wissenden, zupackenden Händen. Aber Beate spürte, dass sie wieder fliegen musste. Sie musste Hans suchen, da oben. Dort, wo sie sich immer nahe gewesen waren. Das fühlte sich richtig an, auch wenn sie ihrer Mutter mehrere Male hatte versichern müssen, dass das nichts mit Todessehnsucht zu tun hatte. Hatte es doch nicht, oder?

Sie wollte einfach nur zu den Wolken.

Sie wollte nach Hause.

Eine Stimme flüsterte in ihrem Kopf: *Selbst wenn etwas passieren sollte, Klaus wäre auf Wargenau bestens aufgehoben.*

Das beruhigte sie.

Sie konnte loslassen. Alles Irdische.

Aber die Flieger brachten sie jedes Mal sicher zu Boden. Fast jedes Mal zumindest.[73]

* * *

FAST EIN JAHR SPÄTER, 12. APRIL 1945

RANGSDORF

In den letzten Monaten war es selten vorgekommen, dass sie etwas hatte beeindrucken können. Ob im Guten oder im Schlechten. Wie alle anderen Menschen, denen sie begegnete, war sie abgestumpft. Die ständigen Fliegeralarme, das Schutzsuchen in den Bunkern, das Warten, die allgegenwärtige

Angst, der Hunger und Durst, das Detonieren von Bomben, die zerstörten Häuser, die Leichen, das zermürbte sie. Man war eine leere, kaputte Hülle. Kraftlos. Funktionierend.

Das Kindermädchen kümmerte sich um Klaus, sorgte dafür, dass er ein lächelndes Gesicht um sich hatte und jemanden, der die Energie fand, ein Lied zu singen. Nicht einmal das bekam Beate mehr hin. Hanna sorgte sich nicht nur um den Kleinen, sondern organisierte den Haushalt und war ihr sicherer Anker.

Ein Jahr bevor Hans gestorben war, hatte Beate wieder angefangen zu fliegen. Damals hatte man sie vor die Wahl gestellt: entweder als Flugzeugführerin im Überführungsgeschwader Mitte in Berlin-Tempelhof für die Luftwaffe[74] arbeiten oder gar nichts haben. Da war die Entscheidung leicht gefallen. Sie musste zwei Stunden mit der S-Bahn zum Tempelhofer Feld fahren und auf ihren Einsatz warten, wo sie anfangs Übungsflugzeuge zu den Fliegerschulen brachte und nach einer Umschulung Frontflugzeuge wie die Messerschmitt Me 109 und Focke-Wulf Fw 190 zu den Frontverbänden flog. Beate staunte nicht schlecht, als sie sah, wo hier überall die einzelnen Teile der Maschinen vor den Bombenangriffen aufbewahrt und zusammengebaut wurden. Hier wurden sogar die unterirdischen Eisenbahntunnel für die Jagdflugzeuge genutzt, als ob es Motten wären, die das Tageslicht scheuten.

Mittlerweile war sie Hauptmann[75], mit einer schicken eisblaugrauen Uniform mit silbernen Offizierslitzen und dem Abzeichen *Flugzeugführerin* auf dem linken Arm ausgestattet, und sie flog in Berlin-Staaken, was noch einen längeren Anfahrtsweg bedeutete. Sie durfte Flugzeuge überführen, von denen sie nicht einmal zu träumen gewagt hätte, sie fliegen zu dürfen. Sie sammelte so viele Flugstunden und Flugzeugtypen in ihrem Flugbuch, dass sie nach dem Krieg wohl überall mit Kusshand genommen werden würde. Damals hatten sie beide noch gedacht, also Hans und sie, dass sie nebenbei als Einfliegerin arbeiten und parallel mit ihrem Mann das eigene Geschäft aufziehen könnte.

Diese eisblaue Uniform hatte Hans an ihr nie gesehen. Genauso wenig wie die ersten rennenden Hüpfer, die Klaus seit Neuestem machte, wenn er sich freute, oder dass er schon richtig aufs Töpfchen ging und keine Windeln mehr brauchte.

Erst wenn Beate sich in der Luft befand, war es ihr möglich, wieder normal zu atmen. Der Druck, der ihr den Brustkorb quetschte, ließ einen Meter oberhalb des Erdbodens nach. Erst wenn sie ihre Flügel ausstreckte und ihr Motor rund lief, wenn der Wind an ihrer Außenhaut zerrte und sie zugleich liebkoste, fühlte sie sich heil. Hans hatte bei ihrer ersten Flugstunde zum Kunstflieger erzählt, dass die Maschine zur Erweiterung des eigenen Körpers werden würde, und Beate hatte ihn ausgelacht, aber jetzt verstand sie, was er gemeint hatte. Sie spürte den Flieger, in dem sie saß, und das war das Größte, was sie jemals erlebt hatte. Das Abheben in die Luft, die Freiheit zu genießen und nach einer sicheren Landung zurück zu den Menschen zu kehren, die auf einen warteten. Zu Klaus und Hanna.

Der Schmerz über Hans' Tod werde vergehen, sagte die Familie, sagten die Freunde und Kollegen. Zeit heile alle Wunden. Du hast ein Kind, für das du weiterleben musst. Noch nie wie in den Wochen nach seinem Tod hatte sie so viele leere Worthülsen aneinandergereiht zu hören bekommen. Die Worthülsen waren genauso bedeutungslos und leer, wie sie sich fühlte. Der Atem zu schade, den sie ausstieß.

Beate hatte sich angewöhnt, einfach mit »Mhm« und einem Nicken zu antworten. Sie erkannte bereits an der Sprachmelodie, die meistens etwas tiefer wurde, langsamer, fast feierlich ernst, wenn sich das Thema dem Tod von Hans näherte. Und mit dem »Mhm« und dem Nicken, damit lag sie dann meist richtig und beendete das aufkeimende Gespräch.

Die Arbeit als Überführungsflieger war gefährlich. Hätten

ihre Eltern das gewusst, wären sie wohl mit ihren Mistgabeln gekommen, um sie zu zwingen, damit aufzuhören. Da Beate keine Jagdfliegerausbildung hatte, hätte sie bei Luftkämpfen keine Chance gehabt, obwohl ihre Maschinen voll ausgestattet waren, mit Munition bis unter die Tragflächen. Aber ohne Bordschützen und gegen eine britische wendige Spitfire hätte sie definitiv den Kürzeren gezogen. Sie rettete sich mit ihrer ganz eigenen Taktik, sie versuchte, selbst kein Ziel zu werden.

Knapp unter den Baumwipfeln war der sicherste Ort für einen Flieger, um nicht gesehen zu werden. Dazu noch am besten im Schutz der Dämmerung. Wenn die Dunkelheit behutsam die Arme um sie schlang. Dummerweise konnte man dann nur stark verzögert auf herausragende Gebäude, Telefonmasten oder andere Erhebungen reagieren. Das Adrenalin wollte bei den Flügen überhaupt nicht mehr aufhören, ins Blut zu schießen. Eine falsche Bewegung zog den Absturz nach sich.

Hatte sie den Flieger zum Zielort gebracht und übergeben, stand der zweite Teil der Arbeit an, der nicht weniger abenteuerlich war: die Reise zurück. Durch ein zerbombtes Deutschland. Wenn sie Glück hatte, konnte sie den Zug für einen Teil des Weges nehmen. Überfüllte Schrotthaufen auf den Gleisen, teilweise mit Einschusslöchern wie ein Schweizer Käse. Sobald der Fliegeralarm ertönte, hielt der Zug mitten auf der Strecke, sämtliche Lichter wurden gelöscht, und alle Mitfahrenden versteckten sich im Graben. An einigen Tagen verbrachte sie mehr Zeit liegend in solchen Gräben, als dass sie aufrecht umherlief. Und immer mit dabei der Fallschirm, der zum Piloten und nicht zum Flieger gehörte, kein leichtes Handgepäck.

Warum schossen die Feinde auf die Zivilbevölkerung? Das verstieß gegen sämtliche Ehrenkodexe, warum konzentrierten sie sich nicht auf militärische Ziele? Der Hass unter den Deutschen auf die Angreifer wuchs, und sämtliche Kräfte, die man mobilisieren konnte, wurden mobilisiert. Kinder und Alte mussten sich zum Kriegsdienst melden und wurden in kürzester Zeit damit vertraut gemacht, Panzerfäuste zu bedienen. Das sei der Weg zum Sieg. Panzerfäuste in Kinderhänden. Die Kinder, die direkt aus der HJ und dem BDM herausgeholt wurden, waren bereit, ihre Leben für den Führer zu opfern. Ihren Teil dazu beizutragen, das Land vor den Feinden zu retten. Würde doch nach dem Einmarsch der Truppen eh nur verbrannte Erde zurückbleiben und alle getötet werden. Dann noch besser kämpfen und seinem Leben einen Sinn geben. Für das Vaterland! Für Hitler, ihren geliebten Führer. In den letzten Kriegswochen hatte man sogar die Bü 181 mit Panzerfäusten[76] bestückt und in den Kampf geschickt, wovon die wenigsten wieder zurückkamen.

Die Sonne war gerade am Aufgehen und färbte den Himmel zartrosa. Beate hatte vor eineinhalb Wochen ein Sturzkampfflugzeug des Typs Ju 87 von Jüterbog nach Halle an der Saar überführt, von dort schlug sie sich nach Delitzsch durch und flog ein Jagdflugzeug Messerschmitt Bf 109 nach Helmstedt.[77] Jetzt stand sie mit schwarzem Gesicht, als ob sie sich mit Kohlen eingerieben hätte, vor ihrem kleinen Haus in Rangsdorf. Falls ein Nachbar zu dieser tiefschlafenden Zeit durch die Vorhänge glotzte, würde er sehen, dass ihre Hände zitterten. Beate betrat durch die Hintertür die Küche und ließ sich schwerfällig auf einen der Stühle fallen. Starrte auf den Boden, unfähig, sich zu bewegen, bis die Augen für einen kurzen Moment zufielen.

Für den Rückweg von Helmstedt bis hierher hätte sie mit einem Sportflugzeug knapp eine halbe Stunde benötigt. Eine halbe Stunde. Sie war fünfzig Stunden unterwegs gewesen. Fünfzig. Größtenteils zu Fuß. Und heilfroh, mit ihrem Leben davongekommen zu sein. Fünfzig! Es wurde alles immer verrückter. Unheimlicher. Seit Wochen, ach was, seit Monaten munkelte man heimlich, leise, nur zu den allerengsten Freunden, vorsichtig, im Schutz der Dunkelheit, ob das alles überhaupt noch Sinn mache. Ursprünglich hatte die Parole geheißen: Nie wird eine feindliche Maschine den deutschen Luftraum überhaupt nur mit einer Flügelspitze berühren. Und jetzt? Die Fronten kamen immer näher, die tödlichen Bombenhagel erhellten nachts den Himmel, und der Flüchtlingsstrom aus dem Osten wollte nicht mehr aufhören. Es fühlte sich an, als würden sie alle bald zerquetscht werden wie Läuse zwischen dicken, breiten Fingern.

Der Duft nach Koriander und frischem Knoblauch stieg in Beates Nase, pochte an ihrem Bewusstsein, bis sie die Augen wieder öffnete. Hungrig ging sie zum Herd und hob den Deckel eines Topfes in die Höhe. Suppe. Mit Gemüse aus dem eigenen Garten. Wieder schloss sie die Augen, für einen langen Augenblick. Sie war so müde. So unheimlich müde. Während das Haus erwachte, die Vorhänge geöffnet wurden und die Räume mit der Kinderstimme und der des Kindermädchens gefüllt, löffelte Beate den Topf leer. Sie hatte in den zwei Tagen kaum etwas gegessen. Sich etwas erbettelt, von Menschen, die selbst kaum etwas gehabt hatten und auf der Flucht gewesen waren, sie hatte einem erschossenen Kameraden den Rucksack unterm Rücken weggezogen, auf der Suche nach etwas Nahrhaftem. Blut, so viel Blut überall, die abgemagerten Gestalten und die zerstörten Städte. Das Paradies lag hier in den Regalen der Vorratskammer. Eingemachte Schätze. Wenn sie es nicht selber brauchen würden, könnten sie damit auf dem Schwarzmarkt ein kleines Vermögen verdienen. Reichten die Lebensmittelkarten doch nicht einmal mehr vorne, geschweige denn hinten.

Zu wenig zum Leben, zu viel zum Sterben, sagte der Nachbar. Ein Kriegsversehrter, dem sein Dienst einen Arm gekostet hatte und der zur Untermiete dort untergekommen war. Hin und wieder spielte er mit Klaus Ball, und Beate war froh, dass er einen Mann im Umfeld hatte, auch wenn dieser nur einen

Arm besaß. Bei der Reise durch das zerbombte Land war ein fehlender Arm noch das Harmloseste, was man sehen konnte. Zerfetzte Leiber mit geöffneten Augen, die Schmerz und Unglauben herausposaunten, dass das doch gar nicht passieren dürfe. Der Volkssender hatte bis zuletzt immer noch die Parole verkündet, dass der Endsieg nahe sei. So langsam fragte sich Beate, was damit gemeint war. Seit ein paar Wochen war das Telefon tot, und die Post wurde schon lange nicht mehr befördert. Alles war zerstört.

Wo sollte Beate hin? Ihr Bruder war an der Front,[78] zu ihren Eltern war kein Kontakt mehr möglich, die Russen standen dort vor der Tür, genauso wie hier, vor Berlin.

Wo sollte sie hin? Als Deserteur würde sie sofort erschossen werden.

Hanna kam die Treppe herunter, mit Klaus an der Hand. Sie stockte kurz mit großen, erschrockenen Augen, bis sie Beate erkannte. Klaus brauchte nicht so lange, er juchzte hell auf und sprang mit großen Sätzen in die Arme seiner Mutter, zog mit seinem Finger Striche in den Dreck auf ihren Wangen.

»Ich glaube, wir machen Frühstück für uns und lassen Mama erst mal duschen, ja? Sie ist ganz erschöpft. Wenn sie ausgeschlafen hat, wird sie bestimmt mit dir spielen. Klaus, hol mal die Getreideflocken.«

Wieder waren Beates Augen zugefallen. Sie leistete keinen Widerstand, als Hanna sie ins Bad schob, ihr beim Auskleiden half, ihr zwei Wunden, die sie sich beim Sprung von einem Waggon zugezogen hatte, auswusch und sie dann unter die Dusche schob.

Sie spürte nicht, ob das Wasser warm oder kalt war, ob sie lange oder nur kurz darunter stand. Ob sie noch lebte oder bereits den Toten Gesellschaft leistete. Irgendwann lag sie im Bett, versank in einen traumlosen Schlaf, aus dem sie mit dem Gefühl aufschreckte, dass etwas nicht stimmte. Sie schaute neben sich. Die andere Seite des Bettes war leer.

»Man kann also zwar richtig sagen: dass die Sinne nicht irren, aber nicht darum, weil sie jederzeit richtig urteilen, sondern weil sie gar nicht urteilen.«

Immanuel Kant

KAPITEL 10

Entkommen

* * *

NEUN TAGE SPÄTER, 21. APRIL 1945[79]

STAAKEN

Beate[80] stand zusammen mit ihrem Kommandeur neben einer der Hallen und schaute zu den wenigen Flugzeugen neben dem Rollfeld, die dort auf ihr Schicksal warteten.

Die im Sinkflug befindliche Sonne warf funkelnde Punkte auf die zahlreichen Maschinen, als ob Schönheit in jedem Ding weilte, was nur bereit dazu war zu glänzen. Ein Windstoß wehte den Duft nach Kordit auf den Platz, der metallene Geruch von Gewehrpatronen. Eine Bombe detonierte, aber so leise, dass das bestimmt einige Kilometer entfernt stattfand und hier nicht einmal den Staub vom Dach rieseln ließ.

Der Kommandeur sah aus, als ob er seine Haare einzeln rausrupfen wollte, obwohl er eine Glatze trug. »Frau Uhse, ich bitte Sie. Das kann doch nicht Ihr Ernst sein. Das grenzt an Wahnsinn!«

Beate presste für einen kurzen Augenblick ihre Lippen zusammen. »Ich bin weder Mitglied der NSDAP, noch weiß ich, wohin ich flüchten soll. Ich bleibe hier. Basta.«

»An die Küste hoch. Wir werden unsere Staffel an die Küste verlegen, und Sie können nicht hierbleiben. Die Russen kommen. Ich dachte, Sie haben einen Sohn. Wenn Sie das schon nicht für sich tun wollen, dann für das Kind.« Er legte ihr die Hand auf die Schulter. »Viel Zeit haben wir nicht mehr. Der Feind steht bereits auf der Schwelle. Fahren Sie nach Rangsdorf und retten Sie, was noch zu retten ist. Beeilen Sie sich, ja?« Damit drehte er sich um, seine Staffel musste in Bewegung gebracht werden.

Beate zog die Nase hoch. Hanna bekam bereits bei der Erwähnung des Wortes Russe Panik. Es gab so viele Geschichten über Vergewaltigungen und sadistische Quälereien, dass dem jungen Mädchen angst und bange wurde. Und Hanna und ihr Kommandeur hatten ja recht, den Russen in die Hände zu fallen, war ein nicht kalkulierbares Risiko.

Sie zog sich einen bunten Pullover unter die Fliegerjacke. Falls sie unterwegs auf Feinde stoßen sollte, könnte sie schnell die Jacke ausziehen und so als Zivilist durchgehen.

Sie hatte Glück, ein paar Landser nahmen sie den Großteil der Strecke im Panzerspähwagen mit. Doch war die Nacht fast vorbei, als sie in Rangsdorf ankam. Dörfler buddelten Splittergräben, und Beate erfuhr, dass der Flughafen von Russen besetzt war. »Haut ab«, sagte Beate eindringlich. »Nehmt die Beine in die Hände und hört auf, in der Erde zu wühlen.«

Und genau das tat sie mit Hanna und Klaus. Sie rafften ein paar Kleidungsstücke zusammen, Dokumente, das Bankbuch mit dem Angesparten, ein Kuscheltier, Zigaretten, die sie in Rucksäcke stopften. In Klaus' Kinderwagen wurde zuunterst eine Speckseite gelegt, darauf kam der Knabe, und sie schoben ihn durch den Wald in Richtung S-Bahn. Die einzige Möglichkeit zur Flucht war auf dem Flugweg. Beate wollte nach Gatow, dieser Flughafen müsste noch frei sein. Mitten im Wald scheiterte der Kinderwagen an dem Gewicht und einer Baumwurzel. Klaus wurde nun getragen und alles, außer die Rucksäcke, zurückgelassen. Dunkle und helle Schüsse zeugten von Gewehrsalven und Panzerfäusten und begleiteten sie. Es wurde bereits hell, als die beiden Frauen mit dem Kind die rund fünf Kilometer hinter sich gebracht hatten und die S-Bahn-Station in Dahlewitz erreichten. Menschen, wo man hinsah, Gepäck, Bündel, Koffer, metallene Gestelle, auf die mit Schnüren Säcke gebunden waren. Eine Gans streckte ihren Kopf aus einem Beutel, und irgendwo heulte ein Hund.

Die Bahn hielt, und die Leute prügelten sich, um einen Platz zu bekommen.

»Wir schaffen das nie«, schluchzte Hanna auf und drückte einen Mann zur Seite, der ihr fast Klaus vom Arm geschubst hätte, als er sich vorbeischob.

»Komm«, befahl Beate, »bleib dicht hinter mir.« Sie stieß den riesigen Stabsunteroffizier an, der in der Tür der S-Bahn stand und mit seinem massigen Körper fast den kompletten Eingang blockierte, zog eine Packung Zigaretten aus der Tasche und deutete auf Hanna und Klaus. Da waren keine Worte nötig, der Mann drückte sich einfach nach hinten, und die drei konnten noch mit reinrutschen. Als die Tür sich schloss, war Beate klar, dass der Krieg verloren war. In diesem Moment schien ganz Deutschland auf der Flucht zu sein, wegzurennen, weg vom Endsieg und der totalen Mobilisierung aller Kräfte. Wer noch konnte, rettete sich.

Als sie den Flughafen Gatow erreichten, senkte sich bereits die Schwärze der Nacht über das Land. Es war so dunkel, dass sie Hans Vedder nicht sofort erkannte, als sie bei der Suche nach einer flugfähigen Maschine in ihn hineinlief. Den Bordmonteur der zweiten Staffel mit ölverschmierten Händen und einem Wortschatz, der jeden Priester zum Erröten gebracht hätte. Zusammen schafften sie es, mit einem Flugzeug aus Berlin zu flüchten.

5:55 Uhr würde Beate später in ihr Flugbuch eintragen, um diese Zeit hoben sie ab, und exakt fünfundfünfzig Minuten[81] später landeten sie in Barth in Pommern. Die Siebel hatte ein paar Löcher mehr in der Verkleidung des Fahrwerks, Hanna etliche Schreckmomente erlebt, Klaus sich so oft übergeben, dass überhaupt keine Nahrung mehr in dem kleinen Körper stecken konnte. Als sie beim Aussteigen aus der Maschine von einem lautstarken Vogelkonzert empfangen wurden, wirkte das surreal. Wann hatte sie das letzte Mal Vögel singen hören? Sie konnte sich nicht daran erinnern. Gänsehaut wanderte ihre Arme entlang. Sie hatte bis jetzt nicht gewusst, was so ein Vogelgesang alles ausdrücken konnte. Erleichterung, Freiheit, Stolz, Schönheit, eine Umarmung des Lebens.

* * *

In Barth war tatsächlich Beates Fliegerstaffel vor ihr eingetroffen, sechzig Piloten, die in Autos zusammengepfercht wie Sardinen den Weg hier hoch gefunden hatten. Sechzig Piloten, die nicht ihren eigenen Fähigkeiten vertrauen konnten, sondern sich auf das Glück des Autofahrenden verlassen mussten. Es hatten alle den Weg geschafft, und sie staunten nicht schlecht, als sie Beate sahen.

Der Kommandeur kam gleich her und kümmerte sich darum, dass die Verletzten versorgt wurden. »Du bist ein Teufelsbraten«, sagte er, legte Beate die eine Hand auf die Schulter und schüttelte mit der anderen die ihre. »Du hast nicht nur mehr Glück als Verstand, sondern dazu noch ein fabelhaftes Können.« Vor lauter Begeisterung war ihm sogar das Siezen entfallen, aber daran störte sich niemand. Woran sollte man sich jetzt noch stören?

Acht Tage blieben sie vor Ort, schliefen, aßen, organisierten Essen, schliefen wieder, aßen Dorsche, die Vedder organisiert hatte, und warteten. Eine Stimmung breitete sich aus, die nicht richtig zu fassen war. Vorwürfe und Enttäuschungen machten die Runde, vor allem das Gefühl, versagt zu haben, nicht alles gegeben und geleistet und getan zu haben, was in der Macht jedes Einzelnen stand. War es ihre Schuld, dass die Feinde gesiegt hatten? Waren sie Versager? Auf der anderen Seite keimte Hoffnung, ein schmales, karges Pflänzchen, das noch gegossen werden wollte, aber konnte es einen Neuanfang geben? Oder war alles hier und jetzt zu Ende? Hatten sie überhaupt noch eine Zukunft? Mit jedem Tag wuchs in der Staffel der Wunsch weiterzuziehen. Sie waren zu nahe an den Russen dran. Es wusste zwar keiner, was die nächsten Tage bringen würden, aber eins war so klar wie das eiskalte Wasser aus dem Barther Bodden: Den Russen fiel man am besten nicht in die Hände. Sie mussten weiter in den Westen!

Frühmorgens flog sie mit Klaus, Hanna und Hans Vedder weiter. Der Kommandeur hatte sich das Flugzeug krallen wollen, hatte behauptet, dass er als Vorgesetzter das Vorrecht habe, den Luftweg zu wählen, und Beate solle die Staffel im Autokonvoi begleiten. Doch Beate hatte das Flugzeug organisiert, ihr gehörte es, und davon konnte sie den Kommandeur auch überzeugen. Vielleicht half es auch, dass Klaus im Hintergrund gluckste und lachte, als Hanna seinen Hals kitzelte, oder dass Vedder erwähnte, dass der Landweg wohl der sicherste sei und der Kommandeur doch verantwortungsvoll bei seiner Truppe bleiben müsse. Eigentlich war es auch egal, was ihn umgestimmt hatte, Hauptsache, sie konnte wieder fliegen. Nach vierzig Minuten Flug über zerstörtes Land, dessen Bombentrichter wie hässlich schwärzliche Wunden offen klafften, befanden sie sich oberhalb der Lübecker Bucht. Geschützt durch eine Wolkendecke, die den Blick nach unten verhinderte und viele Graunuancen barg. *Stratocumuli* schoss es in Beates Kopf. *Stratum* für Decke und *cumulus* für Haufen, daher Haufenschichtwolken. An dieser Stelle hatte sie in ihrem Lehrbuch einen Zettel reingelegt. Wenn aus kleinen Wolkenlücken größere wurden, deutete das auf Abwinde hin, und dass das Wetter stabil bleiben würde.

Direkt unter ihnen riss die graue Watteschicht auf.

Direkt unter ihnen lagen acht deutsche Schiffe. Gott sei Dank deutsche, dachte Beate im ersten Moment, bis ein Schwarm Kugeln an ihnen vorbeizischte. Innerhalb von Sekunden hatte die Besatzung der Schiffe das Feuer auf sie eröffnet. »Was zum Teufel … diese verdammten verfluchten Bastarde«, schimpfte Vedder und schaute sich suchend im Flugzeug um. Klaus heulte laut auf, Hanna fing an zu singen, leise und eindringlich, gleich einer Beschwörung.

Beate riss den Flieger in die Höhe. Aber wohin? Der Treibstoff würde nicht mehr lange reichen. Vedder zog eine Leuchtpistole[82] hervor, fummelte eine Patrone hinein und schoss aus dem geöffneten Fenster nach unten. Der grüne Farbstrahl rollte entlang der Sonnenstrahlen, die sich durch die Wolkenlücke drängten, und zerplatzte in viele kleine Farbpunkte neben den Schiffen. Doch die Flak schoss weiter, als ob sie versuchte, die Wolken zu durchlöchern.

Beate kniff ihre Augen zusammen.

»Die dummen Hornochsen, zu blöd, um zu scheißen«, fluchte Vedder und schoss ein weißes, dann ein grünes Leuchtraketensignal hinterher. Beate wollte mit dem Flieger gerade abdrehen, als die Flak ihren Beschuss einstellte. Was sich in wenigen Sekunden abgespielt hatte, kam Beate vor wie eine Stunde. Zeit dehnte sich hier oben auf eine andere Weise aus.

»Wie lange braucht man denn, um zu merken, dass wir keine Bomben, sondern Leuchtraketen schießen? Gibt es Bomben jetzt auch in Farbe, oder was? Da hat denen aber jemand mächtig ins Gehirn geschissen, Dummsaubeutel, verkackte.«

Während Vedder noch weiterschimpfte, brachte Beate die Siebel auf dem Flugplatz Travemünde[83] sicher zur Landung. Andere Menschen beteten oder sangen, Vedder fluchte, aber Hauptsache, es half. Beate kannte den Flughafen, er wurde aus gutem Grund *Luftkreuz des Nordens* genannt, sie hatte Kampf- und Jagdflugzeuge hierhergeflogen, vor allem Messerschmitts.

Es dauerte Stunden, bis der Rest der Staffel eintraf. Erst am frühen Abend waren sie da. Unzählige Sperren und Barrikaden, die vom Volkssturm errichtet worden waren, um die Feinde aufzuhalten, hatten den Weg erschwert. Die Männer stürzten sich auf das Essen, das Vedder besorgt hatte, berichteten von dem Schrecklichen, das sie unterwegs hatten sehen müssen. Zerstörte, ausgebrannte Fahrzeuge, erschossene Zugtiere, die immer noch an Fuhrwerken angespannt waren, Frauen und Kinder, die von Kugeln durchlöchert neben ihren Fahrrädern lagen, von langen Kolonnen Menschen, die so dünn waren, dass ihnen die Knochen aus der Haut zu stechen schienen, von Kindern, die am Wegesrand lagen, als ob sie schliefen, aber bei denen die Todesstarre bereits eingesetzt hatte, die Gesichter zu verzerrten, hohlwangigen Fratzen erstarrt. Zerbombte Städte, zerstörte Dörfer, Hunger und Leid, egal, wo sie durchgekommen waren.

Auch hier vor Ort sammelten sich Flüchtlinge aus Ostpreußen.

»Was ist, wenn Hamburg sich nicht ergeben, sondern kämpfen will? Manche pissen auch in den Wind, um sich ihre hässlichen Fratzen zu waschen.« Vedder kniete neben dem Kommandeur, der auf dem Boden saß, und redete seit Minuten auf ihn ein. Zusammen mit Beate versuchte er, die müden Männer zum Weiterfahren zu bewegen.

Beate ergänzte: »Dann steckten wir hier oben mittendrin.

Mitten im Bombenhagel. Wir müssen noch weiter weg, am besten Richtung Dänemark!«

»Nach Flensburg«, sagte der Kommandeur.

Vedder schüttelte den Kopf. »Ihr wisst doch, dass jetzt jeder, der eine Maschine fliegen kann, nach Schleswig-Holstein rübermacht. Der Flugplatz von Flensburg wird gerammelt voll sein. Bestimmt auch mit solch räudigen Ratten wie Goebbels oder Hitler selbst. Das riecht nach Kämpfen.«

Beate überlegte. »Über Schleswig-Holstein bin ich nach Dänemark geflogen, da gibt es westlich von Flensburg einen kleinen Flugplatz, Lick heißt der oder Leck.«[84] Sie schaute entschlossen in die Runde. »Ich flieg wieder vor und mach uns ein Quartier klar, ja? Dann kommen wir vor acht Uhr los. Damit wir noch etwas Licht haben und uns die eigenen Truppen rechtzeitig erkennen können, falls das nötig ist.«

* * *

Die Ankunft in Leck war dramatisch, eine weitere Feuertaufe. Als ob es davon nicht schon genug gegeben hätte in den vergangenen Wochen und Monaten. Manchmal fragte Beate sich, wie das die Nerven der Menschen mitmachten, ohne zu explodieren. Gerade als sie sich in der einsetzenden Dämmerung dem kleinen Flughafen näherten, griffen englische Spitfires den Flugplatz an. Die deutsche Flak schoss zurück, versuchte, die Jagdflugzeuge zu verscheuchen. Allerdings waren diese wendigen, listigen Biester flink, verdammt flink. Sie kamen ins Trudeln, lösten sich auf, drehten ab, formierten sich neu und ließen ihre Fracht auf das Land unter sich abregnen. Auf dem Rollfeld und vor den Hallen standen überall brennende Flugzeuge, Rauchsäulen fraßen sich in den Himmel, Menschen schrien. Beate war mit ihrem Flieger mittendrin, hatte nur wenige Liter Benzin in Travemünde bekommen, lange würden sie es in der Luft nicht aushalten. Sie mussten weg. Nicht Richtung Flensburg, sondern entgegengesetzt gen Nordsee. Nur eine kleine Runde, in der Hoffnung, dass die Spitfires weiterziehen würden.

Zwölf Minuten dauerte es, bis Beate erneut auf Leck zuhielt.[85] Es war kein einziger Laut im Flieger zu hören. Hanna hatte die Augen geschlossen, und Klaus bewegte seinen Kopf an der Scheibe auf und ab. Er kam vor lauter Schauen gar nicht dazu, Angst zu haben. Vedder fing Beates Blick auf, sah auf die Benzinanzeige und zog seine Augenbrauen hoch. Es war knapp, sehr knapp.

Beate versuchte, die Funkverbindung mit dem Flugplatz herzustellen. Keine Antwort, was auch kein Wunder war. Aber das Wichtigste: Die englischen Jagdflieger hatten sich ein neues Ziel gesucht. Hier herrschte nun auch in der Luft Stille. Unten rannten Menschen umher, versuchten, die Brände in den Griff zu bekommen, andere beugten sich über liegende Gestalten, Sanitäter kamen angerannt. Die Rollbahn glich einem Flickenteppich, und doch gelang es Beate, die Siebel heil herunterzubringen. Beim Oberstleutnant meldete sich Beate als Vorhut für ihre Staffel an und bekam zwei Baracken für sechzig Männer, zwei Frauen und ein Kind zugewiesen. Von einem weiteren Angriff der Briten ging erst mal keiner mehr aus.

Als Klaus an diesem Tag eingeschlafen war, setzte sich Beate draußen vor die Baracke, lehnte ihren Rücken an das Holz und blickte zu den Sternen. Sie hatten es tatsächlich geschafft, sie hatten überlebt. Klaus war in Sicherheit, sie selbst war in Sicherheit. Mit dem Ärmel wischte sie sich übers Gesicht und verfolgte mit den Augen einen klitzekleinen, blinkenden Punkt, der sich weit oben fortbewegen musste.

Wie war es wohl ihren Eltern ergangen?

* * *

FÜNFZEHN TAGE SPÄTER, 7. MAI 1945

LECK, FLIEGERHORST

Über eine Woche hatten Beate und ihre Kameraden Zeit gehabt, sich auf zwei der Baracken am Flugplatz zu verteilen, Stroh auf die Böden zu streuen, sich etwas umzuschauen, aber vor allem zu schlafen. Es schien, als ob dieses Bedürfnis, sich in die Arme Morpheus' zu schmiegen, nicht enden wollte. Was sollten sie auch anderes machen, als zu warten? Sie warteten auf das Eintreffen der Feinde. Mit dem einzigen Zweck, sich zu ergeben. Sieben Tage lang hüpfte Klaus draußen umher und bekam von allen Seiten Kommissbrot zugesteckt. Das war die Hauptmahlzeit, was es hier zu essen gab. Neben einigen Konserven mit Dauerwurst. Für Beeren war es zu früh, und angepflanzt hatte hier am Flughafen keiner etwas. Milch oder Karottenbrei, das hätte Beate gerne für ihn gehabt, aber sie wollte ihre Truppe nicht verlassen. Nicht in ihrer Fliegerjacke von den britischen Streitkräften erwischt werden. Wohin hätte sie auch gehen sollen? Sie war froh, nicht alleine dem Kommenden entgegenblicken zu müssen. Die Baracken standen noch vom Bau des Flugplatzes, der erst 1939 nach zwei Jahren als Militärflughafen eröffnet worden war. Damit der komplette Platz nebst Rollfeld, Tower und Hallen fertig wurde, waren mehrere Tausend Arbeiter als Bau-Bataillone eingesetzt worden, die dementsprechend Unterkünfte benötigt hatten.[86]

Das Hauptgesprächsthema unter den Soldaten bildete eine Bekanntmachung, die erst um Tage verspätet zu ihnen vorgedrungen war. Diese war am 1. Mai abends, eingebettet in die Musik Wagners, im Radio gesendet worden: »Aus dem Führerhauptquartier wird gemeldet, dass unser Führer Adolf Hitler heute Nachmittag in seinem Befehlsstand in der Reichskanzlei bis zum letzten Atemzuge gegen den Bolschewismus kämpfend für Deutschland gefallen ist. Am 30. April hat der

Führer den Großadmiral Dönitz zu seinem Nachfolger ernannt.«

Gefolgt von einer ewig langen Ansprache von Dönitz, der das deutsche Volk dazu aufforderte, seine Pflicht zu tun und sich dem Feind entgegenzustellen.[87] Gerüchten zufolge sollte sich Dönitz mit der verbliebenen Reichsregierung und anderen Größen nach Flensburg verzogen haben.

Wie gut, dass sie nicht dort gelandet waren.

Der Radiobeitrag hatte neben Entsetzen auch Ungläubigkeit hervorgerufen. Zum einen, dass Hitler umgekommen war, und zum anderen, dass man immer noch zum Kampf aufrief, obwohl es nichts mehr zu gewinnen gab.

Doch heute Morgen trat das ein, worauf sie gewartet hatten: Der Feind traf ein. Punkt neun Uhr fuhren mit lautem Rumpeln drei britische Panzerspähwagen vor das Hauptgebäude. Eine Klappe ging auf, und das Erste, was sich rausschob, waren Maschinenpistolen, gefolgt von britischen Soldaten nebst einem hochrangigen Offizier. Hanna schaute durch eins der Fenster ihrer Baracke und hielt Klaus so fest, dass dieser erschrocken aufheulte.

Der deutsche Kommandeur, der sofort herbeigeeilt kam, schritt mit erhobenen Händen auf den Offizier zu, mit langsamen, vorsichtigen Bewegungen, grüßte militärisch und übergab formell den Flughafen.

»Das ist das Ende des Kriegs«, flüsterte Hanna und gab Klaus einen dicken Schmatzer auf den Kopf. »Der Krieg ist zu Ende«, schrie sie all ihre Angst raus, was sich von Baracke zu Baracke weiterpflanzte. Doch stand es mit der Zukunft ungewiss, sie waren jetzt Kriegsgefangene, alle außer Hanna und Klaus zumindest. Während die Briten sich Tische und Stühle auf das Rollfeld tragen ließen und sich dort hinsetzten, mussten alle Waffen, alle Gewehre und Pistolen abgegeben werden. Beate schluckte, sie hatte ihre private PPK-Pistole, die sie zum Schutz immer mit sich trug, vergraben. Würde das herauskommen, würde sie erschossen werden, glasklare Sache, Klaus innerhalb von Minuten eine Vollwaise. Warum hatte sie das nur getan? Aber sie hatte Glück, und es fiel keinem auf, dass sie keine Waffe bei sich trug, noch entdeckte man das Versteck.

»Das ist das Ende des Kriegs«, riefen die ehemaligen Soldaten und lagen sich gegenseitig in den Armen. Der Krieg war endlich zu Ende, und sie zählten zu den Überlebenden. Beates Siebel war die erste Maschine, die die Briten umspritzten. Statt des Kreuzes prangte bald die britische Kokarde darauf. Die Start- und die Landebahn wurden rückgebaut, der Flugplatz zum Teil gesprengt. Neue Zeiten brachen an.

»Wenn du das Fliegen einmal erlebt hast, wirst du für immer auf Erden wandeln, mit deinen Augen himmelwärts gerichtet. Denn dort bist du gewesen und dort wird es dich immer wieder hinziehen.«

Leonardo da Vinci (1452–1519)

KAPITEL 11

Lauerstellung

* * *

VIER TAGE SPÄTER, 11. MAI 1945

MILITÄRFLUGPLATZ LECK

Überfordert, so würde es Beate nennen. Sie saß mit Vedder auf dem Boden in der Sonne und schaute Klaus zu, wie er an einem Knoten nuckelte, den sie in ein sauberes Stück Stoff gemacht hatte. Das Einzige, was ihn gerade zu beruhigen schien. Er zahnte. Nelken, die ihnen damals ihre Mutter bei Zahnschmerzen gegeben hatte, also Nelken gab es hier beim besten Willen nicht. Eigentlich gab es hier gar nichts. Gar nichts, außer Langeweile.

Vedder beendete gerade seinen Vortrag über die unmöglichen Umstände für Kriegsgefangene, insbesondere für kleine Kinder. »… das kann doch nicht wahr sein, sie selbst schwelgen da vor sich hin wie die fettesten Lümmel mit Fleisch und frischen Eiern, und wir … wir sollen hungern?« Er schien richtig Kohldampf zu schieben, da sogar seine Flüche flacher ausfielen als sonst.

Beate zuckte mit den Schultern. »Die sind überfordert, würde ich sagen. Stell dir mal vor, du müsstest dich jetzt auf die Schnelle um über zweitausend Soldaten hier kümmern plus noch die eigenen Leute.«

Hanna kam raus. Ihr Gesicht schien in den letzten Tagen etwas rosiger geworden zu sein, als ob die Haut wieder Farbe akzeptierte. »Ich geh mit Klaus los, wir suchen uns Stofffetzen zusammen, dann kann ich ihm einen kleinen Ball daraus nähen, vielleicht lenkt ihn das von den Zähnchen ab.« Hanna war ein richtiger lebensechter Schatz, das dachte sich Beate immer wieder. Dankbarkeit erfüllte sie und Trauer. In den letzten Tagen hatte sie oft an Hans denken müssen. Fast noch öfter als im gesamten letzten Jahr. Vielleicht lag es daran, dass der Kopf wieder freier wurde. Seit Langem war wieder Platz für Gedanken, die sich um die Zukunft drehten, ganz vorsichtig, ohne dass sie die Gegenwart zu sehr verstörten oder Ängste aufscheuchten. Ganz langsam tastete man sich an diese Themen heran. Und sie vermisste sein Lächeln, seine gute Laune, seinen Optimismus, seine Art, wie er sie von der Seite angesehen hatte, wenn er etwas Lustiges oder Freches gesagt und nur darauf gewartet hatte, dass sie anfing, voller Inbrunst zu lachen. Immer nur kurz ließ Beate es zu, dass Hans in ihrem Herzen Platz einnahm. Sie wollte nicht wieder von der Trauer übermannt werden, sich nicht lähmen lassen, *nach vorne schauen,* hörte sie Luserke flüstern. *Immer nur nach vorne schauen. Alles andere macht uns verletzlich und bringt einfach nichts. Das ist sonst so, als würde man segeln wollen, aber hätte die Schoten vergessen und triebe hilflos im Meer der Zeit. Nach vorne!*

Sie lebten hier relativ frei in den Baracken, ohne Zäune, ohne richtige Bewachung. Wer hätte das auch machen sollen?

Sogar die militärischen Dienstgrade der Nazis wurden beibehalten. Um Chaos zu vermeiden, hieß es. Um Ordnung herzustellen während der Kriegsgefangenschaft. Dass es Verantwortliche gebe und weiterhin gehorcht werde. Darin waren die Deutschen ja gut, zischten die Briten. Es wurde natürlich mit Exekution gedroht, falls einer abhauen sollte, was in Leck tatsächlich vorkam. Vor den Augen aller Gefangenen wurde ein junger Leutnant erschossen,[88] der ein ganzes Stück außerhalb aufgegriffen wurde, ohne Erlaubnisschein. Heimweh, munkelte man. Das Heimweh war dann auch vorbei.

Auch für das Essen waren sie selbst verantwortlich. Vor einer Woche waren noch Bomben auf Büsum gefallen, seit zwei Tagen um Mitternacht war Friedensbeginn. Und heute? Heute war der Vorrat an Wehrmachtskonserven bereits aufgebraucht. Es galt nun, Essen zu organisieren, was natürlich eine Herausforderung darstellte. Man brauchte ein Schriftstück mit einer offiziellen Erlaubnis, dass die Soldaten sich für diesen Zweck außerhalb des Flugplatzes bewegen durften, und meistens wurde vom Herbeigeschafften dann noch ein gewisser Anteil behalten.

»Herrgottsakrament! Hast du gesehen, dass dieser Dackel von Offizier sich ein halbes Schwein servieren lässt und ganz alleine auffrisst?« Vedders Augen schienen leicht fiebrig zu glänzen.

Beate knuffte ihn in die Seite. »Da hinten spielen die Karten, geh doch mal hin. Und wenn das nicht klappt, hol dir eine Permit zum Walnusssammeln. Ich schau dafür mal, ob ich uns was besorgt bekomme.« Sie erhob sich, ignorierte das motzige »Walnusssammeln? Bin ich bekloppt?« von Vedder, klopfte den Staub von ihrer Hose und schlenderte in Richtung Tower, wo sich eine kleine Gruppe deutscher Soldaten um einen Lastkraftwagen mit Ladefläche scharte.

»Was ist denn los?«, fragte Beate einen Fliegerkameraden.

Dieser zog sich sein Käppi vom Kopf, juckte sich darunter

und antwortete: »Die suchen jemanden, der gut Englisch kann, um neues Kommissbrot zu besorgen.«

Mit einem »Na, dann komme ich ja gerade richtig«, drängelte sich Beate zum Fahrer vor und stemmte ihre Hände in die Hüfte. »Let's go! I'm your man!«

»Hä?«, antwortete dieser ungalant und zeigte auf den Oberfeldwebel Schlenkrich[89] neben sich. Dieser nickte zufrieden, ließ von den Briten für sich, den Fahrer und Beate Papiere ausstellen, und los ging's zum Verpflegungsdepot in Flensburg. Jeder internierte Soldat erhielt zwar eine Lebensmittelkarte mit 1750 Kalorien pro Tag, was unter anderem 500 Gramm Kartoffeln, 300 Gramm Brot und 13 Gramm Butter nebst zwei Zigaretten entsprach. Die Zivilbevölkerung hatte nur 1350 Kalorien[90] pro Tag zur Verfügung, aber was nützte diese Zuteilung, wenn es nichts zum Verteilen gab? Die Lebensmittel mussten erst einmal beschafft werden.

Neben dem Kommissbrot und Konserven gab es bei der Verpflegungsstelle kostenfrei das Gerücht dazu, dass gerade am Hafen Schiffe vor Anker gegangen seien mit Flüchtlingen aus Pommern. Der Oberfeldwebel Schlenkrich stammte aus Pommern und hoffte, dass seiner Familie die Flucht geglückt war.[91] Natürlich machten sie einen Abstecher zum Kai. Auch wenn die Chance, sie hier zu finden, geringer war als die Suche nach einer Meerjungfrau.

Schon von Weitem konnte man die großen Schiffe sehen, die Menschentrauben, die sich von ihnen lösten, die verlorenen Blicke, Helfer, die versuchten, Ordnung in das Aufgeregte zu bringen. Angehörige, die einfach nur dastanden, abwesend, als wären sie in Gedanken weit weg, und mit ihren Augen jeden Vorbeikommenden auf der Suche nach vertrauten Gesichtszügen abtasteten. Ein Lärm, der wie ein Netz über allem zu liegen schien, alles zu einem Ganzen verwob, zusammengesetzt aus Gemurmel, warnenden Rufen, Kinderschreien und beruhigenden Lauten.

Inmitten dieses trubeligen, lauten Menschenstroms hörte man einen freudigen Aufschrei. So hell und klar, dass er komplett fehl am Platz wirkte.

Eine Frau war in dem Strom stehen geblieben. Wie ein Lachs, der gegen den Sog ankämpfte und sich querstellte. Schlenkrichs Frau! An ihrer Hand ein kleines Mädchen. Die kleine Tochter, die der Oberfeldwebel seit fast einem halben Jahr nicht mehr gesehen hatte. Die Frau knickte fast in sich zusammen, wie ein flügellahmer Vogel, der viel zu dürr war, und verlor sich ganz in der Umarmung ihres Mannes, der gar nicht mehr aufhören konnte, die Köpfe der beiden Wiedergefundenen zu küssen.

Beates Hoffnung, ihre Eltern oder ein bekanntes Gesicht vom Gut oder aus Cranz zu sehen, blieb leider unerfüllt. Auf den Marktplätzen in den Städten wurden die ersten Holzgestelle mit Namen von Suchenden und Gesuchten errichtet, und Beate wusste, dass sie sich bald auf den Weg machen musste. Nicht nach Osten, nicht in Richtung Wargenau, das lag mitten im Russengebiet, aber nach Süden. Sie wollte ihren Bruder finden. Zuletzt hatte sie von dort ein Lebenszeichen von ihm erhalten.

Kurz darauf saß Schlenkrich mit seiner Frau und der Tochter eng umschlungen vorne neben dem Fahrer in der Kabine, sodass Beate nichts anderes übrig blieb, als auf der Ladefläche, auf den wenigen Zentimetern vor den Säcken voller Brot, Platz zu nehmen. Sie knöpfte die Plane ein Stück weit auf und konnte sich so am Gestänge festhalten. Es war eng, der Fahrtwind pfiff um ihre Ohren, aber sie musste immerhin nicht laufen. Dass man so still sein kann, wunderte sie sich. Die wiedergefundene Familie saß so leise nebeneinander, als ob es ausreichen würde, sich zu berühren. Als ob jedes Wort diesen heiligen Moment zerstören könnte und der andere sich in Luft auflösen. Sie fuhren los, aus der Stadt hinaus, und der Fahrer wich einigen Schlaglöchern und Kratern im Boden aus. Er nahm an Fahrt auf, bis er jäh das Lenkrad rumriss. Der Wagen schlitterte seitlich die Straße entlang, begleitet von einem durchdringenden Quietschen der Bremsen, ein fürchterlich lauter Knall erklang, gefolgt von einem jämmerlichen Schrei, der sich mehr nach einem Tier als nach einem Menschen anhörte.

Der Wagen stand. Flammen explodierten auf der Straße, direkt vor Beates Nase. Der Aufprall hatte sie nach hinten auf die Säcke geschleudert, sodass aus ihren Lungen Luft gepresst wurde. Da war keine Fluchtmöglichkeit. Die Vorräte versperrten den Weg. Die Hitze des Feuers versengte bereits ihre Haare und Augenbrauen, und sie wusste, dass sie keine Sekunde zögern durfte. Sie musste durch die Flammen hindurch, es gab keine andere Möglichkeit. Würde sie warten, wäre es zu spät. Ein zweiter Knall folgte, der den Wagen durchschüttelte.

Für den Bruchteil einer Sekunde schloss sie die Augen, riss sie wieder auf. Hinter den Flammen waren Bäume zu erkennen, der Straßengraben zu erahnen. Da musste sie hin. Sie dachte an Klaus, sprang. Es waren vielleicht drei Meter, die sie von dem Grün trennten, sie wollte eine Hechtrolle machen, auf den Händen landen, sich dann überschlagen, um die Distanz zu überbrücken, aber sie sprang ein paar Zentimeter zu knapp. Knallte auf den harten Asphalt. Von der linken Hüfte zuckte ein Schmerz durch ihren Körper wie ein Stromschlag. Sie war raus aus dem Feuer, weit genug weg, um in Sicherheit zu sein, konnte sich aber keinen Millimeter bewegen. Die Schmerzen raubten ihr den Atem, Schwärze überkam sie wie ein Schwall Wasser. Mit einem Stöhnen rang sie nach Luft, sah von ihrer liegenden Position aus automatisch unter den Lkw. Ein Motorradfahrer war dort mitsamt seiner Maschine verkeilt, der Tank war explodiert und hatte das Brandinferno verursacht. Zwischen dem züngelnden Feuer konnte sie schemenhaft die Silhouette des Soldaten ausmachen, seine Uniform, die eines britischen Motorradmelders. Ein herzzerreißender zweiter Aufschrei drang hervor, ein kurzes Aufbäumen des Körpers, dann blieb er still liegen. Als die Flammen weniger wurden, war alle Farbe von dem Feuer verschlungen worden, ließ eine verkohlte Leiche in einem hässlichen dunklen Braun zurück.

In ausreichender Entfernung standen der Fahrer und die Familie Schlenkrich. Die Frau und das Kind hatten vor Entsetzen die Hände vor die Gesichter geschlagen, die Männer starr vor Schreck. Beißender Rauch stieg in die Luft, und Beate betete innerlich, dass der Lkw nicht explodieren möge.

Von Beates Hüfte gingen wellenartige Schmerzimpulse aus, die kaum auszuhalten waren. Warum kam keiner und half ihr? In diesem Moment bemerkte sie die drei Briten. Sie bauten sich vor den anderen auf, mit Maschinenpistolen im Anschlag, und fuchtelten damit wild durch die Gegend, zeigten immer wieder auf den Lkw, dann auf die beiden deutschen Männer. Das Mädchen hatte mittlerweile begonnen zu weinen, die Mutter drängte sie zur Seite. Schlenkrich kann kein Englisch, hallte es in Beates Kopf. Sie unterdrückte einen Schmerzensschrei und versuchte, auf die Knie zu kommen. Erst die Knie, dann stehen, sagte sie sich. Aber sie schaffte es nicht, knickte zusammen wie ein Streichholz. Bedrohlich nah standen die Briten vor Beates Kameraden. Bereit, ihren Landsmann zu rächen.

»Heeee«, rief Beate und winkte mit der rechten Hand. »He, I speak English. Please! Come on!« Sie atmete aus, versuchte, den Schmerz zu kontrollieren. Noch nie hatte ihr etwas so wehgetan, es war, als würde man Messer in ihre Seite stechen.

Die Briten waren auf sie aufmerksam geworden, stellten sich breitbeinig vor sie hin. »What happend, what happend? What?«, wiederholte der Kleinere der drei. In seinem Gesicht stand Zorn. Seine Augen verrieten Angst.

»Linksverkehr!«, sagte Beate. »Left-hand driving. Driving on the left like in England.« Das muss es gewesen sein. Der

Motorradfahrer wird rechts mit links verwechselt haben. Wie oft wäre Beate in Wales fast vor ein Fahrrad oder Auto gerannt, weil sie automatisch in die falsche Richtung geblickt hatte.

»He changed right with left, that's it! Right with left«, schrie Beate. Nickte und gestikulierte mit der Hand, die nicht so schmerzte. Es dauerte noch einige Minuten, bis die Briten ihre MPs sinken ließen, aber es war geschafft. Sie hatte sie überzeugt, dass der Tod des Briten ein Unfall und kein Mord war.

Der Schmerz von der Hüfte hatte sich im ganzen Körper ausgebreitet, jede kleinste Bewegung verursachte höllische Pein. Selbst das Schlucken fühlte sich an, als würde Feuer in ihr wüten. Ein Bergungsfahrzeug kam. Der Lkw war mittlerweile komplett ausgebrannt. Ein Gerippe mehr, das in der Gegend herumstand. Die Mannschaft des Bergungsfahrzeugs kümmerte sich um den Toten und ignorierte sie. Beate rief sich die Flüche von Vedder in Erinnerung und dachte an Juist. An die Kälte beim Eisbaden. Sie erinnerte sich an ihren ersten Flug auf Gut Wargenau, an die Fliegerschule, an den ersten Kuss von Hans, an die Geburt von Klaus. Die Gefühle, die sie damals überrollt hatten, das Glück, das aus einer anderen Epoche zu stammen schien und so plötzlich mit dem Tod von Hans endete. An die kurzen Augenblicke zwischen den Einsätzen, in denen man sich etwas menschliche Wärme bei anderen gesucht hatte, die genauso verzweifelt am Leben hingen, aber sich sicher gewesen waren, die nächsten Wochen nicht zu überstehen.

Das hier hielt sie auch noch durch! Gleich würde ein Fahrzeug kommen, um sie nach Leck zu bringen. Gleich.

* * *

»Der Knochen der Gelenkkugel der Hüfte ist nur angebrochen«, stellte der Oberstabsarzt fest,[92] der an Beates Bett in der

Krankenstube am Flugplatz Leck stand. »Sie haben Glück gehabt. Er hätte auch splittern können, da wären die Heilungschancen ziemlich schlecht gewesen.«

»Das heißt?«, fragte Beate, die an den Händen und am Kopf Pflaster und Verbände trug. Bei dem Sturz war sie über den Asphalt geschrammt, was am ganzen Körper Abschürfungen und Prellungen hinterlassen hatte.

Der Oberstabsarzt zeigte auf sein Becken, dann auf seine Beine. »Um es vereinfacht auszudrücken: Das Hüftgelenk verbindet das Becken mit den Beinen. Es sorgt dafür, dass wir laufen und stehen können.« Er ballte eine Hand zur Faust und umschloss diese mit der anderen. »Dabei spielt der Gelenkkopf eine große Rolle. Der Caput femoris liegt in der Gelenkpfanne und wird von der Faserknorpellippe, dem Labrum acetabuli umschlossen.«

»Aha«, sagte Beate. »Und das heißt?«

Der Oberstabsarzt schaute sie ein paar Sekunden lang an, drehte die Faust in der anderen Hand hin und her. »Das heißt, dass wenn dieser runde Gelenkkopf sich in seinem Gegenstück, der Gelenkpfanne, nicht mehr richtig drehen kann, dann können Sie nicht mehr richtig laufen. Aber mithilfe von Krücken können Sie sich dann im besten Fall selbstständig fortbewegen. Erst mal still liegen bleiben, dass der Knochen sich selbst wieder repariert, dann Bewegung, soweit es eben geht.« Mit einem freundlich gemeinten Nicken ging er zum nächsten Krankenbett, zu einem Soldaten, dessen Oberkörper komplett verbunden war und der sich kaum rühren konnte.

Liegen gelassen wie ein kaputtes Flugzeug, so fühlte sie sich. Fahrgestell kaputt. Ausgemustert. Irreparabel. Ihr Herz fing schneller an zu schlagen, und ihre Atemzüge wurden kürzer. Was war mit Klaus? Wie sollte sie als Krüppel eine Arbeit finden? Ihn und sich durchbringen?

Das Bankbuch, das sie mitgenommen hatte, war hier wertlos, da die Bank in der russischen Zone lag und sie keinen

Zugriff darauf hatte. Alles Angesparte von Hans und ihr auf einen Schlag futsch. Sie war so arm wie eine Kirchenmaus, von der ihr Bruder Ulrich ihr als kleines Kind oft erzählt hatte. Immerhin hatte in seinen Geschichten die Kirchenmaus etwas von der Bäckermaus zugesteckt bekommen. Beate spürte, wie ihr heiß wurde. Sie war ganz auf sich gestellt. Keiner war da, der ihr zur Seite stand. Heimatlos, elternlos, kein Hans.

Sie schloss die Augen, um ihren Atem zu kontrollieren. Aufgeben war keine Alternative, sie musste das schaffen.

»Mama«, Klaus kam in die Krankenstube hereingehüpft, brachte frische Luft und Sonnenschein in die Düsterheit. »Aua?«, fragte er, legte sein kleines Köpfchen an ihren Hals und pustete vorsichtig über die Pflaster und Verbände.

Beate schossen Tränen in die Augen. Sie zog die Nase hoch, streichelte über seine Haare und lachte. »Schon viel besser, mein kleiner Schatz. Viel besser.«

Sie hatte keine Wahl, sie musste es schaffen. *Elisabeth Robinson* flüsterte eine Stimme in ihrem Kopf, und Beate fühlte, wie ihr das Atmen leichter gelang. Elisabeth Robinson hatte 1928 als Sprinterin über hundert Meter olympisches Gold geholt, und das, obwohl sie an Kinderlähmung litt und unter Schmerzen trainierte. Der Wille! Das sagte schon ihr Vater – der Wille ist das, was zählt. Und Beate wollte wieder laufen können! Aber so was von.

Am nächsten Tag ließ sie sich von zwei Sanitätern raustragen. Auf eine Decke, in die wärmende Maisonne, hinein in das Gequassel und Geschwätz der Fliegerkollegen, die hier beschäftigungslos herumlungerten.

»Was machst du nur für Sachen«, sagte Veddel und setzte sich neben sie. »Du siehst richtig scheiße aus.«

Beate lachte, das hatte ihr gefehlt.

Veddel legte zwei alte Stahlhelme neben sich.

»Was machste denn damit?«, fragte Beate und steckte sich einen Grashalm zwischen die Zähne.

»Suppentöpfe.« Auf den irritierten Blick von Beate ergänzte er: »Hast du Omas Porzellan unterm Bett, oder bekommt ihr im Krankenflügel das Essen auf verfluchten Goldtellern serviert?«

»Na klar haben wir Goldteller. Zwei sogar pro Nase … Ich kann mich auch nützlich machen. Wenn ihr mir Kastanien bringt, kann ich damit mal 'ne Runde unsere Wäsche waschen, ja?«, sagte Beate, und sie wusste, dass ihr Lächeln ihn gleich wieder versöhnen würde.

Schlenkrich kam angelaufen, seine Frau hintendrein mit der Tochter an der Hand. »Beate, wir wollten uns bei dir bedanken. Ich kümmer mich mit um Klaus und Hanna, was das Essen angeht, ja? Und Sabine kann bestimmt mal auf den Kleinen aufpassen.« Die Tochter, die schweigend hinter ihm stand, nickte. Ihr Gesicht schien fast nur aus großen blauen Augen zu bestehen. Schrecklich, wie ausgemergelt unsere Kinder sind, dachte Beate.

»Werd erst mal wieder richtig gesund«, fügte der Oberfeldwebel hinzu. »Hier, für euch«, er reichte ihr zwei Kommissbrote und etwas Butter mitsamt einem Stück Käse. »Meine Frau und Tochter helfen auf einem der Bauernhöfe mit.« Er schaute die beiden mit einem sanften Blick an, der voller Liebe war.

Ein Stich fuhr durch Beates Herz. »Danke, aber ihr könnt ja nichts dafür.«

Schlenkrich lächelte schief, nickte den Umstehenden zu und ging mit seiner Familie weiter.

Veddel glotzte ihnen hinterher. »Na, da bin ich aber mal gespannt, wie lange der Dank anhält. Stimmt es, dass du denen den Arsch gerettet hast, als die Knallbirnen mit den MGs rumgefuchtelt haben?«

»Mhm«, machte Beate, zuckte mit den Schultern, drehte ihr

Gesicht gen Sonne und lauschte dem Klatsch und Tratsch um sie herum, der wie Wellen an ihr Ohr brandete.

»Hast du gehört, dass die gerade alles erfassen? Jeden Krümel, jeden Hosenknopf … so auf Flugzeuge bezogen halt.«

»Hosenknopf und Flugzeug? Na, da will ich dich aber mal auf einem Hosenknopf in die Luft steigen sehen.«

Gelächter ertönte, bis eine dritte Männerstimme sagte: »Ich hab bei der Erfassung geholfen.«

Mehrstimmiges Murren ertönte als Reaktion der Umstehenden.

»Will ich, dass die Tommies unsere Maschinen angrapschen? Am liebsten würde ich ihnen die Hände abhacken, wenn sie denen auch nur zu nahe kommen.«

»So? Halt mal den Ball flach«, sagte eine andere Stimme.

»Hä? Hätte Hitler Ahnung von der Luftwaffe gehabt, wären wir als Sieger hervorgegangen.«

»Wenn dir dein Leben lieb ist, hör auf, so zu reden«, sagte ein Dritter. »Wie viele Flieger liegen hier denn?«

Mit belegter Stimme antwortete der Angesprochene. »Zweihundertsiebzig. Vor allem Messerschmitt Bf 109, unsere Salamander, Würger, Bücker Bestmanns und knapp fünfzig Bomber.[93] Dazu die Maschinen, die in den letzten Tagen von allen Seiten hierhergeflüchtet sind.«

»Und warum hast du denen geholfen? Die sammeln die Daten doch nur, um auszuwählen, welche sie uns klauen wollen und nach England überführen.«

»Ach, halt's Maul.«

Beate öffnete ihre Augen und sah anhand der Rangabzeichen an der Uniform, dass der, der zuletzt gesprochen hatte, ein Oberleutnant war. Etwas musste er also von Flugzeugen verstehen.

Ein junger Flieger, der den Rang eines Unterfeldwebels hatte, biss ein Stück Kommissbrot ab und sagte kauend: »Wir können eh erst mal nicht mehr fliegen. Wir sind am Arsch.«

Beate stützte sich auf ihre Ellbogen ab und fragte: »Warum das denn?«

»Hast du nich gehört, dass wir Deutsche runde zehn Jahre Flugverbot bekommen sollen? Ob das die Segelflieger auch betrifft, weeß ick nich, aber Motoren sind futsch.«

»Puuh«, seufzte Beate und legte sich wieder flach. Die Stimmung und die Infos hier waren nicht gerade heilungsfördernd.

* * *

Ein paar Wochen später fühlte sich die Hüfte bereits besser an. Mittlerweile war der Mai schon zur Hälfte rum, und sie lag im Schatten einer Baracke an der frischen Luft. Beate hatte die Warnung des Arztes ernst genommen und sich geschont. Das Stillliegen war fast schlimmer, als für Prüfungen zu lernen und sich irgendwelche Formeln merken zu müssen. Doch hatte sie das Gefühl, dass sie das Bein inzwischen wieder etwas bewegen konnte, wenn auch immer noch nicht belasten. Laut Arzt müsste der Knochen mittlerweile gut verheilt sein. Und jetzt? Dieses Nichtstun machte sie halb wahnsinnig. »Vedder«, sagte sie zu dem Mechaniker neben sich. »Du musst dir was einfallen lassen. Ich dreh sonst noch durch. Ich kann auf meinem linken Bein nicht stehen. Mach was.«

Als Erstes kam er mit ein paar Krücken aus Metallstangen zurück. Aber die hüpfenden Bewegungen schmerzten wie die Hölle. Er schaute ihr ein paar Minuten lang zu, wie sie sich mit vor Schmerz verzerrtem Gesicht zwang, wenigstens stehen zu bleiben. Mit einem »Warte mal« dampfte er wieder ab. Er schob aus den Beständen der Luftwaffe ein Herrenrad herüber, schraubte den Sattel auf die tiefste Stufe und sagte: »Ich hab da eine Idee.« Und Beate wusste, wenn er mit diesem Spruch einen Satz anfing, konnte nur etwas Gutes daraus entstehen. Und sie sollte recht behalten. Am selben Tag noch saß sie auf dem Rad. In einer Halterung steckte ein Stock, falls sie ein Stück laufen musste. Ihr linker Fuß war mit einem Drahtbügel fest am Pedal befestigt. Wenn sie nun mit rechts, so kräftig sie konnte, den Tritt herunterdrückte, bewegte sich die andere Seite automatisch mit. Sie war wieder mobil! Sie konnte jetzt selbst bestimmen, wann sie aufs Klo ging, sie konnte auf dem Fluggelände rumfahren und neben ihrem juchzenden Kind die Wege entlangsausen. Und es fühlte sich gut an, etwas zu tun. Hatte nicht der Arzt gesagt, dass Bewegung wichtig sei? Als sie ihm zufälligerweise über den Weg rollte, schaute er zumindest verblüfft.

»Die Klugheit eines Menschen wird daran gemessen, wie viel Unsicherheiten er zu ertragen vermag.«

Immanuel Kant

KAPITEL 12

Neuanfang

* * *

ZEHN TAGE SPÄTER, 25. MAI 1945

BRADERUP

Beate lehnte ihr Fahrrad neben dem Haupteingang des Rathauses in Braderup an die Bretterwand. In dem Ort war sie schon einmal gewesen und hatte Milch für ihren Sohn von einem Bauern ergattert. Mit dem Rad brauchte sie von Leck vierzig Minuten, musste man doch ständig abbremsen und Löcher in der Straße umfahren. Laut den Briten sollte sie sich hier melden, genauso wie Hanna und Klaus, die bereits vor ein paar Tagen hierhergeschickt worden waren.[94] Es schien, als ob die Besatzer die Sache mit der Organisation so langsam in den Griff bekämen. Beate war die Erste, die aus der Kriegsgefangenschaft entlassen wurde, und sie wusste nicht, ob das der Tatsache geschuldet war, dass sie ein kleines Kind hatte, oder wegen des Unfalls. Wahrscheinlich wegen beidem.

Sie zog ihren Gehstock aus der Halterung. Neben dem Rathaus standen Flüchtlinge in kleinen Gruppen zusammen. Zerschlissene Hosen, gestopfte Mützen auf dem Kopf, den Hunger im Blick. Kinder kickten juchzend eine verbeulte Konservendose über den Boden. Einer der Jungs, vielleicht neun oder zehn Jahre alt, kam auf Beate zu und schaute sich interessiert das Rad an.

»Hei, willst du dir was dazuverdienen?«, fragte Beate.

Der Junge nickte und schob sich seine braune Schildmütze in den Nacken.

»Dann pass hier auf mein Rad auf, ich brauch nicht lange, ja?«, damit verschwand Beate humpelnd im Rathaus. Sie solle sich beim Bürgermeister melden, war ihre Anweisung, um zu erfahren, wo Hanna mit Klaus wohnten. Die beiden waren hier irgendwo einquartiert worden, und Beate sollte bei ihnen mit unterschlüpfen. Der Bürgermeister Detlef Iwersen hatte keine Zeit. Was nicht schlimm war, da die Schreibkraft im Vorzimmer die Listen mit den Meldedaten verwaltete.

Mit dem Finger rutschte der ältere Mann den Zettel entlang. »Ah, hier haben wir sie ja. Am neunzehnten Mai ist Hanna Roch aus Berlin-Rangsdorf zusammen mit Klaus Uhse in der Schule untergebracht worden. Zusammen mit Frau Belusch.[95] Die Bauernhöfe sind alle komplett voll.« Er musterte sie kurz über den Rand seiner Brille hinweg. »Sie sind geboren am ...?«

Beate fühlte sich unter die Lupe genommen wie auf dem Pferdemarkt im alten Ostpreußen. Gut, dass er nicht ihre Zähne sehen wollte.

Nachdem der Mann ihre Daten erfasst hatte, lehnte er sich in seinem Stuhl zurück. »Fliegerjacke, ja?«

»Ja«, antwortete Beate und trat den Rückzug an gen Ausgang. Braderup war so klein, da sollte man wohlüberlegt Informationen über sich preisgeben, da diese ziemlich wahrscheinlich schneller zu Hause ankommen würden als man selbst.

»Lebensmittelmarken gibt es hier, ja?«, rief der Bebrillte ihr nach, und sie hörte ihn noch ein »Uhse« murmeln, bevor sie wieder ins Hell des Tages trat.

Sie gab dem Jungen, der lässig neben dem Rad an der Wand lehnte, einen Kaugummi. Zufrieden trottete er damit weg. Beate schwang sich auf das Fahrrad und fuhr zu der Adresse, die sie bekommen hatte. Rechts und links der Hauptstraße verteilten sich zweistöckige Bauernhäuser mit vielen Lücken dazwischen, um Platz musste man sich hier keine Sorgen machen. Das Schulhaus lag zentral, ein langes Gebäude, als ob es kein Ende nehmen wollte. Im ersten Stock gab es viele hohe Fenster, die Luft und Licht hineinließen. Am linken Ende thronten obenauf zwei spitz zulaufende Giebel mit jeweils drei kleinen Fenstern. Am rechten Ende erhob sich ein flacher Giebel. Sie sahen aus wie Eulen auf einer Stange. Die Hälfte aller Fenster war zu Bruch gegangen und notdürftig mit Kistenbrettern und Pappe geflickt worden. Neben der Schule saß im rechten Winkel eine Turnhalle. Die Turnhalle hatte überhaupt kein Glas mehr, doch zeugten Sicherungsgitter von der früheren Verwendung des Gebäudes als Unterkunft für Kriegsgefangene. Die Halle war noch höher als die Schule und mit einem steileren Dach ausgestattet. Als sich Beate mit dem Rad näherte, sprangen drei ältere Kinder auf dem Schotterweg an ihr vorbei. Unter einem der Bäume saßen Hanna und Klaus und stapelten flache Steine aufeinander. Klaus sah sie, riss die Augen auf, kam auf sie so schnell zugestürmt, wie es seine beiden Stummelbeine zuließen, klammerte sich an sie und wollte die Hände gar nicht mehr runternehmen.

»Klaus!« Beate küsste ihn aufs Haar. »Ich habe dich vermisst, mein kleiner Schatz.« Sie nahm ihn hoch und drückte ihm einen Schmatz auf die Stirn, auf die Nase. »Gefällt's dir hier? Ja? Hier können wir bleiben. Zur Ruhe kommen.«

Hoffentlich, dachte sie.

* * *

DREI MONATE SPÄTER, AUGUST 1945

BRADERUP

Sie hatten Glück, sie waren in der ehemaligen Schulbücherei einquartiert worden. Irmtraut Belusch hatte sich als Lehrerin entpuppt. Der kleine Raum war zwar zugig, aber von Licht durchflutet. Immerhin war nur eins der beiden Fenster kaputt und notdürftig mit Pappe geflickt worden. Zwei Bücherregale hatten die Kriegszeit überlebt und waren von den Frauen so hingestellt worden, dass sie den Raum aufteilten. Auf der einen Seite war die Schlafecke der Lehrerin, auf der anderen die von Beate mit Hanna und Klaus. Sie schliefen auf Strohsäcken, auf die sie Decken gelegt hatten, damit die Halme nicht direkt in die Haut piksten. Ein kleiner Ofen, liebevoll die Küchenhexe genannt, stand neben der Tür. Zum Kochen und Heizen. Wobei man bei diesen sommerlichen Temperaturen aktuell keine zusätzliche Erwärmung benötigte.

Beate hatte sich mit Hanna auf den gebückten Dachboden geschlichen. Nur wenige alte kaputte Möbel verstaubten dort, Mäuse raschelten in den dunklen Ecken, in die sich nicht einmal mehr Spinnen trauten. Aber sie fanden einen Tisch und zwei Stühle, die sie nach unten schleppten und direkt vor das freie Fenster stellten. Den Tisch mussten sie mit zwei Kisten stützen, fehlten ihm doch ein paar Tischbeine, und die Stühle waren für Kinder gedacht, aber es war besser als gar nichts. Wenn das Tageslicht hereinströmte und auf den Boden fiel, sah es aus, als ob Gott darauf zeigen würde, mit dem Hinweis, das Holz mal ordentlich zu schrubben.

Irmtraut war nur ein paar Jahre älter als Beate, aber sah aus wie eine alte Frau. Es schien, dass das Wichtigste, das sie über den Krieg hatte retten können, ihre Würde und ihre Ehre waren. Stets mit gestrecktem Rücken und manierlich im Ausdruck. Beate hatte sie noch kein einziges Mal sich beschweren hören, geschweige denn fluchen. Irmtraut war ebenfalls ein Flüchtling, aus Hamburg stammend. Bei dem Bombardement der letzten Monate war fast die gesamte Straße, in der sie gewohnt hatte, dem Boden gleichgemacht worden. Darunter ihre Eltern, ihr Mann und ihre zwei Kinder. Oft saß Irmtraut auf einem der Stühle, hatte vor sich ein aufgeschlagenes Buch liegen, das sie in einer der staubigen Kisten gefunden hatte, und starrte auf eine Seite, ohne umzublättern. Fünf Minuten, zehn Minuten, bis zu einer Stunde. Es war, als wäre sie eingefroren.

Klaus war der Einzige, der ihr ein Lächeln entlocken konnte, und so bat Beate die Lehrerin immer mal wieder, ihm vorzulesen. Sie hatten zwei alte Vorlesebücher mit Geschichten und Gedichten gefunden. Regelmäßig erklang nun Irmtrauts leise, sanfte Stimme und bevölkerte den Raum mit Menschen und Tieren, die die Wände hinaufspazierten und sich an die Decke hingen, sodass es vor Farben, Klängen und Düften nur so tropfte. Klaus mochte vor allem die Geschichte vom Fuchs und den Trauben und tappte mit seinem kleinen Finger immer wieder auf das Bild des roten Gesellen.

»An einem sonnigen Abend im Herbst ist der Fuchs einmal spazieren gegangen. Da sieht er an einem Weinstock herrliche blaue Trauben hängen. Er schleckt sich das Maul und sagt: ›Die kommen mir gerade recht als Nachtisch.‹ Er springt hoch und höher und noch höher, doch so hoch er auch springt, die Trauben bleiben für ihn unerreichbar. Auf einem nahen Dach sitzen eine Handvoll Tauben, die ihn beobachten und auslachen. ›Gurr, Flügel brauchst du, Pelzling, Federn und Luft.‹ Der Rote hebt seine Nase in die Höhe und sagt: ›Die sind viel zu sauer für mich, mag sich ein anderer daran den Magen verderben.‹ Und die Tauben lachen noch viel mehr und erzählen die Geschichte herum, sodass noch heute die ganze Welt über den Fuchs lacht.«

Beate konnte nicht lange in der Schule sitzen und vor sich hin grübeln. Mit Torf stechen, Rüben hacken, Kartoffeln häufen und anderer Arbeit auf einem der Bauernhöfe verdiente sie abwechselnd mit Hanna Geld, aber es reichte einfach nicht. Nachdem die Bäuerin sie um einen ganzen Wochenlohn betrogen hatte, wusste Beate, dass es Zeit war, sich nach anderen Möglichkeiten umzusehen. Sie hatte Hanna, der sie voll und ganz vertraute, den kleinen Klaus überlassen und war zur nächsten Zentrale des Roten Kreuzes in Lübeck gefahren. Ihre erste lange Fahrt mit dem Fahrrad. Das Rote Kreuz sammelte Daten und gab diese weiter in dem Versuch, Familienmitglieder und liebe Freunde zu finden. Aber diesem unüberschaubaren Haufen an Anfragen vonseiten der Angehörigen und der Flüchtlinge Herr zu werden, war eine Sisyphus-Aufgabe, wenn man bedachte, dass Millionen von Menschen in den Kriegswirren umhergeschleudert wurden. Viele der Menschen blieben ja nicht an einem Ort, sondern waren in Bewegung. In Lübeck hatte Beate kein Glück gehabt, keine Eintragungen über ihren Bruder oder über die Eltern.

Im Süden Deutschlands lebte die Verwandtschaft ihres Vaters. Otto hatte öfters davon erzählt, wie seine Familie Kontakt zu den schönen Künsten pflegte, einige waren vor langer Zeit selbst Mitglied der schwäbischen Dichterschule gewesen, wo sie mit Nikolaus Lenau verkehrt hatten, und über eine angeheiratete Komponistin hatte es Bekanntschaft mit Brahms, Schumann und Mendelssohn gegeben. Kein Wunder, dass auch im Hause Köstlin in Wargenau Klavier gespielt und Poesie gelesen worden war. Beate wollte im Allgäu ansetzen, aber der Weg dorthin war weit. Und gefährlich.

Als Beate die ersten Ideen für diese Fahrt schmiedete, besuchte sie Vedder in Leck, der mit den anderen immer noch den Status von Kriegsgefangenen hatte und sich nicht wegbewegen durfte. Immerhin konnte man seit Juni innerhalb des britischen Sektors Post verschicken. Wenn auch nur eine Postkarte pro Woche.

Vedder steckte Beate einen Brief zu und fünf Zigaretten. »Das müsste fürs Porto reichen.« Die Post[96] der Kriegsgefangenen wurde zensiert, und Briefe gingen gar nicht, so griff man gerne auf Zivilisten zurück, die sich frei bis zum Postamt bewegen und mit einer zivilen Adresse Briefe aufgeben konnten.

Beate nickte. »Vedder, was braucht ihr hier am dringendsten?«

»Meine Mutter«, sagte er trocken.

Beate lachte. »Ich weiß, dass sie den besten Apfelkuchen machen konnte und dir den Kopf als Kind zum Einschlafen kraulte, aber während ihr hier faulenzen könnt und jetzt sogar geregelt Essen bekommt, muss ich da draußen immer noch schauen, wo ich was organisieren kann.«

Die Briten hatten die tägliche Kalorienzufuhr auf 1350 Kalorien runtergesetzt, wovon nicht einmal ein Spatz satt werden konnte. Na ja, vielleicht gerade einmal ein Spatz, aber der durfte dann keine weiteren Schnäbel zum Stopfen haben.

»Wenn du mich fragst, dann gieren die Männer hier nach Lebenszeichen. Verdammte Tommies. O Gott, steck deinen herrlichen Arsch aus den Wolken und scheiß auf diese Arschlöcher!«

Beate schaute ihn an. In ihrem Kopf rumorten die Gedanken, flogen Loopings und schubsten sich gegenseitig von der Landebahn. »Mhm, hör mal. Ich fahr runter. So ganz grob Hamburg, Hannover, Frankfurt, Stuttgart, Würzburg, Ulm, bis ins Allgäu. Ich will dort zu den anderen Sammelstellen des Roten Kreuzes und in die Listen schauen und zur Verwandtschaft meines Vaters. Frag doch mal, wer von den Kameraden auf dieser Strecke Familie hat. Ich könnte Briefe befördern. So gegen Schlafplatz und etwas Essen. Meine britischen Lebensmittelmarken gelten ja in den anderen Sektoren nicht.«

»Himmel, Herrgott, da triff mich doch der Hagel, Beate, du hast echt einen guten Riecher! Aber wie pflegte mein Opa zu sagen: Aus einem verzagten Arsch fährt kein fröhlicher Furz.« Die Frage der Unterkunft auf ihrem Weg hatte sich somit im besten Falle erledigt! Würden sich die Angehörigen doch mit Sicherheit nicht lumpen und den Boten des lang ersehnten Lebenszeichens nicht mit leeren Händen weiterziehen lassen!

Die Rechnung ging auf. Beate stellte sicher, dass Hanna und Klaus gut versorgt waren, schulterte ihren Rucksack, gefüllt mit einer Trinkflasche und ordentlich Kommissbrot, und startete.

Irmtraut hatte diesen Plan als *verrückt* und *gewagt* bezeichnet, aber Beate war verzweifelt. Wie sollte sie hier eine Existenz aufbauen? Außerdem brachte sie diese Ungewissheit, was mit ihrem Bruder und den Eltern passiert war, regelmäßig um den Schlaf. In ihrem Leben hatte sie es bis jetzt immer so gehandhabt, dass sie erst alle Möglichkeiten auslotete und dann das wählte, was am besten passte. Aber wie sollte man in diesem zerstörten Deutschland herausfinden, was für Chancen man hatte?

Auf der mühseligen Reise durch zerbombte Städte, vorbei an halb verhungerten Kindern und Erwachsenen, kontrolliert von den Alliierten, behandelt wie ein Schwerverbrecher oder Freiwild, rettete nicht nur einmal ihre lederne Pilotenjacke sie über brenzlige Situationen hinweg. Diese verschaffte ihr manchmal Respekt, dann wieder Solidarität oder Mitleid. Ihre Hüfte funktionierte Gott sei Dank wieder recht anständig, auch wenn die Dauerbelastung des Radfahrens ihr an einigen Tagen höllische Rückenschmerzen bereitete und sie ihren Po nicht mehr spüren konnte. Sie sah, wie die Menschen überall ihr Schicksal selbst in die Hand zu nehmen versuchten. Wie der Schwarzmarkt auch in den kleineren Städten auf Hochtouren brummte. Überall waren Menschen damit beschäftigt, mit Spitzhacken Häuserreste abzureißen, die

Ziegelsteine mit Maurerkellen zu säubern und für Neubauten aufeinanderzustapeln. Kloschüsseln, Rohre, Herde, alles, was noch brauchbar war, wurde gesichert. Der Schutt von gestern sollte neue Wohnungen für morgen schaffen.

In der Nähe von Kassel schlich sich Beate über die Grenze in den amerikanischen Sektor. Sie hatte Glück, dass viele der Familien, denen sie die Briefe ihrer Kameraden überbringen sollte, noch am Leben waren und in Häusern und Wohnungen lebten. Sie bekam oft ein Nachtquartier, immer etwas zu essen und dankbare Wünsche mitsamt Antwortbriefen, die oft genug mit Tränen benetzt waren. Hoffnung! Das war es, was sie überbrachte. Hoffnung auf eine Zukunft. Nichts wurde dringlicher benötigt.

Sie traf unterwegs auf freundliche Menschen, die sie mit Pferdekarren mitnahmen, und auf einen Lkw-Fahrer[97], der für sie sogar seine Route änderte und ihr neben einem Bohnenbüchsengericht auch seine Zuneigung anbot. Wie man in diesen Tagen nach körperlicher Wärme gierte, wie man sich an anderen festhielt, als drohte man zu versinken in einer Flut aus Trostlosigkeit. Solche menschliche Nähe bildete die Rettungsweste und den Fallschirm in der Momentaufnahme des Seins. Konnte man länger als ein paar Wochen vordenken? Man brauchte einen Silberstreif am Horizont, etwas Licht, worauf man zulaufen konnte. Und etwas zum Festhalten im Augenblick.

Als sie bei der Familie von ihrem verstorbenen Ehemann klingelte, wurde sie herzlich begrüßt, für einen kurzen Moment war die Freude groß. So lange, bis sie ansprach, dass sie hungrig sei und auch etwas brauche. Natürlich bekam sie etwas zu essen und zu trinken, aber es fühlte sich an, als hätte Beate sie mit einer Waffe bedroht, damit sie etwas rausrückten.

»Eine Matratze?«, wiederholte Hans' Mutter ungläubig, als Beate ihr Anliegen vortrug. »Klaus ist doch noch klein, der kann doch gut auf dem Boden schlafen.«

Beate erzählte von den Umständen, dem zugigen Raum, den Strohmatten, worauf die Mutter schnippisch erwiderte: »Na, wenn's sein muss«, und sie auf den Hof führte. Hinter den Mülltonnen an der Wand lehnte eine Matratze. Sie war nicht nur ziemlich dreckig und von Spinnweben überzogen, sondern auch von Blut so durchtränkt, als ob direkt darauf einer erstochen worden wäre. Darauf sollte das Enkelkind schlafen?

»Mit kaltem Wasser bekommst du das sicherlich raus«, sagte Frau Uhse und knipste ein schiefes Lächeln an. »Die lag auf der Straße, es kommt ja ständig vor, dass jemand …« Den Rest hörte Beate nicht mehr, sie drehte sich um und ging, und das endgültig …

Beate reiste weiter nach Hohenpeißenberg, das unterhalb von München lag, zu ihrer Cousine Inge van Scherpenberg. Hier hatte sie Glück, war ihr Bruder doch erst drei Monate zuvor ebenfalls dort vorbeigekommen. Er war allerding ins Allgäu weitergezogen, um in einem Hotel eine Anstellung zu finden. Inge war die Tochter von Beates Patenonkel Hjalmar Schacht[98], der unter Hitler Präsident der Reichsbank und Wirtschaftsminister gewesen, aber in Ungnade gefallen war, als er Görings Finanzpolitik kritisiert hatte. Die Alliierten hatten ihn in ein Internierungslager gesteckt, bis ihm der Prozess gemacht werden sollte.

In Hindelang traf sie ihren Bruder[99], stark mitgenommen vom Krieg, ein Schatten seiner selbst. Er arbeitete im Gasthof Zur Post als Hausdiener und öffnete gerade einem Gast die Eingangstür, als er sie erblickte. Sein Gesicht leuchtete auf, er kam mit eiligen Schritten auf sie zu und schmiss sie ein Stückchen in die Luft, so wie er es als großer Bruder schon immer getan hatte. Auch wenn sie jetzt weniger hoch flog und er weniger kräftig erschien. Sie redeten und feierten ihr Wiedersehen die ganze Nacht durch, zündeten abends die Sterne an und holten am Morgen die Sonne zum Frühstück ab. Je mehr Zeit verrann, desto ernster wurden die Themen.

»Schwesterlein, ich kann dir nicht sagen, wo es gerade am besten ist. Ich kenne keinen, der sich nicht auch durchschlagen muss … aber was mir echte Sorgen bereitet: Keiner hat was von unseren lieben Eltern gehört.« An dieser Stelle brach Ulrichs Stimme ab. Er machte sich genauso schwere Vorwürfe wie Beate selbst. Kurz vor Kriegsende war Beate mit einem Überführungsflugzeug ganz in der Nähe von Wargenau gelandet, hatte sich vorher zwei Schreiben besorgt, um ihre Eltern mit herauszubringen. Aber sie weigerten sich. Vor allem ihr Vater. Er meinte, dass sein Leben mit dem Gut verknüpft sei und er außerhalb keine Zukunft sehe. »Auch die Russen brauchen Landwirte, oder?«, sagte er, und die Mutter wollte seine Seite nicht verlassen. Beate redete mit ihnen die Nacht hindurch, beschwor sie, weinte, fluchte, beschimpfte sie, sie würden als Eltern und Großeltern gebraucht, sie könnten doch nicht sehenden Auges in das Unheil rennen. Aber es war nicht zu ändern. Stur wie ein Esel und standhaft wie ein Baum, hatte Otto nur den Kopf geschüttelt. Entweder gehe es hier weiter oder gar nicht. Außerdem müsse er sich um die einquartierten Flüchtlinge kümmern.

Ulrich schaute sie an, fand ihre Hände und drückte sie kräftig. »Sie werden es schon geschafft haben, Attei, du kennst sie doch. Die lassen sich nicht unterkriegen.« Aber so ganz überzeugend klang seine Stimme nicht in ihren Ohren. Gegen Maschinengewehre und den blanken Hass, den der Krieg in den Menschen entfachte, dagegen konnte man noch so standhaft angehen, wie man wollte, Bäume konnten ja nicht bluten. Und sie hatte oft genug selbst gesehen, dass Soldaten zuerst schossen, bevor sie jemanden befragen konnten. Selbst wenn die Menschen mit erhobenen Händen vor die Häuser traten. Ob aus Angst, aus Unsicherheit, aus blindem Zorn, Blutdurst, es gab so viele Impulse, die Waffe zu benutzen, so viele kleinste Reize, die zum Zucken des Fingers führten, aber immer wieder war es die Angst, selbst sterben zu müssen. Beate kannte dieses Gefühl gut, nur zu gut.

Ulrich hatte große Pläne, er wollte an seinem Rechtswissenschaftsstudium, das er vor dem Krieg abgeschlossen hatte, anknüpfen. Sobald die Welt wieder etwas normaler geworden sei und die Alliierten das Chaos etwas geordnet hätten, würde er schon seinen Platz finden.

Als Beate mit ihrem Rad wieder gen Norden fuhr, dabei streckenweise von Privatleuten mit dem Auto oder einer Pferdekarre mitgenommen wurde, um sich bei Ulm mit ihrem Lkw-Fahrer zu treffen mit dem Fahrziel Flensburg, trug ihr Herz Trauer. Hatte sie nicht gehofft, hier etwas heile Welt vorzufinden und vielleicht sogar eine neue Heimat?

Aber ihr Bruder lebte.

»Flügelschlag für Flügelschlag, meine kleine Lieblingsschwester«, hatte er lächelnd bei ihrem Abschied gesagt. »Flügelschlag für Flügelschlag kommen wir voran. Wir machen es einfach so wie früher, wie von der Schwelle der Kindheit zum Erwachsenwerden. Wir erfinden uns noch einmal neu.«

Und Beate hatte nicht vor, sich von der Sonne verbrennen zu lassen! Dazu besaß sie nun eine kleine, aber feine Ladung an Plastikspielzeug, Plastiktüten und Knöpfen. Alles begehrte Ware, die sie geschickt zwischen der Ladung des Lkw versteckte und nun in ihre neue Heimat schmuggelte. Und ihr Lkw-Fahrer würde ihr sogar noch weitere Ware liefern. Frei Haus quasi.

Neue Heimat, wie sich das anhörte, so richtig und doch falsch zugleich.[100]

* * *

Das Ankommen in der neuen Heimat erwies sich als schwierig. Vor allem, wenn man bei seinen Geschäften nicht überall gleich wohlwollend aufgenommen wurde.

»Was für ein Lumpenpack«, rief eine Frau über den Zaun, als Beate daran vorbeiging. Mit einem Blick auf Klaus kreischte sie: »Da hätten noch ein paar Flüchtlingsschiffe mehr untergehen können!«

Ein dickes Fell braucht man schon, dachte Beate und fuhr sich mit der Zunge über die trockenen Lippen. Sie zeigte den Weg entlang auf eine Sonnenblume, um ihren Sohn von den Worten abzulenken. Bei solchen Leuten würde sie die Preise anziehen. Aber hallo. Dachten die, man hätte sich sein Schicksal selbst ausgesucht? Freiwillig arm, freiwillig auf engstem Raum, ohne Bettsachen, ohne eigenes Klo, ohne Aussicht auf eine gute Zukunft? Die, die am lautesten hetzten, saßen mit ihrem fetten Arsch im sicheren Haus, Essen aus dem Garten, aber Gift und Galle spucken. Manchmal wünschte sich Beate, dass sie Ware besitzen würde, die jeder haben wollte, damit gerade solche Menschen vor ihr stehen und sie darum bitten würden. Nicht bitten, sondern betteln! Dann würde sie das gewünschte Objekt nehmen und es einem Flüchtling geben. Geschenkt. Oder zehnmal so viel verlangen.

Beate atmete tief aus.

Sie näherte sich mit Klaus den Baracken der Flüchtlinge.

Reihen von flachen Holzbauten, die man früher vielleicht gerade einmal als Lagerraum oder als Stall für das Vieh benutzt hätte. Aber wo sollte man so viele Menschen unterbringen? Braderup hatte vierhundertneunzig Einheimische und musste jetzt fast vierhundert Flüchtlinge einquartieren. Das war doppelt so viel wie zuvor. Kein Wunder, dass sich hier und in den anderen Auffangquartieren Krankheiten verbreiteten wie sonst nur Dorfklatsch. Diphtherie, Typhus, Scharlach, Tuberkulose, Gonorrhoe. Wie oft vermisste Beate ihre Mutter, wenn sie an solch aufschreiendem Elend vorbeikam. Diese Baracken waren auch alles andere als bequem. Auf dem Flugplatz Rangsdorf hatte Beate gesehen, wie solche Reichsarbeitsdienstbaracken zusammengebaut wurden. Innerhalb eines Tages konnten über einem fertigen Fundament die Holzbretter zusammengesteckt werden. Die Bohrlöcher befanden sich bereits in dem Holz, und mit Kopfschrauben und Muttern war das Befestigen recht simpel, dazu waren die Bretter austauschbar. Ob sie also später ihr Leben als Deckenteil oder Seitenwand fristen würden, war ziemlich egal. Zwischen den Holzhütten waren Leinen gespannt, an denen Wäsche zum Trocknen hing und munter auf angepflanztes Gemüse heruntertropfte. Fleißige Hände hatten jeden nutzbaren Meter umgegraben, um das karge Essen aufzustocken. Kinder rannten umher, barfüßig, Lachen, Schreie, vertraute ostpreußische Sprachmelodie.

Beate nahm Klaus an die Hand. Hier war nicht viel Geld zu machen, nicht mit Schwarzmarktgeschäften oder beim legalen Verkauf von Waren. Man konnte einem armen Menschen nichts aus der Tasche ziehen. Dabei musste sie Geld verdienen. Dringend. Wie sehnte sie sich nach einer Matratze und Bettdecken, nach richtigen Töpfen und ihrem eingemachten Obst aus Rangsdorf. Nach einem schönen Stück Fleisch und frischen Bohnen, nach …

»Frau Uhse, wie schön, Sie zu sehen!« Eine Frau Mitte dreißig, mit buntem Blumenkleid und einem locker über die Haare gebundenen blauen Tuch, trat auf sie zu. Es hatte sich herumgesprochen, dass Beate aus dem Süden Deutschlands einiges an Plastikspielzeug hierherbefördert hatte.

Klaus, der neben ihr stand, lachte laut auf. Vor den Baracken spielten Kinder Verstecken. Zogen beim Entdecktwerden die lustigsten Fratzen und hüpften auf einem Bein umher wie angeschossene Rehe. Beate holte aus ihrem Rucksack eine Puppe und zwei Bälle, die die Frau mit etwas Kaffee und Zigaretten bezahlte. In den nächsten Tagen würde sie das auf dem Schwarzmarkt in Flensburg gegen Speck eintauschen und beim Weiterverkauf davon eine kleine Gewinnspanne erwirtschaften.

Drei Frauen standen zusammen, unterhielten sich.

Die älteste von ihnen sagte mit einer brüchigen Stimme, die von etlichen Stürmen geschüttelt schien: »Jeder Dag ist eener zu viel. Min Herz und min Seel sin nur noch am Weinen, öck will unbedingt so schnell wie meeglich wieder nach Hause. Und dann noch diese Wanzenplage.«

»Ach Muttchen«, antwortete die Frau neben ihr, die vielleicht Mitte vierzig war. »Wer weeß, wie lange die Russen ons Heimat besetzt holle?«

»Wie sollen wir hier glücklich werden? Wir sind unerwünscht, und daheim bestellt keener ons Land, keener kümmert sich um ons Haus, um ons Tiere, das müssen wir doch make! Hier bekommen wir nur Reste, oft nicht mehr als Abfall, werden beschimpft, on in ons Heimat, da steht das Land in vollster Blüte.«

Die dritte Frau, ein gebücktes älteres Mütterchen, ließ sich auf die Türschwelle einer der Baracken sinken und unterstrich jeden Satz, der gesagt wurde, mit einem trotzigen Nicken. Sie zog ein selbst zusammengebautes Konstrukt aus einer Fahrradfelge und einem kleinen Tisch heran, das ihr ein Spinnrad ersetzte, und fing an, auf einer Spule Faden aufzuwickeln.

Die Vierzigjährige seufzte tief. »On das Essen, es grenzt an ein Wunder, dass ons noch keine Steckrüben zu de Ohre rauswachsen. Da hilft auch die nette Bezeichnung Holsteinische Ananas nichts. Keiner von ons kann sie mehr sehen. Wenn wir doch wenigstens aorbeite könnte, wie wir wollten, aber von den Bure umhergeschubst zu werden, während wir in Ostpreußen ons eigenen Höfe geführt haben, die doppelt oder dreifach so groß ware!«

Beate schüttelte ihren Kopf und mischte sich ein. »Wenn ihr euch weiterhin nur beklagt, dann ist es kein Wunder, dass die Einheimischen euch nicht hierhaben wollen. Ihr seid am Leben, macht das Beste draus. Man kann auch eine neue Bestimmung finden. Ich hör euch immerzu nur jammern, schaut doch mal nach vorne.«

Die drei Frauen schwiegen, sahen sie an, als hätte Beate ihnen erzählt, dass der Winter dieses Jahr ausfallen würde, weil es keine Weihnachtsgeschenke gäbe. Wäre das Leben doch nur so einfach, dachte Beate, nahm Klaus an die Hand und wanderte zurück zur Schule.

Vor der Schule standen die Kinder der beiden Lehrerfamilien, die im selben Gebäude wohnten. Rote Tropfen rannen ihnen von den kauenden Mündern. Rote, dicke Himbeeren lagen in ihren kleinen Händen. Klaus blieb mit großen Augen vor ihnen stehen und zeigte auf die süßen Früchte. »Auch«, sagte er. »Will auch haben.«

Eins der Mädchen streckte bereits ihre Hand aus, um etwas abzugeben, als ihre Mutter von hinten herantrat und mit einem hässlichen »Nein« die nette Geste unterband. »Die wachsen in *unserem* Garten, die sind für *unsere* Kinder. Sie können ja weiterhin ihre verbotenen Geschäfte machen, seien Sie froh, dass wir Sie nicht anzeigen.« Die Frau legte ihre flachen Hände auf die Rücken von zweien der Kinder und schob sie in Richtung Haus.

Klaus schaute ihnen hinterher, sah, wie die Objekte seiner Begierde sich immer weiter entfernten, blinzelte ein paarmal und drehte sich mit einem schluchzend fragenden »Auch?« zu Beate um.

Beate schluckte. Sie hatte wirklich schon viel in ihrem jungen Leben erlebt, viel zu viel gesehen, das sie versuchte zu vergessen, doch kehrten diese Dinge immer wieder in ihre Träume zurück. Aber dass Menschen, denen es so viel besser ging als anderen, so gemein zu Kindern waren, das konnte sie nicht verstehen. »Klaus«, fing sie an. »Klaus, ich besorge dir welche, ja?« Bilder von Gut Wargenau blitzten kurz in ihrem Kopf auf. Schüsselweise hatten sie damals Himbeeren gegessen, sie backten Kuchen, kochten Marmeladen, warfen sich die Früchte gegenseitig in den Mund und lachten über die Flecken auf dem Küchenboden. Zumindest so lange, bis die Köchin wieder hereingekommen war. In was für einer Fülle sie damals gelebt hatten. Ohne das jemals zu bemerken. Beate hob einen kleinen Ast vom Boden hoch und spießte ein paar Blätter auf, bis diese lustig vor sich hin raschelten, wenn man es in der Luft hin und her schwang. »Schau mal, Klaus. Wollen wir das fliegen lassen?«

Klaus' Mündchen verzog sich zu einem Lächeln.

Beate würde alles dafür tun, dass ihr Kind nicht hungern musste. Alles!

Als Klaus am nächsten Morgen aufstand, lagen Himbeeren auf dem kleinen wackeligen Tisch. Dreimal so viele, wie das Nachbarskind in der Hand gehalten hatte. Beate legte den Zeigefinger an ihren Mund, und Klaus lachte, ahmte die Geste nach und steckte sich Beere für Beere glücklich in seine kleine Schnute.

»Hanna«, sagte Beate. »Ich fahr nach Rangsdorf.«

Vor Schreck ließ Hanna die Strohmatratze fallen, die sie gerade aufgeschüttelt hatte.

Bevor Hanna etwas sagen konnte, fuhr Beate fort: »Doch! Du kannst mich auch nicht umstimmen, dort lagern unsere Schätze in den Einmachgläsern. Ich muss einfach. Bettwäsche, Handtücher, alles ist dort.« Sie erläuterte Hanna ihren Plan. »Ich hole mir einen Schlepper, keine Angst. Es dauert auch noch ein bisschen, ein paar der Tommie-Bräute haben mich für Englischunterricht angestellt, das lasse ich mir gerade nicht entgehen, aber dann plan ich. Suche den sichersten Übergang. Das wird vielleicht so ein bis zwei Wochen dauern, dann bin ich wieder da. Vertrau mir, das wird schon. Wenn ich wiederkomme, gibt es Köstlichkeiten aus dem Glas. Vertrau mir, ja?«

»Einer von denen, die nach Hause kommen und die dann doch nicht nach Hause kommen, weil für sie kein Zuhause mehr da ist.«

Aus Draußen vor der Tür *von Wolfgang Borchert (1921–1947)*

KAPITEL 13

Nach Hause kommen

* * *

ZWEI MONATE SPÄTER, ANFANG OKTOBER

AN DER GRENZE ZUM SOWJETISCHEN SEKTOR

Es war eine trübe, regennasse Nacht, in der der Schlepper seinen Jackenkragen hochschlug und Beate mit weiteren sieben Leuten in die russische Zone schmuggelte. Bäume und Büsche waren ihre Deckung. Hunde bellten auf Russisch, und laute Rufe gellten durch die Nacht, doch kamen sie ungesehen über die grüne Grenze. So viel Grenzlinie könne man gar nicht durchgehend bewachen, hatte der Schlepper erzählt, der sich für seine Dienstleistung fünfundzwanzig Mark auszahlen ließ. Dafür hätte sie es nicht alleine machen können. Er erklärte ihnen, wo sie jemanden für den Rückweg über die Grenze finden konnten, und verabschiedete sich am Bahnhof.

Sie hatten vom amerikanischen Sektor aus bei Hof rübergemacht und sollten jetzt mit dem Zug nach Berlin reisen. Erleichterung machte sich bei den Grenzgängern breit, als sie auf den Plätzen saßen und beim deutschen Schaffner, der sich für sie in etwa so viel interessierte wie für den Vogeldreck, der auf den Fenstern klebte, Fahrscheine gelöst hatten. Die schwierigste Hürde war genommen.

Nach ein paar Stunden wachte Beate im anbrechenden Tageslicht in einem völlig zerstörten Berlin auf. Von der einstigen Pracht war nichts mehr übrig geblieben. An jeder Ecke schwirrten hungernde Kinder umher, Elend, Dreck und Menschen, die die Trümmer bearbeiteten, vom Krieg gezeichnete Männer mit amputierten Gliedmaßen, die bettelten. Nach Essen und Anteilnahme an ihrem Schicksal. Beate erwischte eine Bahn in Richtung Rangsdorf und lief das letzte Stück.

Als sie in ihre alte Straße einbog und auf das vertraute Haus zulief, hatte sie das Gefühl, dass Hans dort auf sie warten würde. Auf der Bank davor, so wie früher. Gleich würde er ihr zurufen, wo sie nur so lange geblieben sei und ob sie nun endlich loskommen könnten, um die neueste Bücker zu testen. *Eine Rolle vorwärts, eine seitwärts, komm schon.* Sie hörte sein tiefes Lachen, sah die Lachfalten um seine Augen, spürte seine Lippen auf den ihren.

Ein Auto mit Russen fuhr vorbei, und sie musste zur Seite treten, um nicht vom Dreck der Straße komplett bespritzt zu werden. Der Zauber des Augenblicks war verflogen.

An der Hauswand lehnte ein selbst gezimmertes Steckenpferd. Durchs Fenster konnte sie fremde Menschen in ihrer alten Küche sehen. Eine Frau und einen Mann. Was sollte sie sagen? Wie das Gespräch anfangen? Wie würden diese fremden Menschen wohl reagieren?

Beherzt klopfte Beate an die Haustür. »Entschuldigen Sie bitte, ich … ich … wir haben hier früher gewohnt.« Der Mann hatte die Tür geöffnet, klein, untersetzt, schüttere dunkle Haare. Im Hintergrund näherte sich die Frau. Lange blonde Haare, verhärmtes Gesicht, vielleicht Anfang vierzig. Sie trug eins von Beates Oberteilen. Eins der besseren, das Beate ins Kino getragen hatte oder mal zum Essen mit Hans.

Beate musste ihren Blick von dem blauen Blümchenmuster förmlich losreißen, versuchte sich auf den Mann zu konzentrieren. »Hören Sie, der Krieg hat mich nach Nordfriesland gebracht, und wir haben alles verloren. Mein Mann ist tot. Ich habe ein halb verhungertes Kind, wir haben … wir haben gar nichts mehr. Ich …«

Die Miene des Mannes, die bereits bei den ersten Worten anfing, sich zu verhärten, hatte sich zu einer hässlichen Fratze verzogen. »Hau ab«, schrie er. »Mach, dass du Land gewinnst!« Seine Stimme wurde schrill. »Da kann ja jeder kommen. Wir wohnen jetzt hier. Verschwinde! Du Nazi. Nazibraut. Im Straflager wärst du richtig aufgehoben.«

Beate presste ihre Lippen aufeinander. Ihre Hand ballte sich zu einer Faust. Von hinten kreischte die Frau: »Wir rufen die Polizei. Dann kommen die Russen!«

Mit einem schnellen Ruck drehte sich Beate um. Hastete aus dem Garten, weg von ihren Schätzen, weg von ihrem früheren Leben. *Sollen sie doch daran ersticken, die elendigen Bastarde,* zischte sie. *Ersticken!*

Alles umsonst, die ganze Fahrerei. Mit jedem Kilometer fluchte sie leichter vor sich hin. Sie wusste, dass es richtig gewesen war, nach Rangsdorf zurückgekehrt zu sein, das hätte ihr keine Ruhe gelassen. Jetzt konnte sie das Thema Einmachgläser und frische Bettsachen in ihrem Kopf zum Schweigen bringen. Immerhin ein paar quälende Geister weniger, die nicht mehr an ihrem Schlaf nagen würden.

Auf den Schwarzmarkt traute sich Beate im russischen Sektor nicht, zu groß war die Gefahr, dass sie entdeckt werden könnte. Die Schlepper fand sie an der angekündigten Stelle am Bahnhof, in der Nähe des heimlichen Übergangs in Richtung Hof. Die Bezahlung war schnell abgehandelt, und zusammen mit drei weiteren Frauen und zwei Männern wurden sie über die Grenze gebracht. In den frühen Morgenstunden, ohne Nebel, im Schutz der Dunkelheit, über Waldpfade, verborgen von Büschen. Wie zuvor: fernes Hundegebell, russische Wortfetzen, die kaum zu ihnen drangen, so weit entfernt schienen sie. Doch hatte sich der Schlepper nicht kundig getan, was die aktuelle Grenzbegradigung anbelangte. Er verabschiedete sie mit einem müden: »Das war's, wir sind im amerikanischen Sektor. Von hier aus einfach dem Weg weiterfolgen, sie sind sicher.«

Aber sie waren alles andere als sicher. Als die kleine Gruppe erleichtert weiterlief, sich unterhielt, schutzlos und ahnungslos, traten plötzlich zwei Russen[101] in ihren Weg. Zwei Gewehre im Anschlag.

Sie wurden auf Russisch beschimpft, die Männer mit den Gewehrkolben in den Rücken gestoßen und wie Vieh bis zu einem brüchigen Bauernhaus getrieben. Im Wohnraum lungerten weitere Soldaten herum, die sie anstarrten, als ob sie Paradiesvögel mit Flügeln voller Gold und Schnaps wären. Sie mussten ihre Tasche leeren, sich angrapschen lassen. Ihre Bitten und eindringlichen Schwüre, dass sie dachten, in der amerikanischen Zone zu sein, gingen im lauten Gegröle unter. Ihr Deutsch verstand eh keiner, zudem interessierte es niemanden.

Sie wurden von Tritten begleitet in den Keller gesperrt.

Es war dunkel und kalt. Ein winziges vergittertes Fenster ließ spärlich Licht herein. Als Beate daran rüttelte, musste sie sich eingestehen, dass es solide eingelassen war. Keine Chance.

Oben polterten die Russen, johlten unverständliche Worte.

Eine der Frauen schluchzte. Als ob das beruhigend wirken sollte, sagte einer der Männer: »Das sind keine typischen Russen, das sind Kalmücken. Also russische Mongolen.« Seine Stimme wurde leiser, als ob er zu sich selbst sprechen würde. »Oder mongolische Russen. Mhm.«

Sie blieben für zwei Tage eingesperrt. Es gab nichts zu essen, nur verrostete Konservendosen mit Wasser wurden von einem mürrischen Russen hereingeschoben. Sie froren bitterlich in den Nächten und drängten sich auf den kalten Steinen dicht aneinander. Es gab weder Decken noch Hoffnung. Als der Hunger nicht mehr auszuhalten war, nahm Beate ihr Taschenmesser, das sie in ihrem Strumpf verborgen trug, und schälte ein paar der verdreckten Kartoffeln, die in einer Ecke lagen. Sie raspelte fein säuberlich den rohen Erdapfel zu einer breiartigen Masse, ähnlich wie den Teig von Kartoffelpuffern, und teilte das mit den anderen. Eine der Frauen musste sich daraufhin in einer Ecke übergeben und hielt sich ihren Bauch. »Nur ein bisschen«, sagte Beate. »Sonst sind die giftig.«

Ihr Vater hatte von den Giftstoffen erzählt, die in den rohen Kartoffeln schlummerten. Gegen Fressfeinde eine raffinierte Technik der Natur. In kleinen Mengen durchaus essbar. Beate betete, dass dieses untätige Warten bald ein Ende haben würde. Es gab nichts, was für sie schlimmer war.

Es musste Samstag sein. Der Lärm im Hauptraum nahm zu.

»Die saufen«, sagte eine der Frauen mit leiser Stimme. Am Wochenende bekamen die Soldaten Alkoholrationen.

Beate wusste, dass in den Köpfen der anderen die brutalsten Filme abliefen. Was hatte man nicht schon alles gehört und in Zeitungen gelesen. Hitler hatte sie zudem im Radio darauf eingeschworen, dass sogar Selbstmord besser sei, als in die Hände von Russen zu fallen.

Glas klirrte, und ein Geräusch, als ob eine Flasche an der Wand zerschellte, drang zu ihnen.

Beate schaute die anderen an. Die Frau mit der leisen Stimme hatte ihr Gesicht in den Händen vergraben und weinte, während die anderen vor sich hin starrten. Reglos wie gefühllose Statuen.

Laute Rufe erklangen, ein Sprechchor, eine Anfeuerung, so

als sollte viel zu hochprozentiger Alkohol in viel zu kurzer Zeit hinuntergestürzt werden. »Ho, ho, ho, ho.«

Als die Tür aufgerissen wurde, schrien zwei der Frauen. Einer der gefangenen Männer versuchte sich halbherzig vor sie zu stellen, wurde aber mit einem Kinnhaken zu Boden befördert. Alle wussten, was nun folgen würde.

Die Frauen wurden nach oben gezerrt. Sechzehn zählte Beate, sechzehn Soldaten, doch einer sah europäisch aus, hatte nicht die typisch schräg stehenden Augen der Mongolen. Seinen Abzeichen nach musste er Unteroffizier sein. Er delegierte gerade zwei der anderen herum, die ihre Gewehre aus dem Raum räumen sollten. Die Luft war schnapsgeschwängert und die Blicke der Männer voller Gier. Beate wusste sofort, was zu tun war. Entweder einer oder alle. Sie schloss kurz die Augen, um eine aufsteigende Panikwelle zu unterdrücken. Fuhr sich mit der Zunge über die trockenen Lippen, strich sich mit der Hand durchs Haar und lächelte. Sie versuchte es zumindest. Mit ihren Fingern rieb sie sich durchs Gesicht, um den gröbsten Dreck zu entfernen, und setzte erneut ein Grinsen auf. Blickte den Unteroffizier direkt an. Legte ihren Kopf schräg und zwinkerte ihm zu. Zwei der anderen Frauen kreischten vor Angst, als die ersten Soldaten kamen und ihnen an die Brüste fassten. Einer der Kalmücken zog Beate mit beiden Händen zu sich, rupfte an ihrem Oberteil, doch da stand der Unteroffizier neben ihnen. Raunzte den anderen an, fasste Beates Arm und schubste sie vor sich in einen der Schlafräume. Schloss die Tür, schob eine kleine Kommode davor, drehte sich um.

Beate hatte sich auf das Bett gesetzt. Ihre Beine zitterten. *Das Taschenmesser,* zuckte es durch ihren Kopf. Aber was konnte ein Taschenmesser gegen einen gestandenen Soldaten ausrichten? Wenn das schiefginge, wäre sie tot.

Klaus!

Der Russe fasste grob ihre Hände, riss diese nach hinten

aufs Bett, hielt sie fest, sodass Beate ausgestreckt und hilflos auf der Matratze lag. Er beugte sich über sie wie ein Raubtier, das überlegte, an welcher Stelle es zuerst zubeißen sollte. Sein Atem roch aufdringlich nach Hochprozentigem. Übelkeit erfasste Beate, doch rang sie sich ein weiteres Lächeln ab. »Beate«, sagte sie. Versuchte dabei ihre Stimme weniger panisch klingen zu lassen. »Beate«, und schaute ihn fragend an. Sie musste sich aus dem Status des namenlosen Opfers befreien, das war ihr klar. Eine winzige persönliche Bindung. Und er ging darauf ein. Er ließ sie los, sodass sie sich wieder aufsetzen konnte.

»Jegor«, sagte er, zeigte auf sich und zog seine Hosen runter. »Jegor.« Mit seiner rechten Hand fasste er ihren Kopf und presste diesen gegen seinen Schwanz. »Jegor«, keuchte er kurz darauf, als Beate seinen Penis in den Mund genommen hatte und er ihn unkontrolliert immer wieder hineinstieß, bis sie Blut im Mundraum schmeckte. Er stank wie wochenlang nicht gewaschen, und Beate war fast dankbar, das Blut zu schmecken, das sie von dem Drang ablenkte zu kotzen. *Du hast davon gehört, es geht vorbei, es geht vorbei,* sagte eine Stimme in ihrem Kopf. *Es geht vorbei.*

Von draußen drang Lärm herein, Stühle fielen um, das Kreischen der Frauen hatte sich nach oben geschraubt zu einer Höhe, die Beate die Nackenhärchen aufstellte. Schlagartig hörten die Schreie auf. Nur noch das Lärmen der Männer war zu hören.

Der Unteroffizier hatte ihr die Klamotten ausgezogen, sie auf den Boden geschmissen, neben das Taschenmesser, das ihn nicht interessierte. *Immerhin nicht zerrissen,* dachte Beate. Sein Bart, der bei der gierigen Suche nach Erfüllung und Befriedigung ungepflegt stoppelig über ihre Haut kratzte, sie beim Küssen streifte, an ihrem Busen schabte, würde Abschürfungen hinterlassen. Wenn sie Glück hatte, würden die Stellen nicht eitern. Wo bekäme sie hier Desinfektionsmittel her? Auf

Wargenau hatte ihre Mutter sie einmal zu einem Kranken mitgenommen, der sich bei der Ernte mit der Sense verletzt hatte und bei dem sich ein riesiger roter Striemen von der eitrigen Wunde ausbreitete. »Blutvergiftung«, hatte ihre Mutter gesagt. Mit Wunden sei nicht zu spaßen, dass könne bis zum Tod führen. Auf Beates erschrockenen Blick hatte sie ergänzt: »Wir bekommen das schon wieder hin, das Fieber ist schon gesunken, und sobald es ihm noch etwas besser geht, fahren wir ihn ins Krankenhaus. Hätte er gleich nach mir geschickt, hätte ich es säubern können. Der Dreck, kleine Attei, der Dreck und Schmutz in den Wunden, das ist das Gefährliche.«

Jegor fasste sie um den Körper, riss ihn ein Stück nach oben, strich ihr mit der anderen Hand das Haar aus der Stirn und rammte sein steifes Glied in sie hinein. Schweiß glänzte auf seiner Haut, das Schwarz seiner Pupillen erweitert. Er ließ sie aufs Bett sinken und arbeitete sich auf ihr ab. Stöhnte wie ein angeschossener Stier, das Gesicht merkwürdig verzerrt. Seinen Blick unverwandt auf ihres geheftet. Beate versuchte ihm das Gefühl zu geben, dass sie das gerne machte, aber ihre Scheide war so trocken, dass jeder Stoß schmerzhaft war und sie ein Wimmern nicht unterdrücken konnte. Sein Blick veränderte sich, das Tierische wich einem fragenden Ausdruck. Er hörte auf und sagte etwas auf Russisch, worauf Beate nur den Kopf schüttelte und mit den Schultern zuckte.

Bitte nicht die anderen. Bitte nicht die anderen. Bitte nicht die anderen.

Sie hob ihre Hand und berührte seine Wange. Er umfasste ihre Finger, küsste diese, ließ sie wieder los. Beugte sich zu ihrer Mitte, spuckte auf seinen Mittel- und Zeigefinger, schob diese langsam in ihre Vagina. Stach erneut sein Glied in sie hinein.

Danke, flüsterte Beate. *Nicht die anderen!*

Kaltes Wasser ergoss sich über ihrem Kopf. Hinabgleiten in das Unzähmbare. Die Wellen schlugen über ihren Haaren zusammen, sie ließ sich immer weiter sinken, umhüllt von der Schwärze des Meers, sah den Luftblasen zu, wie diese aus ihrem Mund an die Oberfläche stiegen. Wohlgeordnet, wie an Fäden gezogen, nach oben ans Tageslicht, um sich mit dem Hell zu vereinen.

Beate schloss die Augen.

Ein paar Stunden später standen die vier Frauen vor dem Bauernhaus. Im Schlafzimmer des Unteroffiziers hatte Beates Rucksack gelegen, leer. Sie zeigte auf ihn, und er nickte.

Beate hatte jedes Zeitgefühl verloren, sie blinzelte in die Helligkeit des Tages. Das war gut, so konnten sie den Weg ohne Probleme finden. Das war gut.

Die drei anderen Frauen bluteten, hatten blaurote Hämatome entlang der Arme, am Hals, an den Beinen. Das Auge der einen war so zugeschwollen, dass sie damit nicht mehr sehen konnte. Sie versuchte krampfhaft, ihre Bluse zuzuhalten, die zerrissen um ihren Körper schlotterte. Während Beate hinkte und beim Laufen Schmerzen verspürte, konnten sich die anderen kaum auf den Beinen halten. »Los, weg hier«, zischte Beate, hakte zwei der Frauen ein und zog sie den Weg entlang. »Lauft. Los.«

Das schmerzvolle Schluchzen der Frauen, das Einknicken der Beine, hemmungsloses kurzes Weinen erschwerten ihren Marsch auf dem Waldweg. Gerade einmal zehn Minuten Fußweg lag hinter ihnen, als zwei Schüsse knallten. Zwei Schüsse, deren Hall sich zwischen den Zweigen verfing und ihre Schritte beschleunigte.

Die ersten Häuser von Hof tauchten zwischen den Stämmen auf. Ein paar Männer, die am Waldrand am Holzhacken waren, hatten sie bemerkt, riefen nach ihren Frauen, die herbeieilten, die Verletzten ins Warme setzten, ihnen gut zusprachen, über die geschundenen Köpfe streichelten, Decken über die Schultern legten und mit warmem Tee Trost spendeten.

Als Beate in ein Stück Brot biss, verschlang sie es. Unkontrolliert wie ein wildes Tier. Viel zu schnell, wie das Bauchdrücken kurz darauf verkündete. Hungern lassen war eine der schlimmsten Foltermethoden. Mit ein paar Äpfeln in ihrem Rucksack, notdürftig gewaschen, verließ sie die hilfsbereiten Menschen. Sie musste weiter. Abstand gewinnen. Den Kopf frei bekommen. Nach vorne blicken. Ihr Fahrrad war immer noch im Schuppen, wo sie es hinterlassen hatte. Bewegung war ihr Freund, Bewegung half.

Jeder Kilometer brachte ein Stück Klarheit zurück. Sie konnte noch ganz deutlich die Hände auf ihrem Körper spüren, die gewaltsam ihre Beine gespreizt hielten, ihre Arme festgehalten, sie gegen die Wand, über den Stuhl gepresst hatten. Stunde um Stunde verblasste der Geruch nach billigem Schnaps immer weiter, der Gestank des nach Urin müffelnden Schwanzes, die hart klingende Stimme des Unteroffiziers wurde undeutlich, konturloser, und Beate wusste, dass sie das packen würde. Sie war nun eine der Tausenden von Kriegsfrauen, die vergewaltigt worden waren. Sie musste an ihre Schwester denken, der das durch ihren frühen Tod erspart geblieben war. Aber Beate wollte leben. Verbissen trat sie in die Pedale. *Scheiß auf den russischen Sektor, nie wieder.*

So schnell vergessen war die Vergewaltigung dann doch nicht. Ein paar Wochen später bemerkte Beate beim Essenzubereiten in der Schule, wie ihre Brüste spannten und ihr beim Geruch von gekochten Rüben schlecht wurde. Sie war schwanger.[102] Mit dem Lkw-Fahrer war sie zwar auch intim gewesen, aber das mit Kondom und schon vor längerer Zeit. Er hatte da wohl eine Quelle für Verhüterli im Süden, eine Firma Schäfer oder so, erinnerte sie sich.

Wie könnte sie es verantworten, in dieses zerstörte Land ein Kind zu setzen? Als Hanna sie später suchte und auf dem Schulhof fand, den Kopf in die Hand gestützt, hatte Beate sich bereits entschieden. Laut den Besatzungsmächten war es legal abzutreiben. Und das Kind aus einer Vergewaltigung jetzt durch den Winter und dann in einen Hungerfrühling zu gebären, das wollte sie auf keinen Fall. Sie mussten ja schon schauen, sich selbst satt zu bekommen. Und wie sollte sie es lieben können? Es würde sie ständig an die Schmerzen und die Erniedrigung erinnern. So stark war sie nicht. Das konnte sie nicht. Das wollte sie nicht. Konnte es nicht.

»Man muss im Kleinen sparen, um im Großen ausgeben zu können.«

Beate Uhse

KAPITEL 14

Schrift X

* * *

ACHT MONATE SPÄTER, JUNI 1946

In der Schule gab es im ersten Stock zwei Lehrerwohnungen. In der einen wohnten Martin Johannsen[103] mit seiner Frau Franziska nebst fünf Kindern, wobei Johannsen eigentlich gar kein richtiger Lehrer mehr war. Ihm war Ende letzten Jahres im Zuge des Entnazifizierungsverfahrens von der britischen Militärregierung das Unterrichten untersagt worden. Bis sein Fall entschieden sein würde, durfte er nicht mehr die Klasse belehren. Seine freie Zeit verbrachte er im Garten, beim Kampf gegen Schnecken, denen er nun die Leviten las, oder er arbeitete bei einem der Landwirte. Er und seine Frau verteidigten ihren Teil der Gartenausbeute ohne Gnade, wobei sein Scheitel meist akkurat auf der rechten Seite saß und die Brille geputzt war.

In der zweiten Wohnung lebte seit Anfang April Heinrich Krob. Achtunddreißig Jahre alt, in Flensburg geboren, die Entnazifizierung hatte er bereits hinter sich, unterrichtete und leitete die dreiklassige Landschule in Braderup. Bei ihnen wurde die Flüchtlingsfamilie Erwin Bahr einquartiert, worüber er und seine Frau Annemarie alles andere als glücklich waren. Es ging dabei nicht darum, dass Krob zwei der Zimmer abtreten musste, sondern um das Verhalten von Bahr.[104] Früher war dieser als Polizeibeamter angestellt gewesen, und etwas von der Angewohnheit, anderen zu sagen, wo es langging, hatte er immer noch an sich. Etwas viel sogar. Um korrekt zu sein: verstörend viel. Der Krieg hatte ihn seinen rechten Unterarm gekostet, vielleicht war das an seiner stets schlechten Laune mit ursächlich.

Beate hatte im Ort mitbekommen, wie Bahr ein Schriftstück vor die Nase eines älteren Mannes gehalten und ihm dieser daraufhin Zigaretten gegeben hatte. Sie wartete, bis ihr Wohnungsnachbar verschwunden war, und fragte bei dem Mann nach. Es sei ein Polizeiausweis gewesen, meinte dieser. Wenn er ihm die Zigaretten nicht gegeben hätte, würde der Polizist überprüfen, ob er wirklich nur die erlaubten zwei Reihen Tabak hinter dem Haus anbaute. »Die Reihen sind ganz schön üppig, Mädchen, weißt du? Dann lieber ein paar Zigaretten abdrücken.«

Beate hatte nach dem furchtbar kalten Winter im Februar ihren Handel mit Knöpfen und dem Plastikspielzeug offiziell als Wandergewerbe angemeldet und bot daneben die Dienste einer Traumdeuterin an. Die offizielle Anmeldung war den Kontrollen der Briten geschuldet, und auf die Idee, Träume zu deuten, war sie gekommen, weil so viele Frauen verunsichert und panisch waren. Wenn sie mit ihrer Pilotenjacke durch die Gegend fuhr, schien sie eine gewisse Autorität auszustrahlen. Viele der Frauen, ob Einheimische oder Flüchtlinge, wandten sich mit Fragen an sie.

Nachdem die dritte Bekannte in der Nachbarschaft ungewollt schwanger geworden war und ihr Herz mitsamt Tränen bei Beate ausgeschüttet hatte, fiel ihr ein Artikel ein, den sie ein paar Wochen zuvor in der Zeitschrift *Hörzu*[105] überflogen hatte. Die Zeitschrift hatte sie in Flensburg gegen einen Ball eingetauscht, dazu noch acht Zigaretten. Es sollte sich herausstellen, dass das eines ihrer besten Tauschgeschäfte überhaupt gewesen war. Der Kurzbericht drehte sich um die sogenannte Knaus-Ogino-Verhütungsmethode, nach der man seine fruchtbaren Tage ausrechnen konnte. Ihre Mutter hatte ihr als Jugendliche schon davon erzählt, nämlich genau dann, als sie mit ihrem Freund in der Odenwaldschule zusammengekommen war. Mit einem einfachen System rechnete man die Tage aus, an denen man Gefahr lief, schwanger zu werden, und wusste somit, in welchem Zeitraum man ungeschützt Sex haben konnte. Wobei ihr ihre Mutter nahegelegt hatte, auf jeden Fall zur Sicherheit ein Kondom zu benutzen.

Als die nächste Frau zu ihr kam und mit einem schiefen Lächeln erzählte, dass ihr Mann aus der Gefangenschaft nach Hause zurückgekehrt sei, und fragte, ob Beate Kondome zum Tausch anbiete, rechnete Beate ihr den Zeitraum für nicht schwanger werdenden Sex aus. Das sprach sich natürlich rum, und mehr und mehr Anfragen stapelten sich von anderen Frauen auf Beates Tisch. Das brachte Beate auf eine Idee.

»Hat sich schon jemand auf deine Annonce zum Traumdeuten gemeldet?«, fragte Irmtraut, als sie zusammen beim Abendessen am Tisch saßen. Es gab gekochte Kartoffeln und Salat.

»Spärlich«, sagte Beate. So wie es gerade lief, konnte es auf Dauer nicht weitergehen. Am meisten warf immer noch der Schwarzmarkthandel ab, den sie nebenbei am Laufen hielt. Hans Vedder war nach seiner Entlassung aus der Gefangenschaft in Richtung Hamburg gezogen und tauschte gelegentlich bei ihnen in der Ecke für die Städter so alles Mögliche gegen Lebensmittel ein. Wenn Beate ihm dabei half, fiel natürlich auch etwas für sie ab, aber unterm Strich wurde man davon kaum satt. Sie brannten, wie so viele um sie herum, Grog aus Holunderbeeren, und wenn irgendwo in der Ecke schwarz geschlachtet wurde, standen sie bereits mit Zigaretten zum Tauschen vor der Tür, bevor das Tier seinen letzten Atemzug ausgehaucht hatte.

Ein fürchterliches Poltern von oben unterbrach ihre Unterhaltung.

»Seitdem dieser Möchtegern-Polizist eingezogen ist, ist es vorbei mit der Ruhe«, sagte Irmtraut. »Seine beiden Kinder sind verzogen, die Frau spricht nicht mit mir, als ob sie eine von und zu wäre.« Ihre Stimme wurde freundlicher. »Klaus, möchtest du noch was?«

Der Kleine saß zwischen ihnen am Tisch und steckte sich sein letztes Kartoffelstück in den Mund. Hanna war vor drei Monaten nach Schöneck im Vogtland gezogen, zu ihren alten Eltern und einem verwundeten Bruder. Dafür ging sie sogar freiwillig in die russische Zone. Sperrte ihre Angst in einen winzigen versteckten Raum ihres Denkens und warf den Schlüssel weg. Klaus sprach immer noch jeden Tag von ihr und vermisste sie schmerzlich. Nicht nur er.

»Jetzt reicht es aber«, erklang Bahrs Stimme durch die Zimmerdecke. »Meine Kinder werden bei Ihnen nicht ordentlich unterrichtet. Lausiger Stil. Und Sie müssen mir den großen Kochtopf geben. Dazu sind Sie verpflichtet.«

Der Rest der Unterhaltung ging in dem Gesang von Irmtraut unter, die damit versuchte, den Kleinen abzulenken und zum Lachen zu bringen.

Beate räumte die Teller ab. Was hatte Krob neulich gesagt? *Es vergeht kein Tag, an dem sich der Herr Untermieter nicht über irgendetwas beklagt. Auch wenn Bahr seinen rechten Unterarm mitsamt Hand im Krieg verloren hat … andere sind tot. Deswegen muss man doch nicht so ein Riesenarschloch sein!*

Und Beate konnte dem nur zustimmen, sie war mit ihm auch bereits aneinandergeraten. Man konnte fast meinen, dass Bahr in jedem und allem einen Gegner suchte.

Etwas später war wieder Ruhe im Haus eingekehrt, und Klaus schlief tief und fest. Beate nutzte die lange Strahlkraft der sommerlichen Sonne, um in dem Buch zu lesen, das sie sich am Tag zuvor aus der Kreisbücherei in Niebüll ausgeliehen hatte. *Die natürliche Geburtenregelung nach Knaus* prangte als Titel auf dem Cover. Im Regal daneben hatte es fast ausschließlich christliche Eheratgeber gegeben. Die waren schnell überflogen gewesen, vor allem weil sich das Motto wiederholte, dass die Frau doch dem Mann zu Diensten sein solle und am besten keine Ansprüche habe. Beate hatte gedacht, sie seien in der Entwicklung der Frauenrechte schon mal weiter gewesen. Auf der Straße erzählte man sich, dass in Bayern die Frauen zu Gesundheitsuntersuchungen gezwungen wurden. Ungeachtet ihres Alters wurden sie wie Vieh zusammengetrieben und auf Anzeichen von Geschlechtskrankheiten untersucht. Es gab sogar wieder ein Tanzverbot. Dabei hatten alle gehofft, dass die Verbote und Ausgangssperren der vergangenen Jahre endlich allesamt vorbei seien.

In Braderup wurde noch getanzt, und Beate überlegte, wenn bereits hier in diesem kleinen Ort so viele Frauen Bedarf und Not hatten, wie war es dann mit den Frauen in den größeren Städten? Wenn sie nun über dieses Thema ein Infoblatt drucken würde und das für wenig Geld anböte, dann … dann könnte das durchaus etwas werden. Von Krob hatte sie sich eine Schreibmaschine ausgeliehen und spannte ein Blatt ein.

Wie könnte man das Ganze nennen? Ihr fiel nichts ein, es sollte etwas Eigenes sein, weil sie es ja verkaufen wollte.

Nach weiteren fünf Minuten hatte sie die Geduld verlassen, sie tippte: *Schrift X.*

Das könnte man ja immer noch ändern, wenn ihr etwas Schlaueres einfiele.

Aus dem Buch übernahm sie den einleitenden Satz:

Wenn ursprünglich beim Menschen, ebenso wie im Tierreich,

Begattung und Zeugung gleichbedeutend waren, haben sich seither die Dinge gewaltig geändert.

Beate schaute aus dem Fenster und überlegte. Sie konnte ja schlecht alles aus dem Buch wortwörtlich abtippen. Wie nannte man das sonst: Plagiat. Sie las den ersten Satz noch mal durch und noch einmal, betrachtete zum zweiten Mal die Wolken, die sich am Himmel vom Wind umhertreiben ließen, als gäbe es keine Sorgen auf der Welt. Unter Hitler hatte es so etwas wie Moralbegriffe eigentlich nicht gegeben, höchstens: Bekommt Kinder, pflanzt euch fort. Die Nachkriegssituation bedeutete ein komplettes Umdenken.

Als sich zwei Wolkenschafe zu einem einzigen zusammenschmolzen, hatte sie eine Idee, wie es weitergehen könnte:

Würden wir triebmäßig zeugen, wäre es heute keinem Elternpaar möglich, seinen Kindern ein anständiges, menschenwürdiges Leben und eine entsprechende Erziehung zukommen zu lassen. Es entsteht für uns die soziale Pflicht, die Befriedigung des Sexualtriebes von der Zeugung scharf zu trennen. In zunehmendem Maße bilden sich in der ganzen Welt Gesellschaften, die unter der Bezeichnung Geburtenregelung die Forderung nach systematischer Beschränkung der weiblichen Fruchtbarkeit erheben. Es soll das selbstverständliche Recht jedes Menschen sein, die Größe seiner Familie je nach seinen sozialen Verhältnissen zu bestimmen.

Sie las im Buch weiter und ergänzte:

Dieser Forderung kommen die medizinischen Forschungen der letzten Jahre entgegen, die ergeben haben, dass die Frau nur an wenigen Tagen zwischen zwei Monatsperioden empfängnisfähig ist.

Und ganz im Sinne ihrer Mutter, die gerne die Dinge sehr anschaulich und vom Anfang an erklärte, ging es weiter:

Schildern wir zunächst einmal, was innerhalb einer Monatsperiode im Körper der Frau vorgeht …

Gut, dass sie das Buch als Vorlage hatte, Fachbegriffe machten immer Eindruck, und jetzt konnte sie sicher sein, dass sie auch die richtigen verwendete.

Als sich in Braderup und den umgebenden Ortschaften rumsprach, dass Beate so eine Schrift vorbereitet hatte, konnte sie sich vor Anfragen kaum retten.

Sie wurde auf der Straße angesprochen, sie bekam dafür Tauschwaren, von Zigaretten über Eier bis hin zu Kleiderflickdiensten und Kinderaufpassen.

* * *

EIN PAAR WOCHEN SPÄTER, ENDE JULI

SYLT

Seit Beate auf der Odenwaldschule gewesen war, hatten sich ihr Wohlfühlen im eigenen Körper und der gesunde, bewusste Umgang damit noch verstärkt. Bereits als Kind hatte sie in der Ostsee am liebsten nackt gebadet. Als wäre sie ein Fisch und das Wasser ihr Element. Die Sonne küsste die Wassertropfen vom Körper, und es gab keine Scham oder ein Vergleichen von Körpern, wie es heute durch die Medien provoziert wurde. Es gab einfach nur das Fühlen als ein Stück des Ganzen. In der Odenwaldschule stand Nacktsport auf dem Stundenplan. Nacktkultur hatten die Lehrer das damals genannt. Die reinste Form und das Normalste der Welt. Es stellte ein Heilmittel gegen die Degeneration der Industriegesellschaft dar und gegen eine prüde Sexualmoral. Durch die Nacktheit würden die Menschen zu einem natürlichen Körperempfinden finden. Das war bei Beate in Fleisch und Blut übergegangen. Es war so, dass sie gar nicht mehr darüber nachdachte. Wenn sie an einen Strand kam und dort schwimmen wollte, suchte sie automatisch den FKK-Bereich auf, glitt aus den einengenden Kleidungsstücken und ließ die Sonne auf jede einzelne Pore ihres Körpers scheinen. Auf Sylt hatte die Kurverwaltung in Wenningstedt ein FKK-Gelände für unorganisierte Nudisten erlaubt, das sie nach einem gestrandeten Dampfer *Abessinien* nannte. Auf einem großen Schild prangte der Grundsatz, der an diesem Strandabschnitt herrschte: *Jedem das Seine, oder keiner störe den anderen. Wollen Sie dorthin – dann gehen Sie hinein. Wollen Sie es nicht – dann bitte, gehen Sie vorbei. In Abessinien badet man auf eigene Gefahr.*

Bei Beate dauerte es allerdings nie lange, das mit dem ruhigen Liegenbleiben im Sand, entweder las sie, machte Sport oder dachte über ihre Geschäfte nach. Seit Neuestem versuchte sie es auf Sylt mit dem Schwarzhandel. In ihrem Wohnort hatte sie bei einem Bauern gegen Streichhölzer und ein Spielzeugpferd ein Pfund Butter eingetauscht, das sie in kleinste 25-Gramm-Päckchen abgepackt hatte. Auf der Insel waren vor allem die Rettungsschwimmer dankbare Abnehmer. Ihren Gewinn für den heutigen Tag hatte sie bereits eingefahren.

Soeben hatte Beate mit Klaus direkt am Wasser eine kniehohe Sandburg gebaut, die einen so breiten Burginnenhof hatte, dass beide sich hineinsetzen konnten. Beate drehte ihren Kopf mit geschlossenen Augen zur Sonne und genoss die orange Wärme, als ein Schatten auf sie fiel und sie überrascht blinzeln ließ.

»Hallo.« Ein Mann hatte sich zu ihnen gesellt. Er war groß gewachsen, hatte dunkles, kräftiges, ohrlanges Haar, wobei ein paar Strähnen ein Eigenleben zu führen schienen und leger in einer leichten Welle in seine Stirn hingen. Seine Nase war stolz gebogen und erinnerte Beate an den Schauspieler James Stewart, den sie vor Jahren in dem Kinofilm *Der Mann für Mord* gesehen hatte. Wobei das Gesicht des Fremden noch etwas kantiger erschien. Seine Beine und der Oberkörper wirkten durchtrainiert. Vor einer Stunde hatte Beate mit ihm und vier weiteren Mitspielern Volleybälle über eine in den Sand gezogene Linie geschmettert. Er war flink gewesen und hatte gute Vorlagen gegeben. Dabei hatte es auch keinen gestört, dass der Ball von etlichen Flickstellen gezeichnet war.

»Hallo«, antwortete Beate und lächelte ihn an.

»Ist das deins?«, fragte er, zeigte auf Klaus und stellte sich als Ernst-Walter Rotermund vor mit der Kurzform Ewe.

Beate nickte.

»Ich hab auch zwei«, sagte er und fragte höflich, ob er sich in die Ritterburg dazusetzen dürfe. Das durfte er. Ewe schaute sich um, sah eine leere Konservenbüchse am benachbarten Baugrundstück liegen, erkundigte sich, ob er sich diese ausleihen könne, und fing an, einen Wassergraben zu buddeln. Als er kurz darauf Klaus die Konservenbüchse in die Hand drückte, juchzte dieser und baute damit kleine Türme entlang der Burgmauer.

Ewe war ein kurzweiliger Gesprächspartner. Er erzählte über Flensburg, den Ort, wo er geboren worden war und immer noch wohnte, erkundigte sich nach Beates Wohnsituation, plauderte über die Eigenheiten der Küstenbewohner, pausierte kurz und berichtete davon, dass der heutige Tag der merkwürdigste seines Lebens sei. »Heute Morgen, Punkt neun Uhr, wurde ich geschieden. Von meiner Frau. Sie wollte es so.« Sein zusammengepresster Mund verzog sich in eine Schieflage. »Ich bin quasi ein Kriegsopfer.« Er schaute Beate in die Augen, hielt den Blick. Ein paar Sekunden zu lang, als es sich für eine normale Unterhaltung geziemt hätte. »Direkt zum Polenfeldzug 1939 war ich dabei, dann Frankreich, dann Russland.« Seine Stimme rutschte ein paar Tonlagen tiefer, klang belegt, seine Augen hefteten sich an seine nackten Fußspitzen. »43 wurde ich von den Russen in ein Lager gesteckt. Zwei Jahre …«

Seine Stimme brach, und Beate streckte ihre Hand aus, um seine zu fassen, verharrte aber mitten in der Bewegung.

»Meine Eltern haben mich nicht erkannt, als ich vor der Tür stand. Nach zwei Jahren. Ich galt ja als vermisst. Und meine Frau hatte schon längst einen anderen.«

Beate fiel auf, dass er tiefe Schatten unter seinen Augen trug, doch schien er viel in diesem Sommer draußen gewesen zu sein, da seine Haut einen sehr dunklen Braunton angenommen hatte. Er hatte etwas von einem Indianer.

»Na ja«, er drückte seinen Rücken durch, räusperte sich. »Jetzt hab ich einen Versandhandel eröffnet. Für Haarwasser.«

Beate ließ ihren Blick übers Wasser schweifen, er blieb an ihrem Sohn hängen, der hoch konzentriert seinen zweiunddreißigsten Sandturm errichtete. Sie fragte: »Was hat dich in der Kriegsgefangenschaft durchhalten lassen? Ich hab schon so viel … so viel Grausames gehört …«

»Mein Intellekt«, antwortete er.

Beate wollte lachen, sah seinem Gesichtsausdruck aber an, dass er es ernst meinte.

»Ich habe damals alles geplant. Jeden Schritt. Jeden verdammten einzelnen Schritt, immer wieder. Tag für Tag, Stunde für Stunde, ich hab geplant, wie ich meinen Versandhandel aufziehen wollte, mit welchem Produkt und welchen Vertriebswegen, den Namen, den Duft … bis ich den Duft dann wirklich so hinbekam, wie ich ihn mir auch vorgestellt hatte«, er lachte kurz auf. »Das hat dann gedauert. Aber es läuft. Ich, Ewe, gelernter Kaufmann, Sohn einer Kaufmannsfamilie, bin nun Haarwasserversandhändler.«

Beate lächelte ihn an. Seine Stimme und seine Gesten hatten energiegeladenen Schwung bekommen, was ihr so viel besser gefiel. »Wie heißt denn dein Haarwasser?«

»E-w-i-s-i-n«, sagte er langsam, fast feierlich und strich sich mit der Hand durchs Haar. Zusammen mit dem Chemiker Dr. Ermann hatte er das Geschäft aufgezogen. Obwohl die Kunden ihm zunächst eine eigene leere Flasche zuschicken mussten, in die er dann das Haarwasser füllen konnte, lief das

Geschäft schon ganz gut. Er hatte noch keinen Lieferanten oder Hersteller finden können, der so viele Flaschen im Angebot hatte, daher diese Umständlichkeit.

»Das hört sich ziemlich spannend an«, sagte Beate.

Klaus schob sich zwischen sie. »Muss Pippi«, sagte er und tänzelte von einem Fuß auf den anderen.

»Wir müssen jetzt auch los«, sagte Beate.

»Können wir uns vielleicht …?« Ewe schaute sie schüchtern an.

Beate packte ihre Sachen zusammen und nickte. »Ja, gerne. Ich hätte da auch ein paar Fragen an dich wegen des Versandhandels. Vielleicht kannst du mir bei was helfen.« Mit ihrer Antwort hatte sie ein Strahlen auf Ewes Gesicht entzündet, das ihr eigenes Herz zum schnellen Klopfen brachte. »Komm doch bei mir vorbei. Die Schule in Braderup ist leicht zu finden. Solange du im richtigen Braderup bist. Nicht das hier auf der Insel, sondern das auf dem Festland. In den nächsten Tagen bin ich meistens nachmittags da. Bring auch gerne deine Kinder mit, ich kann uns was Leckeres kochen.«

Ewe sprang auf, verbeugte sich mit einem angedeuteten Handkuss bei ihr und verabschiedete sich mit: »Madam! Ich bin ganz Ihr Diener.«

Als Beate mit Klaus nach Hause radelte, war an diesem Tag nicht der erfolgreiche Verkauf der Butter das Schönste gewesen. So dauerte es auch eine ganze Weile, bis das Lächeln bei Beate verschwunden war, ganz konkret rutschte es ihr erst aus dem Gesicht, als ihnen zu Hause Bahr über den Weg lief und mit verschränkten Armen auf dem Schulgang vor ihr stehen blieb. »Frau Uhse. Wieder Zeit für den Strand gehabt? Na, so gut würde ich es mal gerne haben wollen.«

Klaus flitzte an dem stämmigen Mann vorbei in die Wohnung, aber für Beate reichte der Platz nicht zum sich Vorbeidrücken.

Bahr betrachtete sie abschätzend. »Sie wissen schon, dass es eine offizielle Genehmigung von der Militärregierung benötigt, um irgendwelche Drucksachen zu verteilen. Ja? Und haben Sie nicht Butter? Das munkelt man hier zumindest im Haus. Ich bräuchte ein halbes Pfund, nein, ein ganzes.«

* * *

Am nächsten Tag erledigte Beate ihre normale Runde mit Klaus, half Irmtraut Belusch dabei, ihre Sachen zu packen, wuchtete diese auf den Gepäckträger ihres Fahrrads, setzte Klaus auf den Sattel und brachte sie zu Fuß die Straße hoch, wo ein von Pferden gezogener Karren sie bis zum Flensburger Bahnhof mitnehmen sollte.

Irmtraut hatte über das Rote Kreuz ihren Bruder gefunden und zog nun zu ihm und seiner Familie. Ihr Antrag für den Umzug war von der Militärregierung recht schnell genehmigt worden. Wohnte er doch bei Bremen, und man versuchte das überfüllte Schleswig-Holstein etwas leerer zu bekommen.

»Ich wünsche dir viel Erfolg mit deinem Unternehmen!« Irmtraut blinzelte ein paar Tränen aus ihren Augen und drückte Klaus fest an ihre Brust. »Ich schreibe euch, ja? Kommt mich doch mal besuchen.« Etwas leiser fügte sie hinzu: »Danke, liebe Beate. Danke, dass du mir bei der Suche geholfen hast und … und …«

Beate drückte ihre Hand. »Alles gut. Wenn man sich gegenseitig helfen kann, dann macht man das doch. Wir werden dich vermissen.«

Klaus winkte Irmtraut traurig hinterher, als die Pferde laut schnaubend den Karren anzogen und sie sich fortbewegten. Was er mit seinen vier Jahren wohl vom Abschiednehmen verstand? Erst Hanna, jetzt Irmtraut.

Dabei wollte Beate ihm doch endlich Stabilität geben, Sicherheit, ein warmes Zuhause, so, wie es jedes Kind verdiente.

So, wie sie es selbst auf Gut Wargenau erlebt und so viele schöne Erinnerungen tief in ihrem Herzen erzeugt hatte.

Ganz in Gedanken bog sie in die Einfahrt zur Schule ein, als jemand ihren Namen rief: »Beate … Beeaaate!«

Sie dreht sich um und sah Ewe zusammen mit zwei Kindern die Straße entlangkommen und winken. Bärbel und Dirk hießen die beiden und sahen ihrem Vater sehr ähnlich. Das gleiche dunkle Haar, das gleiche verschmitzte Lächeln. Das Mädchen war neun Jahre alt und der Junge ein Jahr jünger als Klaus, also drei. Beide schlossen sich umgehend Klaus an, der Äste suchen ging, um ein kleines Zelt aus Stöcken zu bauen.

»Auf was für Ideen sie immer kommen«, sagte Beate und wackelte mit ihrem Kopf von rechts nach links. »Viel Spielzeug brauchen sie auf jeden Fall nicht, um zufrieden zu sein. Eher Spielkameraden.«

»Wann kommt er denn in die Schule?«, fragte Ewe und folgte ihr ins Schulgebäude, um sich die Räumlichkeiten zeigen zu lassen.

»Das dauert noch etwas, zwei Jahre. Magst du einen Muckefuck aus Getreide oder lieber aus Eicheln?« Echter Kaffee war Mangelware und erzielte Höchstpreise auf dem Schwarzmarkt, da trank man zu Hause die billigere Variante.

»Ich nehm einfach Wasser, danke«, antwortete Ewe und sah durch das Fenster raus zu den spielenden Kindern. »Schön hast du es hier. So viel Platz.«

In diesem Moment polterte es gegen die Tür, und bevor jemand »Herein« sagen konnte, trat Bahr ein. Herrisch und arrogant wie immer. Er blieb mitten im Raum stehen, schaute Ewe an und sagte. »Und wer ist das jetzt bitte?«

Ernst-Walter reagierte gelassen, schüttelte dem Eindringling die verbliebene Hand und stellte sich vor.

Bahr schien damit nicht zufrieden zu sein. »Mhm. Bahr mein Name, aber …« Damit drehte er sich zu Beate. »Kaum ist Ihre dünn beseelte Mitbewohnerin ausgezogen, da holen Sie sich einen Kerl her? Wohl 'ne Onkel-Ehe[106], was? Frau Uhse, Sie wissen, dass sich so etwas schnell herumspricht und ...«

Ewe unterbrach ihn. Klar und laut. »Herr Bahr, ich glaube, das geht Sie gar nichts an, und darf ich Sie bitten ...« Er schien sich gestreckt zu haben und überragte den Einarmigen um fast eineinhalb Köpfe. Er zeigte zur Tür: »Sie wissen, wo es hinausgeht. Und das nächste Mal klopfen Sie an und warten darauf, dass Sie hereingebeten werden, bevor Sie einen fremden Raum betreten!«

Als Bahr mit einem mürrischen Geräusch die Tür hinter sich zuzog, atmete Beate laut aus. »Danke, Ewe, aber das kann ich schon alleine regeln.«

»Beate, aber der Bahr hat ja auch mich angesprochen, da konnte ich einfach nicht an mich halten.« Dabei sprach er ihren Namen so aus, als gehörte er zu einer italienischen Liedzeile, wo jedes Wort eine Liebkosung und halbe Liebeserklärung bedeutete, selbst wenn man sich stritt. »Entschuldige«, ergänzte er.

»Schon gut«, sagte sie. Manchmal war sie allem so müde, so übermüde, dass sie einfach nur ihre Ruhe haben wollte. Ein Haus mit einer Bank vor der Tür, am besten Wasser in der Nähe und Zeit, um Sport zu treiben, im Garten zu werkeln und liebe Menschen zu treffen. Manchmal schien sich die Welt zu schnell und zu laut zu drehen. Dafür war man nicht jeden Tag gleich gerüstet.

Ewe fasste in seine Jackentasche. Er zog ein großes Stück eingepackte Schokolade hervor und reichte es Beate. »Die Engländer sind auch gute Tauschpartner, nicht nur die Rettungsschwimmer. Seitdem die Tommies ihr Hauptquartier im Polizeipräsidium an den Norderhofenden bezogen haben, ist der Hafen fest in englischer Sprache. Meine Tante wohnt dort um die Ecke, da bekomme ich so manches mit.«

»Stimmt es eigentlich, dass sich die SS in den letzten Tagen vor dem Kriegsende im Polizeipräsidium falsche Zivilausweise hat ausstellen lassen und dort zig zurückgelassene SS-Uniformen gefunden wurden?«

Ewe nickte. »Ja, das hab ich auch gehört. Aber es wurden einige gefasst, die kamen dann in die Lager nach Neuengamme und Neumünster … Du wolltest meine Hilfe bei etwas?«

Diesmal nickte Beate, trat neben ihre Matratze, wo die Schreibmaschine auf einem Stapel Blätter stand, und zog ihre *Schrift X* darunter hervor. Mit einem »Bitte« gab sie sie ihm zu lesen und erklärte kurz, worum es sich handelte und dass sie bereits ihr Konzept verändert hatte. Sie wartete nicht mehr darauf, dass sie von jemandem gefragt wurde, sondern warf kleine Werbezettel in Briefkästen der umgebenden Ortschaften mit dem Angebot, gegen eine Zahlung von zwei Reichsmark diese Schrift zu erhalten. »Ich will einen Versandhandel gründen. Du hast ja keine Ahnung, was es für einen Bedarf gibt. Nach Kondomen werde ich ständig gefragt, dann nach Aufklärungsbüchern, und es gibt so viele verzweifelte Frauen überall, deren Männer aus dem Krieg heimgekehrt sind, aber nichts funktioniert mehr. Weder das Zusammenleben noch der Sex.« Beate zeigte auf einen Karton auf dem Boden, aus dem zahlreiche Zettel herauslugten, die mit unterschiedlichen Handschriften vollgeschrieben waren.

»Mhm«, machte Ewe und schloss kurz die Augen.

»Was *mhm?*«, fragte Beate, die unruhig zum Karton lief, eines der Blätter herausholte und vorlas: »Liebe Frau Uhse, ich wende mich mit einer Frage an Sie, da ich nicht weiß, an wen ich mich sonst wenden könnte. Ich brauche einen Rat. Mein Mann kam vor über einem Monat aus der Kriegsgefangenschaft nach Hause. Alles war gut und schön, bis wir ins Bett gingen, und da hörte es auf. Er kann nicht. Er kann nicht mit mir schlafen, da er keinen mehr hochbekommt. Verzeihen Sie mir meine deutlichen Worte, aber ich muss es ja beim Namen nennen, wenn ich mir Hilfe suchen will. Liegt es an mir? Mache ich etwas falsch, oder was kann es sein, und was kann ich machen? Haben Sie denn auch Kondome? Mit hoffnungsvollen Grüßen auf eine Antwort, Lene Schulz.«

Ewe öffnete die Augen. »Das hört sich gut an. Brauchbar. Und ausbaufähig. Ralph Waldo Emerson, ein von mir hochgeschätzter Philosoph, sagte: ›Das Handwerk des Kaufmanns besteht darin, eine Ware von dort, wo sie reichlich vorhanden ist, dahin zu bringen, wo sie knapp und teuer ist.‹

Das ist noch viel mehr, als bloß zu behaupten, dass die Nachfrage das Angebot bestimme. Man muss die Nachfrage ankurbeln. Ich denke, das könnte man gut versuchen. Aber warum einen Versandhandel und keinen Direktverkauf?«

»Soll man nicht groß denken? Wenn es den Frauen hier so geht, wird es im Rest von Deutschland nicht anders aussehen, oder? Die kann ich doch nicht hängen lassen!«

Ewe lachte laut ein wohlklingendes, tiefes Männerlachen und nickte. »Ich helfe dir. Du scheinst ja einen guten Riecher zu haben, das ist die beste Voraussetzung. Dann lass uns gleich mal hinsetzen und ein paar grundlegende Dinge besprechen, solange die Kinder noch draußen in Ruhe spielen. Hast du dein Gewerbe denn bereits angemeldet? Wie schaut es mit einem Namen aus?«

Nach ein paar Stunden fing Beate an, etwas zu essen zu machen. Die Zeit war viel zu schnell verrannt und das Thema noch nicht einmal bis zur Hälfte besprochen. Im Gegenteil, sie hatten sich gerade erst so richtig aufgewärmt. Aber der Hunger siegte über die Arbeit. Es gab Bratkartoffeln, dazu Tomaten und Spiegeleier. Zu fünft saßen sie am Tisch und ließen sich das Essen schmecken. Ewe hatte sich so hingesetzt, dass er die Tür und die Fenster gut im Blick hatte, und Beate fiel auf, dass er regelmäßig seine Augen zu beiden Stellen schweifen ließ. Dirk und Bärbel stritten sich um die größere Portion, was ihr Vater aber gleich schlichten konnte, indem er einfach das größte Stück Bratkartoffel auf seinen eigenen Teller verfrachtete. Klaus gähnte und versuchte den Saft, der aus den Tomaten auf den Teller ausgetreten war, mit der Zunge aufzulecken, und Beate genoss es. Sie war es von zu Hause aus gewöhnt, mit zwölf bis fünfzehn Leuten am Tisch zu speisen, und während der Schulzeit waren es in den Essenssälen bei Weitem noch mehr gewesen. Manchmal kam ihr zu viel Stille sogar bedrohlich vor. Deshalb lud sie gerne Besuch zu sich ein, und der Tisch war auch hier in Braderup oft gut besetzt, aber selten fühlte sie sich so wohl.

Ewe zog eine Uhr aus der Tasche. Eine Uhr ohne Uhrenband, aber das Uhrwerk funktionierte immer noch einwandfrei. »Wir müssen los, Kinder, Paule ist gleich da.« Ein Bekannter von ihm aus Flensburg fuhr regelmäßig an Braderup vorbei und hatte ihn mit seinen Kindern das Stück mitgenommen. Sie verabredeten sich für in zwei Tagen und schüttelten sich zum Abschied wohlwollend die Hände. Hätte jemand zeitgleich aus dem Fenster die Situation beobachtet, wäre ihm aufgefallen, dass das Händeschütteln etwas länger andauerte, als es sich für frisch Bekannte ziemte. Aber was war schon *ziemlich,* und wie lange brauchte man für *gut bekannt?*

»Ohne das Kind, das ihm hilft, sich ständig zu erneuern, würde der Mensch degenerieren.«

Maria Montessori

KAPITEL 15

Schritt für Schritt

* * *

ÜBER EIN JAHR SPÄTER, AUGUST 1947

BRADERUP

Es war über ein Jahr ins Land gegangen, ein schlimmer Winter überstanden, und Beate und Ewe waren ein Paar geworden. Das hatte eigentlich gar nicht so lange gedauert, bis sich Ewe getraut hatte zu fragen, ob er mit den Kindern, für die er das alleinige Sorgerecht vor Gericht erkämpft hatte, bei ihr ins Schulgebäude mit einziehen konnte. Beate hatte zunächst gezögert, sie hatte genug gehabt von der schnell vergehenden Trostliebe der letzten Kriegsjahre. Wenn aus tiefster Verzweiflung und der Ungewissheit, ob man am nächsten Tag überhaupt noch am Leben war, Nähe gesucht, der Hunger nach Leben am anderen Körper gestillt wurde. Für Treue oder weitergehende Verbundenheit war da kein Platz gewesen. Aber das wollte sie nicht. Sie wollte so etwas, was ihre Eltern gehabt hatten.

Natürlich fanden vor dem Zusammenziehen ihre Lippen zueinander, die Hände unter die Oberteile und die Körper in ihre Mitten. Alles in seinem Tempo. Nur nach dem Krieg schien man für manche Dinge kürzer zu brauchen. Es fühlte sich richtig an, wenn man einen Partner traf, der gut zu einem passte, dann auch mit ihm zusammenzuziehen. Auf was sollte man auch warten? Die Winter kamen und gingen, das war so sicher und regelmäßig wie das Geläute der Kirchenglocken, und zu zweit war der Alltag nun mal einfacher zu stemmen. Das Essen besorgen, das Holzhacken, der Kohleklau aus dem Keller der Schule, der Schwarzmarkthandel, der Ärger mit dem Nachbarn und das aufblühende Geschäft. Außerdem konnte es ganz schön kalt werden mit dem Schneegestöber und den Eisblumen, die ihre Pracht auch an die Innenwände des Zimmers warfen. Da half es erst recht, zu zweit unter einer gemeinsamen Bettdecke zu liegen und die Körperwärme ihre Arbeit verrichten zu lassen. Kurz gesagt: Ewe passte verdammt gut zu Beate und dazu in ihr Leben. Er übernahm Verantwortung für Klaus, seine beiden Kinder fügten sich wunderbar ein, er versuchte weiterhin, seinen eigenen Haarwasserhandel zum funktionierenden Laufen zu bringen, unterstützte Beate bei ihren Plänen, und gemeinsam fuhren sie zum Nacktbaden nach Sylt oder trieben zusammen viel Sport. Ewe sprühte oft vor Esprit und Charme, an anderen Tagen bekam er dafür seine Zähne nicht auseinander. Schuld waren quälende Schmerzen im Bauch und Schwindel, aber die Ärzte konnten ihm nicht helfen. Eine Diät solle er machen. Das hatte man ihm nach seiner Heimkehr gesagt. Er, der durch die Kriegsgefangenschaft Hungerödeme ausgebildet hatte, solle eine aufbauende Diät halten. Nur der Sport ließ ihn oft vergessen, was er durchgemacht hatte, und gab ihm das Gefühl, sein Leben unter Kontrolle zu haben.

Auf Ewes Rat hin suchte Beate in Flensburg eine Druckerei. War das Papier, das sie auf dem Schwarzmarkt erworben hatte, doch oft dunkel und grobkörnig, da musste etwas Professionelleres her, wenn sie damit richtig Geld verdienen wollte.

Für die Werbung plante sie zehntausend Postwurfsendungen ein. Es war die billigste Weise, viele Menschen auf dem Postweg zu erreichen. Neben einem kurzen Infotext, worum es sich handelte, stand dort die Bestelladresse nebst ihrem Firmennamen *Betu-Vertrieb*. Eine passendere Abkürzung für ihren Namen gab es nicht, auch wenn sie kurz zögerte, das ganze *Maxe* zu nennen, aber es sollte seriös wirken und nicht wie ein wagefreudiger Luftikus. Beim Geschlechtsverkehr ging es ja gerade darum, nichts zu wagen, sondern auf der sicheren Seite zu sein, was das Schwangerwerden betraf.

Sie nahm an, dass fast jeder Fünfte, den sie anschreiben würde, bestellte, und brauchte somit noch zweitausendmal die *Schrift X*, die wiederum aus vier Seiten bestand.

Das Geschäftsgespräch in der Druckerei Schwichtenberg gestaltete sich sehr kurzweilig. Als der Chef von ihrer Bestellung hörte, fragte er, mit was sie denn bezahlen wolle, und lehnte ihr angebotenes Geld ab. »Mien Deern, mit Geld kann ich mir wenig kaufen … aber du wohnst auf dem Land? Da kommen wir doch ins Geschäft. Für fünf Pfund Butter leg ich dir sogar noch hundert von deinen Schriften drauf.«

Damit hatte sich die Bezahlung geklärt. Wobei genau das der wunde Punkt an der ganzen Sache war. Was sollten ihr die Leute aus den anderen Städten als Vergütung schicken? Zigaretten kämen via Post als zerquetschter Tabak an, außerdem wäre eine Zigarette viel zu viel an Bezahlung, das würde ihr keiner dafür geben.

Aktuell stand der Kurs bei neun Reichsmark für eine Zigarette. Auf dem Schwarzmarkt zahlte man sechshundert Reichsmark für ein Paar Schuhe, was rund siebzig Zigaretten entsprach. Da aber das Geld bei vielen Leuten kein so hohes Ansehen genoss, saß es vielleicht genau aus diesem Grund etwas lockerer. Sie musste es über die Masse machen. Viel Geld einsammeln, dann konnte sie damit etwas anfangen.

Eine Postwurfsendung kostete einen halben Pfennig, das war nicht viel. Für alle zehntausend würde sie somit zehn Reichsmark Porto zahlen. Würde sie dann zwei Reichsmark pro Schrift inklusive des Portos einnehmen, käme bei zweitausend Verkäufen ein erklecklicher Betrag zusammen. Davon könnte sie sich vier Paar Schuhe leisten plus etliche Zigaretten. Wenn Beate sich mit Ewe darüber unterhielt, war er es, der mit Zahlen jonglierte, sie musste einfach nur wissen, was unterm Strich rauskam. Das reichte ihr.

Die eigentliche Arbeit begann aber erst jetzt. Wo fand man die Adressen der Menschen in den Städten? In einem Telefonbuch. Gut, dass die Alliierten im vergangenen Jahr[107] wieder den Fernsprechdienst aufgenommen und Telefonbücher gedruckt hatten. In einer Geheimaktion, die darin bestand, jeweils eins der Telefonbücher zu klauen, organisierte sich Beate die benötigten Exemplare und setzte sich Abend für Abend an den Tisch, wenn die Kinder friedlich vor sich hin schlummerten, und schrieb Adresse für Adresse ab. Von nix kommt nix, hörte sie die Stimme ihres Vaters in ihrem Ohr, wenn sie drohte einzunicken, und schaffte dann noch jedes Mal mindestens dreißig weitere Abschriften.

Bereits ein paar Tage nach Abgabe der Sendungen bei der Post trudelten die ersten Bestellungen ein. Erst eine, am nächsten Tag gleich fünf, und ab der Folgewoche waren es zwanzig bis dreißig, sogar mal fünfzig. Täglich!

Es wurde Zeit, andere Orte ins Visier zu nehmen. Kiel, Hamburg, Lübeck, Bremen, je größer, desto besser.

»Wollen wir heute ins Kino gehen? Ich hab ein paar mitteilungsfreudige Vögel von den Dächern der Polizei die Information flöten hören, dass die Tommies das auch bald wieder der Jugend erlauben wollen, dann wird's da wieder voller«, bemerkte Ewe und brachte ihr einen frisch gepflückten Blumenstrauß ins Haus. Er holte eins der größeren Trinkgläser vom Regal, füllte Wasser hinein und stellte es auf den alten Küchentisch, der immer noch treu seine Dienste verrichtete. Mittlerweile hatten sie drei Matratzen auf dem Boden liegen, und ein Teppich zierte die Wohnung. Ewe zählte zu einer alteingesessenen Familie in Flensburg, die weit verzahnt war und großzügig etwas abgab. »Willst du dich überraschen lassen, oder soll ich dir's sagen?«

»Sagen«, antwortete Beate. Das mit dem Überraschen war nicht so ihres. Sie wollte gerne wissen, worauf sie sich einließ.

»Im Colosseum zeigen sie *Und über uns der Himmel*[108] mit Hans Albers[109]. Da wir beiden Hübschen volljährig sind … Na, gefällt dir das?«

Beate küsste ihn, verschloss seinen Mund, manchmal brauchte es keine Worte.

Als sie an dem Abend auf die Große Straße hinaustraten, strömten um sie herum Hunderte von Menschen, und es fühlte sich fast ein bisschen an wie früher. Helles Gelächter, Geplauder, hübsch zurechtgemachte Frauen und Männer mit Hüten. Beate und Ewe blieben auf dem Gehweg stehen. Hinter ihnen hing ein Plakat an der Wand, worauf ein Paar beim Küssen zu sehen war, darüber stand in großen Lettern: *Kennt ihr euch überhaupt?*[110] Eine Anspielung auf die aktuelle Verrohung der Jugend, die ansteigende Scheidungsrate und vor allem auf die Ausbreitung von Geschlechtskrankheiten. Auch in den Zeitungen wurden Ehethemen immer mehr aufgegriffen. Aber das interessierte die beiden gerade recht wenig.

»Was sagst du? Wie fandest du den Film?« Ewe zündete sich

eine Zigarette an, pustete genussvoll den Rauch in die Luft und studierte ihr Gesicht.

»Ja«, sagte Beate.

Ewe lachte. »Ein bisschen mehr darf's sein, oder?«

»Ich mag Hans Albers. Aber … aber als er aus dem Fenster auf die kaputte Kirche in Berlin schaute und davon sprach, dass hier wohl ein Stück Himmel heruntergefallen sein muss, da zog sich mein Bauch zusammen.«

Ewe fasste ihre Hand. »Urkomisch, wie die Alliierten versuchen, uns mit der Moralkeule den Schwarzmarkthandel madig zu machen, oder?«

Beate lächelte. »Als ob das unsere Realität widerspiegeln würde. Ich kenne niemanden, der davon so richtig reich geworden ist, sodass er mit Schmuck und Autos um sich werfen kann.«

Ewe sagte: »Und was ist mit dem Elend der Kriegsheimkehrer? Was ist mit uns?« Nach einer Pause fuhr er fort: »Ich mochte sein Lied *Und über uns der Himmel*«, und er fing an, mit seinem weichen Bass zu singen. »Es weht der Wind von Norden, er weht uns hin und her. Was ist aus uns geworden? Ein Häufchen Sand am Meer.«

Mit einem kleinen Seufzen stieß sie Luft aus, drückte seine Hand und zog ihn die Straße runter. »Komm schon, sonst schaffen wir es heute nicht mehr nach Hause. Ach, wie gerne würde ich hier in Flensburg wohnen. Hier fühlt man sich mehr lebendig.«

»Ja?« Ewe blieb abrupt stehen und wies mit der Zigarette in Richtung der Kirchturmspitze der Marienkirche, die hinter den Hausdächern aufragte. »Bei meiner Tante sind Vertriebene einquartiert.«

»Ja?«

»Wer weiß, wie lange noch! Stell dir vor, ein Zimmer mit Blick auf Gottes ausgestreckten Finger und alles, was wir brauchen, direkt um die Ecke.«

»Bis auf frische Butter«, antwortete Beate, aber ihr Blick zeigte, dass sie das einen durchaus interessanten, verfolgenswerten Gedanken fand.

Am nächsten Morgen war der Frühstückstisch mit Brot, Butter, Käse und Muckefuck reich gedeckt. Über den Lärm der Kinder hinweg sagte Ewe: »Was stand in den Briefen denn diesmal drin?«

»Auch wenn sich die Städte ändern, die Fragen bleiben die gleichen. Nach Kondomen, Abtreibung, was Liebe sei und wie es im Bett wieder so richtig klappen könnte. Eine hat gefragt, warum ihr Mann immer nur das eine wolle, eine andere, warum er nie Lust habe, und wenn, dann dauere es nur fünf Minuten.«

»Was, das eine?«, quietschte Bärbel, weil Dirk ihr am Zopf gerupft hatte. Klaus lachte. Ewe klatschte in die Hände, bis sich der Lärmpegel wieder auf erträgliches Unterhaltungsniveau gesenkt hatte, und schickte sie raus. Vor ein paar Wochen hatte er seinen eigenen Versandhandel aufgegeben. Die Nachfrage war so eingebrochen, dass es sich nicht mehr lohnte. Kein Ewisin mehr. Selbst Anzeigen, die er in den Tageszeitungen in der britischen Zone geschaltet hatte, hatten keinen großen Gewinnzuwachs gebracht. Heute war der zweite Tag, an dem er wieder einigermaßen ansprechbar war. Mit der Schließung seines eigenen Unternehmens gingen Magenprobleme und Schwindel einher. Er schob das auf die lange Zeit des Eingesperrtseins, das habe seine komplette Konstitution zerstört. Dann brauchte er Ruhe, viel Schlaf, frische Luft und war für niemanden so richtig genießbar.

Doch seit gestern war seine gute Laune zurück. Er sprach jetzt von »wir« und »unser«, wenn es um den Betu-Vertrieb ging, und das gefiel Beate. Eine bessere Unterstützung hätte sie sich nicht wünschen können. Ewe setzte, genauso wie sie, alles auf eine Karte. Auf Ziel. Bescheiden denken, das bringt einem auch nur einen bescheidenen Lohn ein, war sein Credo, und damit hatte er recht.

»Wir sollten weiter expandieren«, sagte er.

Beate nickte. »Daran hab ich auch schon gedacht. Ich lass mich zur nächsten Wahl im Flüchtlingsausschuss aufstellen. Wenn ich im Flüchtlingsausschuss sitze, dann bin ich direkt bei der Ausgabe der Lebensmittelkarten dabei und bekomme alles mit. Das kann man mit Sicherheit zu seinem Vorteil ausspielen.«

»So?«, fragte Ewe. »Für mich hört sich das zunächst nach viel Arbeit an. Streitigkeiten zwischen den Flüchtlingen … Auseinandersetzungen mit den Tommies, da willst du wirklich mit rein? Konzentriere dich doch lieber auf den Aufbau vom Versandgeschäft.«

Sie verzog den Mund: »Nee, ich denke, ich mach das.«

»Und die Kinder?« Er blickte aus dem Fenster und sah, wie alle drei versuchten, ein paar Hühner zu fangen, die aus dem Stall ausgebüxt waren. Mittlerweile ließ sich das richtig sehen mit dem Nutzgarten und den Tieren. Vor allem die Kaninchen erfreuten sich großer Spielfreude.

»Was soll mit denen sein?«

Ewe sprang vom Stuhl und lief im Zimmer auf und ab. »Du weißt doch, dass ich da ein paar Leute getroffen habe, die nach Südamerika auswandern wollen. Gestern meinte einer, er hätte da eventuell ein Segelschiff für uns.« Er blieb abrupt stehen. »Ich kundschafte die Lage aus. Ein halbes Jahr vielleicht, dann … dann lass ich euch nachkommen.«

Beate stapelte die Blechteller ineinander. »Wenn du meinst, du musst das machen. Und die Kinder halten das auch eine Weile ohne dich aus. Ist doch nicht viel anders als sonst, oder?« Beate sah Ewe an, dass er von ihr mehr Begeisterung erwartet hätte und nicht so etwas wie »aushalten«. Aber sollte sie lügen? Seitdem Ewisin nicht mehr war, schien er sich an ihren Versand und vor allem an die Idee zu klammern, in Südamerika sein Glück finden zu können. Als sie ihn kennengelernt hatte, hatte er gar nicht über seine Kriegsgefangenschaft reden wollen, und auch jetzt, über ein Jahr später, wusste sie nicht viel. Aber eins war deutlich: Er hatte Angst vor den Russen. Eine Angst, die sich von Woche zu Woche hochzuschaukeln schien. Zuletzt befürchtete er, dass die Russen die britische Zone gewaltsam überrennen und alle nach Sibirien verschleppen oder erschießen würden. Sie hatte versucht, mit Engelszungen auf ihn einzureden, aber das war, wie mit einer Mauer zu sprechen. Kein Durchkommen.

Daher ließ sie ihn machen. Was hätte sie auch sonst für Möglichkeiten gehabt? Ihn anbinden war keine Alternative.

Außerdem musste sie an ihr Geschäft denken. Sie hatte mit einigen Händlern, die Kondome vertrieben, Kontakt aufgenommen. Wer weiß, was man daraus machen konnte. Früher waren Kondome allgegenwärtig gewesen, sie erinnerte sich noch gut daran, wie ihre Fliegerkollegen Kondome in die Brusttaschen geschoben hatten, sodass diese deutlich sichtbar gewesen waren. Sie nannten es *Kleines Sturmgepäck* oder *Nahkampfmittel,* und es zeigte weit sichtbar ihre Bereitschaft, Frauen nicht nur auf ein Getränk kennenlernen zu wollen. Damals hatte es pro Soldatennase zwölf Stück im Monat gegeben und der Vorbeugung von Geschlechtskrankheiten gedient, es wäre ja unvorstellbar gewesen, wenn auf einen Schlag eine ganze Reihe Soldaten ausgefallen wären. Kontrolliert wurde der Gesundheitszustand vom Militärarzt bei den sogenannten Schwanzparaden.[111] Und heute waren Kondome Mangelware.

* * *

ÜBER EIN HALBES JAHR SPÄTER, MÄRZ 1948

BRADERUP

Beate trug einen der Stühle aus der Schule und stellte ihn zu den anderen Habseligkeiten auf der Pferdekarre. Sie zog den Schal, den sie selbst gestrickt hatte, enger um ihren Hals. Es hatte nur wenige Plusgrade, und sie hatte sich eine Erkältung zugezogen. Kein guter Moment, wenn gerade ein Umzug stattfand, aber es war ja nicht viel, was sie besaßen, und das Schleppen hielt sich in Grenzen.

Kurz darauf hatte sich eine kleine Gruppe Menschen angesammelt, die sich von ihnen verabschieden wollten. Die Kinder tobten in gewohnter Lautstärke um sie herum, und Beate sah, wie sich Klaus Tränen aus den Augen wischte. Er war jetzt fünf Jahre alt und verstand mehr, als so manch einer ihm zutraute.

Frau Johannsen lächelte und reichte ihnen einen Korb mit ein paar Eiern und geschmierten Broten. Schweineschmalz, bemerkte Beate und freute sich. Herr Johannsen schüttelte bereits Ewes Hand, und Frau Krob gab Beate die neueste *Constanze. Wo ist der Mann?*, zierte die Titelseite. »Danke«, sagte sie. Zeit zum Lesen würde Beate gleich mehr als genug haben. Nach etlichen Zusammenstößen zwischen Bahr und Krob hatte der Lehrer schließlich gedroht, seine Unterrichtstätigkeit in einer anderen Stadt fortzusetzen, falls Bahr nicht irgendwo anders einquartiert werden konnte. Das hatte gezogen. Bahr wohnte nun ein paar Straßen weiter und ließ die Mieter des Schulhauses in Ruhe. Fast. Wenn er sie auf der Straße sah, fand er größtenteils recht unnette Worte. Aber darüber machte sich Beate keine Gedanken mehr. Mit einem »Wir sehen uns bestimmt bald« rumpelte der Wagen los, mit winkenden Kindern auf der Ladefläche. Ewe, der die Zügel in der Hand hielt, pflaumte sie an, nicht auf die spärlich eingepackten zerbrechlichen Dinge zu treten, und das Einzige, was sie hinterließen, waren dampfende Pferdeäpfel in der Einfahrt, die später den Weg als Dünger in ein Beet oder getrocknet als Heizstoff in einen Ofen finden würden. Es gab wenig, was man nicht verwenden konnte.

Sie fuhren an einer Litfaßsäule vorbei, auf der ein Plakat klebte mit einem großen Lkw in einer Landschaft voller verlockender Waren und dem Schriftzug: *Freie Bahn dem Marshallplan.*

»Was hat deine Tante gesagt, als du ihr von meinem Beruf erzählt hast?« Beate schaute Ewe gespannt an. War die Tante doch die Frau des verstorbenen Pastors, und jeder wusste, wie die Kirche über Kondome und Verhütung dachte. Überhaupt über Sex zu reden, war mittlerweile fast genauso holprig geworden wie der Weg, der vor ihnen lag. Wenn man genauer darüber nachdachte, war die Pastorenwohnung somit alles andere als ein geeigneter Wohnsitz.

Ewe, dessen Plan, nach Südamerika zu segeln, leider auf Eis gelegt worden war in Ermangelung eines erschwinglichen Boots, brummelte vor sich hin und ließ die Zügel locker.

»Ja?«, fragte Beate nach. »Was denn nun?«

»Sie hat mit den Schultern gezuckt, was soll sie auch sonst machen? Tante Elfriede freut sich, dass wir in ihr Zimmer ziehen und etwas Leben in die Bude bringen. Und mit Sicherheit hat sie bestimmt schon ganz andere Dinge gesehen als Kondome. Sie hat vor allem über das Ballettverbot in Bayern geschimpft. Du weißt doch, dass sie sich für Kunst in allen Ausformungen interessiert.«

»*Abraxas*[112] hieß das Stück, oder?« Beate hatte das Thema in der Zeitung nur kurz überflogen.

Ewe nickte. »Der bayrische Kultusminister hat es wegen sittlicher Anstößigkeit absetzen lassen. Damit steht er allerdings recht alleine, drum herum wird es ja noch überall gespielt. Aber der Tante geht es um die Freiheit der Kunst. Die Amis halten sich raus, das seien innerdeutsche Konflikte, heißt es. Wenn du mich fragst, lachen die sich heimlich über uns krumm und schief.«

»Das glaub ich auch.« Beate grinste. »Gerade die Amis bringen ja unsere Kioske vor lauter Zeitschriften zum Platzen. So viel nackte Haut auf Papier hab ich dort seit Langem nicht mehr gesehen.«

»Sollen wir wetten, dass die Kirche und natürlich auch der werte Herr Kultusminister nach Bekanntgabe der Ergebnisse der Allensbacher Umfrage erleichtert aufgeatmet haben und sich den Schweiß von der Stirn tupften?«

Beate lachte. Nachdem die Scheidungsrate von 1946 auf 1948 um achtzig Prozent gestiegen war, hatte die Zeitschrift *Wochenend*[113] mit dem Institut für Demoskopie in Allensbach zusammengearbeitet, um eine Umfrage über das intime Leben der Menschen durchzuführen, und druckte einzelne Ergebnisse verteilt über fünfzehn Ausgaben ab. Vorbild dafür war die Anfang des Jahres erschienene wissenschaftliche Untersuchung Kinseys in England[114], die sich ebenfalls rund ums Private im Bett drehte. Homosexualität, Masturbation, vorehelicher Geschlechtsverkehr, all das kam gehäuft vor. Eine massenhafte Erleichterung der Leser war die Folge, was sich in zahlreicher Leserpost ausdrückte, fühlte sich der Einzelne doch nicht mehr isoliert mit seinen eigenen Wünschen, sondern sah, dass das ganz normale Bedürfnisse waren. Als weiteres Ergebnis gaben fast neunzig Prozent der Befragten an, dass sie die Ehe immer noch für erstrebenswert hielten und damit Sicherheit und Geborgenheit verbanden. Fast genauso viele waren in ihren Ehen auch zufrieden und würden bei einer erneuten Heirat wieder ihren Partner wählen.

»Kein Wunder«, hatte Ewe beim Lesen der Ergebnisse gescherzt. »Die, die sich scheiden lassen wollten, haben es ja bereits in den letzten Jahren getan. Mich würde es mehr interessieren, ob die Alliierten endlich mit ihren Grenzbegradigungen zum Ende kommen. Warum wird darüber immer noch verhandelt? Ob jetzt so ein Minidorf zu der einen Zone zählt oder nicht, irgendwann ist auch mal gut! Mein Bruder Horst meint, das kann sich noch ewig hinziehen.«

Beate wusste, dass er sich immer noch Sorgen machte, was das Einmarschieren der Russen in den britischen Sektor anbelangte, und strich ihm sanft über die Haare. »Das wird schon bald abgeschlossen sein, schau doch, wie sie an uns Deutsche immer mehr Verantwortung abtreten.«

»Du hast leicht reden, du kennst die Russen nicht«, murmelte Ewe und konzentrierte sich auf den Weg. Für die nächsten Minuten würde er wahrscheinlich in sein typisches Schweigen versinken und nicht ansprechbar sein. Warum hatte Horst ihm nun diesen neuen Floh ins Ohr setzen müssen?

Beate schlug die *Constanze* auf, die sie geschenkt bekommen hatte. Bei dem Artikel über den Mann ging es um den Frauenüberschuss in der Bevölkerung, dass die Frau nicht mehr fragen solle: *Wie ist der Mann?*, sondern nun: *Wo ist der Mann?*[115] Beate fand ihn sehr hetzerisch geschrieben, er machte sich auf der einen Seite über die alleinstehenden Frauen lustig, und zum anderen bereitete er den Verheirateten Angst, ihren Partner verlieren zu können. Sie blätterte weiter und stieß auf einen Beitrag des Psychologen Walther von Hollander, der über den Mann in der Krise schrieb. Eine Stelle faszinierte Beate, die in etwa lautete, dass der heimgekehrte Mann seine Rolle als Held verloren hätte, anstelle von Maschinengewehr und wagemutigen Geschichten von der Front stehe er mit leeren Händen vor der Frau, grau und ehrenlos. Klebt doch genau an diesen Händen Schuld. War es nicht sein Hunger nach Krieg und Selbstüberschätzung, der alle in den Abgrund gezogen hatte? Die Frauen wiederum sollten einmal darüber nachdenken, wen und was sie anbeten, denn auch sie haben das große Übel mitverursacht.

Beate musste an einen bissigen Artikel im *Stern*[116] denken, den sie vor ein paar Wochen gelesen hatte. *Hat die deutsche Frau versagt?*, stellte die Autorin im Titel ironisch die Frage und erinnerte die tugendhaft hochschwebenden deutschen Männer daran, sich mal an die eigenen Nasen zu fassen. *Wie viele Frauen hattet ihr im Ausland im Bett oder zählte das zu euren Aufgaben dazu?*, schrieb sie und berief sich auf Interviews mit etlichen deutschen Soldaten. Sie forderte die Männer auf, einfach mal mit den Frauen zu reden, anstatt sie zu verurteilen, es ginge um Zärtlichkeit und Aufmerksamkeit und nicht um Schokolade. Man konnte fast das Gefühl bekommen, dass zwischen die Geschlechter ein großer Keil der Sprachlosigkeit und Missverständnisse getrieben worden war.

Ewe drehte seinen Kopf hektisch zu ihr. »Hast du den Karton mit den Büchern aus dem Keller geholt?«

»Ja«, antwortete Beate. »Alles an Bord.«

»Jetzt werden wir ja eine neue Versandadresse haben, da müssen wir schnell handeln, bevor die nächsten Sendungen rausgehen, und wir müssen in die anderen …«

Mit einem Rascheln schloss Beate die Zeitschrift und legte ihre Hand auf Ewes Bein. »Wir müssen in die anderen Zonen expandieren. Ja, ich weiß. Ewe, beruhige dich, wir bekommen das schon hin … Vielleicht kann unsere *Schrift X* sogar dazu beitragen, dass sich die Menschen wieder entspannter im Bett begegnen können. Was glaubst du?«

»Mhm … wir müssen dringend die Firma ins Register eintragen lassen. Sonst …«

»Ewe, schau mal«, sie zeigte zu einem Haus, das sich hinter hohen Tannen duckte. »Wollen wir noch bei den Danilos anhalten? Bei denen hatten wir doch so vergnügliche …«

»Nein, der Weg ist lang genug, und dann müssen wir noch alles die Treppen hochschleppen.« Seine Miene glättete sich. »Nur der Weg des Geistes darf ein Umweg sein, liebe Beate. Das meint zumindest Hegel, und einem weißbärtigen Philosophen wollen wir doch nicht widersprechen, oder?«

Beate verkniff sich die Bemerkung, dass es nur der erste Stock war, in den sie die Gegenstände tragen mussten, und drehte sich zu den Kindern um, die hinten zwischen den Besitztümern saßen. Noch hatte keines Hunger, das war gut, da würden ihre Vorräte noch länger halten. Sie klatschte rhythmisch in die Hände und fing an zu singen, worin die Kinder nach der ersten Zeile mit einstimmten:

Eine Seefahrt, die ist lustig
Eine Seefahrt, die ist schön
Denn da kann man fremde Länder
Und noch manches andre sehn.
Hol-la-hi, hol-la-h
Hol-la-hi-a hi-a hi-a, hol-la-ho
Unser Kapitän, der Dicke,
Kaum drei Käse ist er groß,
auf der Brücke eine Schnauze,
wie 'ne Ankerklüse groß.
Hol-la-hi, hol-la-h
Hol-la-hi-a hi-a hi-a, hol-la-ho

Wenn man schon auf Reisen war, dann musste man das wenigstens musikalisch lustig untermalen. Wenn sie ans Segeln auf Juist zurückdachte, hatte sie immer sofort die Lieder im Ohr, die dazu geträllert worden waren. Wenn auch nicht astrein und auf den Punkt genau, aber immer voller Inbrunst.

Knappe sieben Stunden später fuhren sie mit laut klappernden Hufen auf den gepflasterten Hof der Flensburger Marienkirche. Links von ihnen thronte die Kirche in ihrer sandsteinfarbenen Pracht, und zu ihrer Rechten bildeten ein paar Gebäude eine L-Form. Roter Sandstein, wo man hinschaute. Dahinter und auch daneben lehnten sich kleinere Häuser an die stabilen, von Gott geküssten Bauten an. Bis hier der Blitz einschlug, würde er wohl erst einmal den Rest von Flensburg verwüstet haben. Eine gute Idee also, hier zu wohnen.

Sie machten die Pferde direkt vor dem Pastorat fest. Als sie anfingen, die ersten Dinge abzuladen und hochzutragen, trudelte eine Handvoll Kinder ein, die ein paar Schritte entfernt stehen blieben und sie beobachteten.

»Warte du hier und behalte sie im Auge«, zischte Ewe Beate zu. Auf ihr fragendes Gesicht hin ergänzte er: »Hier hat jedes Viertel seine eigene kleine Kinderbande, die sind schneller als so manche Gewehrkugel, glaub mir.«

Beate zuckte mit den Schultern und suchte aus einer der Tüten eine Handvoll Nüsse heraus, die sie im Herbst noch gesammelt hatten. Sie winkte die kleine Bande heran, verteilte die Nüsse und sagte: »Könnt ihr mir dafür einen Gefallen tun?« Auf ihr Nicken ergänzte sie: »Ich hab gehört, dass im Nachbarviertel eine gemeingefährliche Kinderbande ihr Unwesen treibt, falls ihr die seht, vertreibt sie, ja?«

Die Jungs nickten ernst, setzten sich auf einen niedrigen Mauerrest an der Kirche, an der ein Grabstein lehnte, und kauten genüsslich auf den Nüssen herum. Ewe, der den Rest der Unterhaltung mitbekommen hatte, kniff Beate in den Po. »Ich unterschätze dich doch immer wieder, meine Holde. Na, dann kannst du jetzt ja die schweren Sachen hochwuchten.«

Beate lachte. »Was?«

Ewe hatte sich einen Stuhl geschnappt und hielt Beate den anderen hin. »Komm, wer zuerst oben ist, muss dem anderen heute Abend einen Gefallen tun.«

»Gefallen?«, wiederholte Beate und rief Ewe, der bereits den offenen Eingang erreicht hatte, ein »Betrüger« hinterher. Dann spurtete sie los. Das Gute an ihrer Beziehung war, dass sie sich gegenseitig Gefallen taten. Ob im Alltag oder im Bett. Darüber konnte sich Beate nicht beschweren, Ewe war nicht nur tagsüber charmant und zuvorkommend. Und kreativ.

Die Wohnung der Tante lag im ersten Stock und hatte zwei

Zimmer zur Kirchenseite raus, die die Tante selbst nutzte, und zwei Zimmer zur anderen Seite hin, in Richtung Hafen. Allerdings stand da ein höheres Haus im Weg, somit konnte man aus den Fenstern nur auf eine abbröckelnde Hauswand schauen. Für den Blick ins Blaue musste man den Kopf in den Nacken legen und das Blau gepaart mit Wolkenweiß in Kauf nehmen.

In dem Zimmer für die Umzügler standen bereits eine zerschlissene Couch, ein Tisch nebst drei Stühlen, eine kleine Kommode und eine Hexe, um den Raum im Winter zu heizen. Um die drei Matratzen nebeneinander auf dem Boden auslegen zu können, musste man alle anderen Möbelstücke direkt an die Wände schieben, aber es funktionierte.

Tante Elfriede hatte Blumen in einer Vase auf den Tisch gestellt, und der Duft, der aus der Küche kam, deutete darauf hin, dass es gleich Eintopf geben würde.

»Auf eine gute Wohngemeinschaft«, stieß Elfriede später mit einem Glas Wasser mit ihnen an. Sie saßen im neu eingerichteten Zimmer am Tisch. »Die guten Tropfen heben wir uns für Geburtstage auf, außerdem trinke ich nicht viel Alkohol. Ich habe das Gefühl, das trübt mein Gemüt. Und meinen Geist. Wie soll ich dann Gehaltvolles von mir geben, wenn mir schwippsig ist?« Sie trug ein ausladendes schwarzes langes Kleid mit einem V-Ausschnitt, aus dem ein gestickter weißer Kragen herausragte. Ihr Gesicht war rundlich mit einer leicht breiten Nase, die dunklen Haare trug sie hinten zu einem Haarknoten und hatte einen ordentlich gekämmten Mittelscheitel. Das Besondere waren ihre Augen. Dunkel mit einer Tiefe, als ob sie bereits zum dritten Mal auf der Erde wandelte und schon viele Geheimnisse gesehen hätte, und doch neugierig mit einem kecken Ausdruck. Beate musste an ein Kinderbuch denken, das sie früher gerne gelesen hatte. *Nils Holgersson*. Es befanden sich viele Zeichnungen darin, und auf einer davon stand er auf einer Wiese, die Hände in die Hüfte gestemmt, mit einem genauso forschen Blick.

Elfriede war eine Person, deren Selbstbewusstsein einen Kilometer durch Küstennebel strahlte, und gleichzeitig war sie jemand, der als Erstes die Hände ausstreckte, um zu helfen.

Beate wusste von Ewe, dass seine Tante früher auf der Hallig Oland gelebt und sich als Halligdichterin einen Namen gemacht hatte. Künstler und weitere Autoren waren bei ihnen damals ein- und ausgegangen. Zumindest bevor ihre Kinder auf ein Gymnasium aufs Festland sollten und sie aus diesem Grund nach Segeberg gezogen waren.

Beate sagte: »Frau Pastorin, ich würde mich freuen, wenn Sie uns etwas über Ihre Zeit auf der Hallig erzählen könnten.«

Elfriede schaute mit Argusaugen zu den Kindern, die anfingen, auf dem Sofa zu hüpfen, das gequält aufstöhnte. Schnell stand Ewe daneben und wies sie mit ruhiger Stimme zurecht. Kurz darauf saßen die drei auf dem Boden und ließen Murmeln gegen die Wand klickern.

Elfriede schien zufrieden. »Ja, ich erzähle gerne etwas über früher. Sehr gerne sogar.« Sie stand auf, ging in ihr Zimmer, das gegenüber lag, und kam mit einem Buch zurück. Sie blätterte darin, bis sie eine geeignete Stelle gefunden hatte, und fing an zu lesen: »Für sie schien die Zeit anderen Regeln zu folgen, es war diese gewisse Stunde zwischen Hell und Dunkel, in der alles klar Umrissene sich in Nebel aufzulösen schien und alles, was als gewiss erschien, sich selbst infrage stellte. Die Wellen spielten vor ihrem Haus eine tosende Melodie. Erhoben sich weit draußen wie eine mächtige, unzerstörbare Wand und zerfielen in Schatten ihrer selbst, während sie sich dem Ufer näherten, wo sie geduckt und leise glucksend im Sand zerrannen. Ihr Herz krampfte sich zusammen. Sie hatte es bereits frühmorgens auf dem Weg zu ihrem schwerkranken Schwiegervater in der kalten Luft gefühlt, Regen und Schnee würden nicht lange auf sich warten lassen, dabei war doch ihr Liebster noch draußen. Sie wollten …«

Beate nutzte eine Pause von Elfriede und sagte schnell: »Das ist echt schön, danke. Vor allem das mit dem Hell und Dunkel, aber ich meinte … also eigentlich … erzählen Sie doch was über das Inselleben. Wissen Sie, ich habe ein paar Jahre auf Juist gelebt, da denke ich gerne dran zurück.«

»Soso, auf Juist«, wiederholte die Tante.

Ewe fiel etwas ein. »Du hast doch *Des Teufels General* von Carl Zuckmayer im Theater gesehen? Sein Bruder ist der berühmte Komponist Eduard Zuckmayer, und der hat unsere Beate als junges Mädchen in Musik unterrichtet. Und der Harras, dieser Fliegerheld im Theaterstück, dessen Vorbild war Ernst Udet. Der ist wiederum auf dem Flugplatz geflogen, wo auch Beate gelernt hat.«

Beate nickte, wusste aber nicht, was sie darauf hätte sagen sollen.

Elfriede räusperte sich. »Wie sagt Harras im Stück: ›Ein Nazi bin ich nie gewesen … immer nur ein Flieger … ich habe auch nirgends eingeheiratet, nie aus der Parteikasse gelebt, keinen Juden bestohlen und mir kein Schloss in der Uckermark gebaut.‹« Eine kurze Pause entstand, in der Beate ihr Glas erneut in die Hand nahm und langsam drei Schlucke daraus trank. Elfriede befeuchtete sich mit der Zunge ihre Lippen. »Nun. Ich lernte meinen verstorbenen Mann auf Borkum kennen. Ich arbeitete dort als Lehrerin, und er war mein Vorgesetzter.[117] Er war Schulrektor und Pastor, das verband uns gleich, die Liebe zur Arbeit und zu Gott. Ich überredete ihn, sich auf eine freie Pfarrstelle auf der Hallig Oland zu bewerben, und tja … da waren wir dann für sechzehn wundervolle, stürmische und sanfte, ruhig dahingleitende Jahre.«

Ewe legte eine der Matratzen auf den Boden, die beiden Jungs gähnten bereits herzhaft, das würde nicht mehr lange dauern. »Was hat Onkel Robert immer zu dir gesagt: Du trägst verborgene Winkel in deinem Inneren?«, fragte er und sammelte die Murmeln ein.

»Heidnische Winkel …« Über Elfriedes Gesicht glitt ein

goldener Schimmer. »Das sagte Bob oft. Dass ich heidnische Winkel im Herzen hätte. Protestantismus ist gut und richtig, darf aber nicht dem gesunden Menschenverstand im Weg stehen … Ich lass euch jetzt den Abend einläuten.« Sie stand auf, räumte ihr Glas in die Küche, blieb stehen. »Weißt du noch, wenn Bob vom Grog erzählte? Rum mutt. Szucker kann. Water bruukt nicht. Die Halligen sind schon eine Faszination für sich, das Helle mit der Weite, das Dunkle mit der Tiefe. Ach, ich werde nostalgisch.« Damit drehte sie sich um und ging zur Tür hinaus. Der goldene Schimmer schien um ihren Kopf zu wehen und sie weiter zu begleiten.

»Die haben sich richtig geliebt«, flüsterte Ewe Beate zu. »Robert wurde von seinem Amt enthoben, nachdem die Geheime Staatspolizei 1933 seine Predigten protokolliert hatte. Zweitausend Mark Strafe, stell dir das mal vor, und zwangsweise versetzt nach Flensburg.«

Beate schüttelte ihren Kopf, musste an ihre Eltern denken. Was hätten sie wohl über Ewe gesagt?

Immerhin ist er kein Pilot, hörte Beate die Stimme ihres Vaters in ihrem Kopf und lächelte. Und Elfriede hätten sie sofort in ihr Herz geschlossen, sie verstand nicht nur etwas vom Essen, sondern auch von Mut.

»Der Wurm, der an der Angel hängt, muss nicht dem Angler schmecken, sondern dem Fisch.«

Oft und gerne zitiert von Beate Uhse

KAPITEL 16

Angelei

* * *

ZEHN MONATE SPÄTER, ENDE JANUAR 1949

MARIENKIRCHHOF

Irgendwo draußen krähte ein Hahn. Etwas verspätet, dachte Beate, die aus dem Fenster schaute. Das Hausdach gegenüber war so weiß wie die reinste Unschuld, was nicht an der Nähe zur Kirche lag, sondern am Schnee. Der Schnee reflektierte jedes kleinste Fitzelchen Licht und sorgte dafür, dass die ganze Stadt schöner aussah denn je. Der Dreck und die Armut säuberlich zugedeckt. Wobei Flensburg noch recht Glück gehabt hatte. Nur wenige Bomben waren auf die Stadt gefallen, was ein weiterer Grund war, warum so viele Flüchtlinge, Wehrmachtssoldaten und Verwundete in die Stadt Einzug hielten. Man munkelte, dass es nach dem Krieg mehr Militärangehörige in Flensburg gab, als es davor Einwohner gehabt hatte.

Beate schälte sich aus den Decken. Zusammen mit Klaus

schlief sie auf zwei Matratzen, die sie in dem kleinen Raum auf dem Dielenboden übereinanderlegten. Tagsüber verstauten sie diese hinter dem schmalen Sofa. Es war hier definitiv enger als in Braderup, dafür pulsierte in Flensburg das Leben intensiver. Als sie mit dem nackten Fuß den Boden berührte, spürte sie die Eiseskälte wie einen Stromschlag. Sie zog ihr Bein hoch, dass es fast schmerzte.

Bewusst stellte sie sich mit beiden Füßen dann auf das Kalt, bis ihre Nackenhaare aufrecht standen und ihr Körper prickelte. Lebendig fühlte sich das an.

Klaus schmatzte im Schlaf, und sie sah ihn an. Er wirkte so friedlich. Wie sie dieses Kind liebte. Mit schnellen Handgriffen öffnete sie die Hexe, entzündete ein Feuer und schob Kohlestücke hinein.

Nebenan polterte es in der Küche. Elfriede besaß feste Tagesabläufe, und Beate hatte gelernt, denen nicht in die Quere zu kommen. Um diese Zeit würde sich Elfriede einen heißen Tee machen, um damit gestärkt in ihrem Zimmer zurückgezogen in irgendwelchen heiligen Schriften oder anderen Büchern zu lesen. Umgeben von Erinnerungsstücken, besonders heraus stachen ein wunderschönes tischgroßes Modellschiff, das auf einem Schrank in der Ecke stand, und ein Euken.[118] Beate hatte so etwas noch nie zuvor gesehen. Es besaß die Form eines Eis und war aus Glas. Elfriede hatte es vor etlichen Jahren von einem alten, tauben Kapitän auf Oland geschenkt bekommen, den sie gesund gepflegt hatte. Ins Innere des Glaseis waren mit feinen schwarzen Linien Szenen der Jesusgeschichte gemalt, wie die Auferstehung mit Jesus am Kreuz. Ein wertvoller, seltener Schatz, den Elfriede in einer Vitrine verwahrte. Über vierhundert Jahre war es alt und hatte früher als Talisman fungiert. Hatten doch fast alle wohlhabenderen Seefahrerfamilien solche Euken unter der Decke hängen. Man glaubte daran, dass ein intaktes Ei auch wieder einen intakten Seemann nach Hause bringen würde.

Seit Beates Einzug in das Pastorat waren zehn Monate verstrichen. Einiges hatte sich verändert. Ewe war im September nach Südamerika gesegelt, woraufhin die leibliche Mutter von Bärbel und Dirk die Kinder vom Gericht zugesprochen bekommen hatte und sie aus Beates Leben gerissen worden waren. Von geregelten Umständen konnte bei Beate ja nicht mehr die Rede sein, und dann noch die Sache mit den Aufklärungsschriften und dem Versandhandel. Da täuschte die Tatsache nicht darüber hinweg, dass sie in einem für Gottes Arbeiter errichteten Haus wohnte. So definierte zumindest Beate für sich das Pastorat. Wenn ihr irgendwo etwas glücken konnte, dann doch wohl hier.

Beate legte ihre rechte Hand auf den Bauch. Streichelte kurz über die deutliche Wölbung. Ausgerechnet bei ihr hatte die Knaus-Ogino-Methode versagt. Aber wie hatte sie selbst in der *Schrift X* formuliert: Medikamente, Krankheiten oder seelischer Schmerz konnten die ganze Rechnerei umschmeißen. Das war bei ihr wohl passiert. Der Abschied von Ewe war ihr alles andere als leichtgefallen. Offensichtlich hatte es zumindest ausgereicht, ihren Zyklus zu verschieben. Und sie war sich gar nicht so sicher, ob sie sich freuen sollte oder nicht. Ihre Firma lief mit Vollgas weiter, sie hatte ihr Sortiment sogar erweitert und wollte an dieser Stelle nicht aufhören, und dann war da noch Klaus. Dieses Jahr würde er Schulkind werden, das bedeutete Schulspeisung und einen halben Tag Unterricht. Etwas Entlastung.

Wieder sah sie aus dem Fenster auf die gegenüberliegende Hauswand. Sollte sie Ewe von der Schwangerschaft schreiben? Würde das noch mehr Druck auf ihn ausüben? Sie ließ es lieber erst mal bleiben. Auf seinen allerersten Brief hatte sie Monate warten müssen und fast schon aufgegeben, an ein Lebenszeichen zu glauben. Ihre Gefühle schwankten seit seiner Abreise zwischen tiefer Trauer, Wut und Hoffnung. Da war es besser, die meiste Zeit nicht ins eigene Innere zu lauschen. Er war in Buenos Aires gelandet und schrieb von schweren Unwettern auf See und dass die zehn Segler es fast nicht geschafft hätten. Aktuell arbeitete er als Diener bei einer älteren Dame. Hunde ausführen und putzen, das war nicht gerade das, wovon er geträumt hatte. Dementsprechend niedergeschlagen setzte er seine Worte: *Argentinien ist heiß, viel Elend, wieder Bauchschmerzen.*

Die Tür zu Elfriedes Zimmer ging zu.

Beate zog sich Socken über und legte sich ihr bestes Oberteil und Hose heraus. Elfriede hatte versprochen, nachmittags auf Klaus aufzupassen. Da hatte Beate Glück, da Elfriede oft sehr beschäftigt war, nahm sie doch seelsorgerische Tätigkeiten im Umfeld wahr. Trost wurde von den Menschen mehr denn je benötigt. Vor Kurzem hatte Elfriede in einer Nebenbemerkung fallen lassen, dass sie das Gefühl habe, dass es immer mehr häusliche Gewalt gebe. Die Schäden, die der Krieg über Deutschland gebracht hatte, waren langwierig und noch überhaupt nicht absehbar. An allen Ecken.

Klaus erwachte. Mit einem strahlenden Lächeln.

»Na, Sonnenschein?«, sagte Beate, beugte sich zu ihm und küsste ihn so lange auf den Kopf, bis er kicherte.

Als er etwas später am Tisch saß und Haferbrei aß, studierte Beate ein Schreiben, das sie vor einer Woche erhalten hatte. Eine Vorladung. Sie sollte heute Nachmittag bei der Polizeistation vorstellig werden. Seit etwa zwei Jahren besaß das Land Schleswig-Holstein wieder die Polizeihoheit, war also selbstverantwortlich, und die Tommies kontrollierten nur noch auf der Landesebene die übergeordnete Führungsebene. Die Dezentralisierung, die die Briten angestrebt hatten, wurde dann allerdings anders von den Deutschen umgesetzt, man könnte auch sagen ignoriert, und die Dinge wieder so angegangen, wie sie zuvor gewesen waren. Was auch daran liegen mochte, dass sich personell ja kaum etwas verändert hatte. Fast die komplette alte Besetzung saß weiterhin fest im Sattel und knüpfte an ihren Idealen der Weimarer Republik an, in die sie hineingewachsen waren.

Auf der Polizeistation lagen Anzeigen[119] gegen Beate vor, zu denen sie Stellung beziehen sollte. Es war das allererste Mal, dass sie so etwas erhalten hatte. Das allererste Mal, dass sie bei der Polizei vorstellig werden musste.

Das war ein Tag, um sich Lippenstift aufzutragen. Manchmal konnte man sich ein bisschen hinter Kleidung und Schminke verstecken. Auch wenn ihr ein Fallschirmsprung aus dreitausend Metern Höhe lieber gewesen wäre, wenn es um den Adrenalinkitzel ging.

Es war kurz nach vier, die Sonne war am Tiefpunkt ihres Sinkfluges angelangt, bevor die Nacht sie verschlucken würde. Beates Nase war rot gefroren, als sie in die Küche kam und sich erschöpft auf einen Stuhl sinken ließ.

»Und?«, fragte Elfriede und drückte ihr Klaus in die Arme. Es duftete nach Kartoffeln und Speck. Von einigen der Trostgespräche brachte die Tante wahre Schätze mit.

»Meine Schrift hat wohl Leute erreicht, die davon nicht so angetan waren. Ein Strafrechtsprofessor aus Münster, ein Diplom-Ingenieur aus Braunschweig und noch andere haben Anzeige erstattet. Dabei geht es gar nicht um den Paragrafen 184, also dass ich unzüchtige Schriften verbreite, das dachte ich ja eigentlich, sondern es geht um groben Unfug, betrügerische Absicht und Verstoß gegen die Preisvorschriften.«

Elfriede reichte ihr einen Teller mit Essen. »Wie geht es jetzt weiter? Lässt du die Firma sein? Ich kann mich ja mal umhören, wo jemand gebraucht …«

»Nein. Nein danke. Ich warte mal ab, ob es zum Verfahren kommt. Das wird aber noch dauern, meinte der Beamte. Die geben meine Schrift X an das Gesundheitsamt für ein polizeiliches Gutachten. Der Richter entscheidet dann, ob der Inhalt okay ist oder nicht. Wenn ich noch mal auf die Welt komme, werde ich auch Beamter. Es ist ja nicht so, dass ich nicht schon letztes Jahr versucht hätte, die Firma eintragen zu lassen. Da wird man von den Tommies zu Ämtern geschickt, die selbst nicht einmal wissen, was sie eigentlich machen. Das muss echt bald geklärt werden, daraus könnten die mir einen Strick drehen.«

Die Tante schenkte ihr einen langen Blick. »Ganz gewiss nicht, meine Liebe. Beamtentum wäre doch viel zu langweilig für dich.« Nach einer Pause fügte sie hinzu: »Hast du dich denn jetzt entschieden?«

»Ja, ich geh mit Horst zu Ewes Eltern. Er will mir beistehen, wenn ich denen erzähle, dass ich von seinem Bruder schwanger bin.«

»Die werden dir schon nicht den Kopf abreißen. Wilhelm und Karoline sind durchaus in Ordnung. Kaufleute, aber sie rechnen nicht alles und jedes in Münzen um.« Elfriedes Katze Deborah schnurrte herein und bekam eine kleine Portion Essen auf den Boden gestellt. »Pass nur auf, dass Horst dir nicht gleich einen Heiratsantrag[120] macht, Beate. Ewes Familie wird dich mögen, glaub mir!«

Als Klaus an diesem Abend im Bett lag und schlief, holte Beate ihre Unterlagen aus einer kleinen Kommode heraus, die oben auf ein längeres Brett montiert und wohl in einem früheren Leben irgendjemandem als Wickelkommode gedient hatte. Sobald Beate mehr Geld verdiente, als sie für den Monat zum Essen, für Klaus und zur Miete brauchte, investierte sie das unverzüglich in neue Reklame. Seit einiger Zeit verschickte sie zusammen mit der Werbung für ihre *Schrift X* einen dünnen Prospekt mit dem Warenangebot der Firma Gisela, die Präservative und andere Mittelchen anbot.[121] Dazu kam noch das Buch *Die vollkommene Ehe* von Theodor Hendrik van de Velde, dessen deutsche Übersetzung ihr ein Schweizer Verlag angeboten hatte. Es gab immer mehr Verlage und Unternehmen, die Beate nun anschrieben, da sie ihre Werbung sahen und mit ihr zusammenarbeiten wollten.

Die vollkommene Ehe hatte Beate selbst zu ihrer ersten Hochzeit von ihrer Mutter geschenkt bekommen.[122] Van de Velde schrieb ganz offen über mögliche Probleme zwischen Eheleuten, die man psychologisch und auch körperlich angehen konnte, praktischerweise waren gleich Tipps für verschiedene Stellungen beim Koitus mit dabei. Je mehr Abwechslung im Bett mit zu dem jeweiligen Paar passenden Positionen, desto intensiver das Lustgefühl und dahin gehend mehr Glück in der Ehe. Einführend hatte van de Velde ein Zitat von Seneca gestellt, das Beate sehr ansprechend fand: *Willst du geliebt werden, so liebe.* So war es in ihren Augen mit allem im Leben: Wenn du etwas willst, dann tu es.

Insgesamt hatte Beate eine kleine, feine Auswahl von Informationsmaterial, Aufklärungsbroschüren und Verhütungsmitteln für ihre Firma zusammengetragen, die auch Kondome von verschiedenen Produzenten wie Fromms, Ritex oder Blausiegel und zwei weitere Eheberatungsbücher wie *Unter vier Augen. Die hohe Schule der Gattenliebe* von Dr. med. M. Rinard umfasste. Das Buch bewarb Beate damit, dass es anhand von Bildern und Modellen die biologischen Funktionen der Sexualorgane ausführlich erklärte und damit jungen Menschen eine geeignete Einführung bot.

Ihre Warenpalette konnte sich sehen lassen und entsprach ganz den Wünschen ihrer Briefeschreiber.

Die Bestellungen kleckerten in unterschiedlicher Höhe herein. Seit der Währungsreform im Juni im vergangenen Jahr merkte man einen deutlichen Anstieg. Die Menschen schöpften wieder Hoffnung auf ein geregeltes Land, und die Kaufkraft stieg schlagartig an. Nachdem man im Juni einige Formulare ausgefüllt hatte, gab es ein Kopfgeld von vierzig neuen Deutschen Mark auf die Hand und später zwanzig dazu. Die Konten wurden nach und nach umgetauscht in einem Verhältnis von eins zu zehn, und über Nacht tauchte plötzlich überall eine Fülle von Waren auf, sodass die bis dahin leeren

Schaufenster nur so barsten. Hatten die Verkäufer doch exakt auf solch eine Währungsreform gelauert und ihren Besitz dementsprechend gehortet. Als Reaktion auf den Geldumtausch reagierten die Sowjets unerwartet drastisch. Sie blockierten die Zufahrtswege nach Westberlin komplett. Weder über Wasser noch über Schienen oder Straßen war es zu erreichen. Ein Aufschrei ging durch die Bevölkerung. Die Westmächte und die Sowjetunion wetzten ihre Säbel und rasselten so laut damit, dass die Welt von einem angsterfüllten Raunen erfüllt war und das Wort *Krieg* als Gespenst an den Himmel zeichnete. Die Westmächte schickten Flugzeuge los, um Lebensmittel nach Westberlin zu bringen, die bald liebevoll Rosinenbomber genannt wurden, und die Zeitungen überschlugen sich darin, auf die Tatkraft der Briten, Amerikaner und Franzosen ein Loblied zu singen.

Elfriede hatte dazu ganz trocken gemeint: »Einen gemeinsamen Gegner zu haben, vereint. Das war schon immer so. Schau dir Hitler an, was der gemacht hat …« Auf Hitler war sie gar nicht gut zu sprechen, steckten Hitlers Handlanger doch hinter der Entlassung ihres Ehemannes, der bis zu seinem Tod 1945 auch nicht wieder eingesetzt worden war. Offiziell war sie gar keine Pastorinnenwitwe, da es ja keinen Pastor mehr gegeben hatte, aber Elfriede bestand darauf und hatte ihr Umfeld daran gewöhnt, sie weiterhin mit *Frau Pastor* anzusprechen. Beate mochte sie.[123]

Während die Hexe immer noch eine gemütliche Wärme ausstrahlte, saß Beate an dem Tisch, der an der Fensterseite stand, und hatte vor sich einen kleinen Stapel Briefumschläge liegen. Fast jeder dritte Brief barg neben dem ausgefüllten Bestellzettel auch ein persönliches Schreiben. Beate hatte sich von Anfang an die Maßgabe gestellt, jeden einzelnen persönlich zu beantworten. Zufriedene Kunden zogen neue Kunden nach sich. So ihr Gedanke. Nachdem sie den obersten Brief durchgelesen hatte, zückte sie ihren Stift, schlug eins der ausgeliehenen medizinischen Fachbücher aus der Bücherei auf und schrieb eine Antwort:

Sehr geehrte Frau Pretzol,

vielen Dank für Ihre Bestellung und das mir entgegengebrachte Vertrauen, indem Sie mir von Ihren persönlichen Anliegen schreiben.
Ein Kind kann nicht durch den Bauchnabel geboren werden. Das ist medizinisch gar nicht möglich. Doch hängt der Bauchnabel mit der Versorgung des Kindes durchaus zusammen. Wenn sich der Säugling im Mutterbauch befindet, ist er durch die Nabelschnur mit dem Körper der Mutter verbunden und erhält dadurch Nahrung und Sauerstoff. Nach der Geburt lässt man die Nabelschnur eine gewisse Zeit lang auspulsieren, sodass das Kind ausreichend Blut erhält, und wird nach dem Abklemmen bald durchtrennt. Hiervon bleibt der Bauchnabel zurück. Falls Sie weitere Informationen und Anschauungsmaterial wünschen, kann ich Ihnen unser Buch Unter vier Augen *empfehlen, das das ganze Biologische ausgezeichnet bildlich darstellt und erklärt. Das Kind wird durch die Vagina geboren, soviel nur ganz kurz angerissen, aber keine Angst, die Natur weiß genau, was sie macht!*
Zu Ihrer zweiten Frage, was man tun kann, wenn der eigene Ehemann fremdgeht, kann ich Ihnen raten, sich mit ihm zu unterhalten. Sprechen Sie deutlich und frei von den Wünschen und Vorstellungen, die Sie gegenseitig haben. Scheuen Sie sich nicht, ganz ehrlich und offen miteinander umzugehen. Ich darf Ihnen zu diesem Thema unser Buch Die vollkommene Ehe *ans Herz legen, das genau auf solche Dinge eingeht. Erst wenn man weiß, was die Gründe sein können, kann man etwas daran ändern und daran arbeiten. Falls es Sie tröstet: Ich bekomme zahlreiche Zuschriften von Frauen, die mit dem gleichen Problem zu kämpfen haben.*

Ich wünsche Ihnen alles Gute und erlaube mir, Ihnen einen Prospekt mit den genannten Büchern beizulegen. Über einen nächsten Auftrag und Brief würde ich mich sehr freuen.

Mit herzlichen Grüßen
Ihre Beate Uhse

Beate seufzte, sie hätte nie gedacht, wie unaufgeklärt die jungen Frauen heutzutage sein könnten. Wie kam man denn auf die Idee, dass ein Kind durch den Bauchnabel geboren werden könnte? Und diese ganzen Zuschriften über untreue Ehemänner erschütterten ihren Glauben an die Treue. War das ein Relikt aus den letzten Kriegsjahren? War das in den Köpfen der Männer von Hitlers Parole *Vermehrt euch, bekommt Kinder!* geblieben? Selbst wenn man die Autobahnen und den Wirtschaftsboom unter ihm geschätzt hatte, musste man doch weitermachen mit dem Leben und anfangen, selbst Verantwortung für sich zu übernehmen und selber nachzudenken, was in Ordnung war und was nicht, oder?

Die angeforderten Waren vom beiliegenden Bestellzettel hatte sie bereits bei Walter Schäfer, dem die Firma Gisela[124] gehörte, geordert. Walter Schäfer hatte seine Firma direkt nach der Währungsreform gegründet, es wurde getratscht, dass er es irgendwie geschafft hatte, unzählige Lastwagenladungen voll Kondome aus der sowjetischen Zone zu schmuggeln. Auf jeden Fall schien er eine Quelle dafür zu besitzen, die offenbar nie versiegte. Und da Beate sich kein riesiges Warenlager leisten konnte, musste sie noch selbst die gewünschten Waren bestellen. Einen Kredit bekam sie einfach nicht. Die Bankangestellten hatten nur ihre Köpfe geschüttelt, ohne eine Miene zu verziehen. Für solch ein Gewerbe konnte sich Beate auf eine Sache mit voller Sicherheit verlassen, und das frei Haus: ausreichend Hohn und Spott.

Aber das Glück war ihr gewogen. Nach der Währungsreform rechneten Beates Kunden nicht die zwei Reichsmark für die *Schrift X* in Deutsche Mark um, so wie das Geld auf den Konten in einem anderen Verhältnis umgetauscht wurde, sondern schickten ihr einfach zwei Mark. Das rechnete sich ziemlich schnell für sie.

Mit dem ersten größeren Batzen mietete sie sich einen kleinen Raum an.[125] Er lag um die Ecke und war mehr eine Abstellkammer, direkt neben einem Im- und Exporthandel. Zum einen wollte sie nicht die Pakete, die sie zugeschickt bekam, ständig über das Pastorat laufen lassen, außerdem benötigte sie mehr Platz. Für die Ehebücher aus der Schweiz, wovon sie sich nun einen kleinen Vorrat kaufen konnte, und für Verpackungsmaterial, das in großen Mengen günstiger war. Morgen früh würde sie gleich zum Verpacken die paar Schritte die Straße runterlaufen und dann zur Post gehen. Aber vor dem Schlafen musste sie noch weitere Adressen abschreiben, sie hatte sich von einem Bekannten ein paar Telefonbücher aus dem amerikanischen Sektor mitbringen lassen. Neben den Telefonbüchern bediente sie sich mittlerweile auch bei den offiziellen Listen,[126] die Geburten und Hochzeiten registrierten. Das waren potenzielle Kunden, vor allem die Frischverheirateten wollten ja nicht alle gleich schwanger werden, und wenn ein Kind bereits da war, konnte das nächste durchaus erst mal warten.

Deutschland wollte erobert werden, zumindest von der Aufklärung und von Kondomen.

Nach getaner Arbeit kuschelte sich Beate zu Klaus auf die Matratze. Kurz bevor sie die Augen schloss, gingen ihr Details von der Unterhaltung mit dem Polizisten durch den Kopf, dessen gelbliche Zähne, seine Zornesfalte auf der Stirn, der Geruch nach Zwiebeln, der dort in der Luft gehangen und alles in einen säuerlichen Mief getunkt hatte. Vertraue auf Gott, hatte Elfriede ihr heute Mittag gesagt, aber sie fühlte sich nicht zu so einem Gott hingezogen, der dem Elend der Menschen zuschaute, statt handelnd einzugreifen. Sie vertraute lieber auf die Kraft, die aus einem Samen Leben entstehen ließ, auf den Kreislauf, in dem sich jedes Geschöpf seit dem Zeitpunkt seiner Zeugung befand, das war im Wesen doch gut, eine Schöpferkraft – somit musste auch das Leben von Grund auf gut sein. Was die Menschen daraus machten, war eine andere Sache.

* * *

ACHT MONATE SPÄTER, SEPTEMBER 1949

Er hatte es angekündigt, Ewe hatte ihr vor einigen Monaten geschrieben, dass Argentinien schön sei, wild, bestimmt spannend für die Kinder, aber es sei kein Ort, an dem er mit Beate glücklich werden könne. Er komme zurück. Zu ihr, Klaus und seinem letztgeborenen Kind. Ulrich.

Beate hatte am 9. Mai den Kleinen auf die Welt gebracht, es war eine einfache, schnelle Geburt gewesen, so als ob er es nicht hatte abwarten können, die Welt mit seinen eigenen Augen zu betrachten. Ein schönes Kind, rosig und rund. Klaus hatte sich sehr auf seinen kleinen Bruder gefreut, den wachsenden Bauch gestreichelt und geküsst, seine Wange darauf gelegt und laut gelacht, wenn er eine Bewegung durch die Bauchdecke gespürt hatte. »Er versucht mich zu treten«, hatte er gesagt und mit seinem Finger in die Kugel gepikst.

»Der will wohl schon mit dir spielen«, hatte Beate gelächelt und ihrem Erstgeborenen über die Haare gestreichelt.

Als sie von Ewes Entscheidung zurückzukehren gelesen hatte, war ihr nicht nur ein Stein, sondern gleich ein ganzer Steinbruch vom Herzen gefallen. Es gab Entscheidungen, da war man froh, sie nicht fällen zu müssen.

Beate hatte sich Hilfe im Haushalt und mit den Kindern geholt. Aus der Nachbarschaft kam ein junges Mädchen von fast fünfzehn Jahren, Helga, um Klaus von der Schule abzuholen und auf Ulrich aufzupassen. Das Geschäft musste ja laufen, vor allem jetzt, da Beate nicht nur Verantwortung für ein Kind, sondern für zwei hatte. Der Hunger wollte gestillt und im kommenden Winter das Zimmer geheizt werden. Dazu die Schiefertafel für die Schule und neue Schuhe.

Heute war der übliche Morgenablauf, den Beate seit ein paar Monaten zur Routine gemacht hatte, absolviert: Zuerst ging es zur Post, um das Schließfach mit der Nummer 185 nach neuen Bestellungen zu checken, danach über den Nordergraben bis zum Marienhölzungsweg 19, wo Beate einen Keller für sechzehn Mark im Monat angemietet hatte. Der kleine Raum, den sie bis vor Kurzem benutzt hatte, wurde von dem Import- und Exportunternehmen selbst gebraucht, und sie hatte ihn räumen müssen. Es war gar nicht so leicht gewesen, etwas Neues zu finden, aber Beate wusste ja, dass man einfach mit den Leuten sprechen musste. Jemand kannte jemanden und der dann wiederum jemand anderen, bis man das Ziel erreichte. So funktionierte der Schwarzmarkt, und so funktionierte auch das Leben.

In den letzten Wochen ihrer Schwangerschaft hatte der Weg bis zu dem neuen Kellerraum sie durchaus zum Schnaufen gebracht, ein Novum, so etwas kannte sie von sich selbst gar nicht. Aber wenn ein Baby die Organe verschob und nicht nur auf die Blase, sondern auch gegen die Lunge drückte, dann merkte man jede Steigung, und bis zum Marienhölzungsweg war sie über fünfundzwanzig Minuten mit etlichen Anstiegen unterwegs.

Vor Ort ging es in den schlammigen Hinterhof, wo mit einem riesigen Schlüssel die Kellertür aufgeschlossen wurde. Die Treppenstufen hinunter, ohne Licht bis zum Fenster getastet. Vor dem Fenster lehnte eine Holzplatte, die von einem Regal festgeklemmt wurde. Beides diente als Schutz gegen

Eindringlinge und Regen. Und beides musste im Dunkeln weggeschoben werden, um Helligkeit in den Kellerraum hineinzulassen.

Beate hatte das Konstrukt von außen selbst getestet. Hier kam man auch unter Einsatz von groben Kräften nicht hinein. Auf einem wackeligen, aber sauber geschrubbten Tisch wurden die Bestellungen anschließend bearbeitet und verpackt. Selbstverständlich standen alle wichtigen Dinge im Keller auf aufeinandergestapelten Steinen, so weit weg vom Boden wie möglich. Die Zeit der starken Regengüsse stand kurz bevor, und wer weiß, ob da nicht ein Schwall Wasser hineingedrückt werden würde.

So viel zum üblichen Tagesablauf, was Beate zu Hause erwartete war das grobe Gegenteil.

Ewe war da.[127] Saß bei der Tante auf dem guten Sofa, trank Tee und starrte Ulrich an, der auf Helgas Schoß krümelte und an seinen Fingern nuckelte.

Beates Hand fing an zu zittern, ihre Anspannung suchte sich einen Weg. Mit schnellen Schritten war sie neben Ewe, umarmte ihn, presste ihren Kopf an seine Schulter, atmete seinen Duft ein, der immer etwas würzig und nach Holz roch. Ein schrilles Schreien riss sie aus dem kurzen Moment, in dem die Zeit stillzustehen schien. Der kleine Ulrich konnte so gar nichts damit anfangen, dass seine Mutter mit einem Fremden kuschelte. Ängstlich streckte er seine beiden Händchen nach ihr aus und verlangte danach, sich in ihrem Schutz zu verbergen.

Beate lachte und nahm ihren Jüngsten auf den Arm. »So kräftig wie sein Vater und bereits so eigensinnig.«

Ewe küsste seinen Sprössling, aber Ulli wollte davon nichts wissen. Auch nichts von dem kleinen Kuscheltiger, den sein Vater ihm mitgebracht hatte, oder davon, dass Ewe nun neben Mutter schlafen wollte oder mit am Tisch saß oder ihn sogar auf den Arm …

Erst als die fortgeschrittene Nacht innehielt, um den Sternen bei ihrem Tanz zuzuschauen, kam Beate dazu, von ihrem Tag zu erzählen. Sie lag im Dunkeln zusammen mit Ewe auf einer der Matratzen, die sie von der zweiten, auf der die beiden Jungen lagen, etwas abgerückt hatten. Es war warm, septemberwarm, das silberne Licht des Mondes schien durch das Fenster schattenhaft auf ihre nackten Körper. Ein Hauch von Märchen hing in der Luft, gewoben aus Ewes Erzählungen über Buenos Aires. Das große Blau inmitten lang gestreckten Grüns. Die Stadt lag in einer Bucht, umgeben von baumloser Pampa. Tangomusik zog durch alle Viertel und Straßen, ein mitreißender Rhythmus, der die bunten Röcke der Frauen zum Wippen brachte und die Männer sinnlich dahingleiten ließ, als ob sie die Sprache der Liebe als Kinder bereits mit der Muttermilch eingeflößt bekommen hätten.

Ewe sprang auf. »Schau, so geht das.« Und während er *one-two, three-four, five-six, seven-eight* zählte, lief er eine bestimmte Schrittfolge in dem kleinen Raum ab, hielt seine Arme gebeugt, als ob er eine Tanzpartnerin eng an sich drückte, und ließ ein Stück Argentinien in Flensburg Einzug halten. »Die alte Dame, bei der ich arbeitete, sprach Cocoliche, Beate, das war Musik in meinen Ohren. Eine Mischung aus Italienisch und Spanisch, wenn sie nur nicht so eine alte Hexe gewesen wäre.« Er legte sich vor Beate und ließ sich den Nacken kneten. »Ich habe dich so vermisst. Gibt es was Neues zur Gewerbegenehmigung?«

»Ja, seit ein paar Tagen habe ich sie endlich, frag mich nicht, wie viele Türklinken ich putzen musste, um das zu erhalten.«

»*Wir* haben die Genehmigung«, unterbrach Ewe und drehte sich zu ihr.

»*Wir* heißen jetzt im Flensburger Handelsregister *B. Uhse Reformversand Flensburg.*[128] Davor war ich bei der britischen Dienststelle in Hannover und hab die Gewerbegenehmigung bekommen, von wegen die städtische Gewerbepolizei vor Ort hätte mir helfen können, du hast ja keine Ahnung, wen ich alles …«

Ewe unterbrach sie: »Ich muss dir echt ein Kompliment aussprechen, meine Liebste, wie du dich um all das gekümmert hast. Und deine Idee, unseren Vertrieb mit den anregenden Präparaten des Lübecker Arztes zu ergänzen, ist großartig!«

Sie lächelte. Wie wenig doch nötig war, um sich vollständig und glücklich zu fühlen. »Weißt du, ich muss dir diesen Katalog von Schäfer morgen zeigen, so etwas will ich … also wir, wir werden das selbst auf die Beine stellen. Bis jetzt bekomme ich zwei Seiten voll mit den Artikeln. Kondome, Aufklärungsbücher und diese Anregungsmittel Erotin und Sanursex. Die gehen weg wie warme Semmeln. Die *Schrift X* werden wir wohl bald einstellen,[129] das wird nicht mehr groß nachgefragt, vielleicht übernehme ich Teile davon in ein Buch. Mal schauen.«

Ewe nahm ihre Hand in die seine und küsste sie. Bedeckte ihren Arm mit Küssen, wanderte bis zur Halsbeuge und hauchte »Wir sollten wohl bald weiter expandieren. Weißt du – ich liebe dich« in ihr Ohr. »Beate, willst du mich heiraten?«

Sie küsste ihn zärtlich, blickte ihn liebevoll an und nickte. »Wann?«

»Ein ungeübtes Gehirn ist schädlicher für die Gesundheit als ein ungeübter Körper.«

George Bernard Shaw (1856–1950)

KAPITEL 17

Expansion

* * *

ANDERTHALB JAHRE SPÄTER,
21. FEBRUAR 1951

BEATE UHSES BÜRORÄUME

»Guten Tag, schön, dass Sie sich Zeit nehmen. Sie sind Frau Schubert?« Beate stand von ihrem Schreibtisch in ihrem neuen Büroraum in der Wilhelmstraße 1a auf und ging auf die etwa fünfundzwanzigjährige Frau zu, die gerade hereingekommen war.

In den letzten zwei Jahren hatte sich einiges getan. Der Keller war schnell zu klein geworden, und sie hatten umziehen müssen. Als Erstes fanden sie gegenüber dem *Flensburger Tageblatt* einen Doppelraum im vierten Stock, den sie sich anmieteten, doch die Kundenzahl wuchs so enorm, dass sie schon wieder neue Büroräume gebraucht hatten. Aus so einem Anlass packte man die Umzugskartons dann natürlich recht gerne. Vor allem konnte Beate darauf verzichten, Buchkisten bis in die vierte Etage zu schleppen. Es war eindeutig: Die Firma Beate Uhse war auf Expansionskurs. Zwar gab es etliche Steine, die ihnen ständig zwischen die Füße in Form von Anzeigen und Vorladungen geknüppelt wurden, aber bis jetzt hatten sie Glück gehabt. Toi, toi, toi, immer wenn Beate draußen unterwegs war und an die laufenden Verfahren dachte, spuckte sie auf den Boden. Das hatte sie als Kind auf Gut Wargenau den Stallburschen abgeschaut, und seitdem war es auch bei ihr eine Angewohnheit geworden. Natürlich drehte sie vorher den Kopf, um zu sehen, dass keiner in der Nähe war. Und es hatte geholfen. Bis jetzt war sie aus allen Verhandlungen mit einem Freispruch herausgetreten. Toi, toi, toi. An den allerersten Freispruch vor dem Flensburger Gericht vor fast genau einem Jahr erinnerte sich Beate noch gut. Sie war so nervös gewesen wie bei dem allerersten Theaterauftritt im Landschulheim Juist und hatte sich bei der Gerichtsverhandlung zusammenreißen müssen, um nicht in die Tischplatte vor sich zu beißen. Zu ihrer großen Erleichterung war alles gut gegangen, damals hätten eine hohe Geldbuße und das Verbot ihrer *Schrift X* möglicherweise das Aus ihres Unternehmens bedeutet. Ihr Anwalt Kickstat hatte den Begriff *unzüchtig* in den Fokus gerückt. »Was ist denn unzüchtig?«, hatte er provokant gefragt und in der Verteidigungsschrift auf das Grundgesetz verwiesen. »Jeder hat das Recht auf die freie Entfaltung seiner Persönlichkeit, soweit er nicht die Rechte anderer verletzt und nicht gegen die verfassungsgemäße Ordnung oder das Sittengesetz verstößt. Somit ist auch das Recht der freien Selbstbestimmung enthalten, ob aus Geschlechtsverkehr Nachwuchs gezeugt werden sollte oder nicht.« Das Gericht hatte das Dilemma durchaus erfasst und dazu den einer Gesellschaft zugrunde liegenden Wandel benannt, dass das, worüber noch vorgestern die Menschen die Nasen rümpften, heute als normal gelten würde.

Es hieß, dass sie weder das Schamgefühl noch die öffentliche Moral verletze und man ihr somit weder Beleidigung noch Betrug vorwerfen könne. Dann war ihr auch egal gewesen, dass der Oberstaatsanwalt ihr Geschmacklosigkeit unterstellt hatte, das war ja nicht strafbar. Sie bekam aber die Auflage, dafür zu sorgen, dass die Kunden wussten, welche Art von Werbung sie da im Briefkasten liegen hatten, bevor sie sie aufschlugen. Sonst wäre es eine Verletzung der Persönlichkeitsrechte. Es bräuchte so etwas wie eine Vorabmeldung. Eine schwierige Aufgabenstellung. Selbst wenn man als Warnung direkt auf das Titelblatt *Vorsicht – Inhalte könnten erotisieren* drucken würde, konnte man sich nicht sicher sein, dass das nicht überblättert wurde.

Ein zitierter Vers beim gemeinsamen Abendessen mit Elfriede[130] über die Liebe aus dem *Hohelied* brachte sie auf eine gute Idee: *Setze mich wie ein Siegel auf dein Herz und wie ein Siegel auf deinen Arm. Denn Liebe ist stark wie der Tod, und ihr Eifer ist fest wie die Hölle.*

Das mit dem Siegel war der Schlüssel. Beate drückte der Tante voller Dankbarkeit die Hand und versprach ihr für einen der nächsten Abende, ihre Spezialität zu kochen. Bratkartoffeln. Und so kam es, dass sie auf die nächste dickere Broschüre ein rotes Siegel klebten, mit der Information, dass man es erst brechen solle, wenn einem bewusst sei, dass das Heftchen Werbung für Sexualliteratur und hygienische Artikel enthalte, nur für Erwachsene bestimmt und unverlangt zugesendet worden sei. Lustigerweise erregte die Werbung durch diesen Hauch des Verbotenen und Geheimnisvollen noch mehr Aufmerksamkeit und zog erst recht Bestellungen nach sich. Diesen Effekt nutzten sie im selben Jahr, als im rheinländischen Mainz Erotikheftchen verboten wurden und auf der anderen Rheinseite in Hessen nicht. Sie machten daraufhin Banderolen um die Kataloge mit dem Aufdruck: *In Rheinland-Pfalz verboten,* was sofort einschlug. Das waren Gründe, warum sie erneut expandieren mussten. Mussten? Konnten!

Die hiesigen Büroräume waren Teil eines riesigen Gebäudekomplexes, der zu einer ehemaligen Eisengießerei gehörte. Ein Steinwurf vom Hafen entfernt, mit Garantie auf Möwengekrächze. Rote Backsteingebäude, die ein lang gezogenes eckiges Oval bildeten. In den letzten Tagen des Kriegs hatte eine Bombe einen der Speicher zerstört und in einem weiten Umkreis durch die Detonation das Glas der Fenster in kleinste Splitter zerborsten. Von den Spuren des Kriegs war mittlerweile nichts mehr zu sehen. Der Trakt, in dem Beate Uhse saß, schaute direkt aufs Wasser, und wenn man sich weit aus den Fenstern der Büroräume lehnte, konnte man die metallenen Buchstaben sehen, die das Wort *Eisengießerei* bildeten. In den Seitenbauten daneben hatten sich unter anderem eine Milchuntersuchungsstelle sowie ein Grundstückseigentümer-Verein eingenistet. Es kam einem fast vor, als würde sich die Stadt jeden Monat aufs Neue erfinden und ständige Veränderungen zum Alltag gehören. Vor allem jetzt, da es schneite und regnete und sich das Leben hauptsächlich in den Häusern abspielte, hatten die Menschen Zeit für Ideen und Pläne.

Die Frau, die zur Tür hereingekommen war, Beate die Hand schüttelte und sich gegenüber auf einen Stuhl niederließ, trug einen langen roten, warmen Mantel mit großen Taschen. Sie zupfte sich ihre weißen Handschuhe von den Händen, legte ihren Hut sowie ihre Handtasche neben sich auf den Boden und schlug ihre Beine übereinander, über die sich ein schwarzer Rock spannte. Sie strich sich eine Strähne ihrer blonden, ordentlich gewellten Haare aus der Stirn, die ihr bis zur Schulter reichten. »Ja, richtig. Schubert. Anneliese Schubert ist mein Name.[131] Und natürlich nehme ich mir Zeit. Immerhin will ich ja gerne die von Ihnen ausgeschriebene Stelle haben, Frau Rotermund.«

Beate registrierte, wie Anneliese ungeniert ihre Habseligkeiten auf den Boden neben sich gelegt hatte. Vor diesem Bewerbungsgespräch war eine andere Dame auf dem Platz gesessen, die sich die komplette Zeit an ihren Hut geklammert hatte, als ob jeden Moment ein Team von professionellen Entführern hinter der Tür hervorspringen würde.

»Was machen Sie in Ihrer Freizeit?«, fragte Beate. Sie selbst trug eine bequeme schwarze Hose und ein warmes schwarzes Oberteil. Ein braun-weiß karierter, selbst gestrickter Schal der Tante wärmte ihren Hals. Die ohrkurzen Haare lagen in einem Seitenscheitel ordentlich auf dem Kopf. Als Gesicht ihrer Firma wollte sie modern, aber nicht zu sexy wirken. Sie wollte ja Vertrauen gewinnen und keine Ehemänner ausspannen. So hatte es zumindest Ewe formuliert, der ihren sportlichen Stil sehr mochte. *Das passt zu dir, Liebes,* hatte er gesagt. *Wenn du einen Raum betrittst, dann erfüllst du alles mit so einer starken Energie, da würde alles zu Weibliche einfach nur ablenken.*

Verwundert antwortete Frau Schubert. »Ich kümmere mich um den Nutzgarten meiner Eltern, na ja ... jetzt mit dem Schnee kommt das weniger zum Tragen. Und ich helfe meinem Bruder, der seine Frau verloren hat und nun mit vier Kindern alleine dasteht.«

»Treiben Sie Sport?«

»Ähm ... früher mal, ja. Schwimmen und Gymnastik, warum fragen Sie?«

»Ich weiß gerne, mit wem ich es zu tun habe.« Beate lächelte und fuhr fort: »Aber Sie sind nicht gebürtig aus Flensburg, das höre ich.«

»Nein, exakt. Ich bin erst vor Weihnachten aus Köln hierhergezogen. Die Situation meines Bruders war einer der Hauptgründe, aber das läuft ja jetzt, dank Schule und der Nachbarin. Ich arbeitete vorher als Schreibkraft für den Volkswartbund, und da Sie auch eine Sekretärin suchen, da dachte ich ... das passt vielleicht.«

»Volkswartbund? Aha ... Wie stehen Sie denn dazu?«

»Ganz ehrlich? Ich bin heilfroh, da aufgehört zu haben. Je

mehr man als Frau dort Einblick erhält, desto gruseliger erscheint es einem.«

Beate beugte sich auf ihrem Stuhl nach vorne. »Wie meinen Sie das?«

»Mhm …« Frau Schubert schaute über ihre Schulter, als ob sie sich vergewissern müsste, dass niemand lauschte. »Na, jetzt an Neujahr der Skandal mit dem Krankenhaus in Bamberg und den Zwangsuntersuchungen an Frauen wegen der Geschlechtskrankheiten?[132] Offiziell sollte das ja längst eingestellt worden sein, wurde aber immer noch gemacht. Die Frauen wurden da hingeprügelt, heißt es. Schrecklich. Das sind alles so … so Blüten, die als Saat der Kriegstage aufgehen. Seit diesem Jahr dürfen ja die alten NS-Beamten wieder in den öffentlichen Dienst. Das merkt man schon. Manche betrachten uns Frauen wie so eine Art … eine Art Ding, als ob wir eine Gefahr wären.« Sie strich sich ein paarmal über den Rock. »Ich rede ganz offen. Wir sind ja gefühlt in die Zeit unserer Großeltern zurückgefallen, als Frau ohne Ehemann darf ich offiziell gar kein … keinen Geschlechtsverkehr haben, es reicht ja schon fast aus, einen Mann auf der Straße zu küssen, und man hat eine Strafanzeige wegen Erregung öffentlichen Ärgernisses am Hals. So schlimm war es nicht einmal zur Kaiserzeit. Und der Volkswartbund ist da die treibende Kraft, wie bei dem Schund- und Schmutzgesetz und bei der hetzerischen Verfolgung von Homosexuellen. Seitdem die staatliche Förderung erhalten … und jetzt unter Adenauer …«

»Dann wechseln Sie quasi …«

Die Frau nickte: »Ja, dann wechsle ich quasi die Seiten.« Ein Lächeln erhellte ihr Gesicht. »Und das ist auch genau richtig so. Vielleicht kann ich Ihnen ganz nützlich sein. Schleswig-Holstein[133] ist zumindest um ein Vielfaches humaner und liberaler als Bayern. Bis es hier zu Anklagen kommt, muss es schon brennen.«

Beate stand wortlos auf, ohne eine Miene zu verziehen, und

streckte ihrem Gegenüber die Hand hin. Anneliese erhob sich zögerlich, auf ihrem Gesicht spiegelten sich verschiedene Emotionen wider: überrascht, enttäuscht, resigniert, doch schüttelte sie Beates Hand mit einem festen Griff, wünschte einen schönen Tag und ging zur Tür.

»Ihnen auch«, sagte Beate. »Und bis morgen.«

»Bis morgen?« Frau Schubert drehte sich um.

»Ja, zehn Uhr, seien Sie bitte pünktlich an Ihrem ersten Tag, dann kann ich Sie in Ruhe einweisen.«

»Oh! Bis … bis morgen. Danke!«

Beate blieb noch etwas sitzen, sie hatte die Zeitschrift *Quick*[134] aufgeschlagen und starrte auf ein Foto, das Elly Beinhorn bei einem entspannten Plausch mit Hanna Reitsch zeigte mit der Bildunterschrift: *Zwei Heldinnen der Luft, die leider nicht mehr fliegen können wegen des Kontrollratsgesetzes und der Demilitarisierung.* Es stand kein Wort dabei über ihre militärische Vergangenheit. Hatte die Reitsch nicht die Sturzflugbremse als Testpilotin erprobt, die später die Stukas mit zu den besten fliegenden Waffen werden ließ? Beate tastete mit ihrer Zunge zwischen zwei Zähnen herum. Es schien sich etwas verhakt zu haben.

* * *

Als Beate in den Marienkirchhof einbog, kam ihr Elfriede entgegen. Sie trug einen leichten Koffer in der einen Hand und zog sich mit der anderen fest den Mantel vor der Brust zusammen. Es war so kalt, dass der Atem in der Luft zu gefrieren schien, direkt nachdem er den Mund verlassen hatte.

»Darf ich?« Beate nahm ihr den Koffer ab und begleitete sie zur nächsten Bushaltestelle, von wo aus sie ein Bus bis zum Bahnhof bringen würde. Elfriede wollte ihre alte Freundin Ida Frohnmeyer in Basel besuchen.

»Weißt du«, sagte Elfriede und hakte sich bei Beate ein.

»Wenn man etwas Trübsal bläst, gibt es nichts Besseres als Abwechslung und gute Freunde um sich, die einen manchmal besser kennen, als man sich selbst kennt. Beate, ich habe dich noch nie mit einer Freundin gesehen?«

Die Frage schnitt eine kleine Bresche in die kalte Luft.

»Ja? Kann sein, aber erzähl doch, war es Ida, die in Indien aufgewachsen ist?«

Elfriede nickte. »Ja, und in Schottland hat sie später auch gearbeitet. Früher war sie Kindergärtnerin und Lehrerin und kam dann, dank Hermann Hesse, mit dem sie eng befreundet ist, zum Schreiben.«

»Und du kamst, dank ihr, zu deinen Novellen.«

»Das ist richtig. Ach, Beate, du scheinst mir besser zuzuhören als Ewe und der Rest der Familie. Ja, sie hat mir vor vielen, vielen Jahren geraten, meine Gedanken zu Papier zu bringen. Und jetzt? Im Sommer gehe ich auf Lesereise. Beate, vielen Dank, dass du meinen Koffer getragen hast, versprichst du mir …«

»Ja, klar.« Beate drückte die Hand der herzensguten Frau und verabschiedete sich. »Du bist mir ein Vorbild, weißt du? Im Krieg wurdest du von der Reichsschrifttumskammer ausgeschlossen, und jetzt bist du die gewählte Präsidentin des Flensburger Schriftsteller-Clubs.«

»Was soll ich auch machen, Robert ist tot und kann kein Bischof mehr werden!« Damit stieg Elfriede in den Bus und winkte Beate zu, die sich umdrehte und die Straße zurücklief.

Natürlich würde Beate ihr Versprechen einhalten und keine Schriften aus dem Marienkirchhof heraus vertreiben, die gegen Gott lästerlich waren. Aber was war schon ein Laster? In ihren Augen war es eine viel größere Sünde, wie die Gesellschaft mit zweierlei Maß agierte. Durch die ganzen Briefe und Gespräche mit den Frauen, die sich voller Vertrauen mit ihren intimsten Anliegen an sie wendeten, kristallisierte sich eine Sache stark heraus: Der Mann hatte überhaupt keine Ahnung von Intimität. Es war fast so, als würden Frau und Mann im Bett zwei verschiedene Sprachen sprechen. Es ging sogar so weit, dass die ganze Schuld, wenn es im Bett nicht mehr funkte und stattdessen Frust herrschte, auf die Frau geschoben wurde. Anstatt dass beide nett zueinander und nett aufeinander waren. Dabei wusste Beate selbst nur zu gut, dass neben dem Gefühl und der Geborgenheit auch eine gewisse Technik im Bett nötig war, um die Frau zu ihrem Höhepunkt zu bringen. Das hatte nichts mit der weiblichen Frigidität zu tun, sondern einfach mit der Anspruchshaltung des Mannes, der oft genug auf sein Recht der Befriedigung bestand und weder etwas vom Vorspiel hielt, noch darauf achtete, dass die Frau mit einer trockenen Scheide wohl nicht so viel Spaß am Akt hatte wie er gerade.

Beate schüttelte ihren Kopf, als sie die Treppe in den ersten Stock zur Wohnung hochlief. Was sich in den Betten der Deutschen tat, war mehr Trauerspiel denn Freudenmarsch. Mehr Chopins *Trauermarsch* denn *Beethovens Ode an die Freude*. Ihr kam das Wort *Geburtshilfe* in den Kopf, und sie musste lachen, während sie an die Haustür klopfte. So hätte es ihre Mutter wahrscheinlich bezeichnet. Die Leute sollten sich locker machen, der Natur ihren Lauf lassen und genießen, wenn es an der Zeit dafür war. Sex war doch keine Einbahnstraße oder Soloveranstaltung.

Vor fünf Jahren hatte sie den ersten Entwurf für ihre *Schrift X* geschrieben, die sich rund 32 000-mal alleine bis zur Währungsreform verkauft hatte. In einem der Bücher, die sie jetzt anbot, wurde diese Verhütungsmethode ausführlich erklärt, somit hatte sie die *Schrift X* eingestellt. Und seit diesem ersten Artikel expandierte sie stetig. Zwar langsam, was den Umständen geschuldet war, aber immerzu. Anfangs hatte sie noch genau überlegen müssen, ob sie das Risiko eingehen konnte, zehn Exemplare von *Unter vier Augen* zu bestellen, um eins kostenlos dazu zu erhalten und Porto einsparen zu können. Jeder Pfennig hatte beim Wareneinsatz bedacht werden müssen. Davon war sie mittlerweile weg. Weit weg.

Es gab auf dem Markt einen enormen Nachhol- und Aufklärungsbedarf, und da war durchaus finanziell etwas zu holen. Wie viel, würde sich noch herausstellen. Und sie, Beate, könnte dabei die Geburtshelferin spielen, also beim selbstbestimmten, erfüllten Sex für die Frau. Sie hatte das Gefühl, dass sie gerade erst am Anfang stand mit ihrem Unternehmen. Erst am Anfang!

»Du lachst?« Ewe hatte ihr die Tür geöffnet. Auf seinem Arm saß der kleine Ulrich, und an seiner Hand zupfte Klaus. Ein Duft nach Braten zog durch die Wohnung. Wenn Beate morgens arbeitete, passten er und Helga auf die Kinder auf und kümmerten sich um den Haushalt. Nach der Arbeit ging Beate einkaufen, oft kochte sie dann, und nach dem Essen blieb sie bei den Kindern, während Ewe sich um Versand und Bestellung oder Werbeideen kümmerte. Traf man sich am Abend wieder, besprach man die Ereignisse. Es kam allerdings immer öfters vor, dass Beate den ganzen Tag wegblieb, da es in der Firma viel zu tun gab und Ewe lieber seine Ruhe in den häuslichen vier Wänden haben wollte.

Ewe zuckte mit den Schultern. »Helga hat den Braten von Elfriede bekommen, der musste wohl noch weg. Sie will ja etwas länger in der Schweiz bleiben. Gut für uns, nicht wahr?« Er kitzelte Ulli am Hals, bis dieser sich kichernd krümmte und versuchte, von dem Finger wegzukommen.

Beate nahm Ulrich und warf ihn hoch in die Luft, bis auf dem kleinen rundlichen Kindergesicht nur noch Freude erstrahlte. »Flieg, mein großer Schatz, flieg. Kennst du die Geschichte von Ikarus, der zu nahe an die Sonne kam? Nein, dann hör mal gut zu …«

Wenn die Tante verreist war, benutzten Ewe und Beate ihr Schlafzimmer. Ein Zimmer nur für sie zwei. Das war ein Luxus, den sie gerne annahmen.

Beate hatte auf dem Boden Blätter mit Skizzen einer neuen

Werbeidee ausgebreitet und kniete darüber, um jedes Detail genauestens zu studieren, dabei unterhielt sie sich mit ihrem Mann, der in einem Buch las. »Ewe, ist mit Elfriede alles gut?«

»Warum fragst du? Aber ja.«

»Sie schien so traurig.«

»Ach, was für ein Stuss. Wenn sich eine Person nicht unterkriegen lässt, dann sie. Wusstest du, dass sie während des Kriegs selbst Beerdigungen durchgeführt hat?« Auf Beates Kopfschütteln fuhr er fort. »Aus Protest wegen der Rolle der Kirche unter Hitler sind doch einige ausgetreten, und denen wurde dann nach dem Tod ein christliches Begräbnis verweigert. Und jetzt rate mal, wer sich da allen Ansagen widersetzt hat und das selbst in die Hand nahm und die Grabreden sprach?« Er machte eine kleine Pause. »Aber mit mir ist nicht alles gut.«

Beate hob den Kopf.

»Ich vermisse die Sonne. Beate, wir müssen, sobald es geht wieder einmal Sonne tanken. Wir zwei, am Strand, so wie Gott uns schuf. Was steht bei Mose: *Und Gott der Herr sprach: Es ist nicht gut, dass der Mensch allein sei; ich will ihm eine Gehilfin machen, die um ihn sei.* Du bist das, Beate, du bist meine Gehilfin, extra von Gott für mich erschaffen.« Er sprang auf, fasste Beate unter den Knien und unter dem Rücken, hob sie in die Höhe und legte sie sanft aufs Bett. »Schenk mir Sonne, Beate.«

Sie küsste ihn, rollte sich zur Seite und wollte aufstehen. »Die Werbung, Ewe, das soll morgen in den Druck.«

»Ach was«, er bedeckte ihren Mund mit Küssen, sodass sie nicht mehr sprechen konnte. »Morgen früh kann Helga sich um die Kinder kümmern, dann ist immer noch Zeit. Beate. Du, mein strahlender einziger Stern.«

* * *

Am nächsten Tag ging Beate beschwingt den Weg am Wasser entlang zu den Büroräumen. Schnee bedeckte die Häuserdächer und ließ sie aussehen, als trügen sie feine weiße Mützen. Das Wasser schlug an die Kaimauern, die Möwen krächzten über den Köpfen, der Wind spielte mit Beates kurzen Haaren, eine ureigene Symphonie, die Beate ein warmes Glücksgefühl im Bauch gab.

Heute Morgen hatte sie beim Flensburger Handelsregister die Firma *Versandhaus für Ehehygiene Beate Uhse* eintragen lassen. Die Bezeichnung *Ehehygiene* hatte sie aus der Presse entnommen, ein keusches Wort, das die Ehe in den Mittelpunkt stellte und alles, was an wilde und ausufernde Erotik erinnern könnte, auf eine einsame Insel verbannte. Es gab in Deutschland etwa achtzig Versandgeschäfte, die Artikel rund um das Sexleben anboten, fast alle hatten irgendwelche Fantasienamen wie *Erotica, Takt* oder *Gummi-Vollmar*. Und alle versuchten, ihre Artikel so unschuldig wie möglich im Schatten der öffentlichen Wahrnehmung zu halten. Was natürlich zum Schiefgehen verdammt war, dafür sorgten solche Vereinigungen wie der Volkswartbund und die Kirche. Beate hielt daran fest, ihren Namen als Firmennamen zu benutzen. Auch wenn es bei der Anmeldung Probleme gab, da sie ja mittlerweile eine verheiratete Rotermund war. Doch durfte sich das Unternehmen Beate Uhse bereits einiger Bekanntheit erfreuen, daran sollte man festhalten, oder? Sie hatte das Gefühl, dass sich die Kunden in ihren Briefen viel leichter öffneten und auf eine persönliche Ebene kamen, wenn sie einen anderen Menschen vor sich hatten und kein anonymes Unternehmen.

Seit diesem Jahr hatte Beate vier Angestellte: Georg, der für den Versand die Bestellungen packte, Ina, die nun die Adressen abschrieb und mit ihr zusammen die Werbesendungen fertig machte, und einen richtigen Arzt, der unter dem erfundenen Namen Dr. Rath die Kundenfragen betreute und auch in den Prospekten als Experte zu Wort kam. Ein gut aussehender großer junger Mann mit schwarzen lockigen Haaren, der kein Geld für eine eigene Praxis hatte und voller Eifer seine Stelle ausfüllte. In dem Gebäude hatte er extra ein kleines Beratungszimmer mit schickem Holzfußboden, auf dem ein dunkelgrüner Teppich aus Baststroh lag, und um einen schwarzen Nierentisch standen lässig drei gelbe Sessel herum. Nicht zu flauschig, sodass die Kunden auch wieder gewillt waren zu gehen, aber bequem genug, dass sie lockerlassen konnten, um über Intimitäten zu sprechen. In den Broschüren machte Beate Werbung für diese kostenlosen Beratungstermine, und sie wurden reichlich in Anspruch genommen. Alleine oder zu zweit. Manchmal wünschten sich die anderen Uhse-Mitarbeiter, dass Dr. Rath rund um die Uhr Besuch hätte, bei Leerlauf war er nämlich mit dem Beantworten der Briefe beschäftigt und diktierte dafür Ina seine Sätze, die dank der dünnen Wände komplett durch alle Büroräume hallten. Leise reden war nicht so seins. Dafür wusste er einiges zu sagen auf die Fragen: *Wie kommt es, dass mein Mann immer will und dann keine fünf Minuten braucht*? oder *Meine Frau weigert sich, oben zu liegen, weil sie das als unnatürlich betrachtet, was kann ich machen?* oder *Mein Mann will, dass ich sein Gemächt in den Mund nehme, aber das ist doch sündhaft, oder?*.

Jetzt musste Beate nicht mehr selbst in Büchereien Bücher wälzen, wenn Dinge gewusst werden wollten, die ihren Erfahrungshorizont sprengten oder wo ihr etwas Fantasie für passende Antworten fehlte. Woher sollte sie auch wissen, ob es einen spezifischen Zeitpunkt für Geschlechtsverkehr gab, um das Geschlecht des Kindes zu bestimmen? Montag Junge, Dienstag Mädchen? Manche Leute kamen auf Fragen, die fern von Beates eigener Lebenswelt lagen, aber auch diese wollten und sollten ernst genommen werden. Erst durch solche Begegnungen wurde Beate so richtig klar, was für ein Privileg ihre Kindheit und Jugend gewesen waren. Zurzeit saß Beate an einer Auflistung von Ärzten aus der ganzen Welt, die Berichte und Untersuchungen zum Thema *Die Benutzung von Sexhilfsmitteln, um Ehen zu retten* erstellt hatten. Bis jetzt hatte sie schon über tausend beisammen, das würde sie beim nächsten Gerichtstermin präsentieren. Darauf freute sie sich jetzt schon.

Dr. Rath war aber nicht nur der Briefonkel des Hauses, sondern testete auch medizinische Präparate, die für den Versandhandel infrage kamen, und ermittelte so die Menge, in der die Tabletten und Cremes verpackt und ins Sortiment aufgenommen werden sollten.

Und dann war da noch die zuletzt Angestellte, Anneliese Schubert, die in etwa im Alter von Beate war und organisatorisch mitarbeiten sollte.

Nicht zu vergessen die neuen großen Geschäftsräume, Lagerräume und endlich Zeit, um nachzudenken. In den letzten beiden Jahren hatte sie vor lauter Rotieren und Funktionieren kaum die Muße gehabt, so richtig einen Plan auszuarbeiten. Sie war in diese Ehehygienesache mehr reingeschlittert, als geplant darauf zugesteuert. Ob sie ihrem alten Pilotenberuf nachtrauerte, abgesehen davon, dass sie diesen in Deutschland immer noch nicht ausüben durfte? Darüber hatte sie noch nie so richtig nachgedacht. Wie hatte ihr Vater früher gesagt: *Wenn dir das Leben etwas vor die Füße schmeißt, dann tu dir selber den Gefallen, bück dich und schau, ob es nett im Regal oder in deinem Leben ausschaut.* Dabei hatte er immer seine Brille auf der Nase zurechtgerückt und verschmitzt gelächelt. Von ihren Eltern gab es immer noch keine Neuigkeiten. Fast sechs Jahre nach dem Ende des Kriegs. Mit ihrem Bruder schrieb sie hin und wieder, er lebte bei Stuttgart und hatte ihr versprochen, seine Fühler auszustrecken, um etwas herauszufinden, aber große Hoffnung machte sie sich nicht mehr. Bei diesen Gedanken schnürte sich Beates Kehle zu, und sie musste gegen schändliche Bilder im Kopf ankämpfen, die ihr oft genug die Kraft zum Atmen rauben wollten, aber sie ließ sie nicht gewinnen. Niemals!

Anneliese Schubert trug denselben schwarzen Rock nebst weißer Bluse wie am Vortag. Nach einer kurzen herzlichen Begrüßung stellte Beate ihr die anderen Mitarbeiter vor, zeigte ihr die Räumlichkeiten, setzte dabei Wasser für Tee auf und zeigte auf den Schreibtisch neben ihrem eigenen. Der neue Arbeitsplatz. Beate hatte von Ina etwas Schokolade besorgen lassen, und diese lag nun verziert mit einer blauen Schleife als Willkommensgruß auf dem Platz.

Beate reichte ihr ein paar Blätter: »Frau Schubert, ich habe hier den Vertrag vorbereitet, den Sie sich gerne in Ruhe zu Hause anschauen können, und wenn Sie Fragen haben, reden wir morgen darüber. Ich sehe Sie im Organisatorischen bei uns. Die fünfundzwanzigtausend Kunden wollen betreut werden, das heißt, es geht in erster Linie um die eintreffenden Bestellungen und Briefe und um eine enge Absprache mit den anderen. Nicht, dass uns mal die Kondome ausgehen oder Eva aus Buxtehude keine Antwort auf ihre Fragen bekommt. Außerdem wünsche ich mir bei den Werbemaßnahmen Ihre Mitarbeit. Das wird Ihre erste Aufgabe sein: Bewerten Sie meine vorhandenen Werbetexte, seien Sie kritisch und machen Sie gerne Vorschläge zu den neuen Produkten. Bei Georg können Sie sich diese gleich abholen.« Beate schaute sie forschend an. »Was glauben Sie, was kommt bei uns an erster Stelle beim Umgang mit den Kunden?«

Anneliese legte ihren Kopf schief. »Verschwiegenheit und Sensibilität?«

»Genau. Und wir müssen immer unser Ziel im Auge behalten: Expansion. Das heißt Augen auf, was die Kundschaft sich wünscht, und Ohren auf, was die Konkurrenz macht. Denn wenn wir nicht liefern, dann machen das die anderen.«

Beate zeigte auf einen Stapel Broschüren, Zeitschriften und Zeitungen, die wohlgeordnet auf ihrem Schreibtisch lagen. Zwischen einigen Seiten schauten kleine Papierstreifen hervor, die besonders interessante Artikel kennzeichneten. »Dazu zählt auch viel lesen, aber wie ich Sie einschätze, machen Sie das sogar recht gerne. Jeden Tag treffen wir uns alle zusammen nach der Mittagspause für eine kurze Bestandsaufnahme und trinken einen Tee oder Wasser. Etwas Klatsch darf da auch gerne sein, wir wollen ja neben der Arbeit auch eine gute Zeit haben, oder? Waren Sie schon in dem Film *Die Sünderin* mit der Knef? Georg war da gestern drin, da bin ich schon gespannt, was er nachher erzählt.«

Vier Stunden später stand Beate mit ihren Angestellten um einen großen Tisch herum, auf dem sie ihre neue Werbebroschüre ausgelegt hatte. Der Teil mit dem Gemütlichen war zu Annelieses Erstaunen recht schnell abgehandelt worden, ihre Tasse Tee dampfte sogar noch, so rasch wurden persönliche Dinge wie der Skandalfilm mit Hildegard Knef – weder Beate noch Georg fanden die sieben Sekunden lang andauernde Nacktdarstellung der Frau besonders aufregend und verstanden den Aufruhr in den Medien nicht – abgehandelt. Der Film drehte sich um Prostitution, Armut, Vergewaltigung und am Ende Selbstmord. So sah es in der Realität nun mal aus, meinte Beate. Auch Flensburg hatte seine Ecken und Straßen, wo es Prostituierte gab, und Armut hatten sie alle kennengelernt. Vor allem die Vertreter der Kirchen liefen Sturm, verteilten Flugblätter, die Stimmung gegen den Film machten, sodass vonseiten der gehorsamen, folgsamen, leicht zu beeinflussenden Anhänger in den Kinosälen entweder weiße Mäuse ausgesetzt wurden oder Stinkbomben, in einigen Fällen gingen sogar Morddrohungen bei den Kinobesitzern ein. Vor allem Kardinal Frings stach hervor, der die Moralkeule hoch über seinem Kopf schleuderte, wie der Donnergott Thor mit seinen Blitzen umherwedelte. »Als ob es keine anderen Probleme gäbe«, kommentierte Georg. »Man denkt, der Wahnsinn des Kriegs ist vorbei, und alles kann endlich wieder normal werden, doch dann kommt der nächste Spinner um die Ecke.«

Ina schnalzte mit der Zunge. »Meine Eltern sagen, dass man nicht weit laufen muss, um hochrangigen Nazis zu begegnen.«

»Ina!«, sagte Beate mit einer mahnenden Stimme. Es gab Dinge, über die plauderte man nicht so leichtfertig in der Öffentlichkeit. Vielleicht unter vier Augen hinter geschlossenen Türen.

Ina wechselte das Thema und berichtete von einer Familienfeier. Ihre Mutter hatte sie gebeten, nicht ihre Arbeit bei Beate Uhse zu erwähnen, was Ina recht traurig machte, war sie doch stolz darauf, unabhängig ihr Geld zu verdienen und etwas zur Aufklärung der Gesellschaft beizutragen. »Was haben die denn alle nur? Es ist ja fast, als ob Geschlechtsverkehr so etwas wie eine Krankheit wäre«, beschwerte sich Ina, und Beate zuckte mit den Schultern. Ina war gerade achtzehn geworden, und manchmal wünschte sich Beate etwas von ihrer Leichtigkeit zurück. Früher hatte sie auch fliegen können, ohne Flügel und Motor. Diese Fähigkeit schien der Krieg gefressen zu haben.

Dr. Rath, der auch im Alltag so genannt wurde, präsentierte ein neues Präparat der Firma Hein & Co., das er zum Testen zwei Bekannten gegeben hatte, die mit schwachen Erektionen kämpften. »Ich verteile es noch an weitere Männer, die davon betroffen sind, aber ich muss sagen, dass die ersten Rückmeldungen sehr positiv waren. Ich habe bei den beiden auch keine Wechselwirkungen mit anderen Medikamenten feststellen können.«

»Was?«, meinte Ina.

»Tabletten. Viele, die im Krieg waren, sind an einer Tablettensucht erkrankt. Valium, Librium und Adumbran. Das tagsüber. Nachts folgt dann der Alkohol. Schwierig …«

Anschließend betrachteten sie die Werbeentwürfe von Beate. Eine Frau lehnte mit nacktem Oberkörper an einer Wand und hielt mit einer Hand ein Tuch fest, das ihre Blöße bedeckte, aber nicht die Brüste. Der andere Arm war über die

Augen gelegt. Daneben stand ein Text mit der Überschrift: *Stimmt in unserer Ehe alles?*

Anneliese las:

Nur mutige Menschen halten in ihrem Alltag inne, um über ihre Ehe zu reflektieren und genau hinzuschauen, ob ihre Partnerschaft glücklich ist oder ob gerade etwas falschläuft. Sehen wir uns die drei wichtigsten Punkte an, die eine harmonische Ehe ausmachen, nach Untersuchungen des Leiters des Instituts für Familienangelegenheiten Dr. Paul Popenoe in Los Angeles, der zudem ein ausgewiesener Experte auf dem Gebiet der Forschung bezüglich Ehe ist:
Einklang und gutes Verständnis beim Sex
Einvernehmen über die Freizeitgestaltung
Keine finanziellen Sorgen
Nicht nur der Kinsey-Report bringt es ans Tageslicht, sondern auch andere herausragende Wissenschaftler. Nicht das Geld steht an erster Stelle, sondern das Sinnliche, der Sex. Was bringt es dann, Überstunden zu schieben, um etwas mehr Geld auf dem Konto zu haben, wenn die Zufriedenheit doch zu Hause wartet? Ist die Frau glücklich, überträgt sich das auch auf die Partnerschaft.
Übernehmen Sie Verantwortung und geben Sie Ihrer Ehe eine neue Note, die zu einem festen Fundament für die Zukunft werden kann.

Mit freundlicher Empfehlung
Beate Uhse

»Mhm«, brummte Anneliese.

Beate zog die Augenbrauen hoch. »Das reicht mir nicht so ganz, kommen Sie schon, eine ehrliche Einschätzung.«

»Gut«, Anneliese ließ erneut ihren Blick über das Gedruckte schweifen und sagte: »Ich würde anstelle von *mutig* die Kunden mit *modern* ansprechen. Und der Satz mit dem Popenoe ist zu lang, daraus würde ich zwei machen, wir wollen ja die Kunden nicht zum Kopfzerbrechen bringen. Die folgenden drei Punkte finde ich sehr gelungen und ansprechend. Die letzten beiden Sätze würde ich auch noch ein wenig umformulieren, soll ich gleich? Und die Zeichnung … tja.«

»Tja?«, wiederholte Beate und lächelte amüsiert.

»Sie wissen ja, wie heftig über das Gesetz über die Verbreitung jugendgefährdender Schriften diskutiert wird und dass einzelne Bundesländer bereits schärfer schießen, was nackte Brüste auf Magazinen anbelangt. Nicht, dass Sie deswegen Ärger bekommen. Anfang des Jahres hat die Polizei in Bayern etliche Magazine beschlagnahmt.«

Beate tippte mit ihrem Finger auf das betreffende Bild. »Früher hieß das mal Schund- und Schmutzgesetz, und ich hoffe, dass sich das nicht durchsetzen wird. Was für eine Farce!«

Dr. Rath strich sich eine vorwitzige Locke hinter sein rechtes Ohr. »Das wurde doch Ende 49 durch einen Protest von Journalisten und Autoren wie Erich Kästner abgeschmettert, oder nicht?«

Anneliese nickte. »Wenn ich eins in den letzten Jahren gelernt habe, dann, dass die öffentliche Meinung durchaus das Gericht und die Gesetzgebung beeinflusst. Entscheidend, sagte Calmes immer, ist, was die Presse schreibt, das ist das Ausschlaggebende!«

Georg, der Anfang fünfzig war und früher auch als Pilot gearbeitet hatte, verzog sein Gesicht. »Das ergibt wirklich keinen Sinn, ich weiß noch ganz genau, wie wir in der Hitlerjugend dazu ermutigt wurden, junge blonde deutsche Mädchen zu beglücken. Und später?« Er pausierte und musterte kurz die anwesenden Frauen. »Die Wehrmacht hat doch die Bordelle bezahlt, es gab extra Ausweise dafür, in die das Datum, der Name der Dame und dann die Sanierung eingetragen wurde, übrigens mit dem Hinweis, dass nur mit Gummischutz … also untenrum … ähm Liebe gemacht werden sollte. Von wegen Spießbürger. Der Vergleich passt vorne und hinten nicht.« Er kratzte sich an der Nase.

Dr. Rath seufzte: »Die Presse ist da ja auf unserer Seite, habt ihr das mit dem Kabarettprogramm von Erich Kästner in München mitbekommen? Wie war das … ähm, Kästner stichelt, dass der Staat uns immens beeinflussen und einreden will, dass Dinge plötzlich ganz arg schlimm wären, über die wir ansonsten lachen oder den Kopf schütteln würden. Wie wurde er in der Zeitung zitiert: Das sei eine Entmündigung moderner Menschen.« Er klatschte sich voller Elan mit der Hand auf seinen Oberschenkel. »Da hat er recht. Ich will auch selber entscheiden dürfen, ob ich etwas anstößig finde oder nicht. Meine Eltern suchen mir schon lange nicht mehr meine Kleidung raus oder sagen, was ich essen oder denken soll.«

Ina zwinkerte ihm zu. »Ja? Seit wann?«

Anneliese stimmte in das Gelächter mit ein. Als es verebbte, ergänzte sie: »Ich finde diesen Kästner auch sehr mutig. Es stimmt, wenn er sagt, dass die Politik Augenwischerei betreibe. Anstatt das Arbeitslosenproblem anzugehen oder sich um die Wohnungsnot zu kümmern, wird über irgendetwas anderes diskutiert. Und er weiß, wovon er spricht, immerhin wurden auch seine Bücher von den Nazis verbrannt … Ganz ehrlich, glaubt ihr, dass die Jugend sich die Nacktblätter kauft oder die Erwachsenen?«

Alle blickten Ina an, die die Jüngste in der Runde war. Ina stockte. »Also … ich weiß nicht … Schaut mich nicht so an. Ich kauf das nicht.«

Anneliese nahm die Blätter mit der Werbung vom Tisch. »Ich nehme an, dass die Zeichnung so bleibt. Ich kümmere mich dann um den Text.«

Beate nickte. »Ja, die Brüste bleiben nackt. Vielen Dank.

Wer ist eigentlich dieser Calmes, den Sie erwähnt hatten? Der Name sagt mir was.«

»Michael Calmes ist der Generalsekretär des Volkswartbundes und mein ehemaliger Chef, ein sehr unangenehmer Mensch, das können Sie mir glauben. Der geht nicht nur in den Keller, um Spaß zu haben, sondern scheint dort auch zu wohnen. Na ja, manchmal muss man nehmen, was man bekommt.« Auf dem Weg zur Tür blieb sie stehen und drehte sich um. »Ich muss noch etwas loswerden. Ich finde es sehr erfrischend, wie sich hier unterhalten wird. Übrigens hat mein Bruder mir erzählt, dass im Juli in Flensburg ein großes Sängerfest stattfinden wird, wo viele Leute aus dem ganzen Umland anreisen. Vielleicht könnte man da mit Werbung ja noch etwas machen?«

Beate schmunzelte, sie hatte sich in Anneliese nicht getäuscht. Andere Menschen hatten selbst beim Durchstarten noch Bremsklötze vor dem Fahrgestell liegen, Anneliese nicht, die hatte den Motor bereits gestartet und alle Hindernisse vor der Maschine weggeräumt, als sie die Büroräume das erste Mal betreten hatte. Vor allem erfüllte sie die beiden Punkte sofort, die Beate sehr wichtig waren: das unverkrampfte, offene Reden über Sexualität und Direktheit. Sie lebten in einer Zeit, in der die Menschen das Wort *untenherum* benutzten, wenn sie über die Geschlechtsteile sprachen, und Aufklärung war nicht existent. Da musste man sich nicht wundern, wenn die Geburtenraten bald in die Höhe schnellen und der Frust im Ehebett unbekannte Ausmaße annehmen würde.

»Unzucht: Jede Befriedigung des Geschlechtstriebes, ohne Kinder zu wollen.«

Wilhelm Busch (1832–1908)

KAPITEL 18

Unzüchtiges

* * *

FAST EIN JAHR SPÄTER, ANFANG JANUAR 1952

BEATE UHSES BÜRORÄUME

Drei Tische hatte man zusammenstellen müssen, um Platz für alle Blätter zu haben, die ausgebreitet darauf lagen.

Es waren Blätter im DIN-A6-Format, eins passte dementsprechend viermal auf ein normales Schreibmaschinenpapier. Es waren zweiunddreißig Stück in Schwarz-Weiß. Somit brauchte man vier auf der Vorder- und Rückseite bedruckte DIN-A4-Blätter, um einen kompletten Katalog zu erstellen. Damit waren die Produktionskosten überschaubar.

Es war der Entwurf des ersten Katalogs[135], den Beate Uhse geheftet inklusive eines Rücksendebriefs als Werbung verschicken wollte. An der Stelle, an der die Briefmarke auf den Umschlag geklebt würde, stand: *Wenn keine Briefmarke zur Hand, bitte unfrankiert einwerfen.* Das würden wohl die allermeisten machen, also auf das Porto verzichten, war es doch ein kleiner

Anreiz für Unschlüssige und für diejenigen, die an einer ständigen Briefmarkenunterversorgung litten.

Georg, Ina, Dr. Rath und Anneliese standen mit Beate um die Tische herum. Alle mit gestrickten Pullis und einige mit Schals, Ina trug sogar fingerlose Handschuhe. Es war so kalt, dass man den Atem in der Luft als Nebel sehen konnte. Der Hausmeister hatte versprochen, das mit dem Heizen bald in den Griff zu bekommen. In dem Raum wechselten sich rege Diskussionen mit völliger Stille ab. Immer mal wieder nahm jemand eins der nummerierten Blätter in die Hand, runzelte entweder die Stirn, las leise murmelnd den Text oder für die ganze Gruppe laut daraus vor, um anschließend etwas anzumerken.

Georg hatte das Titelbild hochgehoben, worauf das Gesicht einer Frau mit leicht gewellten ohrlangen Haaren direkt in die Kamera schaute. Sie hielt den Kopf leicht schräg, der Blick unter dünn gezupften Augenbrauen ernst, der dunkel geschminkte Mund zum Hauch eines Lächelns verzogen. In dicken weißen Buchstaben prangte *Stimmt in unserer Ehe alles?* darauf. Der Hintergrund war komplett schwarz, was das Gesicht noch intensiver wirken ließ.

»Ich find das echt gut. So eindringlich. Fast ein bisschen feierlich.«

Beate lachte. »Feierlich? Wenn das nur alle so sehen würden. Dann gäbe es nicht so viele Prozesse vor Gericht.«

Ina betrachtete den Bestellzettel. »Frau Rotermund, warum gibt es denn keine Bilder zu den Prothesen? Den Text dazu finde ich auch sehr … mhm, grob, also ungenau. *Ein ernstes Problem jetzt glücklich gelöst.* Für eine Mark soll man sich einen ausführlichen Prospekt darüber bestellen. Funktioniert das?«

»Wir wollen die Leute ja nicht vor den Kopf stoßen, oder?« Auf den fragenden Blick von Ina fuhr Beate fort.

»Bei den Prothesen könnte es zu einem großen Schwung

neuer Strafanzeigen kommen. Und wenn wir das hier so verschlüsselt stehen lassen, dann sieht man das nicht direkt auf den ersten Blick. Wir verkaufen es als Hilfsmittel, wenn der Mann nicht mehr kann, also kriegsbedingt, aber die Frau natürlich noch ihre Bedürfnisse hat.«

»Wo ist dann das Problem?«, fragte Ina.

Dr. Rath mischte sich ein. »Liebe Ina, wenn Frau so eine Prothese hat, die das männliche Glied simuliert, dann braucht man den Rest des Mannes auch nicht mehr für den Geschlechtsverkehr, nicht wahr? Somit könnte es ein klitzekleines Problem geben, es unter ›natürliche Ehehilfe‹ laufen zu lassen. Unsere Sonderkondome, die die Frau zusätzlich stimulieren durch die besonderen Noppen, ziehen bereits einige Probleme nach sich.«

Ina zuckte mit den Schultern, auf ihrem Gesicht konnte man ablesen, dass sie die Prothesen aus dieser Perspektive noch nie betrachtet hatte, dabei bekam sie, genauso wie die anderen Angestellten, immer mal wieder Produkte zum Testen mit nach Hause.

Unter dem Tisch stapelten sich Zeitschriften und Werbematerial der Konkurrenz. Dr. Rath zog das aktuelle Heftchen der Firma Gisela von Schäfer hervor. »Warum haben wir eigentlich keine Kondome von Schäfer in unserem Angebot?«

»Fromms und Blausiegel reichen doch«, antwortete Beate.

»Ja, schon, aber Schäfer ist der größte Anbieter, da könnten wir vielleicht billiger einkaufen, oder nicht?«

Beate stützte sich mit beiden Händen auf der Tischkante ab. »Nein, das sollten wir nicht. Nicht, wenn wir Schäfer überflügeln wollen. Man wirft seinem Feind ja nicht noch Geld in den Rachen.«

»Oha, Feind«, wiederholte Georg, der von einem anderen Blatt laut vorlas: »*Von den Gefahren, die in unzähligen Ehen den Weg zur vollen Harmonie versperren, ist die Unwissenheit in sexuellen Fragen als größte zuerst zu nennen. Unwissenheit ist die Wurzel allen Übels – das hat der alte Sokrates schon vor 2450 Jahren gesagt.*«[136] Er machte eine Pause. »Ist das nicht ein bisschen dick aufgetragen mit Sokrates, und dann die ganzen Leute, die ständig zitiert werden?«

Alle anderen schüttelten gemeinsam die Köpfe. Ina hob das Blatt mit der Nummer zwei auf. »Doch, doch, genau das macht Eindruck. Hier kommen direkt am Anfang ein Arzt, ein evangelischer Pfarrer, eine katholische Schwester und ein Jurist zu Wort. Die sagen, unsere Produkte sind religiös okay und sie können Neurosen verhindern. Wenn das mal nicht knorke ist.«

Beate war zufrieden, Ina hatte es verstanden, dann würden das wohl auch die potenziellen Käufer verstehen.

Anneliese klopfte mit den Knöcheln ihrer Faust auf den Tisch. »Nicht nur das. Ganz unten steht: *Ablehnende Stimmen sind egal.* Das ist der Weg, das zeigt den Kampfgeist, der hinter Beate Uhse steht. Dazu die rein weibliche Sicht auf die ganzen Themen. Bei Schäfer heißt es zum Stichwort weibliche Frigidität, dass die Frau einfach kalt wie ein Kühlschrank sei. Nix mit einfühlsam und Problemsuche. Bei uns heißt es, dass der Mann da durchaus in der Verantwortung ist. Eigentlich besteht das Heftchen aus mehr verständnisvollem Text für die Alltagsprobleme im Bett als aus Warenangeboten.«

»So soll das sein.« Beate hatte an dem Katalog zusammen mit Anneliese und mit Ewe gearbeitet, wobei Letzterer seinen Kopf mit anderen Dingen voll hatte und nur halbherzig bei der Sache war. Er las viel über Ernährung und fuhr oft durch die Gegend, um sich beraten zu lassen. Die ganzen Gerichtsverhandlungen flößten ihm einen großen Respekt ein, und er suchte verzweifelt nach einem zweiten finanziellen Standbein.

In diesem Moment ging die Tür auf, und er kam herein, die angefangenen Gespräche blieben in der Luft hängen wie hochgeworfene Bälle, auf deren Aufprall man vergeblich wartete. Ewes Gesicht, das sich gerade entspannt zu einem charmanten

Lächeln formte, hatte auch im Winter eine gebräunte Farbe. »Ah, ihr habt schon angefangen.« Er zog sich seinen schwarzen langen Mantel aus und wischte sich eine Haarsträhne aus dem Gesicht. »Seid ihr auch zu dem Schluss gekommen, dass man den männlichen Egoismus und die weibliche Frigidität herausnehmen sollte?« Über diesen Punkt hatte er lange mit Beate diskutiert, fast gestritten. Er wollte lieber auf Nummer sicher gehen und versuchte, jedwede mögliche Konfrontation mit den Gerichten zu vermeiden. Er konnte Beate allerdings nicht umstimmen, sie beharrte auf bestimmte Formulierungen wie: *Sollte es nicht eigentlich jeder Ehemann wissen, dass es auch für die Frau bei der körperlichen Vereinigung einen »Höhepunkt« gibt?* Manche Richter sahen die Sachlage so, dass, sobald Produkte dazu dienten, dass die Frau Vergnügen verspürte, der Strafbereich erreicht war. Geschlechtsverkehr sollte ausschließlich der Fortpflanzung dienen. Ewe fuhr fort. »Auch das mit der langsamer ansteigenden Erregungskurve der Frau hat Beate doch schon irgendwo anders untergebracht, oder nicht?«

Die Angestellten blickten zwischen Beate und Ewe hin und her. Unwohlsein hätte nicht bildhafter aussehen können.

»Lass doch gut sein, Ewe.« Beate wollte nach seiner Hand fassen, doch trat er ein paar Schritte weg. »Das störte bisher noch keinen und schau, wir haben eine ganze Seite Anzeige für unser erstes Dessous gemacht und einige Briefanfänge abgedruckt, das war eine gute Idee von dir.«

»Eine verdammt gute«, sagte Ewe. Er setzte sich auf einen Stuhl, der etwas abseits stand, schlug seine Beine übereinander und betrachtete die anderen, als würde er sich einen lustigen Film anschauen. Beate wusste, dass er eingeschnappt war, das passierte ab und an. In der Firma schrie er nie herum, hier nicht. Wie erzählten etliche Frauen in ihren persönlichen Briefen: *Seitdem mein Mann aus dem Krieg zurückgekehrt ist, kann er seine Stimmungen nicht mehr kontrollieren.* Oft betrachtete Beate sich als Leidensgenossin der Briefeschreiberinnen, bei einigen Fragen und Nöten konnte sie helfen, bei anderen auch nur mit verzweifeln. Eins war sie durch die Zuschriften auf jeden Fall: Sie war mitten im Geschehen, was in Deutschlands Häusern hinter geschlossenen Türen abging. Und dieses Wissen war pures Geld wert.

Anneliese zeigte auf zwei der Blätter, erklärte Ina die Überlegungen, die sie sich beim Entwurf gemacht hatten. »Der Titel lautet hier *Zwei hygienische Neuheiten*. Das *neu* dient als Signalwort, damit der Kunde das Magazin am besten irgendwohin legt und vielleicht später noch einmal reinschaut, es ist ja *neu*. Und hier …« Sie zeigte auf das Blatt mit der Überschrift: *Wann soll Ihr Baby kommen?*. »Hier kann die Frau nach Knaus sehen, wie viele fruchtbare Tage sie im Monat hat, das heißt, wir bieten hier eine Gratisleistung an, das dient dazu, Vertrauen aufzubauen, genauso wie unsere Geld-zurück-Garantie bei Nichtgefallen.«

Ina zupfte an einer Haarsträhne. »Schlau.« Das war das Einzige, was ihr dazu einfiel. Aber das traf es ja auf den Punkt.

* * *

DREI WOCHEN SPÄTER, ENDE JANUAR 1952

»Frau Rotermund«, schallte es aufgeregt durch den Flur. »Polizei, die Polizei.«

Im selben Moment knallte die Eingangstür auf, und sechs Polizisten standen mitten im Büro.

»Meine Herren«, Beate trat auf sie zu. »Ich wüsste nicht, dass wir heute einen Termin vereinbart hätten.« In den letzten fünf Jahren hatte Beate einiges an Erfahrung sammeln können, was den Umgang mit den verschiedensten ausführenden

Staatsgewalten anbelangte. Hin und wieder kam sie zwar ins Zittern, aber das mit dem »toi, toi, toi« funktionierte einwandfrei. Bei einem vergangenen Einsatz der Polizei hatten sie ihr einen Strick aus dem Paragrafen ›Beihilfe zur Unzucht‹ drehen wollen. Wie heute marschierten ein paar Polizeibeamte bei ihr auf, griffen wahllos aus ihrer Kundenkartei Namen nebst Anschriften heraus und verzogen sich damit. Ihr hauseigener Anwalt Dr. Kuntze[137] beantragte acht Wochen Zeit, um den Status der Kunden festzustellen. Glücklicherweise waren alle Kunden verheiratet gewesen und die Aktion somit ins Leere gelaufen. Wenn dem nicht der Fall gewesen wäre, hätte Beate mit einer hohen Geldstrafe, wahlweise Gefängnis rechnen können, und ihr blütenreiner, mühsam aufgebauter Ruf bezüglich der Anständigkeit wäre hinüber gewesen.[138] Doch wusste man nie, was der Staatsanwalt sich als Nächstes einfallen ließ.

Der älteste Polizist mit Bart und etwas verblasster Uniformjacke, die so stark über dem Bauch spannte, dass zwei der Knöpfe drohten, abgesprengt zu werden, reichte ihr ein amtlich abgesegnetes Blatt. »Zeigen Sie uns Ihre neuen Kataloge. Oder sollen wir alles selbst durchsuchen?«

Beate hob die Augenbrauen. »Aber natürlich. Machen Sie sich bitte keine Umstände. Was hätten Sie denn gerne? Die normalen Kataloge oder die Info-Schrift über die weibliche Frigidität *Frau Müller will sich scheiden lassen* oder über die männliche Impotenz *Mit Herrn Krüger stimmt was nicht?*. Falls Sie Fragen zu den Themen haben … Herr Dr. Rath nimmt sich bestimmt gerne kurz Zeit, und wenn Sie das nächste Mal vorher anrufen, dann könnte ich Kaffee vorbereiten.«

Sie konnte ja nicht ahnen, wie sich dieser Spruch später selbstständig machen sollte.

Die Polizisten schleppten im Laufe der nächsten Stunde laut schnaufend fünftausend Kataloge und Sexualaufklärungsschriften hinaus und verursachten durch das ständige Öffnen der Tür eine klirrende Kälte in den Büroräumen. Als die Beamten fertig waren, meinte Beate, die ihren Schal eng um ihren Hals gewickelt hatte und mit ihren Angestellten am Eingang stand: »Bitte verknicken Sie mir beim Durchblättern nicht die Seiten der Kataloge, Sie wissen ja, dass ich diese noch versenden will.«

Als die Polizisten grimmig schauend die Räume verließen, lächelte Ina einem zum Abschied zu. Auf den fragenden Blick von Anneliese meinte sie patzig. »Was? Der sieht doch nett aus.«

Anneliese grummelte. »Nett aussehen reicht nicht aus, glaub mir das. Wir leben in einer Zeit, in der der Ehemann immer noch darüber entscheidet, ob du arbeiten gehen darfst oder nicht.«[139]

»Pft«, machte Ina. Erst vor zwei Tagen hatte sie sich selbst noch darüber beklagt, dass ihre Freundinnen, die Zopfmädchen, beim Thema Sex oder Verhütung sofort abblockten. Darüber wurde gekichert und geschwiegen, kein Wunder, dass immer mehr Ehen geschlossen wurden, weil ein Kind unterwegs war, obwohl das Ehepaar selbst gerade erst aus den Kinderschuhen entwachsen war. Ina schenkte Anneliese einen giftigen Blick und lief weg, sich ihren dicken Mantel holen.

Beate räusperte sich, bis sie die Aufmerksamkeit aller hatte. »Mhm, wir haben diesen Monat über zwanzigtausend Kataloge verschickt, ich muss gleich mal die Listen durchgehen, welche Städte jetzt noch fehlen. Guckt mich nicht so an. Wir wussten, wenn wir gezielt die gut situierten Kreise anschreiben, dass es wieder Anzeigen hageln würde. Vielleicht hätten wir ein oder zwei der vier As sein lassen sollen. Die Apotheker sind sauer, weil sie selbst keine Verhütungsmittel bewerben dürfen, die Ärzte fühlen sich vielleicht auf den Schlips getreten, dass man in ihren Gefilden fischt, und die Anwälte … die sind halt Anwälte.«

Ina knöpfte sich ihren Mantel zu. »Und das vierte A?«

»Architekten, ach, da sind die ersten Bestellungen bereits

eingetrudelt, aber die Menschen mit Geld füllen das Alphabet ja glücklicherweise noch mit anderen Buchstaben aus.«

Georg grinste und wiederholte Beates Spruch: »›Wenn Sie das nächste Mal vorher anrufen, dann könnte ich Kaffee vorbereiten.‹ Na, ich denke, das war es doch erst einmal!«

Er sollte sich täuschen, in den nächsten zehn Tagen folgten fünf weitere Einsätze der Polizei in ihren Büroräumen.[140] Jedes Mal ohne Heißgetränk. Anfangs schleppten sie hinaus, was deutlich nach Verletzung irgendeiner Moral oder Paragrafen roch, dann nahmen sie Drucksachen mit, bei denen man mit der Nase schon ziemlich nah rangehen musste, um eine Spur aufnehmen zu können, und am Ende rafften sie alles zusammen, was Buchstaben abbildete und nicht irgendwo festgetackert war.

Ewe hatte sich nach der zweiten Durchsuchung nicht mehr in den Büroräumen blicken lassen. »Beate«, hatte er abends beim Essen gesagt. »Ich muss ehrlich gestehen, dass ich das nicht gutheißen kann. Meine Familie hat einen untadeligen Ruf in der Stadt, und du weißt ja, so etwas ist leicht verloren, aber schwer wiedergewonnen …«

»Und ich nicht?«, hatte Beate empört pariert. »Ich hab keinen guten Ruf zu verlieren? Aber soll man alles einfach hinnehmen, nur weil der andere eine Uniform trägt? Weißt du, wir haben in so kurzer Zeit eine so große Zahl von Käufern bekommen. Wir haben weit über fünfunddreißigtausend Kunden und zehn Angestellte …«[141] Ihre Stimme wurde wieder ruhiger. »Dahinter steckt harte, ehrliche Arbeit. Und wenn jetzt eine Handvoll streng moralisch denkender Menschen schreit, ich verstoße gegen Wertevorstellungen, dann duck ich mich doch nicht weg. Das sind nur ein paar Leute. Und diese paar wollen allen anderen ihre Meinung aufdrücken? Haben die ein Patent auf die Moral? Auf gar keinen Fall!«

Ewe rückte seinen Stuhl nach hinten, stand auf und umarmte Beate von der Seite. Küsste sie auf den Kopf, auf die Wange, auf den Mund. »Ich liebe dich für deine Stärke. Für deine Klarheit und für deinen Mut! Demokrit sagte schon: Mut steht am Anfang des Handelns, Glück am Ende.«

Am nächsten Tag waren beide wieder versöhnt. Eine Nacht voller Nähe und zärtlicher Erfüllung ließ bei beiden zuverlässig vorhandene Probleme schrumpfen und machte den Kopf frei für neue Ideen. Ewe würde in der nächsten Zeit von zu Hause aus neue Werbestrategien entwickeln und Kontakt zu weiteren Verlagshäusern aufnehmen, und Beate sollte über ein zweites unternehmerisches Standbein nachdenken und den nächsten Polizisten, der zur Tür hereinkäme, auf die Finger klopfen. Na ja, fast – sie schrieb eine Beschwerde gegen den Flensburger Oberstaatsanwalt Bourwieg[142] wegen Befangenheit und unsachlicher Handlungsnahme. Wenn sie ihm bei einer der Verhandlungen persönlich begegnete, sparte er nicht mit Beleidigungen: Sie betreibe ein schmutziges Gewerbe und solle zum Gelderwerb lieber Pullover stricken. Leider wurde ihre Anzeige gegen ihn fallen gelassen, doch hatte sie Glück, und es kamen in den nächsten Monaten keine weiteren Polizisten mehr vorbei, dafür trudelten im Wochentakt Anzeigen herein. Und Bestellungen. Letztere mochte sie lieber.

* * *

SECHS MONATE SPÄTER, MITTE JULI

GLÜCKSBURG

Es war an diesem Morgen bereits so heiß, dass sich die Luft im Zelt staute und man gut daran tat, ins Freie zu treten. Kondenswasser hatte sich an der Zeltinnenwand gesammelt und tropfte

Beate auf den Kopf. Sie öffnete den Eingang und scheuchte die beiden Jungs hinaus. Ewe stand bereits an einem kleinen Tisch, auf dem ein Druckkocher mitsamt Wassertopf schlummerte, und drehte an den Knöpfen, um das Wasser zu erhitzen. Für die Kinder hatte er bereits zwei Teller mit geschmierten Broten und frischen Gurken und Tomaten hingestellt. Im Sommer, unterhalb der Woche, verließ Familie Rotermund die Wohnung im Marienkirchhof und zeltete ein paar Kilometer weiter gen Nordost in Richtung Glücksburg. Direkt am Strand mit Blick aufs Wasser. An den Wochenenden ging es wie gehabt auf Sylt nach Abessinien oder hoch nach Dänemark, wo sie einen allerliebsten Zeltplatz nahe einem FKK-Strand entdeckt hatten. Manchmal konnte Sylt ganz schön überlaufen sein. Aus dem Naturistenführer FKK *in Europa* suchten sie sich für die Ferien immer mal wieder neue Ziele aus, wobei ihnen der französische Campingplatz Montalivet besonders gut gefallen hatte. Es war das größte FKK-Gelände der Welt. Der Strand war so weitläufig, dass das Auge und die anderen Gäste sich verloren. Die Wellen geschäumt und einschläfernd romantisch, das Wetter einfach nur ein Traum. Die Menschen spielten Ballspiele, trafen sich auf ein Getränk oder zockten Karten. Überall Kinder, überall Lachen. Direkt in einem Kiefernwald gelegen, das Blau des Ozeans erfüllte das Sein bis in den letzten Winkel der Seele. Das war für Beate der Inbegriff einer heilen Welt, so wie sie selbst groß geworden war. Das wollte sie auch ihren eigenen Kindern vermitteln, einen unverkrampften Umgang mit dem eigenen Körper, ein Sichspüren und das Gefühl, ein Teil vom ganzen Großen zu sein. Allerdings zog es sie nach ein paar Wochen spätestens wieder zurück nach Flensburg. An den Nabel ihrer ganz persönlichen Welt. Ihr Unternehmen.

Auf dem Zeltplatz bei Flensburg gab es ein Zelt für die Kinder, eins für Ewe und sie und ein drittes für die Verpflegung. In den Ferien stießen Bärbel und Dirk dazu, die die restliche Zeit in

Frankfurt bei ihrer Mutter und dem Stiefvater lebten. Nach dem Frühstück fuhren sie zum Duschen ins Pastorat, und dann wurde aufgesplittet: Beate ins Büro, Klaus in die dritte Klasse der hiesigen Grundschule, Ulrich in die Obhut von Helga, und Ewe wählte spontan, ob er lieber noch zu Hause an Konzepten und Texten arbeiten wollte, oder er verkrümelte sich nochmals an den Zeltplatz. Im Büro tauchte er oft erst gen Mittag auf. Sonnenanbeter wäre eine passende Bezeichnung für ihn gewesen. Manchmal dachte Beate, dass er ohne Sonne verhungern würde. Ewe mit einer Zeitung oder einem Buch vor der Nase in den hellen, grellen Lichtstrahlen, das bedeutete einen entspannten Mann. Nach der Arbeit ging Beate oft mit ihm laufen oder schwimmen. Sport gehörte zu ihnen wie der Sauerstoff in die Luft. Wenn sie aufgrund von extrem miesem Wetter nicht dazu kam, dann konnte sie ziemlich schlechte Laune schieben.

Noch saßen sie beim Frühstück und lauschten dem Schwappen der Wellen, ihrer liebsten Tischmusik. Beate nahm eine Erdbeere aus einer Schüssel und biss genussvoll ab. Ewe betrachtete sie und fragte: »Beate, was glaubst du, was werden wir wohl in zwei, drei oder fünf Jahren so machen?«

Sie stockte mitten in der Bewegung und hielt die halbe Frucht zwischen den Fingern. Klaus schlich sich an, schnappte diese und sprang zum quietschenden Vergnügen von Ulrich lachend davon. Beate grinste und nahm sich eine neue Erdbeere. »Ich? Puh, das ist einerseits schwer und andererseits leicht. Ich wünsche mir, in fünf Jahren in einem großen Bürokomplex zu sitzen, der mir ganz alleine gehört. Weißt du, damals beim Brücker Flugzeugbau befand sich auch alles unter einem Dach. Dann würden meine Wege zwischen Lager und Büro wegfallen.«

»Ich meine, was mit uns dann ist«, sagte Ewe.

»Mhm, wir haben uns ein eigenes Haus gekauft, am Wasser?«

Ewe nahm ihre Hand und streichelte sie zärtlich. »Ich will reisen, ich will unterwegs sein, der Sonne hinterher. Ich will noch so vieles sehen. Wie die Wolken den Süden küssen, wie der Wind den Staub von Frankreich nach Italien treibt.« Er machte eine Pause und berührte ihre Fingerspitzen mit seinem Mund. »Ich will den Vögeln nachreisen, wenn sie in ihr Winterquartier fliegen, und ich will nach Rom und Griechenland. Zur Wiege der Philosophie und der Lebenskunst.«

Ein amüsiertes Lächeln spielte um Beates Mund. »Willst du mit unserem Blitz dorthin düsen?«

Der blaue Opel Blitz war die heiß geliebte Familienkutsche und wurde auch für die Firma eingesetzt. Sobald neue Werbung in der Mache war und die Telefonbücher oder spezielle Register mehr als tausend Adressaten in einer Region ergaben, packte Beate ihre Tasche und fuhr mit dem Blitz los, um die Briefe vor Ort an der Poststation aufzugeben. Es war einfachste Mathematik, und obwohl Beate darin nie besonders geglänzt hatte, leuchtete das Ergebnis so hell wie ein Rollfeld in der Dunkelheit: Als Fernbrief musste sie zwanzig Pfennige pro Stück zahlen, als Ortsbrief nur zehn. Bei tausend Briefen war das eine Ersparnis von hundert Deutschen Mark. Bei der nächsten Tour, die runde zwei Wochen dauern würde, hätte sie vierzigtausend Briefe dabei. Manchmal begleiteten sie die Kinder. Zelterprobt und druckkochererfahren waren sie ja. Sobald sie aus Flensburg draußen waren und die Straßen sich zogen, erschallte dann alsbald klassisches und lustiges Liedgut aus dem Auto. »Wer Auto fährt, muss auch singen«, sagte Beate immer, und die Kinder taten ihre gerne den Gefallen. Das Portogeld hatte sich Beate unterwegs in einer schweinsledernen Tasche an den Körper geschnallt, waren es doch zwanzigtausend Mark, dafür würden einige wohl morden.

»Bis dahin können wir uns ein Wohnmobil leisten und werden in den besten Restaurants auf dem Land speisen.« Ewe stand auf und legte sich, wie ein Kellner, ein Handtuch über seinen ausgestreckten Arm. »Madame, was kann ich Ihnen bringen?«

Mit einem Blick auf die Kinder antwortete Beate. »Die Rechnung, aber bitte erst heute Abend im Zelt. Bis dahin gerne die Zeitung. Sag mal, hast du mir nicht von dem neuen Buch über Werbung aus den USA erzählt? Bist du damit schon durch?« Während Ewe die Teller in eine flache quadratische Plastikbox für einen späteren Abwasch räumte, schlug Beate die Zeitung auf.

»Ja, hab ich, ich denke, dass wir auf dem richtigen Weg sind. Es geht darum, aus der Masse herauszustechen, und das gelingt dir ja recht gut. Ich glaube nicht, dass Schäfer so viel Post bekommt mit Fragen wie du, und das verbindet dich mit den Kunden. Das ist das wichtigste Element: Vertrauen. Und dann kannst du auch die Produkte verkaufen. In einer Zeit, in der die Himmler'sche Polizeiverordnung immer noch Gültigkeit hat und Werbung für Verhütungsmittel verboten ist.« Er schüttelte den Kopf und rief zu den beiden Jungs, die Steine in das Wasser warfen. »Klaus, Ulli, wir fahren in ein paar Minuten, ja!«

Die beiden winkten und spielten weiter.

»Gut, dass wir unsere Kondome haben.« Beate blätterte die Zeitung um und verschwand bis zu ihrem blonden kurzen Haarschopf dahinter. »Der Abverkauf ist relativ stabil.«

Sie sah nicht, wie Ewe erneut mit seinem Kopf wackelte und sie unzufrieden betrachtete. »Was war denn jetzt mit der Klinik?« Beate war durch Zufall auf eine Investitionsmöglichkeit gestoßen. Dr. Fritz Wiedemann[143] hatte direkt am Starnberger See in Ambach ein Sanatorium eröffnet. Im elterlichen Ferienhaus, dem prunkvollen Waldschlösschen, war aus einer kleinen Arztpraxis eine Kurklinik erwachsen, beziehungsweise Kurklinikchen, es musste erst noch weiter ausgebaut werden. Pläne dafür existierten bereits, er brauchte aber Investoren und Leute, die vor Ort mitorganisieren wollten.

»Ich hab von ihm bereits eine Antwort erhalten«, sagte Beate. »Die Idee für seine Frischzellenkur kommt aus Russland, es verlangsamt wohl in erstaunlichem Umfang die Alterungsprozesse und beschleunigt Knochenheilungen.«

Ewes Stimme klang interessiert. »Wie funktioniert das denn?«

»Irgendwelchen Tieren, ich glaube Hasen oder Pferden, wird dein Blut gespritzt, dadurch entwickeln sich im Tier Antikörper. Diese werden dir dann zurück in deine Adern gejagt, wenn ich es richtig verstanden habe. Das soll die Abbauvorgänge radikal verlangsamen. Ich schau mir das im Laufe des Jahres mal vor Ort an, magst du mitkommen?«

»Sollte nicht einer von uns hier bei der Firma bleiben?«, fragte Ewe.

Beate zuckte mit den Schultern und blätterte weiter. Ewe befand sich wieder in einem Unruhezustand. Sie hatte das Gefühl, dass dies mit den aktuellen Meldungen über den Koreakrieg zusammenhing. »Ach, hör mal, der Kemmerich aus Husum, unser Wunderschwimmer, hat es bis Hörnum auf Sylt geschafft, und bei der nächsten Etappe ist er ertrunken. Das war doch der, der ein Wettschwimmen gegen einen kalifornischen Seelöwen gemacht hat.«

»Und?«

»Er hat gewonnen. Der Seelöwe gab nach achtunddreißig Stunden auf. Er schwamm noch zehn Stunden länger.[144] Jetzt ist er tot. Kann ich gar nicht glauben. Und hör mal«, Beates Finger tippte auf eine Schlagzeile. »Das ist ja nett. Hast du das mit dem geplanten Lastenausgleichsgesetz gelesen? Wenn ich Glück habe, bekomme ich eine Ausgleichszahlung für den Verlust von Gut Wargenau.«

Ewe zog die Nase hoch. »Dann musst du das aber mit deinem Bruder teilen, oder?«

Beate nickte. »Das Gute daran ist, dass er sich darum kümmern wird. Er arbeitet bei der Justiz. Das nenne ich mal praktisch.«

Ihr Bruder Ulrich hatte Nachforschungen über den Verbleib der Eltern anstellen lassen und ihr übers Telefon mitgeteilt, dass weder der Vater noch die Mutter am Leben seien. Als die Russen nach Gut Wargenau gekommen waren, hatte eine Nachbarin beobachtet, wie die Eltern mit hocherhobenen Händen über dem Kopf vor dem Haus gestanden hatten. Der Vater war sofort erschossen worden, die Mutter als Krankenschwester eingesetzt, bis diese vor lauter Kummer und am gebrochenen Herzen gestorben war.

Ewe holte Wasser, wusch die Teller ab und schaute über seine Schulter auf die Zeitung. »Blätter mal zwei oder drei vorwärts, Heinz Rühmann hat Konkurs mit seiner Filmfirma Comedia anmelden müssen.[145] Wurde er nicht bei der Entnazifizierung komplett reingewaschen? Na ja, im Artikel wird er wieder als gnadenloser Major bezeichnet. Puh, da wird er wohl mit seinem Privatvermögen drinstecken und erst mal ein paar Jahre zahlen können.«

Beate schaute ihn betroffen an. »Seine letzten Filme kamen an die anderen nicht heran, ich fand sie auch nicht so doll. Dieser Spott über die Nachkriegszeit, die sind alle gefloppt. Aber dass es so schlimm um ihn steht?«

Ewe wedelte mit der Hand. »Weiterblättern, eins weiter noch … stopp. Siehst du das mit Schilling im Titel? Unser Staatsanwalt Schilling hat mal wieder seinen Mund nicht voll genug nehmen können. Das gefällt mir gar nicht, so überhaupt gar nicht.«

»Der Leiter der Bundesprüfstelle für jugendgefährdende Schriften?«

»Ja, der. Der und Calmes, bei beiden kommt nur Mist raus, sobald sie das Maul aufreißen. Es soll so was wie einen Index von verbotenen Büchern geben. Das heißt, dass es nicht nur keine Werbung für diese geben wird, sondern die treten in der Öffentlichkeit überhaupt nicht in Erscheinung. Die passieren gar nicht. Nada, fini. Da könnten wir unseren Vorrat an Büchern wegschmeißen. Das gefällt mir gar nicht. Überhaupt nicht.«

Beate verdrehte die Augen, ihre größte Angst war, dass in der nächsten Zeit die Menschen ihren Bedarf an Aufklärung und Utensilien für das Liebesleben gestillt hätten und sie ihren Laden schließen müsste.

»Komm, lass uns los, so viele negative Neuigkeiten machen mich sonst ganz antriebslos.«

Sie riefen die Jungs, räumten den Zeltplatz auf und fuhren nach Flensburg. Beate musste heute noch unbedingt laufen gehen. So lange, bis der Kopf wieder leer wurde.

»Tränen können die Seele heilen.«

Beate Uhse

KAPITEL 19

Stetig ist nur der Wandel

* * *

ZWANZIG MONATE SPÄTER, ENDE MÄRZ 1954

MARIENKIRCHHOF

Ostern stand vor der Tür. Nur noch drei Wochen. Neben Weihnachten für Beate eins der schönsten traditionellen Feste, zu dem sie gerne buk oder andere kulinarische Leckereien vorbereitete. Ihre Eltern hatten damals in der Eingangshalle von Gut Wargenau unzählige Vasen mit gelb blühenden Blumen aufgestellt, Narzissen, Ranunkeln und Tulpen, daneben bunt angemalte Eier in kleinen Nestern. Die Diele hatte auch an Weihnachten der Dekoration gedient, dann hatten die Eltern Sand vom Strand geholt, diesen auf den Flurboden geschüttet und darauf Kiefernzweige ausgelegt. Zusammen mit dem Geruch nach frisch gebackenen Pfefferkuchen und den Schmandbonbons, die aus Sahne und Zucker hergestellt wurden, ergab das den perfekten Dreiklang an weihnachtlichem Duft, besser ging es nicht.

So viel Platz hatte Beate nicht, aber drei Narzissen in einer

Vase reichten bereits aus, um die Erinnerungen wieder Gestalt annehmen zu lassen. Nur so richtig Vorfreude kam nicht auf.

Dieses Jahr war es anders.

Alles war anders.

Seit gestern.

Und zwar für immer.

Es hatte damit angefangen, dass sie vor über einem Jahr in Kontakt mit der Wiedemann-Klinik getreten und an den Starnberger See gefahren war und zusammen mit Ewe beschlossen hatte, in das Projekt zu investieren. Da das vorhandene freie Kapital der Rotermunds überschaubar war und vor Ort händeringend nach organisatorischer Hilfe gesucht wurde, sagte Beate zu. Sie wollte ihre Arbeitskraft zum Aufbau mit einbringen. Es waren geplant: drei weitere Gebäude, ein Hallenbad, eine Sauna, ein Freibad, Golfplätze, eine Kegelbahn und ein hauseigener Friseur für die Damen. Das Konzept von Dr. Wiedemann war noch viel interessanter, als Beate anfangs angenommen hatte. Er wollte auf natürlichem Wege heilen und verzichtete auf Chemie, stattdessen setzte er auf Homöopathie, fernöstliche Medizin, Vitamine, Mineralien und stellte Physiotherapeuten ein. Beate verbrachte somit letztes Jahr drei Monate vor Ort, war die Vorweihnachtszeit im eigenen Unternehmen in Flensburg und bei der Familie und arbeitete von Januar bis März wieder in Ambach.[146] Sie war dort für das Personal zuständig, organisierte die Küche, das hatte sie ja gründlich bei der Hauswirtschaftsausbildung gelernt, und war das kommunikative Bindeglied zum Gast. Im Prinzip konnte das Sanatorium mit den besten Voraussetzungen wachsen und in den Ausbau finanzieren, ob rote Läufer die Treppen hinauf, verschnörkelte gusseiserne Geländer oder der blau geflieste Salon als luxuriöser Mittelpunkt des Ganzen. Die Krankenkassen verschrieben Kuren, als ob es sich um geschnitten Brot handelte. Jedes Jahr konnte man eine beantragen. Immer wieder. Folglich war der Laden stets voll und brummte, vor allem, als sich herumsprach, dass man dort Prominenten begegnen konnte, Schauspielern wie Heinz Rühmann, Gert Fröbe oder Inge Meysel.

Aber das war es nicht, was Beate aus ihrer Bahn schubste und ins schmerzhafte Holpern brachte.

Es war das danach. Als sie vor zwei Tagen vom Starnberger See wieder nach Hause gekommen war, hatte sich etwas verschoben. Die Kinder begrüßten sie gewohnt stürmisch und wollten gar nicht von ihrer Seite weichen, Tante Elfriede plante erneut ihre Lesereisen und hatte Salzheringe eingelegt, die sie wie jedes Jahr an ihre Schriftstellerfreundin Lisa Löns nach Bad Salzuflen schicken wollte, das war auch alles typisch. Aber Ewe?

Ewe mied ihren Blick. Er ließ sich küssen, er ließ sich streicheln, er ließ sich sagen, wie sehr sie ihn vermisst habe, aber er hielt einfach still.

Sie aßen gemeinsam zu Abend. Ein Blick flog von Helga zu Ewe, und Beates Herz blieb beinah stehen. Hitze schoss in ihren Kopf, sie musste schlucken, drohte zu ersticken, fühlte, wie die Knie weich wurden und sich im Kopf Watte ausbreitete.

»Hast du keinen Hunger mehr?«, fragte Helga vorsichtig und streckte ihre Hand aus, um den Teller abzuräumen.

Beate starrte sie an, unfähig, etwas zu sagen. Tränen traten ihr in die Augen. Sie schnappte sich den vierjährigen Ulli und brachte ihn ins Bett. Atmete tief seinen Kleinkinderduft ein, erzählte ihm von einem Stern, der vom Himmel gestürzt war und wieder versuchte, das Fliegen zu erlernen. Sie atmete so lange seinen Duft ein, bis Klaus mit Zähneputzen fertig war, sich dazulegte und alle drei zusammen kuschelten, bis der ruhige Atem der Kinder Beates Herz bändigte, den Schrecken nahm, sie wieder denken ließ.

Als Beate in die Küche kam, trat Ewe einen schnellen Schritt von Helga weg, die am Abwaschen war. Elfriede war bereits zu Bett gegangen. Beate versuchte, ihre Stimme freundlich klingen zu lassen. »Helga, Sie können gehen, den Rest mach ich mit Ewe, wir haben uns ja viel zu erzählen.«

Helga schaute Ewe mit ihren braunen Augen schweigend an. Groß war sie geworden in den letzten vier Jahren. Groß, schlank, lange braune Haare, ein eher introvertierter Mensch, der wenig von sich erzählte, was sollte sie auch schon zu erzählen haben, ihre Arbeit bestand darin, auf Beates Kinder aufzupassen, mal einzukaufen oder zu kochen. Und das Kochen hatte sie zum Großteil erst hier gelernt.

Ewe lächelte Helga zu und drehte sich zu Beate. »Beate, in der Zeit, in der du weg warst, schlief Helga oben unter dem Dach im Mansardenzimmer, wir haben es ein bisschen renoviert, auf dem Sofa … wegen morgens und den Kindern. Haha, du weißt ja, was der alte Goethe gesagt hat: *Zwischen heut und morgen liegt eine lange Frist, lerne schnell besorgen, da du noch munter bist.*«

»Aha, der alte Goethe und schnell besorgen.« Beate verschränkte die Arme vor ihrer Brust. »Ich bin jetzt ja wieder da, somit brauchen wir das nicht mehr.«

Ewe trat einen Schritt zu Helga, legte seinen Arm um ihre Schulter. »Beate, wir lassen das jetzt so. Sie kann uns morgens helfen.« Er nahm sich ein Trockentuch, bearbeitete damit die Teller und das Besteck und räumte es ein. Was für einen vertrauten Anblick die beiden doch boten.

Beate biss sich auf die Zunge, bis diese schmerzte. Sie dachte an die ganzen Male, bei denen sie vor Gericht gesessen war und schwachsinnige Anschuldigen über sich hatte ergehen lassen müssen. Anstatt aufzuspringen und die Idioten zu schütteln, blieb sie sitzen und schlug die Beine übereinander. Strich sich durchs Haar, anstatt den anderen an die Kehle zu gehen. Oft genug fühlte sie sich unsicher, hatte Angst, alles zu verlieren, lag nächtelang wach und zweifelte an dem Weg, den sie mit ihrem Versandhandel eingeschlagen hatte, und doch stand sie jedes Mal wieder wie frisch aus dem Ei gepellt mit einer Mimik, die gesellschaftlich als Lächeln ausgelegt wurde, vor dem Richter. Man musste nur die richtigen Muskeln im Gesicht anspannen. War ganz einfach.

Helga ging an Beate vorbei zum Hausflur, um nach oben zu gehen, und schloss die Tür hinter sich.

Beate fixierte ihren Mann mit einem Blick. »Ewe, sag es einfach.«

»Was?«

»Sag es.«

»Was meinst du denn?«

»Ewe, mich jetzt noch für blöd zu verkaufen …«

Ewe trat auf sie zu, wollte sie in den Arm nehmen, aber Beate duckte sich drunter weg und boxte seine Hand zur Seite. Mit leiser Stimme sagte er. »Es … es ist einfach passiert. Mir ging es nicht gut, und Helga, sie … sie war für mich da und … du … du warst ja weg.«

Nach drei Schrecksekunden, in denen das Gehirn bestätigte, das Gleiche gehört zu haben, wurde Beate ruhig. »Ewe, sie kann hier nicht schlafen. Sie muss gehen.«

Er stürmte raus, polterte die Treppe hoch und legte sich zu Helga auf die Couch, unter die Decke. Umarmte sie, küsste sie in den Nacken, so wie er es früher bei Beate gemacht hatte.

Beate lief ihm nach und versteinerte im Eingang des Zimmers. Mit fast erstickter Stimme sagte sie: »Soll ich wirklich unter euch schlafen, während du hier .. während … Raus!« Beate riss den beiden die Bettdecke weg, sodass Helga mit einem hellen Quieken aufsprang und ihre Hose überstreifte, das Nachthemd einfach hineinstopfte. Wie alt war Helga jetzt? Neunzehn? Fünfzehn Jahre jünger als sie selbst. Mit einem Allerweltsgesicht und so uninteressant wie eine graue Kirchenmaus. Nicht mal Sport machte sie gerne.

Auf Ewes Gesicht wechselte sich Überraschung mit Aggression ab, er lief wieder nach unten, packte eine Tasche, stopfte wahllos Zigaretten, seinen Geldbeutel, ein paar Klamotten, den Autoschlüssel ein und stapfte Helga hinterher zur Tür. Er grollte: »Wenn du das so willst, Beate, wenn du das so willst, dann zieh ich eben aus. Bitte. Deine Entscheidung.«

Und weg war er.

Der wichtigste Mensch in ihrem Leben.

Ihr Halt, ihre Liebe, ihre Zukunft.

Ihr Vertrauter, ihr Geliebter, ihr Sportkamerad, FKK-Gefährte und Geschäftspartner.

Der wichtigste Mensch in ihrem Leben.

Ihr Seelenpartner.

Weg …

Tante Elfriede kam aus ihrem Zimmer, nahm Beate in den Arm und tätschelte unbeholfen ihren Kopf. »Gottes Wege …«, fing sie an, aber das war zu viel. Das ertrug Beate nicht.

Sie murmelte etwas Unverständliches, holte sich ein Tuch, schnäuzte die Nase, aus der die Rotze bereits mit langen Schleimfäden heruntertropfte, und legte sich ins Dunkle zu ihren beiden Söhnen.

Versuchte im gleichen Tempo zu atmen, versuchte wieder dahin zu kommen, als alles noch gut gewesen war, zurück in der Zeit.

Der Mond schickte seine Sterne vorbei, um ihr zu strahlen und Schlaflieder zuzuraunen, aber Beate konnte heute nicht. Sie konnte nicht schlafen. Nachdem keine Tränen mehr kommen wollten, fingen ihre Gedanken an, sich im Kopf zu drehen wie auf einem Karussell. Noch eine Runde, noch eine Runde, es blieb nicht stehen, sie konnte keinen einzigen fassen. Verzweiflung machte sich breit.

Was sollte sie nur tun?

Der wichtigste Mensch in ihrem Leben.

Ihr Herz zerbarst.

* * *

»Schön, Sie wieder bei uns zu haben, Frau Rotermund. Und dann gleich mit Ulli, das ist aber nett.« Anneliese kitzelte das Beinchen des Kleinen und legte einen Stapel Unterlagen auf Beates Tisch. »Ich hol gleich Ina, die kann doch so gut mit ihm. Dann haben Sie die Hände frei. Wie lange sind Sie denn bei uns? Wann reisen Sie wieder runter zur Klinik?«

Beate schüttelte ihren Kopf, schaute Anneliese aus traurigen Augen an. Diese verstand, nahm ihr Ulrich ab und kam kurz darauf mit einer Tasse Kaffee zurück, schickte eine Kollegin aus der Briefeabteilung zum Bäcker mit dem Auftrag, Brötchen zu holen. »Frau Rotermund, sagen Sie Bescheid, wenn wir in die Planung gehen können, wir sind dafür bereit und … Sie wissen ja, wo ich sitze.«

Beate pustete in die Tasse und nahm vorsichtig einen heißen Schluck, nahm die herben Aromen wahr, die ihre Sinne zu beleben schienen, zog aus ihrer Tasche eine kleine Pille der Marke *Hallo-Wach*[147], schluckte sie hinunter, ließ das Stimmengewirr ihrer Mitarbeiter in ihre Wahrnehmung dringen, konzentrierte sich auf die Listen vor ihr. Eine Übersicht der letzten Aussendungen, Textvorschläge für den nächsten Katalog, die obligatorischen Einladungen zu Gerichtsterminen und eine Notiz, dass Anneliese einen Metallbaukasten von Märklin für ihre Söhne besorgen sollte. Sie schloss die Augen, drehte ihren Kopf in Richtung Fenster. Viel zu wenig Sonne, im März gab es viel zu wenig Sonne. Ewe würde am liebsten die komplette Winterzeit im Süden verbringen, das sagte er Jahr für Jahr. Jahr für Jahr. Sie rieb sich über die Augen, nahm sich einen Stift und Papier und fing an, die Texte zu bearbeiten. *Konzentrier dich*, sprach sie leise zu sich selbst. *Konzentrier dich, du schaffst das.*

Kurz darauf stand der Plan für den heutigen Tag. Nach der Mittagspause würde es eine Besprechung in großer Runde für den nächsten Katalog geben, dann wollte sie mit ihrem Hausanwalt Dr. Kuntze über die nächsten Gerichtsladungen sprechen, und sie hatte in der Kurklinik die Idee gehabt, selbst in die Produktion von Potenz-, Dämpfungs- und Anregungsmitteln einzusteigen, und zu diesem Zweck vor einigen Monaten das Labor H. & G. Honemann aufgekauft. Über dessen neue Produkte mussten sie auch sprechen. Besser konnte man seine Gewinnspanne nicht steigern.

Beate hatte Anneliese in eine Sitzecke gebeten, wo sie sich zu zweit abseits der anderen ungestört unterhalten konnten. Annelieses blonde Haare saßen wie immer perfekt gewellt am Kopf. Es fiel Beate zum ersten Mal auf, dass das Wetter keinen Einfluss darauf zu haben schien. Sie nahm sich vom Beistelltisch einen Keks. »Anneliese, können Sie mich kurz bitte auf den neuesten Stand bringen?«

Die Angesprochene nickte. »Gerne. Mhm, wo fange ich an. Die Mitarbeiter sind froh, dass Sie wieder da sind. Wissen Sie eigentlich, dass Sie von allen schlicht *Die Chefin* genannt werden?« Anneliese lächelte, und Beate registrierte, dass sie versuchte, sie aufzuheitern. Ihr war mit ziemlicher Sicherheit ihre Laune anzusehen, das musste sie ändern. Ihre rechte Hand fuhr fort. »Über den Index des Staatsanwalts haben wir uns ja schon unterhalten. Schilling hat unsere Versandfirma natürlich draufgesetzt, zusammen mit vierzig anderen Erotikanbietern. Über uns steht da: *Schleichendes Gift zur Versuchung der sexuellen Phantasie, dient der Enthemmung und Entsittlichung des Sexuallebens.* Ich denke, dass man das im Sinne der Aufklärung als Kompliment sehen kann?«

Beate griff zu einem zweiten Keks.

»Es ist immer praktisch, bestehende Kontakte zu pflegen, nicht? Mhm … » Sie schaute auf ihrem Notizblock nach. »Das Buch von Henry Miller *Im Wendekreis des Krebs*es ist durch die Indizierung auch runtergekracht, das lohnt sich nicht.«

Beate mümmelte an dem Keks und nickte.

»Nun gut, ich bekam einen Anruf aus Köln, da hat die Diözese in der Kirche dazu aufgerufen, Beleidigungsklagen gegen uns zu starten, und … halten Sie sich fest, die haben direkt vor Ort in der Kirche Formblätter ausgeteilt, die man einfach nur ausfüllen und losschicken kann. Ich glaub, Dr. Kuntze hat was erwähnt, dass fünf oder sechs bereits eingetrudelt sind.[148] Und … die hiesige Tageszeitung hat unsere Stellenanzeige abgelehnt, die drucken das nicht, nicht für so einen Schweinekramladen. Die feiern gerade die Flensburger Schiffbau-Gesellschaft ab, die zehn neue Schiffe bauen will und damit rund zweitausend Arbeitsstellen schafft. Aber kein Problem, wir haben ein paar Aushänge gemacht, und die Mundpropaganda ist nie zu verachten. Nicht alle wollen Schiffe bauen.« Sie schaute Beate nachdenklich an. »Wollen wir mal wieder Tennis spielen gehen?«

Beate nickte, und auf ihrem Gesicht war sogar der Anflug eines Lächelns zu erahnen.

»Und der letzte Punkt: Die Idee, ein Foto von Ihnen im letzten Katalog mit abzudrucken und eins von Ihren Söhnen, war ein guter Einfall. Wir bekommen etliche Briefe, die hervorheben, wie sympathisch und bodenständig Sie mit Ihrer Familie wirken.«[149] Beate war auf dem Bild zu sehen, wie sie die Scheibe ihres Autos mit einem Tuch putzte. Sie trug ein weißes Oberteil, worüber Hosenträger zu sehen waren, ein breites Lächeln zierte ihr Gesicht, und die Haare standen etwas wild umher. Tatkräftig, nett und zupackend, das wollte sie ausdrücken, und indem sie Einblick in ihre Familie gab, wollte sie Nähe suggerieren, dass sie eine Frau war mit Kindern, wie alle anderen auch. Das hatte sie anscheinend erreicht. Immerhin etwas.

An diesem Abend kam Ewe nicht nach Hause, auch am nächsten Morgen war er nicht da. Beate gab Anneliese den Auftrag, ein neues Kindermädchen zu annoncieren, und ging direkt zu ihrem Anwalt. Sie brauchte drei Anläufe, bis sie ihm unter dem Siegel der Verschwiegenheit erzählen konnte, was passiert war. Herr Kuntze hörte sich alles an, ohne zu unterbrechen, drehte einen Stift zwischen seinen Fingern, immer schneller, bis dieser fast von alleine abhob. Erst als Tränen über Beates Wangen kullerten, blickte er sie irritiert an. »Ähm … Frau Rotermund. Sie wollen die Scheidung, verstehe ich Sie da richtig?«

Beate nickte.

»Dann setze ich Ihnen einen Brief auf. Reine Formsache, aber als ersten Schritt müssen wir Ihren Mann dazu auffordern, innerhalb von vierzehn Tagen die eheliche Gemeinschaft wieder aufzunehmen. Danach, also wenn er nicht wieder bei Ihnen einzieht, können wir erst die Scheidung einreichen.«

»Alles klar.« Beate wischte sich über die Augen. »Und wegen der Beleidigungsklagen aus Köln?«

»Das machen wir wie gehabt, Sie erscheinen persönlich mit mir vor Gericht, und dann warten wir mal ab. Wenn die Kläger durch Ihr Erscheinen quasi gezwungen sind, ihre Anschuldigungen zu wiederholen, dann könnte jede einzelne wie ein Kartenhaus einstürzen. Wir prüfen auch parallel, wer von denen bei uns bereits bestellt hat und in der Kundenkartei ist, und dann werden wir sehen, ob jemand persönlich beleidigt wurde oder ob der Katalog vielleicht sogar nur die Ehefrau gestört hat und ob das Siegel überhaupt gebrochen wurde.«

»Gut.« Beate schaute für einen kurzen Moment ihre Fußspitzen an. Wie sie das hasste, so viel verschwendete Zeit. Fast wöchentlich musste sie vor Gericht. Die Menschen ordneten sich lieber irgendwelchen selbst ernannten Autoritäten unter und gehorchten, anstatt das zu sehen, was sie ihnen anbot. Es ging um die Selbstbestimmung beim Sex. Warum registrierten das die Menschen nicht? Manchmal war sie kurz vor dem Verzweifeln. Manchmal des Kampfs überdrüssig.

Aber da blieb ihr nichts anderes übrig. Die Wahrnehmung in der Öffentlichkeit war wichtig, bis jetzt war sie Madame Saubermann, das musste sie auch bleiben.

In den nächsten Tagen stürzte sich Beate in die Arbeit, nahm sich noch Unterlagen mit nach Hause, wo sie abends so lange an den Werbetexten saß, bis ihr Kopf auf die Tischplatte sackte und sie ins Bett fallen konnte, ohne dass ihre Gedanken erneut die Möglichkeit bekamen, wieder ins Karussell zu steigen. Oder noch auf die Idee kamen, zu rutschen oder zu schaukeln oder …

Am vierzehnten Tag trat das ein, worauf Beate nicht einmal einen Pfennig verwettet hätte. Sie holte nach der Arbeit Klaus ab, ging einkaufen, dann nach Hause und blieb wie vom Blitz getroffen in der Haustür stehen. Ewe war wieder da.

Seine Augen streiften sie mit einem so verächtlichen Blick, dass ihr schlagartig eiskalt wurde. Sie hatte den Mund geöffnet, um ihn etwas zu fragen, aber es kam nichts heraus.

Ewe streichelte die beiden Jungs über den Kopf, vertröstete sie auf den nächsten Tag, da wolle er mit ihnen spielen, und verzog sich ein Stockwerk höher, ins klitzekleine Mansardenzimmer, das vor einigen Monaten schlicht als Abstellraum gedient hatte.

Ewe ist wieder da, durchflutete es Beates Gehirnbahnen.

Ist er das?, flüsterte eine leise Stimme in ihrem Kopf. *Und nun?*

Sie packte grüne Holzwolle aus ihrem Einkaufsbeutel, aus der sie für das kommende Osterfest Osternester basteln wollte, legte kleine bunte Zuckereier hinein, Gelee-Eier, süße Eier, die den echten zum Verwechseln ähnlich sahen, und Schokoladenosterhasen.

Und nun?

* * *

GUT VIER JAHRE SPÄTER, MÄRZ 1958

Wenn jemand Beate Uhse fragen würde, ob sie in den letzten vier Jahren glücklich gewesen war, dann müsste sie nicht lange überlegen. Ja, auf jeden Fall.

Klaus war fünfzehn geworden und wuchs zu einem charmanten, etwas stillen jungen Mann heran, der sich sehr für Sprachen interessierte und Geld sparte, um einen Segelschein zu machen. Zurzeit nahm er in der Duburg-Kaserne an einem Tanzkurs bei Tanzlehrer Schmidt, einem ehemaligen Offizier, teil, der manchmal mehr Benimmunterricht war als tanzen. Die Mädchen trugen gepunktete Petticoats, die Jungs hatten Jeans an und schmierten sich Brisk in die Haare. Um Musik zu hören, ging er mit anderen Jugendlichen in eine Gaststätte in der Marienhölzung, wo die Flensburger Band Rainy City Stompers Songs von Glenn Miller und Louis Armstrong sowie Schlager spielte. Der Akkordeonspieler war ein Cousin eines Mitarbeiters von Beate, und man erzählte sich, dass dessen Vater für das erste Akkordeon seine Hose eingetauscht hätte.

Ulrich war neun, ein aufgewecktes Kind, das zusammen mit seinem Bruder die Briefmarken von den Umschlägen der eingehenden Büropost entfernte, diese in kleine Tüten zu fünfzehn Stück abpackte und in der Schule für je eine Mark verkaufte. Er erzählte bereits, dass er, wenn er erst groß wäre, seine erste Million ganz schnell verdienen wolle. Beate fand das amüsant und bestärkte ihn darin. »Man braucht Ziele im Leben«, sagte sie und tätschelte seinen Kopf. »Dann kann man alles erreichen.« Die Jungs verbrachten nach der Schule viel Zeit in den Räumen des Unternehmens und durften beim Öffnen der Briefe, was mit einer Extramaschine erledigt wurde, helfen. Sie spielten am Hafen, trafen sich mit Freunden oder waren im Sportverein. Ulrich hatte einen Narren daran gefressen, als Laufbursche in der Firma etwas Geld zu verdienen, und Beate gab seinem Drängen nach. So arbeitete er ein paar Tage die Woche für fünfzig Pfennige Stundenlohn im Unternehmen und besorgte alles, was gerade gebraucht wurde. Von Kaffee über Klopapier bis zu Briefträgerdiensten.

Beate war stolz auf seine Begeisterung. War sie nicht genauso gewesen als Kind? Wenn sie sich etwas in den Kopf gesetzt hatte, konnte sie niemand davon abbringen. Und sie war genauso stolz auf ihren Betrieb. Der für sie gefühlt ein weiteres Kind war. Zweihunderttausend Kunden hatten sie mittlerweile in ihrer Kartei, wovon es eine recht große Anzahl von Wiederbestellern gab. Ihre Sorge, dass der Bedarf bei den Menschen irgendwann einmal gestillt sein würde, hatte sich als unbegründet herausgestellt. Doch wusste sie, dass die Firma weiter wachsen musste, um sich halten zu können, und es schien, als ob ihre Navigationsgeräte korrekt auf Erfolgskurs eingestellt wären. Vor ein paar Monaten wurde der telefonische Selbstwähldienst in Flensburg eingeführt, und sie hatte gleich ihre Firma damit ausstatten lassen. Stets auf dem neuesten technischen Stand, das war ihre Devise, und die versuchte sie stets umzusetzen. Ihr Unternehmen hatte im Jahr zuvor sage und schreibe zwei Millionen Mark Umsatz eingefahren, nachdem sie bereits zwei Jahre zuvor die Millionengrenze geknackt hatte. Sie hatte gleich investiert und sich ein Grundstück im Industriegebiet Süd gekauft und die Ämter davon überzeugen können, die Straße von Boschstraße in Gutenbergstraße umzubenennen. Wollte sie dort doch eine Druckerei, die Förde-Druckerei, die sie aufgekauft hatte, als erste Betriebsstätte hinbauen lassen. Vielleicht zogen die Steuergelder und die Aussicht auf neue Arbeitsplätze. Auf jeden Fall war sie nun Eigentümerin des Grundstücks in der Gutenbergstraße 12.

Und privat? Tja.

Beate stand zu Hause in der Küche, hatte eine Platte von Elvis Presley im Nebenraum aufgelegt und schälte Zwiebeln. Auf dem Herd blubberten bereits Kartoffeln samt Schale lustig vor sich hin. Ewe kam zur Tür herein, schmiss den Autoschlüssel in ein Körbchen, in dem Tesafilm und zwei weitere Schlüssel mit drei Stiften kuschelten, stellte einen Einkaufsbeutel auf einen Stuhl und küsste Beate auf die Haare. »Das riecht ja schon gut.«

Sie waren nach der fast stattgefundenen Scheidung erst wieder zusammengekommen, als es in der Firma Probleme gegeben hatte und sie sich darüber hatten austauschen müssen. Aus sachlichen Gesprächen entwickelten sich persönliche, und nach kurzer Zeit wanderte das Persönliche zusammen ins Bett. Vor einem halben Jahr war es ihm gesundheitlich so schlecht gegangen, dass er vom Tagesgeschäft des gemeinsamen Unternehmens zurückgetreten war und sich für eine Kur eingeschrieben hatte. Das war aber nicht schlimm, also das mit dem nicht mehr im Betrieb anwesend sein, im Gegenteil, es fühlte sich entspannter an. Was vielleicht mit dem Umstand zu tun hatte, dass Ewe bei Unzufriedenheit mit Mitarbeitern nicht die Aussprache suchte, sondern veranlasste, dass derjenige sich umsetzen musste. In manchen Wochen war da ganz schön viel Gerücke und Geschleppe in den Räumen gewesen.

»Ich wollte Kartoffelbrei mit geschmorten Zwiebeln und Buttermilch machen, passt das?« Beate blickte ihn an und registrierte, wie er das Gesicht verzog.

Er sagte: »Roh soll das Essen sein. Ich hab's dir doch erklärt, Beate. Die Waerland-Kost setzt sich hauptsächlich aus rohem Gemüse und rohem Obst zusammen. Schau mal.« Er zog Äpfel, Karotten, Kohlrabi und Sellerie aus dem Beutel. »Daraus mach ich gleich einen leckeren Salat, ja?«

Beate unterdrückte ein Seufzen. Seitdem Ewe von seinem Kuraufenthalt zurückgekommen war, wo er sich endgültig vom Rauchen befreit hatte, drehte sich fast alles nur noch um Ernährung. Und Sport.

Ausschließlich Sport wäre ihr lieber gewesen.

Er nahm die ganze Familie mit in Sippenhaft, alle sollten das Gleiche essen, gleich gesund sein. Alles, was nach Fleisch, Fisch, Nudeln oder Eiern aussah, wurde von ihm weggeworfen.

»Hundertzwanzig Jahre, schreibt der Waerland, hundertzwanzig Jahre können wir alt werden!«

»Will ich das überhaupt?«, antwortete Beate und schubste die geschnittenen Zwiebelstückchen in eine Schüssel. Dann halt rohe Zwiebeln für einen rohen Salat.

»Jeder normale Mensch will gesund sein, oder? Schau dir mich an, seit drei Wochen esse ich so, und tadaa, keine Knieprobleme mehr, keine Bauchschmerzen. Eine solch ausgewogene Ernährung verhindert die Übersäuerung und damit auch die Fäulnisbakterien im Darm.«

»Und breiiger Stuhlgang mehrmals am Tag? Das ist normal?«, fragte Beate.

»Ja, so wie die Affen, von denen wir bekanntermaßen abstammen. Oder willst du die Evolution leugnen, Beate?«

»Meine Mutter, die ja Ärztin war, diagnostizierte so etwas als Durchfall. Evolution hin oder her. Scheiße ist Scheiße.«

Ewe machte eine Geste, als würde er einen imaginären Hut kurz lüpfen. »Frau Doktor, Sie überraschen mich immer wieder. Ihre Analysen könnten treffender nicht sein. Ich fühle mich geehrt, einen Platz in Ihrem Leben einzunehmen.«

Beate lachte, schmiss Ewe ein Stück Karotte an den Kopf, der sie daraufhin in den Arm nahm und auf die Lippen küsste. Tief in Beates Innerem klopfte eine dünne Stimme um Gehör. *Er nimmt dich nicht ernst.* Und eine zweite fiel ein: *Wo war er wohl gestern Abend?* Sie küsste ihn zurück, blendete den Kopf aus und gab sich ganz dem Gefühl und ihren Sehnsüchten hin.

Sie wollte mehr.

Während das Wasser aus dem Kochtopf zischend auf die Herdplatten spritzte, Elvis sein *Shake, Rattle and Roll* rockte, fasste sie Ewe unter das T-Shirt, ließ ihre Hand über seinen Rücken wandern, fuhr mit den Fingernägeln seine Wirbelsäule nach, nahm wahr, wie er seinen Körper enger an ihren drückte. Ihre Lippen suchten die Stelle hinter seinem Ohrläppchen, an der er so empfindlich war, sie hauchte in sein Ohr und griff vorne in seine Hose.

Sie wollte mehr.

Sie wollte ihn.

Umfasste sein bestes Teil und massierte es, bis er einen Ständer bekam.

Ewes Atem ging schneller, er fasste unter ihren Hintern und setzte sie auf den Küchentisch, wischte dabei ein paar Bücher hinunter, die polternd zu Boden fielen, fingerte aus einer Tasche ein Kondom und rollte es auf seinem Schwanz ab. »Beate-Uhse-getestet, nicht wahr?«, raunte er ihr zu. Ein Scherz, den sie sich früher gerne beim Ausprobieren neuer möglicher Artikel zugeflüstert hatten.

Beate hatte sich ihrer Hosen entledigt und spreizte die Beine. Hielt sich mit einer Hand an seiner Hüfte fest und schloss die Augen, als er in sie hineinglitt. Ein Stöhnen kam aus ihrem Mund, und sie wusste, ohne dass sie es sehen musste, dass er seinen stolzen Blick aufgesetzt hatte. »Stoß mich«, flüsterte sie. *Stoß mich,* formten ihre Gedanken *und hör nie wieder damit auf.*

Etwa eine halbe Stunde später saßen sie am gleichen Küchentisch und aßen Salat. Beate stocherte auf dem Teller herum und sortierte die Zutaten. Apfel nach rechts, Sellerie nach links. Karotte nach rechts, Kohlrabi nach links. So ohne Öl und Essig war das Ganze … na ja, etwas roh. Ob man dazu überhaupt *Salat* sagen durfte, oder gäbe das auch eine Beleidigungsklage?

»Schmeckt es dir?«, fragte Ewe und schaute sie mit diesem Blick an, der zwischen Hundewelpe und Adler lag.

»Ja«, sagte Beate, steckte sich zwei Stückchen Apfel in den Mund und schob den Teller von sich. »Ich muss dir noch von dem alten Fall erzählen, der wieder aufgerollt wurde.«

Ewe legte seinen Kopf schief. »Weißt du, woran ich heute Morgen denken musste:

Stadt im Tal, umkränzt von Hügeln,
Waldumrauscht, vom Meer bespült,
Immer hab ich allerorten
Stolz mich als dein Kind gefühlt.
Spät ergrünen deine Buchen,
Langsam schmückt sich Flur und Hag.
Aber lieblich ist des Nordens
Lichter, langer Sommertag.«[150]

»Aha«, sagte Beate.

»Das haben wir früher in der Schule gelernt, weißt du. Ich muss oft an früher denken, was wir damals noch für Träume hatten und Pläne. Beate, von was träumst du?«

»Ich träume davon, dass dieser Staatsanwalt zusammen mit diesem anderen Typen in der Hölle verreckt. Also, hör mal zu, du weißt doch, dass ich 56 in Aachen bei der Sache mit der Heilmittelwerbeverordnung freigesprochen wurde. Und dank unseres Bundesfamilienministers Wuermeling gibt es jetzt ein neues Grundsatzurteil, dass solche Postsendungen wie unsere als Beleidigung gelten und strafbar sind. Jetzt rollen sie den Fall wieder auf. Dass die das überhaupt dürfen. Selbst Mörder, die freigesprochen werden für einen Mord, die dürfen nicht mehr für das Gleiche belangt werden, das ist … das ist so …«

Ewe tätschelte ihre Hand. »Ach Beate, reg dich nicht auf, das wird schon.« Er machte eine Pause und schaute aus dem Fenster. »Mhm. Weißt du eigentlich, dass sich das Land seit Jahren verändert? Seitdem sie das Programm Nord durchgesetzt haben. Nur noch Höfe, die so groß sind wie eine ganze Stadt, das Beschauliche meiner Kindheit ist verschwunden.«

Beate blinzelte. »Ewe, aber das bringt doch viele Vorteile mit sich: sauberes Trinkwasser, wir haben asphaltierte Straßen, bald werden alle Dörfchen ans Abwasser angeschlossen und … und ich hab eigentlich gerade von dem Gerichtstermin erzählt.«

Ewe stand auf, um die Teller abzuräumen. »Das interessiert mich nicht. Weißt du, die Reformhäuser laufen gut, jetzt noch der Versandhandel, der dazukommt.«

»Ja, das ist doch schön, wenn du dein Steckenpferd so ausweiten kannst.« Beate vermied es eigentlich wie die Pest, über die beiden Reformhäuser zu sprechen. Ewe leitete eins in Glücksburg[151] mit dem passenden Namen *Die Sonne*, und hier in Flensburg stand Helga hinter der Ladentheke eines zweiten. Sie hatte Gerüchte gehört, dass Ewe ihr irgendwo eine Wohnung gekauft habe.

»Wollen wir mal gemeinsam mit den Kindern einen Ausflug machen?« Ewe sah sie an.

»Ja, na klar, am Wochenende?«

»Ich meine auch mit Helga.«

Beate rückte ihren Stuhl nach hinten, schob sich aus Ewes Dunstkreis, griff nach ihrem Teller. »Nur über meine Leiche. Ich weiß echt nicht, warum du immer noch …«

»Ach Beate, weißt du, die Helga hab ich fürs Bett und dich für meinen Geist. Wenn es dir nicht passt, kannst du dich ja scheiden lassen.«

Beate lief zur Spüle, knallte den Teller hinein, sodass eine fingerlange Keramikkante absprang. Zig Gedanken gewitterten durch ihren Kopf, verlangten danach, ausgesprochen zu werden, gierten danach, mit voller Wucht beim anderen einzuschlagen und Schmerz zu verursachen. Sie stützte sich mit beiden Händen auf die Arbeitsplatte und schloss die Augen. Ihr Mann nahm das gar nicht wahr, er schlüpfte ins andere

Zimmer, suchte sich ein paar Klamotten zusammen. »Nach Frankreich zieht es mich, *Madame. Oh, là, là, bon voyage,* sage ich und küss die Hand. Nee, streich das Letzte, das kommt aus Österreich.«

Beate blickte ihn an, mittlerweile hatten sich ihre Gedankenbilder gegenseitig in den Schwitzkasten genommen.

Er plauderte weiter. »Ein Monat vielleicht, *peut-être* auch zwei, vielleicht auch …«

»Ewe«, sagte Beate und erschrak selbst über ihre scharfe Stimme. »Ich flieg in die USA, das weißt du noch, ja? Dann passt du hier auf die Jungs auf.«

Er schnürte seinen Beutel zu, kam auf sie zu, zog sie fest an sich, presste seine Lippen auf die ihren. »*Au revoir, mon amour*, aber natürlich weiß ich das. Halt tapfer die Stellung, du machst das schon. Und wir haben ja auch Haushaltshilfen nebst Kindermädchen. Küss mir die Kinder.«

Und da war er bereits wieder verschwunden.

Beate ließ sich auf einen der Küchenstühle sinken, blickte auf den Tisch, auf dem sie es vor wenigen Momenten voller Innigkeit getrieben und wo sie eine so tiefe Verbundenheit gespürt hatte, wie sie es noch nie bei einem anderen Menschen erlebt hatte. Er war wie ein Schmetterling, er flatterte herbei, ließ sich bei ihr nieder, brachte das Süße des Honigs und die Lust bunter Farben in ihr Leben, schwirrte an manchen Abenden zur anderen Blüte und hinterließ eine Welt voller Risse in Grauschwarz.

Sie seufzte tief. Stand auf. Zog die unterste Schublade im Schrank mit den Putzmitteln auf und holte eine Eierschachtel hervor. Die beiden Jungs würden gleich nach Hause kommen, jetzt konnte sie ja Eier machen. Und morgen Fleisch. Am besten Gulasch.

Er hatte nach ihren Träumen gefragt. Alles, was sie sich wünschte, war eine harmonische Beziehung, sie wollte den Kindern eine normale, glückliche Kindheit bieten, und ihre

Firma durfte nicht den Bach runtergehen. Sie wollte nie wieder arm sein. Manchmal träumte sie noch davon, dass sie tagelang hungerte, nicht wusste, woher sie die nächste Mahlzeit für ihr Kind bekommen sollte, und wachte mit galoppierendem Herzschlag auf.

Eine Stimme flüsterte in ihrem Kopf: *Du kannst dich eh nicht scheiden lassen, der Mann bestimmt vor Gericht über die Kinder.*[152]

Ein kurzes, hartes Lachen drang aus ihrem Mund. In ihren Broschüren und Magazinen stand neben ihrem Bild eine kurze Personenbeschreibung: *Beate Uhse – Mutter von vier Kindern und glückliche Ehefrau.*

Schrieben ihr nicht täglich Frauen und erzählten vom Ehebruch ihrer Männer? Oft las man heraus, dass der eine Partner den anderen überforderte, tat sie das auch?

Was war schon glücklich?

Sie fischte das abgebrochene Tellerstück aus der Spüle.

Eine Fliege landete auf dem Mülleimer, in den sie den Teller mitsamt Scherbe versenkt hatte. Ihr Gesicht hellte sich auf. Noch vier Wochen, dann würde sie über das große, weite Meer fliegen, eine ähnliche Strecke wie Lindbergh sie geflogen war. In die USA![153] Obendrein liebäugelte sie mit einem netten anderen Gefährten. Mit einer Cessna 172, der Skyhawk. Sie musste dringend ihre Pilotenlizenz auffrischen.

Verbrenn dir nicht die Flügel, kleine Attei, durchsummte es ihren Kopf. Nein, das hatte sie nicht vor.

»Der Zorn ist ein Schreck, der zugleich die Kräfte zum Widerstand gegen das Übel schnell rege macht.«

Immanuel Kant

KAPITEL 20

Zorneskraft

* * *

ÜBER EIN JAHR SPÄTER, 6. MAI 1959

BÜRO

»Nicht schon wieder!« Beate fuhr auf den Parkplatz am Bürogebäude und stellte ihr Auto neben drei Polizeiwagen ab. »Dirk, komm.« Sie hatte ihren fünfzehnjährigen Stiefsohn gerade aus Frankfurt abgeholt. Seine leibliche Mutter zog mitsamt Partner und Bärbel nach Südafrika.[154] Dirk hatte sich für die Familie seines Vaters entschieden, er wollte eine Lehre im eigenen Unternehmen anfangen, was Beate sehr glücklich machte. Jetzt hatte sie ihre drei Söhne wieder vereint, und wie es aussah, würden alle drei bei ihr in der Firma mit einsteigen.

So hatte sie es sich immer gewünscht. Und jetzt wieder eine Hausdurchsuchung. In ihre Augen traten Tränen, sie wusste nicht, ob es Zornestränen waren oder die der Erschöpfung.

Aber es war nur ein kurzer Moment, im nächsten Augenblick hatte sie sich wieder unter Kontrolle.

Am Empfangstisch im Eingang des Unternehmens Uhse lehnte der Staatsanwalt,[155] und sein Gesichtsausdruck beruhigte Beate. Er sah sehr unzufrieden aus.

Anneliese trat zu ihr, begrüßte sie und flüsterte: »Sie haben nichts. Nur drei Kartons der alten Broschüren. Die neuen haben sie nicht gefunden.«

Beate hatte gerade erst von der Mitbewerberin Adele Tschech aus Stuttgart, die ihren Betrieb einstellte, 280 000 Kundenadressen gekauft und einen maßgeschneiderten Katalog entworfen, der die neuen potenziellen Kunden begrüßen und Einblick in das Uhse-Sortiment geben sollte. Da in der Vergangenheit nach der Versendung der ersten paar Tausend Kataloge bereits die Polizei bei ihr gestanden und die restlichen Postwurfsendungen, die sie erst nach und nach drucken und eintüten ließ, beschlagnahmt hatte, wollte sie es dieses Mal anders machen und alles gleichzeitig bei der Post aufgeben. Fünfunddreißig Heimarbeiterfamilien hatten in kürzester Zeit die Adressen geschrieben und die Kataloge eingetütet. Bei solchen Dingen mussten sie auslagern, da die firmeneigenen Räume dafür nicht ausgereicht hätten. Somit befanden sich die fertigen Postsendungen außerhalb in einer anderen Halle. Zum Glück.

Der Staatsanwalt hatte seinen Kaffee fertig getrunken und schritt mit einem knappen Gruß raus zu den Autos. Beate lief hinterher. Die drei beschlagnahmten Kartons würden spätestens in ein paar Tagen wieder zurückgegeben werden, die Broschüren hatten die richterliche Überprüfung nämlich bereits überstanden. Aber bitte, sollten sie ihren Spaß damit haben. Sie sah, wie einer der Polizisten bei ihrem Hofarbeiter Holger stehen blieb. »Ich dachte, ihr seid ein großes Erotikunternehmen? Nix ist da. Wenn ich das meinen Leuten erzähle, lachen sich alle schief.«

»So«, sagte Holger, und bevor Beate eingreifen konnte, fuhr

er fort. »Unsere Halle da oben ist voll, von wegen lachen …« In dem Moment veränderte sich sein Gesichtsausdruck, und er hörte auf zu reden, wurde blass, schaute mit großen Augen zu Beate.

Kurz darauf war die Halle versiegelt, die Kataloge beschlagnahmt, sogar bei den Heimarbeitern hatten sie die verbliebenen Exemplare mitgenommen. Es war ein Tag vor Himmelfahrt, und der Staatsanwalt hätte fast ein kleines Tänzchen vor Freude hingelegt. 280 000 fertig frankierte Sendungen, die am nächsten Tag zur Post hätten gehen sollen. Der eingesetzte Warenwert pro Brief war eine Mark fünfzig, insgesamt belief sich das alles somit auf 420 000 Mark.

Vor Gericht könnte das Jahre dauern, bis alles entschieden und durch wäre. Pleite, das würde sie dann sein. Definitiv pleite. Die Kataloge wären dann nicht mehr aktuell, und wie sollte sie dieses finanzielle Loch stopfen? Sie hatte dafür Wechsel unterschrieben. Warum hatte sie nicht doch den anderen Weg gewählt und immer ein paar Tausend verschickt, nach und nach, warum hatte sie gewartet, bis alle fertig waren?

Holger kam nach der Aktion geknickt zu ihr und entschuldigte sich. Er erwartete seine Entlassung. Beate sagte nur: »Schwamm drüber, wir bekommen das schon hin!«

Und ganz ehrlich, das hätte auch anderen passieren können. Sie mussten etwas machen mit dem Personal. Dr. Kuntze hatte von Schulungen gesprochen, man solle die Angestellten sensibilisieren, was für Fettnäpfchen und gesetzliche Fallen möglich seien.

Beate ließ einen Widerspruch gegen die Beschlagnahmung einreichen. Während sie noch auf eine Entscheidung wartete, kam ein paar Stunden später einer der Heimarbeiter bei ihr ins Büro. Herr Witte war ganz außer Atem und wurde direkt zu ihr vorgelassen. »Frau Rotermund, ich muss Ihnen was sagen, was ganz … Dringendes.«

»Herr Witte, jetzt setzen Sie sich doch erst mal und holen Luft. Tief einatmen, ja, genau so. Und jetzt, bitte?«

»Die Beschlagnahmung ist frei.«

»Bitte?«

»Ein Bekannter kam vorbei, der hat das erzählt. Der Amtsrichter hätte keine Zustimmung für die Beschlagnahmung gegeben.«

»Warum weiß ich davon noch nichts?«, fragte Beate.

Darauf konnte Herr Witte nur mit den Schultern zucken. »Mein Bekannter arbeitet bei Gericht, das ist zuverlässig!«

»Herr Witte, Sie sind ein Goldstück. Ganz herzlichen Dank, das ist die beste Nachricht, die ich jemals von einem Mitarbeiter erhalten habe! Nehmen Sie sich doch vorne etwas Obst vom Teller und richten Sie Ihrer Frau beste Grüße aus. Danke!«

Kurz darauf saß sie mit Dr. Kuntze zusammen. Es gab ein großes Problem: Sie konnte schlecht selbst die Versiegelung des Lagers aufbrechen. Da würde sie in Teufels Küche kommen, aber irgendwie, irgendwie!

Ihr Anwalt grübelte. »Ich kann mir denken, warum wir die Information nicht erhalten haben: Der Staatsanwalt will hoch bis zum Landgericht und hofft, dort zu gewinnen. Wenn wir uns bei Gericht melden und preisgeben, dass wir von der Freigabe wissen, weiß ich nicht, ob er versucht, aus anderen Gründen die Beschlagnahmung aufrechtzuerhalten, das ist zu unsicher, wir sind gerade einen Zug vorne dran, das lassen wir uns nicht nehmen. Wie wäre es, wenn wir telefonieren?«

»Und dann?«

»Sie rufen mich an, und wir zeichnen das Gespräch auf. Alles der Reihe nach, Sie erzählen mir von Herrn Witte und der zuverlässigen Information, dann fragen Sie mich, ob das bedeute, dass alle Sendungen frei wären, und ich bestätige das aus rechtlicher Sicht. Und dann geht es ab zur Post.«

Gesagt, getan.

In der Nacht blieben die Wachhunde des Unternehmens

eingesperrt, Beate stand mit Ewe, Klaus und Dirk vor dem Tor, es war sehr dunkel, es nieselte. Das Siegel war so klein und oberhalb der Kopfhöhe, dass man es eigentlich nicht sah. Sie öffneten das Tor. 280 000 Briefsendungen in Kartons wollten bewegt werden, aus der Halle in die bereitstehenden Lieferwagen. Das bedeutete ein ausgedehntes Sportprogramm. Ewe übernahm die Rolle mit dem Antreiben und wechselte zwischen Komplimenten, Beleidigungen und Witzen ab. Der Morgen graute bereits, als sie die letzten Kartons herausschleppten.

Bei der Fahrt nach Hamburg schliefen die Jungs tief und fest. Noch immer fühlte sich Beate unter einer Anspannung, die sie zu erdrücken schien und die erst nachließ, als die Briefe in der Post waren. Dann atmete sie auf. Sie war so erleichtert, dass sie gar nicht wusste, welchem der Götter oder Ahnen sie danken sollte. Klaus und Dirk durften zur Feier der Stunde in einem Restaurant aussuchen, was sie wollten, und so gab es Steak, Pommes und Bananensplit für die fleißigen Helfer.

Beate schenkte über den Tisch hinweg Ewe einen langen Blick. Fühlte sich so nicht eine Familie an? Spürte er das auch?

Dreizehn Tage waren seit der Versiegelung vergangen, Pfingsten vorbei, und ein Polizist in Zivil kam ins Büro. Mit einem Haftbefehl. Beate Rotermund wurde festgenommen wegen des Siegelbruchs. Als er sie hinausbegleitete, sagte Beate zu all ihren Mitarbeitern, denen sie begegnete: »Ich bin verhaftet, stellt euch das vor, aber macht euch keine Sorgen, das wird sich schnell aufklären. Ich bin verhaftet, das ist das erste Mal in meinem Leben.«

Der Richter entließ sie aus der Haft, da man davon ausgehen konnte, dass Beate weder flüchten würde noch etwas vertuschen konnte. Als sie zurück ins Büro kam, eilte ihr Anneliese strahlend entgegen. »Das ging aber richtig schnell, und Frau

Rotermund, halten Sie sich fest. Die ersten fünfzig Bestellungen sind da. Fünfzig!«

Beate umarmte Anneliese und blinzelte. Alles richtig gemacht, der Rest würde auch noch klappen.

Und das tat es auch. Mit Herrn Witte als Zeugen und dem aufgezeichneten Gespräch sowie der Aussage von Beate, dass man kein Siegel am Tor gesehen habe, wurde sie freigesprochen. Dass der Staatsanwalt vor Wut fast an die Decke ging, muss man nicht extra erwähnen, auch nicht, dass die Presse ihre Schlagzeilen für die nächsten Tage hatte und somit den Bekanntheitsgrad der Firma Beate Uhse weiter vergrößerte.

Nur Ewe war alles andere als glücklich. »Beate, lass uns die Firma verkaufen.«

»Und dann?«

»Wir holen uns ein oder zwei Miethäuser und leben davon. Reisen, genießen, das Meer, den Strand, uns und …«

»Aber Ewe, wer will denn so ein kleines Sexgeschäft kaufen? Das haben wir alles aufgebaut und schon so viel erreicht, weißt du, ich will … Ich will nie wieder ohne Geld dastehen. Ich brauch keine teuren Sachen, aber ich will nie wieder arm sein.«

»Und ich will mich nicht weiter totschaffen!« Damit ließ er sie stehen. In der Anfangszeit hatte Ewe im Geschäft genauso mitgearbeitet wie sie. Als die Firma expandierte, hatten sie die Ressorts regelmäßig getauscht, um sich gegenseitig vertreten zu können, aber in den letzten Jahren blieben sein Elan und seine Motivation auf der Strecke. Es schien manchmal, als wäre eine Seite von ihm, die sich um den bewussten Lebensstil mit Ernährung und Entspannung drehte, immer größer geworden, hätte den kompletten restlichen Ewe ausgefüllt.

* * *

Drei Monate später setzte Ewe seine Ansage in die Tat um, er machte einen Strich unters Unternehmen, packte ein Zelt ins Auto und fuhr zur Geltinger Bucht an die Ostsee, um zu meditieren, um zu sich zu finden, sagte er. Aus der Firma sei er draußen. Endgültig. Das sei keine Laune, er habe lange darüber nachgedacht und mache das, was er schon immer geplant habe und für ihn richtig sei.

Beate kam ins Trudeln, zum einen sah sie ihre Vorstellung, im Alter mit Ewe unter einem blühenden Rosenstrauch vor einem Haus am Meer zu sitzen, zerbröseln, zum anderen wusste sie, dass diese Vorstellung nur realisierbar war, wenn sie die Firma hielt. Sie waren doch auf dem besten Weg, die Umsätze bewegten sich in Millionenhöhe, die Kundenzahlen kletterten stetig, die Kataloge wurden dicker, und sie vergrößerten sich, indem sie Unternehmen hinzukauften, selbst produzierten. Na klar gab es ständig neue Felsbrocken, die auf sie zurollten und sie zu zerquetschen drohten, aber das Unternehmen lief seit über zwanzig Jahren, das konnte sie doch nicht einfach aufgeben. Die Firma war dankbarer als Menschen. Was sie an Energie hineinsteckte, erblühte und trug Früchte, das war ehrlicher als ihre Beziehung.

Beim Stichwort Probleme: Der Bundesgerichtshof hatte bestimmt, dass eingehende Ausführungen über Sexualität nicht mehr per Postwurfsendung versandt werden durften. Das hieß ganz konkret, dass ihre Kataloge nicht mehr auf herkömmliche Weise verschickt werden konnten, Banderole mit Warnung hin oder her. Das war etwas, was sie angehen musste. Ob es helfen würde, darüber zu meditieren? Scheiß auf Ewe.

* * *

DREI JAHRE SPÄTER, JUNI 1962

BÜRO

»Frau Rotermund, Sie rennen damit direkt ins Verderben!« Anneliese schüttelte ihren Kopf. Da sie zum alten Eisen der Firma zählte, getraute sie sich, offen zu reden. »Einen Sexshop? Man sollte Sie nicht mehr nach Amerika zu irgendwelchen Seminaren reisen lassen. Ein Sexshop, das wird die Leute drum herum sauer machen.« Sie begleitete das Gesagte mit einem Lächeln, aber die Aussage hing unverrückbar in der Luft.

Beate saß mit sieben ihrer hundert Angestellten und ihrer Sekretärin Daniela Schriever um einen Tisch im Besprechungsraum und trank Kaffee. Das war ihr innerer Kreis, mit dem sie sich gerne zu Beratungen und zur Meinungsfindung zurückzog. Ihre Idee, ein Ladengeschäft zu eröffnen, kam nicht so gut an, wie sie gedacht hatte. Dabei hatten die großen amerikanischen Versandhäuser allesamt Shops in den größeren Städten, und Amerika war Deutschland etliche Nasenlängen voraus, die wussten, wovon sie sprachen. Zwar sparte der Versandhandel die Ladenmiete, aber dafür waren die Kosten, neue Adressen zu akquirieren, verdammt hoch.

Einen gab es, der hinter ihr stand: Pressechef Hannes Baiko[156], der bedächtig seinen Schnurrbart zwischen zwei Fingern zwirbelte. Das Prägnanteste war seine fliehende Stirn. »Während der Versandhandel durch ein buntes Bündel an Beschränkungen ständig bedroht wird, könnte ein Laden stabilen Profit bescheren.«

»Die Leute werden uns steinigen«, mischte sich Georg ein, der die Abteilung für Versand leitete. Seine Schläfen waren mittlerweile ergraut, was ihm den Spitznamen Silberrücken eingebracht hatte, nachdem Bernhard Grzimek die Gorillas in seiner Fernsehshow *Ein Platz für Tiere* in der ARD vorgestellt hatte, was so gut wie die ganze Belegschaft geschaut hatte. »Erinnert ihr euch nicht mehr, dass, nachdem die Kirche gegen die Zeitschriften mit den entblößten Brüsten hetzte, die Kioske brannten?[157] Brannten! Genauso wie es Stinkbomben bei dem Film mit der Knef in den Kinosälen regnete. Wie lange ist das her – zehn Jahre? Seitdem sind die Menschen eher noch handgreiflicher geworden. Was glaubt ihr, wie lange es dauern wird, bis der Sexshop brennt oder die Fenster eingeschmissen werden? Ich stelle mich da auf jeden Fall nicht rein.«

»Sie haben jetzt über zweihundert Angestellte und eineinhalb Millionen Kunden, wir verschicken monatlich zweihundertfünfzigtausend Prospekte. Seit letztem Jahr sogar in Farbe. Ihre Idee, in den Katalogen Bilder abzudrucken, die einen persönlichen Einblick in die Arbeitsbereiche der Firma geben, war genau richtig. Ich finde, so ein Ladengeschäft würde alles kaputt machen. Sollten wir uns nicht weiterhin auf das Versandgeschäft konzentrieren?«, ergänzte Dr. Kuntze. »Damit können wir doch zufrieden sein, die Zahlen gehen steil nach oben. Frau Rotermund, neben dem Wäscheatelier Cottelli haben Sie mittlerweile so viele Firmen aufgekauft, dass man fast den Überblick verlieren könnte.[158] Erst im März haben wir den Carl-Stephenson-Verlag von Berlin nach Flensburg geholt. Wir sind produktiv, keine Frage, stellen von Büchern über Reizwäsche bis hin zu anregenden Substanzen und Aktaufnahmen alles selbst her, aber da ist noch Luft. Wollen wir nicht noch die Produktentwicklung etwas ankurbeln?«

Georg fiel ein. »Denken Sie daran, dass sich die Gesetze verdammt schnell ändern können. Im Versand kennen wir uns recht gut aus. Wissen Sie noch, vor drei Jahren, als wir unsere Briefsendungen mit den Katalogen plötzlich nicht mehr verschicken konnten? Da saßen wir etliche Monate auf dem Trockenen. Da ging es ganz schön runter mit den Zahlen.«

Baiko wurde lauter. »Aber genau darum geht es doch, Georg. Der Versandhandel ist von der Willkür des Gesetzgebers stärker bedroht. Da ist die rechtliche Lage zu den Ladengeschäften ein Puppentanz, und außerdem …«

Georg unterbrach ihn. »Willst du damit sagen, dass ich zu dumm bin, das zu verstehen, oder was?«

Hannes winkte ab. »Nein, nein, natürlich nicht. Ich will das nur noch mal unterstreichen … Auch bei der letzten Geschichte mit den Katalogen. Frau Rotermund hatte ja hier erneut den richtigen Riecher und Gutscheinbriefe eingeführt. Und ich muss euch wohl nicht erklären, dass wir seit den Gutscheinbriefen noch mehr Gewinne einfahren.«

»Nein, das musst du uns nicht erklären«, grummelte Georg, der auf Hannes nicht konnte.

Ina, die die Abteilung mit dem Kundenkontakt leitete und ihre blonden Haare wie Audrey Hepburn in *Frühstück bei Tiffany* im angesagten Bienenkorbstil trug, schüttelte den Kopf. »Ich denke nicht, dass da viele Kunden kommen. Sie könnten doch gesehen werden, oder nicht? Und wer will schon dabei ertappt werden, wenn er sich Prothesen kauft.« Sie lehnte sich im Stuhl zurück und faltete ihre Hände über ihrem dunklen, gerade geschnittenen Kleid. Beate wartete darauf, dass sie eines Tages noch mit Zigarettenspitze, übergroßer Sonnenbrille und Hut hereinspazieren würde. Seitdem der Film im Januar gezeigt worden war, sprach Ina fast täglich davon. Und das war ja locker fünf Monate her.

Hannes nahm sich eine Flasche Wasser vom Tisch und schüttete sich langsam ein Glas voll. »Sehr geehrte Kollegen«, mit einem Blick auf die Frauen fügte er hinzu, »und sehr geehrte Kolleginnen. Wenn ich eins gelernt habe, seitdem ich ein Teil des Unternehmens Uhse bin: Ein Weg findet sich immer.«

Beate lächelte. Das waren sonst immer ihre Worte: Einen Weg gab es immer. Die Gutscheinbriefe waren tatsächlich die rettende Idee gewesen. Der Kunde erhielt nun einen Zettel, auf dem das Cover des neuen Katalogs zu sehen war, und konnte den beigefügten Gutschein ausfüllen und so selbst aktiv das Magazin bestellen. Und zack war die Firma aus der Bredouille.

Beate hörte sich die Argumente gegen ihren Vorschlag an, in aller Ruhe. Es war gut, einen feinen Kreis von Mitarbeitern zu haben, deren Meinung sie schätzte. Sie war im Prinzip offen für alles. Wenn intern Vorschläge kamen, um die Produktion voranzutreiben, die auch umgesetzt werden konnten, verteilte sie großzügig Prämien. Wie hieß es bei den Seminaren in Amerika so schön: Sei mutig, unbekannte Wege zu gehen, tust du es nicht, wird es ein anderer machen. Die Konkurrenz schlief nicht. Man musste immer versuchen, ein paar Schritte vorneweg zu sein. Vor allem hatte sie ganz eindringlich das Gefühl, dass die Zeit reif war. Seit letztem Jahr gab es die Pille für verheiratete Frauen, das hatte Bewegung in die Gesellschaft gebracht. Die Selbstbestimmung der Frau über ihren Körper, die Kontrolle und Planung ihres Lebens rückten in den Mittelpunkt. Die ersten Frauen liefen in England in Miniröcken umher, was zu kleinen Skandälchen führte. Der Journalist Oswalt Kolle veröffentlichte in der Zeitschrift *Quick* die Artikelreihe *Alle Liebe dieser Welt,* die darüber berichtete, was Ärzte und Menschen in anderen Ländern über Geschlechtsverkehr und Moral wussten, und Deutschland ziemlich alt und überholt aussehen ließ. Es folgte eine Reihe über *Dein Kind, das unbekannte Wesen,* die sich um die Schwangerschaft und frühkindliche Entwicklung drehte, gab es bis jetzt doch fast nur Werke, die dieses Thema mehr verschleierten, als darüber aufzuklären. Auch das Thema der kindlichen Sexualität schnitt Oswalt an, er schien kein Freund der unklaren Worte zu sein, und prompt drohte der Familienminister Wuermeling der *Quick,* bei einer weiteren Veröffentlichung solcher Schweinereien die Zeitschrift verbieten zu lassen. Beate bot schon seit Jahren Aufklärungsbücher für Jugendliche in ihrem Sortiment an, sie sah darin eine gute Möglichkeit, ungewollte Schwangerschaften sowie Abtreibungen oder Jungehen zu vermeiden. Wie sollte man überhaupt über Sex reden können, wenn man nicht einmal Worte für die Geschlechtsteile oder eine Vorstellung davon hatte? Das war wie in der totalen Finsternis mit dem Flieger aufsteigen zu wollen. Doch schienen die Bücher größtenteils unter dem Radar zu laufen, ein Aufschrei in der Bevölkerung war auf jeden Fall nicht aufgekommen.

Kolle war nun in aller Munde, das Thema Sexualität durfte aus seiner Schmuddelecke immer ein Stückchen weiter herausschauen. Klar, dass der Verkauf von *Quick* florierte wie eine Blumenwiese im Frühling. Das Jugendmagazin *Bravo* legte nun den Fokus neben Musik und Filmsternchen ebenfalls auf die Sexualaufklärung, erhielten sie doch Zuschriften ähnlich der Briefe, die bei Beate eintrudelten. Des Weiteren hatten sich einige Verlage zusammengeschlossen, um gemeinsam gegen den Volkswartbund vorzugehen, dem sie vorwarfen, unter dem Deckmantel des Jugendschutzes bestimmte Literatur auch für Erwachsene unerreichbar zu machen.

Als später alle Mitarbeiter bis auf Anneliese gegangen waren, fragte Beate: »Na, wie geht es deinem Mann?« Beate kannte von ihren zweihundert Mitarbeitern jeden mit Namen, und meistens sogar die Familienumstände, nach denen sie sich immer mal wieder erkundigte. Die Mitarbeiter waren ihr größtes Kapital, das pflegte sie bei Feierlichkeiten immer stark zu betonen. Ohne ihre Angestellten gäbe es das Unternehmen Beate Uhse nicht.

Anneliese zog einen Flunsch. Sie war damals nach Flensburg gezogen, um ihrem Bruder zu helfen, aber auch um Abstand zu ihrem Ex-Mann und eigentlich allen Männern zu bekommen. Doch vor einiger Zeit hatte eine neue Liebe ziemlich laut angeklopft, und da konnte auch sie nicht die Tür auf Dauer geschlossen halten. »Schon wieder krank, ich hab ja nichts dagegen, ihn im Bett zu haben, aber dann eigentlich bevorzugterweise gesund … Er hat mir einen Antrag gemacht.« Sie seufzte.

Beate schaute sie belustigt an. »Gratuliere! Was ist los?«

»Er will, dass ich dann Kinder bekomme und aufhöre zu arbeiten.«

Jetzt seufzte Beate. »Man sollte echt denken, die Menschheit geht ständig rückwärts. Aber solange man in einem Land lebt, in dem der Mann entscheidet, was die Frau darf oder nicht … Unser lieber Familienminister Wuermeling sagte ja, dass er sein Amt ausfülle, um sich gegen die fortschreitende Gleichberechtigung der Frau zu stellen. Da darf man dann nicht so viel erwarten.« Sie überlegte kurz. »Weißt du was, geh doch nachher mal zu unserem Juristen. Vielleicht kann man ja so etwas wie einen Ehevertrag aufsetzen, sodass ihr schriftlich festhaltet, dass du weiter arbeiten kannst?«

Anneliese nickte. Sie war eine toughe Mitarbeiterin, die Beate half, neue Projekte mit umzusetzen, als Bindeglied zwischen den einzelnen Abteilungen und der Chefin. »Danke! … Wollen Sie das wirklich machen mit dem Shop? Wir streiten jetzt schon seit Wochen darüber.«

Beate nickte. »Ja, ich halte das für den nächsten Schritt, dann können die Leute direkt vor Ort unsere Produkte ansehen und sich auch beraten lassen. Ich habe da ein echt gutes Gefühl dabei. Und du weißt ja, Geld will investiert werden. Nach der Entschädigung, die mein Bruder mir von Gut Wargenau überwiesen hat, und den Gewinnen können wir da ruhig etwas wagen.«

»Und warum ausgerechnet in Ihrer Heimatstadt? Was ist mit Husum, Kiel oder Lübeck?«

»Ich soll mich für das schämen, mit dem ich mein Geld verdiene und womit ich einer der größten Steuerzahler der Stadt bin? Nein!« Sie zeigte zum Radio, das hinter Anneliese auf einer kleinen Kommode stand und leise vor sich hin summte. »Mach mal bitte lauter.«

Anneliese drehte den Knopf am Rundfunkgerät ein paar Striche nach rechts, woraufhin *Quando, Quando, wann ich dich wiedersehen kann* von Caterina Valente ertönte. Beide Frauen fingen an mitzuwippen und tanzten ein paar Schritte im Büro herum.

»Ich bekomme sofort Fernweh«, sagte Beate und schnappte sich einen Bleistift vom Tisch. »Georg hat recht mit der Reaktion der Leute, wir brauchen einen Zeitpunkt, wo sie mit etwas anderem beschäftigt sind, so wie damals das Fußballspiel, dieses Wunder von Bern, das stimmte das ganze Land versöhnlich.«

Anneliese sang die letzten Worte mit: »Sag mir quando, sag mir wann.« Sie blieb neben Beate stehen. »Wo alle versöhnlich gestimmt sind? Dann ist das doch glasklar: Weihnachten. Und es sprechen ja sogar ein paar Punkte für Ihre Aktion. Seit Calmes vor ein paar Jahren starb, sind nur noch Pfeifen in dem Vorstandsamt im Volkswartbund, gerade dieser Wenger. Außerdem hackt die Presse ganz schön auf denen rum, es verschiebt sich was, das stimmt. Oh, jetzt kommt mein Lieblingslied.« Connie Francis sang im Radio *Die Liebe ist ein seltsames Spiel*. »Haben Sie Connie gesehen, als sie bei Peter Kraus in der Fernsehshow aufgetreten ist? Was für eine glanzvolle Darstellung, sie ist einfach toll. Steht noch was anderes an? Man munkelt, dass Rowohlt Millers *Im Wendekreis des Krebses* nächstes Jahr erneut herausbringen will[159], wollen wir über die Aufnahme in unser Sortiment gerade sprechen?«

Beate verneinte, und Anneliese ging beschwingt und leise singend zu ihrem Arbeitsplatz. »Weihnachten«, murmelte Beate. Das gefiel ihr. Wer würde ein paar Tage vor Weihnachten ein Geschäft anzünden? Als die Liedzeilen *Die Liebe ist ein seltsames Spiel, sie kommt und geht von einem zum andern* erklangen, stand Beate ebenfalls auf und stellte es aus. Alles musste man sich ja auch nicht geben.

* * *

EINEN MONAT SPÄTER, ANFANG JULI

»Wo ist Papa?«, fragte Ulrich. Nach Problemen mit Lehrern auf dem hiesigen Gymnasium ging er auf die Waldorfschule in Rendsburg und wohnte dort unterhalb der Woche im Internat. Ewe hatte die Schule ausgesucht, war er doch ein begeisterter Leser der Bücher von Rudolf Steiner und mochte, genauso wie Beate, reformpädagogische Ansätze. Wenn Ulli zu Hause war, nutzte er gerne die Möglichkeit, seine Mutter in geschäftlichen Angelegenheiten zu begleiten. Heute stand die Besichtigung eines leer stehenden Ladens in der Angelburger Straße 58 auf dem Programm, zusammen mit einem Architekten.

Beate zuckte mit den Schultern. »Er will nächsten Monat wieder da sein.«

»Aber wo ist er denn jetzt?«, hakte ihr Sohn nach. Mit seinen dreizehn Jahren war er bereits fast so groß wie Beate. Er trug eine Brille mit breitem Rand, spielte Gitarre in einer Band und trieb zu Beates Freude mit viel Begeisterung Sport. Tennis, Federball und Fußball.

Sie beugte sich zu ihm. »Du weißt doch, dass er mit dem Bus durch die Gegend fährt und campt. Mit ziemlicher Sicherheit liegt er irgendwo im Warmen am Strand. Er will ja seinen Indianer-Teint nicht verlieren.«

Ewe erfüllte sich seinen Traum vom Leben unterwegs und nächtigte auf Campingplätzen, im Fiat-Familienwohnmobil mit Surfboard auf dem Dach oder nahm Unterkünfte in Strandnähe. Er bevorzugte es schlicht, auch wenn die Firma ausreichend Geld erwirtschaftete, sodass er sich Hotels hätte leisten können.

»Mutti, was ist eigentlich, wenn Klaus und Dirk bei dir in die Firma einsteigen und sich die besten Positionen sichern?

Dann schau ich blöd aus der Wäsche.« Er setzte ein zaghaftes »oder?« hintenan.

In ihrem Inneren musste Beate lachen, das waren Gedanken. »Quatsch, Ulli, erst mal sind die beiden jetzt im Ausland, sich Sporen verdienen und Kanten abstoßen, und dann schauen wir mal, wenn du so weit bist. Weißt du, eine Million, die bekommt man so oder so verdient, man muss nur die Augen offen halten.«

Beate fand es gut, dass ihre Söhne zunächst ihre Sprachkenntnisse vertieften und sich versuchten zurechtzufinden. Klaus war nach der Realschule auf ein Sprachinstitut ins französische Rambouillet geschickt worden und arbeitete nach zwei Anstellungen als Tankwart und Jachtmatrose an der Côte d'Azur nun in einem Pflegeheim für Kriegsversehrte in Großbritannien. Er interessierte sich sehr für Kunst und Literatur, war der Feingeist der Familie und war Beate wie aus dem Gesicht geschnitten. Auch sein Körper war so drahtig wie der seiner Mutter. Erst heute Morgen hatte Beate mit ihm telefoniert und ihm zum wiederholten Male Mut zugesprochen, durchzuhalten. Albträume habe er schon von dem Job, erzählte er. Täglich sah er, wie gestandene Männer plötzlich anfingen zu schreien oder hysterisch zu weinen, einige hatten weder Beine noch Arme, und zwei der blinden Patienten saßen still in einer Ecke, wenn sie ihren Mund aufmachten, dann nur, um immer die gleiche Bitte zu äußern: Sie wollten sterben. Sie wollten nicht mehr leben. Tag für Tag, immer wieder. »Mama, ich weiß nicht, was ich machen soll. Das … das tut mir so weh, wenn ich das sehe.« Seine Stimme brach. Er war neunzehn Jahre alt.

Beate hatte ihm heute gesagt: »Manchmal muss man Dinge durchstehen, Klaus. Weißt du, wenn ich immer gleich weggerannt wäre, dann gäbe es euch heute gar nicht. Vor allem dich nicht. Steh deinen Mann, du schaffst das, ja! Es ist ja nur noch für drei Monate. Dann sitzt du entspannt vier Monate bei der

Harzburger Akademie für Führungskräfte, und dann fängst du bei mir als mein Assistent an. Na, wie hört sich das an?«

Aber am anderen Ende der Leitung hatte man nur ein Schnäuzen gehört, so als ob er sich gerade die Nase putzte. »Gut«, war es dann verhuscht wie von einer kleinen Maus gekommen. Diese Telefonate häuften sich, und Beate fing an, sich ein bisschen über Klaus zu ärgern. Wenn das andere schafften, konnte er das gleich zweimal, er war ein Uhse und trug das Blut eines Köstlins in sich.

Dirk befand sich noch im französischen Sprachinstitut und sollte danach in Frankreich bei einem Hundezüchter arbeiten. Manchmal dachte Beate an ihre eigene Jugendzeit und hoffte, dass sie ihren Söhnen genug Selbstbewusstsein und Aufgeschlossenheit mitgegeben hatte. Oft war sie wochenlang in der Republik unterwegs gewesen und hatte sich auf die Kindermädchen verlassen müssen. Da war ihr Einfluss in einigen Jahren sehr beschränkt gewesen. Aber sie versuchte, es ihnen vorzuleben. Vorzuleben, was es ausmachte, sein Schicksal in die eigenen Hände zu nehmen und für sein Glück hart zu arbeiten.

Beate hatte den zu besichtigenden Laden von außen ausreichend inspiziert und drehte sich vor der Eingangstür zu Ulrich und sagte zufrieden: »Bodenständig.« Eine Handvoll VW Käfer, zwei Ford Capri, Renaults und ein Alfa Romeo Spider fuhren die Straße entlang und erzeugten als Hintergrundmusik ein unterschiedlich hohes Gebrumme. »Schau, direkt zwischen einem Fleischer und Bäcker, und da drüben ist noch ein Textilgeschäft. Hier kaufen Leute täglich ein und kommen dabei automatisch an unserem Laden vorbei.« Sie betraten die Räume, und Beate stellte sich zum Architekten, der einen Grundriss ausgebreitet in den Händen hielt. »Wir müssen den Raum in der Mitte halbieren«, sie zeigte mit ihrer Hand zu dem Schaufenster. »Im vorderen Bereich wird der Fachbuchhandel stattfinden, dann ziehen wir hier eine Wand ein, mit einem weiteren Eingang. Dahinter liegt der Bereich mit unseren anderen Produkten. Hier vorne trennen wir noch ein Stück ab für eine Kabine für die Beratungsgespräche, und der Verkaufstresen kommt gegenüber dem Eingang hin. Was sagen Sie? Die Räume sind dafür groß genug, oder?«

Der Architekt schaute sich die Bausubstanz an und klopfte mit dem Fingerknöchel gegen die Wand. »Das ist gar kein Problem, Frau Rotermund. So eine Trennwand ist schnell reingezogen. Ich empfehle oben zwei Durchbrüche, damit etwas Tageslicht auch nach hinten dringt. Zusätzlich brauchen Sie natürlich noch Deckenbeleuchtung.«

»Wann können Sie mit dem Umbau anfangen?«

»In einer Woche, das ist gar kein Problem.«

»Fein. Lassen Sie uns gleich das Finanzielle regeln, dann können Sie heute noch die benötigten Baumaterialien ordern.«

Der Architekt schaute Beate an, als müsste er eine Bemerkung runterschlucken. Offensichtlich war er es nicht gewöhnt, Ansagen von einer Frau zu bekommen. Beate fiel das gar nicht auf, beziehungsweise sie achtete nicht mehr auf solche Dinge. Erst vor Kurzem hatte sie einen Aufnahmeantrag beim Flensburger Tennisverein gestellt und war abgelehnt worden.[160] Sie bekam zu hören, dass sie in dem Tennisverein unerwünscht sei, und im Hintergrund hatte disharmonisch das Wort *schweinisch* mitgeklungen. Nun gut, dann würde sie sich eben selbst einen Tennisplatz bauen. Vor einem Jahr waren sie aus dem Marienkirchhof ausgezogen und hatten jetzt ausreichend Platz auf ihrem Grundstück mit Garten und direkter Seelage. Am besten nahm sie später den Hausmeister ihrer Firma, Herrn Schäfer[161], gleich mit. Er war ihr Mädchen für alles und kümmerte sich auch um ihre handwerklichen Belange. Für ihr neues Zuhause hatte sie eine Haushälterin angestellt, Frau Gießke[162], die in der direkten Nachbarschaft wohnte. Sie kochte, kümmerte sich um die Jungs, wenn Beate nicht da war, machte die Wäsche und hielt das Zuhause in Ordnung.

Nach der Besichtigung fuhr sie mit Ulrich und dem Hausmeister Schäfer östlich der Flensburger Förde entlang, durch Glücksburg hindurch in Richtung Rüdeheck und hielt an der Rüder Straße 9[163]. Sie hatte sich zusammen mit Ewe dieses Stück Land gekauft, auf dem sehr spartanisch eine Wehrmachtsbaracke[164] und ein Schuppen standen, die sie bald anfingen zu einem gemütlichen Holzhaus auszubauen. Allerdings war die Zeit knapp bemessen, und so zelteten sie zunächst im Garten. Auf dem Nachbargrundstück neben ihnen erhob sich eine imposante Blutbuche über einem lang gestreckten Bauernhaus. Kühe[165] gab es und viel Ruhe.

Für Ulrich hatte sie aus der Stadt zwei Biografien besorgt, die er sich gewünscht hatte. Er begeisterte sich gerade für den Werdegang von erfolgreichen Geschäftsmännern, die das amerikanische Ideal vom Tellerwäscher zum Millionär verkörperten. Für die nächste Zeit würde er beschäftigt sein.

»Schä, kannst du mal schauen, was mit dem Licht in der Küche ist? Komm mal, mach mal.«

Schäfer war ein dreißigjähriger sportlicher Mann, der Tischler gelernt hatte und beim Einstellungsgespräch mit ihr vor allem über sein Segelboot und die gemeinsame Leidenschaft, das Fliegen, gesprochen hatte, war er doch Segelflieger und kannte sich somit bestens mit Aerodynamik aus.

Er hatte ihr bereits bei einigen Umbaumaßnahmen der Baracke geholfen. Heute wollte sie mit ihm die Stelle für den Tennisplatz ausmessen und über den Bau eines kleinen Hauses sprechen.

»Hast du morgen Zeit? Ich habe Lust zu fliegen[166] und will morgen nach Süddeutschland, mir meinen Hund abholen. Einen Boxer, Celli soll er heißen. Na?«

»Klar. Gerne. Frau Rotermund, was halten Sie davon, wenn wir den Tennisplatz mit dem See verbinden … also, dass davon direkt Stufen runter ins Wasser führen?«

Beate schenkte ihm ein Lächeln. »Du bist halt der Durchblicker, Schä. Eine wunderbare Idee. Weißt du, was ich planen will, sobald der Garten hier fertig angelegt ist?«

Er holte aus seinem Werkzeugkasten einen Zollstock. »Nein.«

»Ich will mit dem Wohnmobil ans Nordkap. Die Polarlichter locken mich schon lange, dazu Schnee, Elche und die Schönheit Schwedens. Den Polarkreis überqueren. Weißt du, seitdem ich als Kind *Nils Holgersson* gelesen habe, reizt mich das.«

»Ich könnte Ihnen anbieten, entlang der Küste den Seeweg zu nehmen?«

»Ui, darauf komme ich vielleicht sogar zurück, danke. Und jetzt aber!« Sie nahm ihm den Zollstock aus der Hand und lief von der Baracke aus nach links. Der Tennisplatz sollte genau hierhin. Etwas im Schatten der Bäume, aber weit genug weg, dass nicht ständig die Blätter den Platz bedecken würden. Wie lange es wohl dauern würde, bis sie hier spielen konnte?

* * *

FÜNF MONATE SPÄTER, 11. DEZEMBER 1962

BEATE-UHSE-SEXSHOP IN FLENSBURG

Zur Eröffnung des ersten Sexshops in Deutschland waren rund vierzig Leute gekommen. Die Nachbarn, Vertreter der Handelskammer und der Baubehörde, Ewe und Ulrich. Es hatte etwas gedauert, bis sie zusammen mit ihren Mitarbeitern die Inneneinrichtung ausgeklügelt hatte. Die Bücherregale und die Verkaufstresen im vorderen Teil zu organisieren, war leicht gewesen, auch das Schaufenster zu gestalten, war simpel ausgefallen, da sie nur ein paar der Fachbücher in der Auslage platzierten sowie große Pappaufsteller von Menschen und Tafeln mit Fragen und Informationen aus Wissenschaft und Presse. Das Büchersortiment umfasste eine Auslese an insgesamt zweihundert Titeln, auch allgemeine Psychologiebücher wie vom amerikanischen Psychologen Dale Carnegie: *Wie man Freunde gewinnt* und *Sorge dich nicht, lebe!*. Aber hinten, die Produkte für die Ehehygiene, das war eine Herausforderung gewesen. Klitorisreizringe, Prothesen und Kondome sahen jetzt nicht so sexy aus, dass man sie sich privat ins Regal stellen würde und am Wochenende der Verwandtschaft präsentierte. Wie konnte man das ansprechend drapieren? Das Auge aß ja bekanntermaßen mit, also nicht nur bei der Essensauswahl. Am Ende zimmerte Herr Schäfer eigenhändig extra angefertigte Schaukästen. Sie waren aus dunklem Holz, was seriös wirkte, quadratisch, in kleinste Fächer unterteilt wie Setzkästen, mit Glasscheiben geschützt und standen auf langen, dünnen Metallbeinen, sodass sie die Mitarbeiter um Kopfeslänge überragten. Sie sahen aus wie riesige Bilderrahmen. Davon gab es drei Stück, die verschachtelt schräg hintereinanderstanden. In jedem Fach befand sich eins der Produkte nebst einem Zettel, auf dem das gute Stück erklärt wurde und eine Nummer hatte. Der Kunde konnte sich die Nummer notieren, bei der Kasse vorzeigen und bekam das gewünschte Teil neutral verpackt über den Tresen gereicht. Die Mitarbeiter liefen in weißen Kitteln umher, wie gesagt, das Ganze musste so seriös wie möglich wirken, und wer wünschte, konnte sich an einem Tisch hinsetzen und erst einmal eine Zigarette rauchen oder an der Wand vor zwei weiteren Regalen auf Hockern Platz nehmen oder sich beraten lassen. Wer ganz persönliche Fragen hatte, die nicht von Dritten gehört werden sollten, suchte Rat im abgetrennten Beratungszimmer mit einem Fachmann. Der wiederum in einem weißen Kittel auftrat, verstand sich.

Sektflaschen wurden geköpft, und Ewe stieß mit Beate an.

»Auf deine unermüdliche Schaffenskraft und deine Lust, das Leben noch etwas bunter und … zu bereichern, das ist das passende Wort.«

Beate lächelte. Es war nur ein einziger Zeitungsmensch erschienen, der Pressevertreter der *Südschleswigschen Heimatzeitung*, obwohl sie Himmel und Hölle in Bewegung gesetzt hatten, um mehr Öffentlichkeit zu bekommen. Es schien fast, als ob die Berichterstattung über die Augstein-Spiegel-Affäre die Journalisten erschöpft hätte. Das *Flensburger Tageblatt* konzentrierte sich derzeit auf geplante Straßen- und Schulbauten und berichtete in den nächsten Tagen über einen mysteriösen Knall in der Stadt, wobei man nicht wisse, wo und wie er entstanden sei. Kein Wort vom ersten Sexshop der Welt. Kein Wort über Beate Uhse.

Beate hakte sich bei Ewe ein und wanderte mit ihm die Bücherregale entlang. »Schön ist es geworden, nicht?«

Ewe nickte.

»Schön, dass du es gerade noch so geschafft hast, zu uns zu kommen. Wo warst du zuletzt in Frankreich? In Montalivet?«

Er nickte erneut. »Ich hatte zwei Tramperinnen dabei, die wollten noch etwas bleiben.«

Beate blieb abrupt stehen und senkte ihre Stimme. »Ewe, jetzt ist kein passender Zeitpunkt, mir von deinen Liebeleien zu erzählen.«

»So«, er antwortete genauso gedämpft. »Warum nimmst du dir nicht auch einen Liebhaber, das würde dich vielleicht locker machen. Wir leben nur einmal, Beate. Liebe beginnt dann, wenn wir unseren Egoismus beiseiteschieben und Platz machen für jemand anderen.[167] Aber du wirst immer meine Bienenkönigin bleiben, das weißt du doch.«

Sie schaute ihm hinterher, wie er weiterschlenderte, nett mit den Anwesenden plauderte, diese zum Lachen brachte und seinen Charme fließen ließ. Das war seine ganz persönliche Zauberkraft. Und doch gab es da etwas zwischen ihnen, was nicht versiegen wollte. Sie konnten stundenlang abends am Lagerfeuer über Gott und die Welt diskutieren, dass die Schwärze der Nacht überzeugt war, eigentlich aus Säure zu bestehen und alle tief hängenden Sorgen und Bedenken auflöste. Wenn sie sich liebten, war die empfundene Nähe so intensiv, als würden sie im Körper des anderen stecken und sich aus den Augen des Partners heraus betrachten und spüren. Die Zeit mit Ewe war schmerzvoll und intensiv. Machte sie glücklich und unheimlich traurig, und sie wusste nicht, was nach einer Trennung auf sie warten würde. Und Ungewissheit war nicht so ganz das Ding für Beate, da konnte man keine Strategien mit dem Anwalt ausarbeiten und die Aussagen vor Gericht Wort für Wort einstudieren. Das hier war irgendwie realer und drang tiefer. Er zitierte gerne Rudolf Steiner mit *Die Liebe ist ein Erleben des anderen in der eigenen Seele,* und das traf es sehr gut. Sie liebte seine Seele, einen Teil davon zumindest.

Der Journalist trat an Beate heran, und sie setzte ihr professionelles Lächeln auf. »Wie kann ich Ihnen helfen? Haben Sie Fragen? Wissen Sie bereits, dass wir geplant haben, uns technisch weiterzuentwickeln? Wir wollen uns eine elektronische Datenverarbeitungsmaschine, eine Bull Gamma 30, zulegen. Ich kann mich ja für so etwas begeistern, Sie auch? Finden Sie ebenfalls, dass es wichtig ist, mit der Zeit zu gehen? Wir überlegen, ob wir nicht räumlich alle Büros und Lager zusammenziehen, an einen Platz. Nein? Davon wissen Sie noch nichts? Dann hören Sie mal gut zu.«

Das erste Geschäftsjahr des Sexshops verlief ernüchternd. Es blieb zwar etwas Gewinn hängen, aber es waren zumeist Einkäufer, die sich zu den besonderen Produkten trauten, die Einwohner blätterten höchstens in den Fachbüchern. Ina sollte wohl recht behalten mit ihrer Einschätzung, die Leute wollten inkognito bleiben. Beate eröffnete einen weiteren Laden in bester Innenstadtlage, aber abseits der Fußgängermassen. In der Adenauerallee in Hamburg, dann in Frankfurt und in Berlin mit Blick auf die Gedächtniskirche. Hier fielen nicht nur die weißen Kittel der Angestellten, sondern Beate wollte den Ablauf im Laden rationalisieren, kundenfreundlicher machen und ließ von einem Schweizer Innenarchitekten Schüttgondeln installieren, aus denen automatisch die Ware nachfiel, die man sich dann einfach greifen konnte, was den Umsatz in Berlin auf einen Schlag verfünffachte. Und immer noch war da Luft nach oben.

»Man fragt sich unwillkürlich, ist ein Staat, der Bücher beschlagnahmen lässt, noch demokratisch zu nennen?«[168]

KAPITEL 21

Im Wendekreis der Ellipse

* * *

ÜBER FÜNF JAHRE SPÄTER, MÄRZ 1968

BÜRORÄUME IN DER WILHELMSTRASSE 1A

»Hannes, Sie sind ein Genie. Das ist wahre Kunst, was Sie da zusammengeschrieben haben. Da greift das eine in das andere, als gäbe es keine andere Möglichkeit. Da fange ja sogar ich an, an Bestimmung und Gott zu glauben.« Beate hielt fünf eng beschriebene Blätter in der Hand, die sie gerade durchgelesen hatte, und strahlte von einem Ohr zum anderen. Sie saß zusammen mit Hannes Baiko, der das Pressereferat innehatte, der Privatsekretärin Daniela und Anneliese im Besprechungsraum. Sie trug eine dunkle Hose, die sie mit einem pinkfarbenen Oberteil und mit einer Handvoll versilberter Ketten mit roten Glasperlen kombiniert hatte. Die Welt schien seit Jahren an Farbe zu gewinnen, das gefiel ihr sehr. Auch die Miniröcke, die im Sommer so gut wie alle Frauen trugen, entsprachen ihrer Ästhetik. Sie zog das hinterste Blatt hervor.

»Beate Uhse, die als Tochter einer Ärztin und eines Landwirts in Ostpreußen geboren wurde, hatte bereits im Alter von siebzehn ihre Pilotenprüfung bestanden und wat wat wat … hier kommt meine Lieblingsstelle: Beate Uhse, die bereits in jungen Jahren ihren Ehemann und Vater des gemeinsamen Kindes verloren hatte, teilte das Schicksal von Millionen anderer Flüchtlingsfrauen und erkannte die Nöte ihrer Zeit. Mit ihrem Einfallsreichtum und der Eigenschaft, die Dinge am Schopfe anzupacken, legte sie den ersten Stein für das spätere Großunternehmen: das Aufklärungsheft *Schrift X*«. Sie warf die Blätter auf den Tisch zurück. »Na, wenn das nicht prima ist. Das ist eine richtige Gründerstory, und du hast positive Werte platziert, später auch Visionen, und zeigst, dass die Beate Uhse, die hinter der Firma steckt, eine außergewöhnliche Frau ist. Da wären meine Seminarleiter aus Amerika stolz auf dich.«

Hannes fühlte sich sichtlich geschmeichelt. »Frau Rotermund, ich habe das genommen, was Sie mir geliefert haben. Das ist nur die Blaupause Ihres Lebens.«

Anneliese pochte mit dem Stift auf den Tisch. »Wir müssen schauen, wie der Blick der Öffentlichkeit auf die Fliegerstory reagiert. Seitdem Schilling in Rente ist, bin ich zwar etwas gelassener geworden, aber jetzt mit den ganzen Studentenunruhen … Unser Unternehmen und Kolle gehören aus der studentischen Perspektive ja zum Establishment, und die finden solche alten Heldengeschichten nicht so doll.«

Die Kriegsvergangenheit von Beate hatten sie angefangen vor Gericht auszuspielen, als sie realisiert hatten, dass die Richter immer noch auf ihren Plätzen saßen, wie sie es vor und während des Zweiten Weltkriegs getan hatten. Viele von ihnen hatten mit Hitler sympathisiert und fanden somit Beates Vergangenheit Respekt einfordernd, und für die anderen bildete dieser Teil aus Beates Biografie zumindest die positiven Aspekte, dass sie ihrem Vaterland gedient hatte, mutig war und bereit, Risiken einzugehen sowie zu sich selbst zu stehen. Mal schauen, wie lange noch.

Mit einem Blick auf ihre Armbanduhr sagte Beate: »Ach, ich muss gleich weiter. Die *Beate-Uhse-Story* geht an den Verteiler für Presse, TV und Radio, ja? Schreiben Sie Dirk Henschel von der *Morgenpost* einen privaten Gruß von mir dazu, bitte. Da könnten wir doch eine Reihe für die Zeitung draus machen, oder? Ich bin sehr zufrieden, Hannes, wirklich. Sie müssen unbedingt mal wieder mit Ihrer Frau zu mir kommen, dann können wir beim Tennis schön plauschen. Anneliese, regeln Sie das mit Kolle[169] und seiner Kolumne für unsere Magazine, ich hab gehört, der knapst finanziell etwas, vielleicht geben Sie ihm einen Vorschuss. Und Daniela, wie geht es eigentlich der Kleinen? Ihr wart ja auch schon lange nicht mehr bei mir am See. Können Sie mir bis nachher die Zahlen raussuchen, wie sich unsere Bücher rund um die Liebesstellungen verkaufen? Damit lagen wir mal wieder genau richtig und waren Trendvorausreiter, oder wie sagt man dazu?«

Anneliese lachte. »Trendsetter? Wer hätte gedacht, dass es hierzu nur ein einziges Strafverfahren gab, das sofort niedergeschlagen wurde? Dabei zeigen wir eindeutige Liebesstellungen, zwar noch mit Holzpuppen, aber das wird ja bald geändert.«

»Gott sei Dank«, sagte Beate und fuhr sich mit der Hand durch ihr kurzes Haar. »Seitdem Dänemark sein Verbot unzüchtiger Schriften aufgehoben hat, ist das ein schwergewichtiger Konkurrent. Die dänischen Versandhäuser schießen wie Pilze aus dem Boden und überschwemmen unseren Markt.«[170]

Hannes lachte laut auf. »Wobei man schon mit gutem Recht behaupten kann, dass uns manchmal nichts Besseres passieren konnte, als dass der Volkswartbund eins unserer Bücher auf den Index setzen ließ. Das verkaufte sich danach besser als Butter nach dem Krieg. Übrigens, eine Pressemeldung kam heute noch rein: Schäfer stellt nicht nur seine *Gisela* ein, sondern kippt seinen kompletten Betrieb.«

»Oh«, machte Beate. Das kam nicht ganz unerwartet, stand

Schäfer doch fast so oft vor Gericht wie sie selbst. Aber dass er gerade jetzt, da sich alles etwas zu liberalisieren schien, aufgab, das hätte sie nicht gedacht.

Hannes räumte seine Unterlagen zusammen, bedankte sich für die Einladung zu Beate nach Hause und ging zurück zu seinem Platz im Großraumbüro. Der Hausmeister war gerade mit einem anderen Mitarbeiter beschäftigt, Stellwände zu verschieben. So langsam platzte es hier aus allen Nähten. Es war einfach zu eng, aber das war ja nur eine Frage der Zeit. Wenn alles gut lief, dann konnten sie nächstes Jahr umziehen. Bei den Bauarbeiten gab es bis jetzt keine großen Verzögerungen, bald würden sich tatsächlich alle Teile der Firma an einem zentralen Platz unter mehreren Dächern befinden. In der Gutenbergstraße, wo sie bereits vor Jahren die Druckerei angesiedelt hatte. Endlich! Sie hatte es an einigen Tagen ziemlich satt, von einem Ende der Stadt zum nächsten zu hetzen, nur um von der Produktion zur Verwaltung und dann zur Druckerei zu gelangen.[171] Dreihundert Mitarbeiter benötigten nicht nur Platz, sondern auch Struktur. Bald knackten sie die Dreißig-Millionen-Euro-Umsatzgrenze. In nur zehn Jahren hatten sie von zweihunderttausend auf drei Millionen Kunden aufgestockt. Es war unglaublich, was aus der anfänglichen Idee, die *Schrift X* zu verkaufen und mit Kondomen und einzelnen Aufklärungsschriften zu ergänzen, geworden war. Noch unglaublicher war es fast, wie lange es gedauert hatte, bis die ehrenwerten Bürger der Stadt sie akzeptiert hatten, alle taten es bei Weitem immer noch nicht. In einem Slogan hieß es: *Alle sechs Sekunden wendet sich irgendjemand an Beate Uhse.* Das merkte die Post in Flensburg mit am deutlichsten, die ein Viertel ihrer Arbeitszeit damit verbrachte, den Brief- und Päckchenverkehr von der Firma Uhse zu meistern.

»Daniela, kannst du die *Beate-Story* noch an die Hauszeitung geben?«

Die monatliche Hauszeitung hieß *absender beate* mit einem

Umfang von meistens sechs Seiten. Neben einer guten Mitarbeiterkommunikation sollten sich die Angestellten ernst genommen fühlen und auf dem Laufenden bleiben. Schon früh war es Beate wichtig, eine gute Bindung und ein vertrauensvolles Arbeitsumfeld für die Angestellten zu schaffen. Sie führte die Betriebsrente sowie weitere Sozialleistungen ein und war damit einer der ersten Arbeitgeber in Flensburg, die eine fast Rundumversicherung und ein Wohlfühlpaket geschnürt hatten.

Zu lesen gab es persönliche Ereignisse, Geburten oder Jubiläen, Wissenswertes wurde erklärt, wie *Was ist eine Indizierung?*, und dass es Grenzen in der Firma gab: Sie vertrieben keine Bücher, die Gewalt verherrlichten oder als Inhalt Kinderpornografie oder Sodomie darstellten. Das gehörte hier zum Uhse-Einmaleins, das wussten schon die Praktikanten. Weiter wurden neueste Schlagzeilen aus den Zeitungen abgedruckt, die sich meist um gewonnene Prozesse drehten und das positive Bild von Beate Uhse in der Öffentlichkeit unterstrichen. Das waren auch immer gute Argumentationsgrundlagen, wenn die Angestellten in ihrer Freizeit mit unangenehmen Fragen über ihre Arbeit konfrontiert wurden. Sexbesessen, lasterhaft, unmoralisch oder schamlos, die Stempel der Gesellschaft ähnelten sich da sehr. Es gab aber auch neugierige Fragen, die eine fundierte Antwort verdient hatten. So wurde den Mitarbeitern quasi verbale Munition in den Mund gelegt.

* * *

Abends saß Beate am Kamin in ihrem Holzhaus am Rüder See und hörte ihren Söhnen zu, die sich angeregt unterhielten.

Ulli zupfte sein breites schwarzes Brillengestell auf der Nase zurecht und wedelte mit der Tageszeitung herum. »Habt ihr das mit dem Flugblatt in Frankfurt mitbekommen? Ist das nicht absolut lächerlich? Diese Studenten und diese … dieser komische Aufstand.«

Dirk zuckte die Schultern. »Ich weiß nicht, wenn eine Frau keine Lust hat und dann von allen als lesbisch bezeichnet wird … ich fände das auch nicht so toll.« Er war derjenige der drei, der am wenigsten seine Wünsche äußerte, Beate hatte oft den Eindruck, dass er sich so fühlte, als ob er dankbar sein müsste. Aber für was? Für sie war er genauso ein Sohn wie die beiden anderen.

Ulrich schenkte sich einen Gin Tonic ein. »Wenn man nicht will, dann will man nicht, aber warum sollte man heute nicht wollen? Endlich feiern die Leute ihr Leben.« Er hob sein Glas in die Luft. »Genießen wir es. Klaus, trinkst du einen mit?«

Der Angesprochene schüttelte seinen Kopf. »Nein, ich fahr gleich los. Ich treff mich noch mit Gabi.«

Beate wurde hellhörig. »Ist das die von der Examensfeier?«

»Genau, die Sportstudentin, die nach Hamburg zieht.«

Dirk stieß seinen Ellbogen in die Rippen von Klaus. »Was grinst du denn so?«

»Sie hat mir gestern verraten, dass sie die Versetzung nach Flensburg beantragen will.«

»Soso«, sagte Beate und betrachtete wohlwollend ihre Söhne. Bald würde sich die Familie vergrößern, und das war auch gut so. Familie war lebendig und sollte wachsen. »Lade sie doch zum Essen ein, und du kochst!« Früher hatte sie mit Klaus immer gescherzt, dass wenn die Firma den Bach runtergehen würde, dann würden sie sich mit einem Restaurant selbstständig machen, lag ihnen beiden doch das Kochen im Blut. Aber das war jetzt ja nicht mehr nötig. Bald würde es darum gehen, die Ressorts in der Firma aufzuteilen. Beate seufzte, sie drückte sich nie um irgendwelche Auseinandersetzungen, aber dazu hatte sie wirklich keine Lust. Sie würde lieber nach Frankreich zum FKK-Strand fliegen. Neben dem kleinen Flughafen in der Nähe von Montalivet rosteten ein paar Fahrräder vor sich hin und warteten nur darauf, sie zu ihrer gekauften Hütte zu bringen. Ein paar Bücher im Gepäck und die Joggingschuhe … oder ab in den Garten. Es wurde so langsam Zeit, Petersilie, Schnittlauch, Wurzelgemüse und Salate auszusäen.

Manchmal hatte sie das Gefühl, dass die Firma sie mit Haut und Haaren auffraß. Ein klitzekleiner Gedanke verirrte sich zu einem Bild in ihrem Kopf, das Ewe zeigte, und erstarrte.

Manchmal war es ganz gut, keine Zeit für ausschweifende Gedanken zu haben.

* * *

FAST EIN JAHR SPÄTER, 18. FEBRUAR 1969

FLENSBURGER SCHÖFFENGERICHT

Beate wusste nicht, ob sie lachen oder zornig aufspringen und ihre Faust auf den Tisch des Richters rammen sollte. Stattdessen schlug sie ihre Beine übereinander, sodass sich der Rock ihres A-linienförmigen pinkfarbenen Kleides eine Handbreit übers Knie schob. Züchtig faltete sie die Hände über dem Minirock und wippte mit dem Fuß. Der Staatsanwalt war einige Jahre jünger als sie, wirkte aber steinalt, vor allem seine Worte schienen aus einer längst vergangenen Epoche zu stammen. Es ging um den Orgasmus. *Um eine unnatürliche Steigerung geschlechtlicher Reize,* so hieß es zumindest in der Anklageschrift.

In Beates Katalog *Glück – ein Leben lang* standen zwölf Produkte im Fokus der Justiz, die im Sinne des § 184 Abs. 3 StGB *zu unzüchtigem Gebrauche* benutzt werden könnten.[172] Zum Beispiel die *Magic Cream,* die für eine erhöhte Durchblutung sorgte, mit dem Ziel, das Liebesspiel intensiver genießen zu können, oder mal wieder die Präservative, die mit einer genoppten Oberfläche eine stärkere Reizung der Vulva erzeugen konnten und so hübsche Namen wie *Koralle* oder *Happy-End* trugen. Das kannte sie ja schon aus dem Jahr 1962.

Die Artikel des Anstoßes lagen auf dem Richtertisch, worüber sich der Amtsgerichtsrat Alfred Granicky und die beiden Schöffen in Person einer Hausfrau und eines Tischlers beugten. Die Gesichter sprachen Bände. Offensichtlich waren die drei keine Kunden des Versandhandels von Beate Uhse. Und würden wahrscheinlich auch keine werden. Beate lag es auf der Zunge, ein paar Buchempfehlungen auszusprechen, schluckte es aber hinunter. Als der Richter das Schlusswort sprach, war es klar, in welche Richtung der Hase hoppeln würde. Er bezog sich auf das Urteil des Bundesgerichtshofes von 1962 und zitierte die sich durch die Benutzung ergebende *unnatürliche Aufpeitschung geschlechtlicher Reize*. Beate wurde zu sechstausend Mark Geldstrafe verurteilt, und es wurde ihr verboten, weiterhin Werbung für solche Produkte zu machen. Verkaufen ja, Werbung nein.

Spätestens jetzt war Beate das Lachen vergangen. Der Justiziar ihrer Firma blickte sie an, und Rechtsanwalt Dr. Kuntze, der sie mittlerweile recht gut kannte, fragte: »In Berufung?«

Sie nickte, dieser ganze Prozess war eine Farce und ging mal wieder so was von komplett an der Lebensrealität vorbei. Wie konnte ein Hilfsmittel eine unnatürliche Aufpeitschung beim Geschlechtsverkehr erzeugen? Gab es etwa einen Superorgasmus? Also einen Orgasmus für die Frau, der unnatürlich war und nur durch die Benutzung von solchen Kondomen oder Cremes erzeugt werden konnte? Ein Orgasmus, der dann fünfmal so intensiv ausfallen würde und im besten Fall die Frauen zum Durchdrehen oder gleich in die Klapse brachte? Beate war sich sicher, dass sie davon bestimmt schon mal etwas gehört haben musste, hatte sie aber nicht. Es gab einen Orgasmus, der zwar unterschiedlich stark und lange empfunden werden konnte, aber das hing von vielen Faktoren ab, von der Lust, von dem Vorspiel, von der Menstruationsphase der Frau, von vorhergehenden Streitereien und ob im Nachbarzimmer die Kinder lärmten oder die Schwiegermutter rüberrief und fragte, wann sie zum Essen kommen wollten. Das war die gequirlteste Scheiße, die sie seit Langem gehört hatte. Nicht nur das, solche Aussagen waren sogar brandgefährlich, wie lange würde es noch dauern, bis es wieder hieß, dass die Frau überhaupt nicht zum Orgasmus kommen *solle,* da dies nicht der Fortpflanzung diene und sie am besten einfach stillzuhalten habe?

Der Richter ging überhaupt nicht auf die vom Anwalt zitierten Statistiken ein, dass jede dritte Frau zwischen achtzehn und fünfundsechzig Jahren noch nie in ihrem ganzen Leben zum Höhepunkt gekommen war und die Hälfte aller Frauen beim Sex nur selten oder sogar nie kamen.

Hier ging es um noch viel mehr als nur um das Recht, Werbung für ihre Produkte machen zu dürfen, hier stand der weibliche Orgasmus vor Gericht!

Der Fall wurde später vor der 1. Großen Strafkammer des Landgerichts verhandelt. Als Sachverständiger trat eine Korypäe vom Institut für gerichtliche und soziale Medien an der Universität Kiel vor, der zum grauen Flanell einen farbigen Schlips trug und an Seriosität nicht zu überbieten war. Mit einem Gespür für treffend gesetzte Worte las er in tiefem Bass seine Auswertung vor: »Der Beschluss vom Schöffengericht scheint aus dem Mittelalter zu stammen, als man noch nicht wusste, dass man nicht das Wasser trinken sollte, in dem sich die Gassenschweine wälzten, und für viele der einzige Lichtblick am Horizont der Tod war, um endlich ins Paradies einfahren zu können, um das Mühsame und Qualvolle des Alltags hinter sich zu lassen. Wollen wir wieder zurückgehen in der Geschichtsschreibung? Ich habe das nicht vor, im Gegenteil, wir leben in einem erstarkten Deutschland, das voller Stolz auf seine erblühende Wirtschaft schauen darf und in dem Frauen nicht nur an der Seite des Mannes gebraucht werden, sondern auch qualifizierte Arbeitsplätze in der Industrie besetzen und in der Wissenschaft durchstarten ...«

Beate zwinkerte Dr. Kuntze zu, der den Professor ausfindig gemacht hatte. Auf den Punkt, dachte sie und lauschte verblüfft dem darauffolgenden vom Gericht bestellten Gutachter, der ihrer Position nicht nur entgegenkam, sondern den Orgasmus sogar als medizinisch wünschenswert bezeichnete und ihre Produkte als Hilfsmittel für einen medizinischen Zweck bezeichnete. Da blieb dem Landgerichtsdirektor Dr. Stoehr gar nichts anderes übrig, als sie freizusprechen.

Nur der Oberstaatsanwalt sah das immer noch anders und ging in Revision. Das Oberlandesgericht in Schleswig ging unerwarteterweise zwei Schritte zur Seite und blickte aufs Ausland, wo der Paragraf, der dem § 184 StGB glich, bereits aufgehoben war, und stellte fest, dass Sex nichts Starres war, sondern im stetigen Wandel und der Oberstaatsanwalt wohl etwas hinterherhinkte. Somit kam man zu dem Schluss, *dass die freizügige Darstellung und Behandlung der Sexualität als eine Grundtatsache des menschlichen Lebens, wenn auch nicht gebilligt, so doch weitgehend toleriert würde,*[173] und sprach Beates Sortiment vom Verdacht des unzüchtigen Gebrauchs frei. Ein großer Schritt in Richtung liberalerer Gesetzgebung.

In den nächsten Tagen überschlugen sich die verschiedenen Zeitungen und Magazine mit ihren Schlagzeilen: *Die Partnerschaften leiden nicht an zu viel, sondern an zu wenig Sexualität.* Die *Bild*-Zeitung schrieb: *Freispruch für den Orgasmus.* Die *Hamburger Morgenpost* titelte: *Sieg für Beate in Runde »Sex«*, und machte aus der Geschichte gleich einen Mehrteiler. Der *Stern* stellte fest, dass das Gericht der beste Werbepartner für Beate war, und hatte damit ziemlich recht. Wurden doch die Vorteile der angeklagten Beate-Uhse-Produkte im Detail vorgestellt und schwappten nun schwarz auf weiß durch alle Bundesländer. Die Verkäufe in den Sexshops gingen durch die Decke. Das hätte selbst Beate nicht als Marketingkampagne planen können. Dementsprechend groß wurde das Urteil im Büro gefeiert. Sogar Ewe stieß dazu und nannte seine Frau eine Löwin. Es gab Momente, da fühlte sich das Leben an, als sei alles an seinem Platz. Gerade richtig.

»Nicht die Großen werden die Kleinen fressen,
sondern die Schnellen die Langsamen.«

Oft und gerne zitiert von Beate Uhse

KAPITEL 22

Bombengewitter

* * *

ZWEI JAHRE SPÄTER, OSTERSONNTAG 1971

RÜDE

»Was willst du?«, schrie Beate durch das Haus, sodass es bestimmt noch bei den Nachbarn in der nächsten Ortschaft zu hören war. »Bist du jetzt total bescheuert?«

Ewe führte mit seinen Händen eine beschwichtigende Geste aus. »Aber Beate, das ist doch nur der logische nächste Schritt, so wie du dich dafür entscheidest, immer mehr kleine Sexshops in Deutschland zu eröffnen, so will ich einfach, dass Helga gegenüber in unser zweites Haus zieht.«

Ein dunkler Schleier legte sich vor Beates Augen, und sie musste sich setzen. Ihre Stimme war schlagartig verstummt, und sie konnte nur noch leicht den Kopf schütteln, als Ewe erneut darauf pochte, dass er das Recht habe, glücklich zu sein, und Helga nun mal mit dazugehöre. Ob es Beate passe oder nicht, Helga werde in das zweite Haus einziehen. Basta. Die Tür fiel ins Schloss, und Ewe fegte über die Straße zum anderen Grundstück.

Ulli kam aus dem Garten herein, legte ihr die Hand auf die Schulter. »Mutt, was ist los?«

Beate räusperte sich. »Pack deine Sachen, wir fliegen morgen nach … auf die Bahamas. Ja? Sagst du Dirk und Klaus Bescheid? Wer beruflich abkömmlich ist, fliegt mit.«

Dreißig Stunden später waren sie auf dem Flughafen George Town auf der Insel Little Exuma auf der anderen Seite des Atlantischen Ozeans angekommen. Beate und Ulli stiegen mit ihrem Gepäck in ein Taxi, ließen sich zu dem Hotel Peace & Plenty fahren, und kurz darauf lagen sie am Strand. Bekleidet. Mit Badehose und Bikini zumindest. Hier war das mit dem Nacktbaden nicht so einfach. Entweder musste man eine Strafe zahlen, oder einer stand Schmiere und passte auf, dass keiner zur Kontrolle kam. Die Quittung einer Geldbuße, als Beate beim Nacktbaden erwischt worden war, hing in Flensburg über ihrem Büroschreibtisch. Aber einmal reichte.

Sie schloss die Augen, genoss das Gefühl, wie die Wärme ihren Körper erfüllte und sie zur Ruhe kam. Endlich hatte sie in ihrem Kopf das kreisende *Arsch, Arsch, Arsch* abstellen können und eine nette Leere erzeugt. Da hörte sie Ulli neben sich »Mutt« sagen und spürte, wie sich ein zweites Paar Füße in den weichen Sand rammten. Sie öffnete die Augen und sah einen dunkelhäutigen, athletisch gebauten Mann neben Ulrich stehen.

»Schau, wen ich gerade kennengelernt habe«, sagte Ulrich und grinste. »John Holland, er ist Lehrer und kann besser Beachvolleyball spielen als jeder andere, den ich kenne. Komm, das macht dir gute Laune.« Ulli zog Beate an der Hand in die Höhe, und zusammen marschierten sie zu einer Gruppe junger Menschen, die gerade mit einem weiteren Spiel starten wollten.

John Holland war nicht nur ein talentierter Ballspieler, sondern begeisterte sich auch fürs Tauchen, Tennisspielen, hatte einen Pilotenschein und lud sie für den nächsten Tag zum Trickskilaufen und anschließendem Muschelessen ein.

»Trickskilaufen?«, fragte Beate. »Hört sich interessant an.«

Wie sich herausstellte, war Beate eine Naturbegabung, die bereits am ersten Tag auf dem Wasserski Drehungen und kleine Sprünge hinbekam. John führte akrobatisch anmutende Figuren vor. Er stand mit einem Bein auf dem Ski und streckte den zweiten Fuß durch den Griff, um sich ziehen zu lassen. Am beeindruckendsten fand Beate seinen Luftpurzelbaum, der ihr einfach nicht gelingen wollte.

»Patience«, sagte er und zeigte dabei seine weißen Zähne. Er versprühte so viel Lebensfreude, dass Beate am liebsten seine Hand genommen hätte, um teilhaben zu können. »Have you ever been to Florida?« Er schaute sie so intensiv dabei an, dass es sie im Nacken kribbelte. Sie verneinte.

»Oh, that's as beautiful as you, believe me. One day we will go there.«

»Okay.« Beate lächelte, sie war schon oft in New York gewesen und wusste um den amerikanischen Charme, aber John toppte das. Er kam aus der Bronx und erzählte ausgiebig von seiner Familie, die dort lebte.

Für den nächsten Tag schlug Beate eine Kajaktour vor, und am folgenden ging es zum Schnorcheln. Ammenhaie, gestreifte Riffbarsche und blaugelbe Engelsfische tummelten sich im saphirblauen Wasser und erzeugten ein Ambiente wie in einem Märchen. Eine Woche lang unternahmen sie täglich etwas zusammen, bis sie eines Abends zu zweit am Strand den Sonnenuntergang betrachteten und sich über das Philosophieren über den Sinn des Lebens ihre Lippen fanden. »It's easy to be happy, Bee.« Er nannte sie sein kleines Bienchen. Nicht, weil sie so niedlich, sondern weil sie so schnell und angriffslustig war. »Just let it happen. Enjoy.«

Und Beate ließ es geschehen, ließ sich fallen, ließ sich nach fünfundzwanzig Beziehungsjahren mit Ewe auf einen anderen Mann ein. Auf John, auf einen ruhenden, glücklichen Felsen.

Er brachte sie am letzten Tag zum Flugplatz, ohne sein Lächeln abzulegen. Beate irritierte das. »John. I really appreciate our time together. Thank you.« Sie hatte schon fast vergessen, wie Schmetterlinge im Bauch umherflattern konnten und kitzelten. Wie es sich anfühlte, von Liebe umhüllt zu werden, ohne dieses lähmende Bewusstsein der Hilflosigkeit im Hintergrund.

Mit einem langen Kuss verabschiedeten sie sich. Dass er fünfundzwanzig Jahre jünger war, hatte keinen gestört. John kannte sich nicht nur in amerikanischer Literatur gut aus, war ein spannender Erzähler und im Bett ein Liebhabergentleman, sondern er brachte Beate zum Lachen. Jeden Tag, jede Stunde, mit einem Humor, der nicht auf Kosten des anderen ging, sondern die Leichtigkeit einfing, die ihn umgab wie eine Aura. Zum Abschied sagte er bloß: »I come and see you.«

Als Beate im Flugzeug saß, fühlte sie sich beschwipst. Da der Flieger noch nicht vom Boden abgehoben hatte, konnte es nicht am Höhenrausch liegen. Diese Begegnung war ein Geschenk. Hatte ihre Energiepolster fast vollständig aufgeladen. Komme, was kommen sollte.

Nach ihrer Ankunft in Rüde dauerte es keinen halben Tag, da kam Ewe über die Straße gestürmt, blieb vor Beate stehen, die bewaffnet mit einem Korb voller Gartenwerkzeug die Beete pflegen wollte, und presste hervor: »Stimmt das? Ulli hat mir eure Urlaubsbilder gezeigt. Du hast einen Liebhaber? Ulli hat erzählt, dass er … du hast einen Liebhaber? Einen Neger[174]?«

Seine Stimme ließ Beate zusammenzucken. »Muss ich mich jetzt für etwas rechtfertigen, was du seit Jahren machst? Hast du nicht selbst gesagt …«

Weiter kam sie nicht mehr, da Ewe sie in eine Umarmung zog

und seine Lippen auf die ihren drückte. Als er sie wieder freigab, sagte er: »Beate, du gehörst zu mir. Du bist ein Teil von mir, von meinem Leben, von meinem Sein, ich kann nicht ohne dich.«

Sie bückte sich, um die Gartenhandschuhe aufzuheben, die bei dem stürmischen Überfall hinuntergefallen waren. »So? Weiß das auch Helga?« Diese war bereits gegenüber eingezogen.

»Beate. Du bist meine Nummer eins. Aber wie selten hast du vor lauter Arbeit Zeit für mich, da ist es doch klar, dass ich …«

»Ach, jetzt habe ich dich in die Arme deiner … von Helga getrieben, oder was?« Beate fühlte sich stark, stärker als sonst. Und sie fühlte sich so klar im Kopf, als ob sie alle Stricke und Gewebe sehen könnte, die das Verhalten von Menschen steuerten und sie wie Marionetten bewegten. Sie sah die Beweggründe des Gesagten, das, was die Worte veranlasste, aus den Mündern zu purzeln. Sie sah Ewe ganz klar, wie er mit Gewalt versuchte, seine Idealvorstellung vom Zusammenleben durchzuboxen, wie er all seine Beweggründe auf ihr Fehlverhalten kanalisierte. Hatten nicht schon ihre Eltern gesagt, zu einem Streit gehörten immer zwei?

»Blödsinn, Beate, komm …« Ewe hob sie hoch und trug sie auf seinen Armen ins Schlafzimmer, schloss die Tür und legte die nächste Schallplatte, die er greifen konnte, auf den Schallplattenspieler. »Hans Albers? Ist nicht dein Ernst, na ja. Weißt du, manchmal muss man erst spüren, wie es wäre, jemanden zu verlieren, um …«

An diesem Tag und an den nächsten hing er Beate am Rockzipfel, verwöhnte sie, kochte, massierte und ließ sie im Bett stöhnen. Hätte Beate das geahnt, hätte sie schon viel früher einfach behauptet, einen Liebhaber zu haben.

Am Wochenende saßen sie beim gemeinsamen Frühstück auf der Terrasse. Beate biss in einen Apfel. »Ewe, was ich dich fragen wollte: Wann zieht Helga denn wieder aus? Sie zieht doch wieder aus?«

Er hatte gerade ein Glas Saft an die Lippen gehoben, stellte es mit einem Rums unsanft auf den Tisch. »Muss das sein? Beate, es war so schön die letzten Tage, und jetzt… jetzt machst du einfach alles kaputt.« Ohne ein weiteres Wort zu verlieren, rückte er den Stuhl nach hinten, stand auf und ging zur anderen Straßenseite, wo sein Auto parkte, ließ den Motor laut aufheulen und fuhr weg. Ward nicht mehr gesehen, aber das kannte Beate ja bereits.

Tränen traten in ihre Augen. Sie stapfte in die Küche, zog eine der unteren Schubladen auf, schob ein Küchenhandtuch zur Seite und nahm eine Packung Eier darunter hervor. Mit jedem Ei, das in der Pfanne landete, sagte sie: »Das – war – wohl – ein – Nein.«

Kurz darauf klingelte das Telefon, und eine vertraute Stimme, die nach Meer und Exotik klang, meldete sich. John hatte drei Wochen[175] unbezahlten Urlaub genommen und würde sie gerne besuchen. Für eine Antwort musste sie nicht lange überlegen.

Als John vor ihr stand, in Deutschland, so ganz ohne Palmen und Strand, war das schon ein etwas anderes Gefühl. Als ob ein Störgeräusch den klaren Empfang des Funkgeräts verhindern würde. Er brachte ihr ein leeres Schneckengehäuse mit, das er bei ihrem ersten Kuss als Glücksbringer eingesteckt hatte. Das Gehäuse baumelte nun an einer schwarzen Lederkette um Beates Hals. Klaus und Dirk beäugten ihn beim ersten gemeinsamen Grillabend argwöhnisch und stellten ihm Fragen, als ob er einen Test bestehen müsste. Sein Lachen und seine zarten Berührungen, wenn er an ihr vorbeiging oder ihr eine lustige Bemerkung zuraunte, ließen das Gefühl von Fremdsein schnell verschwinden. Und Beates Söhne fanden ihn spätestens beim Tennisspielen toll, wo er mit ihnen herumalberte. John bewegte sich in Rüde, als ob er nichts anderes gewöhnt wäre, und half beim Salatwaschen, beim Tellerspülen und beim Staubsaugen selbstverständlich mit. Es schien fast so, als wäre er alleine aus dem Grund gekommen, um sich um das Wohlergehen von Beate zu kümmern. Als sie am nächsten Tag nach der Arbeit zu Hause eintraf, stand er im Garten und goss ihre Blumen. In Beate schien sich etwas zu verändern. Etwas zerbrach in ihrem Inneren, und das war auch gut so. Sie fühlte sich wieder frei. Und jung.

Beate zeigte John die Umgebung, ihre Lieblingsstellen an der Förde, Dänemark, flog mit ihm die Küste ab, zeigte ihm Leck, spielte mit ihm Golf, ging segeln und nahm sich eine Auszeit, um die letzte Woche mit ihm auf Sylt zu verbringen. Dort rannten sie prompt vor das Kameraobjektiv eines Journalisten, der nicht lange fackelte und seine Chance nutzte. Am nächsten Tag sah man auf den Titelblättern einschlägiger Magazine Beate Hand in Hand mit John auf der Promenade entlangschlendern. Verächtliche Kommentare standen darunter, und wildfremde Menschen trauten sich, ihr auf der Straße despektierliche Kommentare hinterherzurufen.

John versprach, bald wiederzukommen, und drückte ihr mit einem »I love you, little Bee« einen innigen Kuss auf die Lippen. Und Beate merkte, wie ihr Herz schwer wurde, ihn von sich wegfahren zu sehen. Während sie sich auf dem Weg zur Arbeit befand, wurde in ihrem Rüder Haus die Tür aufgerissen. Ewe tobte herein. Er zerrte Beates Kleidungsstücke aus den Schränken und donnerte diese in den See, es folgten Bücher, Schuhe, Parfum, ihr Modeschmuck, was er gerade greifen konnte, bis Klaus und Ulli, von der Haushälterin verständigt, auftauchten und ihn aufhielten.

Ewe schäumte, ein Schwarzer, ein Neger, er schäme sich für seine Frau, sie verliere im Alter wohl noch den letzten Rest Anstand. Er musste wohl zuvor die Zeitung gelesen haben.

* * *

ZWEI WOCHEN SPÄTER

»Frau Rotermund …« Anneliese hatte an der Eingangstür der Sexwabe auf sie gewartet. Das hochmoderne Bürogebäude, das sie vor zwei Jahren mit riesigem Gästeauflauf eröffnet hatten, besaß eigentlich acht Ecken, aber die Presse fand die Bezeichnung Sexeck treffender, und so blieb es dabei. Der Oberbürgermeister hatte vor den dreihundertvierzig Gästen eine kleine Rede gehalten: »Flensburg hat zwei Unternehmen, die deutschlandweit bekannt sind und beide Karteien führen. In die des Kraftfahrt-Bundesamtes will keiner kommen, in die andere dafür umso lieber. Hier lässt es sich mit Lust und Liebe für die Lust und Liebe arbeiten.« Jetzt würde wohl sogar der Flensburger Tennisverein Beate aufnehmen, aber sie war bereits in Glücksburg eingetreten.

»Kommen Sie mal mit, setzen Sie sich.« Anneliese drückte Beate auf einen Stuhl im nächsten freien Besprechungszimmer, schloss die Tür und zog ein paar Zeitungen heran. »Das wird Ihnen nicht gefallen, das wird Ihnen gar nicht gefallen. Was hat er sich nur dabei gedacht?«

Sie zeigte auf ein paar Schlagzeilen, die alle das gleiche Thema behandelten, nämlich die kaputte Ehe von Beate Uhse.

Die Frau, die Millionen kaputter Ehen flicken wollte und nun selbst geflickt werden muss. – Der größte Witz des Landes – Sex-Tante muss in die Eheberatung. – Tiefer Fall aus dem Sex-Himmel, ist der Neger daran schuld?

Beate schluckte, zog eine anzügliche und vulgäre Postkarte aus der Tasche, die sie heute von Ewe aus seinem Urlaub aus Marokko erhalten hatte, und legt sie auf den Tisch. Anneliese las.

Anneliese verlor kein Wort, sondern nahm Beate einfach in den Arm. Manchmal war jede Silbe überflüssig.

Die Zeitungen hatten sich nur zu gerne auf diese Schlagzeile geschmissen und weiteten sie aus, balgten sich darum wie junge Hyänen, trampelten sie nieder und zogen sie durch den Dreck. All die Jahre hatte Beate in einem guten Verhältnis mit den Journalisten gestanden, Wert darauf gelegt, auf Augenhöhe zu kommunizieren, und hatte auch recht spontan für Interviews zur Verfügung gestanden, und jetzt das?

Als Beate zurück ins Großraumbüro kam, war die Stimmung auf dem Tiefpunkt. Sie wusste genau, was die Mitarbeiter ihrer Führungsriege dachten. Hannes dachte daran, wie man aus schlechten wohl gute Nachrichten schaffen könne, ihre Sekretärin würde sie unterstützen und über das abgrundtiefe Böse in manchen Männern zuverlässig schimpfen, und ihr Anwalt, zu dem musste sie als Erstes.

Aus dieser Nummer gab es für sie jetzt nur noch einen Ausweg.

Kurz darauf konnte man in der *Honnefer Volkszeitung* lesen.[176]

Beate Uhse schmeißt ihren Mann raus. *Flensburg.*

Beate Rotermund, Inhaberin des Versandhauses »Beate Uhse«, hat gestern den Arbeitsvertrag ihres Mannes Ernst-Walter Rotermund fristlos gekündigt. Gleichzeitig stellte die Firmeninhaberin beim Notar einen Antrag auf Löschung der Generalvollmacht, der Prokura sowie der Bankvollmacht für ihren Mann. Frau Rotermund begründete ihren Schritt mit einer »groben Verletzung der Treuepflicht«.

Ernst-Walter Rotermund war am Dienstag davor mit der Ankündigung, er wolle sich scheiden lassen, an die Öffentlichkeit getreten. In Briefen an Zeitungsredaktionen beschuldigte er seine Frau, sie mit einem farbigen Amerikaner betrogen zu haben.

* * *

FÜNF MONATE SPÄTER, 9. MAI 1972

FLENSBURGER LANDGERICHT

»Aus beiderseitigem Verschulden«, hieß es vor dem Flensburger Landgericht, als die Ehe geschieden wurde. Zuvor hatten sich die beiden Parteien im außergerichtlichen Vergleich geeinigt, um das Vermögen zu splitten. Das war der Schritt, vor dem Beate Angst gehabt hatte. Stand ihr Unternehmen auf dem Spiel? Würde es daran zerbrechen?

Es zerbrach nicht, aber es tat verdammt weh.

Ewe hatte sich den Hamburger Rechtsanwalt Groenewold genommen, der als Verteidiger von RAF-Terroristen bekannt geworden war und ihr ein Schreiben mit der geforderten Abfindungssumme von zwölf Millionen Mark hatte zustellen lassen.

Zwölf Millionen Mark![177]

Würde sie diese Summe auszahlen müssen, wäre das Unternehmen Beate Uhse platt. Nicht mehr als ein verblassendes rotes Logo im Hinterhof der Geschichte.

Als Ewe an dem Tag der Zustellung der geforderten Summe in sein Haus nach Rüde kam, warteten seine drei Söhne bereits. Ulrich präsentierte ihm eine schriftliche Aufstellung und ergriff als Erster das Wort, dabei zitterte seine Stimme vor unterdrückter Wut. »Ewe, wir haben uns zusammen hingesetzt und ausgerechnet, was du in den letzten zehn Jahren ausgegeben hast. Es waren rund 1,8 Millionen Mark.«

Ewe tippte sich an seine Stirn.

Dirk sagte empört: »Na klar, alleine die Wohnung, die ganzen Urlaube, monatlich bekommst du dreitausenddreihunert Mark überwiesen und … und dann noch der Wohnwagen.«

»Was ist eigentlich mit uns?« Ulrich pikte Ewe mit seinem Finger an die Brust. »Du machst alles kaputt!«

Ewe drehte sich um, lief weg, rief über seine Schulter. »Ohne mich gäbe es den Laden gar nicht«, stieg wieder in sein Auto und verschwand. So, wie er es immer tat.

Er verschwand.

Klaus seufzte. »Wollen wir grillen? Mhm … jetzt konnten wir ihm gar nicht mehr sagen, dass Mutter ihm eine Million plus das Grundstück am See anbieten will.«

Der folgende Grillabend fiel stiller als gewohnt aus.

Drei Millionen Mark bekam Ewe, obwohl er schon lange nicht mehr aktiv dabei war, plus das Seegrundstück. Er konnte Dinge haben, aber Beates Herz, das hatte er verloren. Sie wollte nur noch frei sein, das Ganze hinter sich lassen, sie wollte das hineingerissene finanzielle Loch stopfen, die Firma weiter wachsen sehen, sie wollte mit John nach Florida, sie wollte ihre Söhne in die Firma integrieren, sodass sie Teilhaber wurden und sie selbst mehr Zeit fürs Reisen hatte, und sie wollte Dirk adoptieren. So würde sie die Schenkungssteuer vermeiden, und er wäre amtlich ein fester Teil, der zu ihr gehörte, so, wie sie es schon lange lebten.

Das war es, was sie wollte – und fliegen! Am liebsten in ihrer Cessna 172. Seitdem sie vor zwei Jahren Mitglied beim Luftsportverband Flensburg geworden war, verbrachte sie einen großen Teil ihrer Zeit wieder in der Luft.

Und das mag sich etwas widersprüchlich anhören, aber es erdete sie.

An dem Tag, als das Gerichtsurteil offiziell verkündet wurde, saß sie mit John im Auto auf dem Weg nach Frankreich. Sie schaute zu ihm rüber, er war auf dem Beifahrersitz eingeschlafen. Ruhe hatte er in ihr Leben gebracht, etwas mehr Gleichmut. Sie legte ihre Hand auf seinen Arm und spürte die Wärme, die er ausstrahlte.

Ein Satz schoss ihr durch den Kopf, der sie lächeln ließ. Sollte sie rückblickend auf ihr Leben anderen einen Rat geben, wäre es wohl dieser: Seid vernünftig, verlangt das Unmögliche!

NACHWORT

SIEBZEHN JAHRE SPÄTER, NOVEMBER 1989

Ein paar Tage nachdem die Berliner Mauer gefallen war und die Menschen aus ihrer freudigen Schockstarre wieder erwacht waren, stand mitten im Osten Berlins eine Frau im Kreise ihrer Mitarbeiter und verteilte Kataloge an die Bevölkerung. Es gab sechzehn Millionen DDR-Bürger, die bis dahin noch keinen Erotikversandkatalog gesehen hatten, das änderte sich an diesem Tag!

Beate Uhse blieb mit John Holland zehn Jahre lang innig zusammen, es war eine große Liebe, bis sie freundschaftlich auseinandergingen. Später soll sie in einem Interview gesagt haben, dass es drei Männer für das Leben gebe: Der erste ist aufregend und ähnelt in einigen Punkten dem eigenen Vater. Der zweite steht für Halt und Versorgung der Familie, und der dritte ist der Seelenpartner.

Sie zog sich immer mehr aus dem Geschäft zurück und verbrachte viel Zeit auf Reisen. Die Beziehung mit ihrem Seelenpartner ging laut Beate auseinander, weil John ein Stadtkind von New York war und sie auf das Land nicht verzichten konnte. Aber sie blieben verbunden, und als sie 1999 ihren achtzigsten Geburtstag feierte, reiste er aus Amerika an.

Beate starb am 16. Juli 2001 nach einem aufregenden, erfüllten Leben an einer schweren Lungenentzündung in der Schweiz, und sie hinterließ ein Unternehmen, das turbulente Stürme mit Insolvenzen verkraften musste, das man aber bis heute noch kennt.

Es sei mir noch ein Wort zu meinem Roman gestattet: Der vorliegende historische Roman endet 1972, da ich die Weiterentwicklung der Firma mit der Aufteilung zwischen den Söhnen, was familiäre Streitigkeiten nach sich zog, den Einstieg in die Pornoindustrie, nachdem 1975 Pornos in Deutschland legalisiert worden waren, nicht als Teil meiner Geschichte sehe. Mir ging es in diesem Buch um die Person Beate Uhse, die ich versucht habe zu fassen. Ihre Kindheit, ihre Jugend, ihre Kriegserlebnisse und der Aufbau der Firma, das stand für mich an zentraler Stelle. Indem sie später den Weg in die Pornoindustrie wählte, stärkte sie zwar finanziell ihre Firma und sorgte dafür, dass sie am Zenit weiter erstrahlen konnte und die Arbeitsplätze sicherte, aber sie wendete sich – in meinen Augen – von ihren anfänglichen Zielen ab. Inwieweit die Entscheidung von anderen gepusht wurde, kann ich nicht beurteilen und steht hier auch nicht zur Diskussion.

Manche sagen, dass Beate einfach nur eine clevere Geschäftsfrau war, aber das ist ihrem Leben unwürdig. Sie hat durch ihren starken Willen und ihren Mut, den Gerichten immer wieder die Stirn zu bieten, dazu beigetragen, dass sich die Rechtsprechung zugunsten des Liberalen geändert hat, und dabei lag ihr die Gleichberechtigung der Frau in sexuellen Belangen sehr am Herzen. Zweitausend Anzeigen und vierhundert Gerichtsverfahren sprechen für sich. Sie hat zu einem Zeitpunkt, als es einen Mangel an Aufklärung und Bewusstsein für harmonischen Sex gab, vielen Menschen geholfen und ihre Chance genutzt, dadurch eine Firma aufzubauen. Durch die Gespräche mit ehemaligen Angestellten, Nachbarn, Freunden, Familienangehörigen und anderen Zeitzeugen wurde mir ein Bild gezeichnet, das eine warmherzige Frau darstellt, der materielle Dinge nur bedingt wichtig waren. Sie trug gerne eine bunte Fußkette, hatte lackierte Nägel und wenig Echtschmuck in ihrem Besitz. Sie übernahm Verantwortung für ihre Angestellten, wobei sie stets ein offenes Ohr auch für die privaten Probleme hatte. Ich maße es mir nicht an, über ihre Rolle als Mutter zu urteilen oder Entscheidungen, die sie später geschäftlich getroffen hat, zu bewerten. Sie war eine bewundernswerte, toughe Frau, die in einer Zeit, in der wieder versucht wurde, die Frauen auf Herd und Kleidung zu reduzieren, für sich und ihr Geschlecht eingestanden ist. Dafür hat sie den größten Respekt verdient, und ich verbeuge mich voller Anerkennung. Wir bräuchten gerade heute mehr von solchen Menschen, die geradlinig für das einstehen, was ihre Werte sind! Die nachfragen, nachhaken, aufstehen! Ich habe das Gefühl, dass die Menschen immer mehr dazu neigen, ihren Kopf in imaginäre Sandhaufen zu stecken.

Seid euch gewiss: Man sieht euch. Und wenn es euer Hintern ist. 😉

GLOSSAR

aorbeite – arbeiten
Awer nee. – Aber nein.
Bött morje. – Bis morgen.
Brade – Braten
Bure – Bauer
Buttschche – Küsschen
eene – eine/einer
Gnaschelchen – Kindchen
Glumskopp – Blödmann. Glumse ist Quark, somit hat der Angesprochene Quark im Kopf.
Gode Dag. – Guten Tag.
Haff – kleiner See, Brackwasserbereich, der durch Inseln oder Sandbänke vom Meer getrennt ist, aber eine kleine Landverbindung bleibt bestehen.
He kann de Schabber nich hole. – Er kann den Mund nicht halten.
Hehn – Huhn
holle – halten
keener – keiner
Kroam – Kram
Küchenmargell – Küchenmädchen
Lorbas – flegelhafter Mensch
make – machen
Marjellchen, Marjellens – ein Mädchen, mehrere Mädchen
meeglich – möglich
min – mein/meine/meiner
Nehrung – Sandstreifen, der das Haff vom Meer trennt
nein von tiee Fingere – neun von zehn Fingern
noah – nahe

Nu spood di ein bisschen e beske. – Beeil dich ein bisschen.
nuscht – nichts
öck – ich
Öck spoad mi schon, awer langsam. – Ich beeile mich schon, aber langsam.
on – und
ons – unser
Schläge – Felder
Schmisser – Schatz oder heimlicher Verlobter
sin – sind
Wat nicht gegönnt was, schmeckt am beste. – Was einem nicht gegönnt wird, schmeckt am besten.
weeß – weiß
Wer nich Angst hefft, dem done se ok nuscht. – Wer keine Angst hat, dem tun sie auch nichts.

»Leider lässt sich eine wahrhafte Dankbarkeit mit Worten nicht ausdrücken.«

Johann Wolfgang von Goethe

DANKE

… ist ein kleines Wort, das Großes einschließt. Dieses Buch wäre in dieser Ausführlichkeit und Intensität nicht ohne eine Menge anderer Menschen erschienen. Die Idee dazu wurde doppelt und gleichzeitig geboren – meine leider viel zu früh verstorbene Lektorin bei Droemer Knaur, Christine Steffen-Reimann, die für Literatur lichterloh leuchtete und die ich sehr vermisse, hatte Beate Uhse an mich herangetragen, während ich das parallel bei meiner Agentin eingereicht hatte. Man sieht, dass Beate unbedingt als Roman das Licht der Welt erblicken wollte. Ich bedanke mich bei meiner neuen Lektorin Eléonore Delair, die mit ihrer feinen, begeisterungsvollen Art das Buch mit vorangebracht hat und mir nachsah, dass die Recherche doch mehr Zeit fraß als eingeplant. Den besten Grob- und Feinschliff, den ich mir wünschen kann, sowie mentale Unterstützung verdanke ich meiner Lektorin Dr. Clarissa Czöppan. Vielen Dank an dieser Stelle auch an Anna Mechler, die mir eine sehr sympathische Agentin war, und dem ganzen Team vom Droemer Knaur Verlag – ohne euch gäbe es dieses Buch nicht! Übrigens freue ich mich schon wieder sehr auf die nächste Messe!

Jetzt wird es etwas ausufernd, da ich auf dem Weg von der

Recherche bis zum fertigen Buch auf viele helfende Menschen stieß, die mir wertvolle Informationen und Tipps gaben. So bunt wie die Zusammensetzung ist, so bunt mag auch die Reihenfolge der Nennung sein.

Tausend Dank an Caroline Smaxville, die stets mit einem offenen Ohr und Wissen in Dingen Juristerei für mich da ist.

Ohne Sandra Lüpkes hätte ich nicht halb so gut in Beates schulische Vergangenheit gefunden. Herzlichen Dank für deine Zeit und den Austausch. Wer noch tiefer in die Begebenheiten rund um Martin Luserke und Anni Reiner eintauchen mag, dem sei ihr Buch *Die Schule am Meer* ans Herz gelegt. Auch die Bücher von Ulrich Schwerdt waren für mich Gold wert, um tiefer in das Denken und Handeln von Luserke einzusteigen, besonderen Dank auch für die Diskussion über seinen Einfluss auf Beates Leben. Die dritte Autorin, die mir mit wertvollen Informationen half, war Katrin Rönicke, die über Beate Uhse eine Biografie geschrieben hat. Herzlichen Dank dafür. Diesen auch an Sybille Steinbacher, die sich Zeit für mich nahm, um über ihre Recherche zur Entwicklung der Sexualität in Deutschland zu sprechen.

Es war mir eine große Ehre, mit Eri Luserke und Maike Rotermund geschrieben zu haben und mit Beates Enkelin Jenny Uhse einen regen Austausch gehabt zu haben sowie mit Corinna Meyer-Loos, einer Enkelin von Elfriede Rotermund. Vielen Dank!

Eine große Hilfe bezüglich ostpreußischer Sprache und Kultur war mir die Kuratorin des Ostpreußischen Landesmuseums, Hannah Janowitz, herzlichen Dank. Diesen auch an Constanze Krause für die Literaturtipps über Ostpreußen und an Peter Ritter für den Austausch über ostpreußische Dialekte.

Um ein Geschmäckle fürs Fliegen zu bekommen, trug mich Christine Wück mit ihrer Maschine bis zu den Wolken und beantwortete geduldig meine Fragen, ganz lieben Dank. Den auch an Lars Oliver Geertz, der mich in theoretischen Fragen über die Fliegerei unterstützte. Herzlichen Dank auch an Uwe Reszka, den letzten Privatpiloten von Beate, den ich in Flensburg zusammen mit seiner Frau Petra, die wiederum sehr gut mit Beate befreundet war, am Flughafen traf. Vielen Dank für das intensive Gespräch, das die Zeit so schnell verstreichen ließ, dass ich mir sogar einen Sonnenbrand eingefangen habe.

Ein dickes Dankeschön an die ehemaligen Angestellten Herr Schäfer und Frau Lay, die mir halfen, ein Gefühl für die private Beate zu entwickeln.

Der Journalist Jan Kirschner war mir eine sehr große Hilfe bei der Suche nach Details im Leben von Beate Uhse. Dankeschön für den Austausch und Deine Zeit.

Ein Dankeschön auch an den Bürgermeister von Braderup, Ole Voges, der mir bei meiner dringlichen Suche weiterhelfen konnte. Ohne Stephan Schirmer hätte ich über das Leben von Beate in der Schule von Braderup nicht so viel gewusst. Die ganzen liebevoll zusammengetragenen Informationen über die Mitbewohner verdanke ich ihm. In naher Zeit kommt von ihm auch eine Chronik über Braderup heraus, also aufgepasst! Ein Dank auch an Peter Hansen von der Region Sønderjylland-Schleswig für seine Hilfe über die Nachkriegszeit in Braderup und an Hans-Martin Petersen vom Geschichtsverein Leck.

Lieben Dank an Susanne Grigull vom Flensburger Schifffahrtsmuseum für den interessanten Austausch und an Detlev Kraack, Irmgard Detlefsen und die Flensburger Stadtführerin Anja-Garnet Krausert für die informativen Telefonate und auch an Ralf Wanger vom Flensburger Flughafen. Ein Dankeschön gilt auch Dr. Sebastian Bischoff von der Universität Bielefeld für das Gespräch über die sexuelle Revolution und an Prof. Dr. Ulrich Schwerdt von der Uni Paderborn.

Vielen Dank auch an die Mitarbeiter der Archive und Museen, mit denen ich zu tun hatte, besonders an Kirsten Schaper von der Forschungsstelle für Zeitgeschichte in Hamburg und die Mitarbeiter des Stadtarchivs Flensburg, Doreen Lutomski von der Stadtgeschichte Flensburg, Gerhild Westphal vom Stadtarchiv Glücksburg, der Stiftung Deutsches Technikmuseum Berlin, Dr. Anna Krabbe vom Hessischen Staatsarchiv Darmstadt, Sara Toschke vom Kreisarchiv Nordfriesland sowie dem Bundesarchiv Bonn, dem Landesarchiv Schleswig-Holstein, Stadtarchiv Heilbronn und dem Archiv der Deutschen Jugendbewegung.

An dieser Stelle auch ein dickes Dankeschön an Christa und Laura von der Stadtbibliothek Versmold für ihre geduldige Hilfe und an Charlotte Zeiler, meine weltbeste Leseagentin.

An letzter und somit prägnantester Stelle will ich mich gerne bei dir, meinem Leser, bedanken – ohne dich würde es keinen Sinn machen zu schreiben!

ANHANG

Rezepte aus Ostpreußen

SCHMANDKARTOFFELN

Zutaten:
1 kg Kartoffeln
1/2 l Schmand oder saure Sahne
1/4 l Milch
1–2 TL Mehl
3 Zwiebeln, fein gehackt
Paprikapulver, Salz, frische Petersilie und frischer Schnittlauch

Zubereitung:
Die Kartoffeln in Salzwasser kochen, bis sie gar sind, abkühlen lassen, pellen und in dünne Scheiben schneiden.

Das Mehl mit der Milch und dem Schmand mit dem Schneebesen gut verrühren und zusammen mit den gehackten Zwiebeln aufkochen lassen. Die Masse soll cremig werden, also immer weiterrühren! Danach die Kartoffeln dazufügen und erneut aufkochen lassen, Salz und Paprikapulver dazu.

Zum Servieren mit den frischen Kräutern anrichten.

MASURISCHER KÄSEKUCHEN

Zutaten:
300 g Mehl
30 g Hefe
30 g Butter
1/8 l Milch
1 Ei
1 Prise Zucker, 1 Prise Salz

Für die Füllung:
150 g Speckwürfel (bei vegetarischer Version einfach weglassen oder Lauch, Tomaten, Brokkoli nehmen)
300 g in dünne Scheiben geschnittene Zwiebeln
30 g Butter
200 g Tilsiter in Scheiben
Pfeffer, Paprika und Muskat je nach Geschmack

Zubereitung:
Mehl in eine Schüssel sieben, in die Mitte eine Mulde drücken, Hefe hineinbröseln, erwärmte Milch und Zucker zur Hefe geben und mit wenig Mehl verkneten. Den Vorteig an einem warmen Ort 30 Minuten gehen lassen. Danach die restlichen Zutaten mit hineingeben, verkneten, zu einer Kugel formen und erneut für eine Stunde gehen lassen. Eine 24er-Springform ausfetten und den Teig nicht nur auf dem Boden verteilen, sondern auch die Seiten hochdrücken. Für die Füllung den Speck und die Zwiebeln in Butter andünsten. Abwechselnd die Speck-Zwiebel-Masse und Käse in die Springform einschichten, die letzte Schicht soll Käse sein.

Den Kuchen im vorgeheizten Ofen 40 Minuten bei 220 °C backen, bis die Oberfläche hellgold ist.

Variante: 2 Eigelb mit 1/2 EL Mehl und Sahne verquirlen und unter die Zwiebelmasse mischen.

BÄRENFANG

Es gibt viele Erzählungen, die sich rund um den Bärenfang drehen, den aus Bienenhonig und reinem Sprit hergestellten Schnaps. Eingehend finde ich den Hintergrund, dass er benutzt wurde, um Bären betrunken zu machen, um sie dann in Gruben zu stoßen. Erhalten geblieben ist noch folgende Volksweisheit:

»So wie mit gier'ger Zunge
Der Bär den Honig leckt,
Hebt der Masur im Schwunge
Sein Glas empor und schleckt.«

Zutaten Bärenfang für 2 Flaschen mit je 0,7 l Inhalt:
1 l hochprozentiger Kornschnaps (mind. 32 %)
600 g Honig
ca. 4 Nelken

Zubereitung:
Alles zusammen in einem Topf aufkochen, dann abkühlen lassen, in die Flaschen füllen, verschlossen an einem dunklen Ort lagern. Der Bärenfang kann kalt und auch warm genossen werden, es gibt übrigens auch die Variante mit Rum anstelle von Schnaps. Manche geben auch eine Zimtstange anstelle von Nelken mit hinein.

GLUMSE ALS BROTAUFSTRICH ODER ZU PELLKARTOFFELN

Zutaten:
500 g Glumse (Quark)
1/4 l saure Sahne
3 EL Schmand
3–4 EL Öl
2 klein gehackte Zwiebeln
2 hart gekochte, klein geschnittene Eier
Pfeffer, Salz, etwas Zitronensaft und gehackter Schnittlauch

Zubereitung:
Alle Zutaten bis auf die Eier und den Schnittlauch zusammenrühren, bis die Masse cremig wird, abschmecken mit den Gewürzen, am Ende die fehlenden beiden Ingredienzien dazugeben und zu Pellkartoffeln oder auf Brot genießen.

GEFÜLLTE KEILCHEN

Zutaten:
500 g Mehl
1/4 l Milch
250 g Preiselbeeren (oder andere Beeren)
1/2 TL Salz
2 EL Zucker (bzw. Dattelzucker oder Kokosblütenzucker)

Zubereitung:
Mehl mit Salz und Milch zu einem festen Teig verarbeiten, die Preiselbeeren waschen, trocknen lassen und zuckern. Den Teig ausrollen und Quadrate von 5 × 5 cm ausschneiden. In die Mitte jeweils 1 TL Beeren geben, die Ränder mit Wasser bestreichen, ein zweites Teigviereck drauflegen und an den Rändern zusammendrücken. Zwei Liter Wasser in einem großen Topf aufkochen und portionsweise die gefüllten Keilchen bei geringer Hitze etwa 15 Minuten ziehen lassen. Perfekt als Einlage für die Fruchtsuppe.

KALTE FRUCHTSUPPE

Zutaten:
500 g Obst der Saison
1–2 EL Speisestärke
Zucker (alternativ Kokosblütenzucker oder Dattelzucker), Zitronenschale, Zimt (oder Stangenzimt) nach Geschmack
Alternativ: flüssige Sahne

Zubereitung:
Das gewaschene Obst in etwa einem Liter Wasser weich kochen. Die Früchte durch ein Sieb streichen, dann würzen und süßen, nochmals aufkochen. Die Speisestärke in kaltem Wasser anrühren, zur Bindung mit dem Schneebesen in die Suppe einrühren und erkalten lassen.

Man kann die Fruchtsuppe in der Schüssel noch mit flüssiger Sahne übergießen und als Einlage gefüllte Keilchen reichen.

GEBACKENE PURZELCHEN

Zutaten:
500 g Mehl
30 g Hefe
150 g Zucker
150 g Butter
1/4 l Schmand
2 Eier
2 Prisen Salz
Fett zum Ausbacken und Puderzucker zum Bestäuben

Zubereitung:
Mehl in eine Schüssel sieben, eine Mulde hineindrücken und Hefe hineinbröseln. Schmand leicht erwärmen und zusammen mit Zucker in die Mulde geben, nur ein bisschen Mehl beim Zusammenkneten verwenden. Vorteig an einem warmen Ort etwa eine Viertelstunde gehen lassen. Danach alle restlichen Zutaten dazumischen und so lange mit den Knethaken kneten, bis sich der Teig vom Schüsselrand löst. Weitere 30 Minuten gehen lassen. Das Fett erhitzen und mit einem Esslöffel Kugeln abstechen und sie im Fett goldbraun ausbacken. Gleich in gesiebtem Puderzucker wenden.

LITERATURVERZEICHNIS (AUSZUG)

Ahlbrecht, Bernd Rüdiger: *Der Flughafen Berlin-Tempelhof*, Sutton Verlag, Erfurt 2008.

Bammé, Arno: *Der Nachlass der Halligdichterin Elfriede Rotermund (1884–1966)*. Veröffentlichungen aus dem Forschungsprojekt »Literatur und Soziologie«. Klagenfurt 1993.

Bammé, Arno: *Die Akte »Rotermund«. Ein Dossier. Veröffentlichungen aus dem Forschungsprojekt »Literatur und Soziologie«*. Klagenfurt 2001.

Bastian, Till: *Niemandszeit. Deutsche Portraits zwischen Kriegsende und Neubeginn*. C. H. Beck, München 1999.

Bäumer, Gertrud: *Geschichte der Gymnasialkurse für Frauen zu Berlin*. W. Moeser Buchdruckerei, Berlin 1906.

Becker, Maria: *Schließlich ist man doch jeden Abend ein anderer Mensch. Mein Leben*. Pendo Verlag, Zürich 2009.

Becker, Rudolf K.: *So schabberten wir to Hus. Ostpreußisches* Mosaik. Rautenberg, Leer 1975.

Bellavitis, Aninka Gräfin: *Wir haben das Korn geschnitten*. Langen Müller, München 1990.

Berning, Cornelia: *Vom »Abstammungsnachweis« zum »Zuchtwart«. Vokabular des Nationalsozialismus.* Walter de Gruyter, Berlin 1964.

Bode, Sabine: *Die vergessene Generation. Die Kriegskinder brechen ihr Schweigen.* Klett-Cotta, Stuttgart 2004.

Büsing, Jochen: *Im Loog … Die wechselvolle Geschichte des anderen Juister Ortsteils.* Burchana Verlag, Borkum 2010.

Carstens, Uwe: *Leben im Flüchtlingslager. Ein Kapitel deutscher Nachkriegsgeschichte.* Husum Druck- und Verlagsgesellschaft, Husum 1994.

Cleve, Brigitte: *Aufgewachsen in Flensburg in den 40er und 50er Jahren.* Wartberg Verlag, Kassel 2011.

Diercks, Willy (Hg.): *Flüchtlingsland Schleswig-Holstein. Erlebnisberichte vom Neuanfang.* Boyens & Co., Heide 1998.

Dingemann, Rüdiger und Lüdde, Renate: *Deutschland in den 60er-Jahren. Das waren noch Zeiten!* Bucher Verlag, München 2006.

Flensburg. *Geschichte einer Grenzstadt. Schriften der Gesellschaft für Flensburger Stadtgeschichte Nr. 17.* Herausgegeben von der Gesellschaft für Flensburger Stadtgeschichte 1966.

Geheeb, Paul: *Die Odenwaldschule 1909–1934.* IKS Garamond, Jena 2010.

Gerhard, Paul und Schwensen, Broder: *Mai ’45. Kriegsende in Flensburg.* Schriftenreihe der Gesellschaft für Flensburger Stadtgeschichte, Band 80. Flensburg 2015.

Giordano, Ralph u. a.: *Kriegsende in Deutschland.* Ellert & Richter, Hamburg 2005.

Godau-Schüttke, Klaus-Detlev: *Ich habe nur dem Recht gedient. Die »Renazifizierung« der Schleswig-Holsteinischen Justiz nach 1945.* Nomos Verlagsgesellschaft, Baden-Baden 1993.

Gronau, Joachim: *Glocken, Ganter und Geschütze. Erinnerungen eines Ostpreußen.* Heinrich Möller Söhne, Rendsburg 1990.

Gusovius, Paul: *Der Landkreis Samland. Ein Heimatbuch der ehemaligen Landkreise Königsberg und Fischhausen.* Holzner Verlag, Würzburg 1966.

Herrmann, Tobias und Pohl, Karl-Heinrich: *Flüchtlinge in Schleswig-Holstein nach 1945. Zwischen Ausgrenzung und Integration.* Verlag für Regionalgeschichte, Bielefeld 1999.

Jaenecke, Heinrich u. a.: *Der Neubeginn. Deutschland zwischen 1945 und 1949.* Ellert & Richter, Hamburg 2005.

Jähner, Harald: *Wolfszeit. Deutschland und die Deutschen 1945–1955.* Rowohlt, Berlin 2020.

Junge, Werner: *Das Programm Nord.* In: Carsten Fleischhauer/ Guntram Turkowski: *Schleswig-Holsteinische Erinnerungsorte.* Boyens, Heide 2006.

Kassera, Winfried: *Motorflug kompakt.* Motorbuch Verlag, Stuttgart 2022.

Kirst, Hans Hellmut: *Deutschland deine Ostpreußen.* Rowohlt, Hamburg 1981.

Kleindienst, Jürgen (Hg.): *Der Traum ist aus. Jugend im Zusammenbruch 1944–1945.* Zeitgut Verlag, Berlin 2005.

Kraack, Gerhard u. a.: *Flensburg in Geschichte und Gegenwart. Große Schriftenreihe Nr. 22.* Gesellschaft für Flensburger Stadtgeschichte e. V., Flensburg 1972.

Kürtz, Hans Joachim: *Königsberg. Cranz. Rauschen. Kurische Nehrung. Entdeckungsreise in Bildern.* Rautenberg, Leer 1993.

Lange, Ulrich u. a. (Hg.): *Historischer Atlas Schleswig-Holstein seit 1945, Band 1.* Wachholtz, Neumünster 1999.

Lau, Mariam: *Die neuen Sexfronten. Vom Schicksal einer Revolution.* Alexander Fest Verlag, Berlin 2000.

Leiser, Erwin: *»Deutschland, erwache!« Propaganda im Film des Dritten Reiches.* Rowohlt, Hamburg 1978.

Linck, Stephan: *Der Ordnung verpflichtet: Deutsche Polizei 1933–1949. Der Fall Flensburg.* Schöningh Verlag, Paderborn u. a. 2000.

Münster, Oswald zu: *Fototagebuch. Band 1. Aufenthalt in den Landschulheimen Schule am Meer auf Juist und in Marienau. 1931–1937.* FTB Verlag, Hamburg 2015.

Niccoli, Riccardo: *Die Geschichte des Fliegens: Von den Anfängen der Luftfahrt bis zur Eroberung des Weltalls.* White Star Verlag, Wiesbaden 2007.

Pelgen, Franz L.: *Das Laienspiel und die Spielweise Martin Luserkes.* Eigenverlag, München 1957.

Priebe, Alexander: *Vom Schulturnen zum Schulsport. Die Reform der körperlichen Ausbildung in den Deutschen Landerziehungsheimen und der Freien Schulgemeinschaft Wickersdorf von 1898 bis 1933.* Julius Klinkhardt Verlag, Bad Heilbrunn 2007.

Reinoß, Herbert: *Jugendjahre in Ostpreußen.* Langen Müller, München 1989.

Sigmund, Anna-Maria: »*Das Geschlechtsleben bestimmen wir*«. *Sexualität im Dritten Reich.* Heyne, München 2008.

Thoms, Jan-Uwe: *Damals in Flensburg. Erinnerung aus der Nachkriegszeit.* Husum Druck- und Verlagsgesellschaft, Husum 2014.

Töpfer, Frank: *Carl C. Bücker, ein Flugzeugkonstrukteur aus Koblenz.* Landesmuseum Koblenz 1985.

Trende, Frank: *Schleswig-Holstein in den 50er Jahren. Boyens.* Heide 2006

Zollinger, Hermann: *Der Kunstflug. Lehrgang der Luftakrobatik.* Schweizer Druck- und Verlagshaus, Zürich 1956.

ANMERKUNGEN

START FREI

1 Laut Sekundärliteratur wurde der Flughafen am 26. April besetzt. Den 21. April habe ich aus Beate Uhse/Ulrich Pramann: Ich will Freiheit für die Liebe. List, München 2001.

KAPITEL 2

2 Laut *Flensburg Journal*, das die Serie *Die Beate Uhse Chronik* abgedruckt hatte, ging sie nur ein halbes Jahr auf die Grundschule in der Nachbarschaft, dann direkt nach Cranz.

3 In der Gegend gab es zu diesem Zeitpunkt drei Zeitungen, ich habe die liberalste rausgesucht, über die Thomas Mann bereits geschrieben hatte.

4 Hannah Janowitz hat mir netterweise das Originalzitat zukommen lassen: »Hohe Türme, und die ihnen ähnliche metaphysisch-große Männer, um welche beide gemeiniglich viel Wind ist, sind nicht vor mich. Mein Platz ist das fruchtbare *Bathos* [Ebene] der Erfahrung …«

5 Beate wollte zuerst Kapitänin werden und dann Pilotin, ich habe mich auf Letzteres konzentriert.

6 Diese Info stammt u. a. aus: Gisela Kaiser: Spurensuche. Studentinnen und Wissenschaftlerinnen an der Julius-Maximilians-Universität Würzburg von den Anfängen bis heute. Max Schimmel Verlag, Würzburg 1995, S. 35.

Margarete Räntsch hatte am 11.08.1908 bei Prof. Karl Bernhard Lehmann promoviert. Warum ihre Doktorarbeit über das Glätten von Kleiderstoffen war und nicht über medizinische Fragen, ist nicht bekannt.

KAPITEL 3

7 Beate gab in einem Fernsehinterview und auch in Uhse: Ich will Freiheit für die Liebe, das Jahr 1927 an. Ich habe in Gudrun Gloth: Ich dachte, das sei mein Ende... Gespräche mit Zeitzeugen über ihre Erlebnisse im Zweiten Weltkrieg. Herbig, München 2015, das Jahr 1932 gefunden, da wäre sie dreizehn gewesen, hätte gerade auf Juist in der Schule angefangen und wäre in den Ferien hier gewesen.

8 Es gibt mehrere Versionen dieser Mythologie. Eine andere lautet, dass er Ariadne den Tipp mit dem Faden gab.

9 Zur Herstellung der Flügel gibt es viele verschiedene Aussagen von Beate. Einmal sind es Kükenfedern, in Uhse: Ich will Freiheit für die Liebe, sind es Hühner-, Enten-, Puten- und Gänsefedern. In Gloth: Ich dachte, das sei mein Ende, bestehen die Flügel aus Peddigrohr mit Linnen bespannt, und in Roland Müller: Beate Uhse. Vom Mut einer Frau. Kiro, Schwedt 1994, sind es Latten, Drachenpapier und Putenfedern. Auch der Ort des Absprungs variiert.

10 https://de.wikipedia.org/wiki/Ferdinand_Schulz_(Segelflieger), zuletzt abgerufen am 30.11.2023.

11 Ein weiterer Grund für eine Schule außerhalb Ostpreußens war, dass Beate im hochdeutschen Umfeld heranwachsen sollte. Sie beherrschte den Dialekt mindestens so gut wie die Angestellten, was ich aber wegen der Lesbarkeit nicht eingebaut habe.

KAPITEL 4

12 Beate war dort vom 6. September 1932 bis zur Schulschließung am 26. März 1934.

13 Beate schreibt von hundertachtzig Schülern in: Beate Uhse, Ulrich Pramann: Mit Lust und Liebe. Mein Leben. Ullstein, Berlin 1992, S. 51. Andere Quellen sprechen von weit unter hundert, z. B. Ulrich Schwerdt: Martin Luserke (1880–1968). Reformpädagogik im Spannungsfeld von pädagogischer Innovation und kulturkritischer Ideologie. Eine biographische Rekonstruktion. Lang, Frankfurt am Main 1993.

14 Info aus: Sandra Lüpkes: Die Schule am Meer. Kindler, München 2020, S. 527.

KAPITEL 5

15 Es ist nicht sicher, welcher Kameradschaft sie angehörte.

16 Am 29.09.1933 musste Anni Reiner mit ihren Töchtern die Schule verlassen, da sie Jüdin war und sich Martin Luserke dazu entschlossen hatte, den Forderungen der Nazis nachzukommen, um sein Lebenswerk zu retten.

17 Info aus: Schwerdt: Luserke, S. 238.

18 Wer das übernommen hat, ist mir nicht bekannt, aber da Christel und Fritz Hafner bis zur Schulschließung blieben und sie das bereits einmal getan hatte, liegt diese Version nahe.

19 Innerhalb der Schule hatte sich eine Hitlerjugendgruppe gebildet, die das gefordert und durchgesetzt hatte. Schwerdt: Luserke, S. 238.

20 Gloth: Ich dachte, das sei mein Ende, S. 159.

KAPITEL 6

21 In: Gloth: Ich dachte, das sei mein Ende, S. 160, wird sie zuerst von ihrer Mutter in Hauswirtschaft eingeführt und geht dann nach England, aber in den anderen Quellen ist es andersherum.

22 Erna Wehnert (1900–1985) kannte die Familie Luserke schon von der Schule, auf der sie vorher zusammen waren. Sie war Lehrerin für Latein und Englisch, leidenschaftliche Tauchbadgängerin und Seglerin.

23 Martin Luserke: Die herrliche Windbüchse. Ein Jungenstück. Ludwig Voggenreiter Verlag, Potsdam 1934. Der Hinweis, dass Beate die Rolle des Kulle hatte, bekam ich von Sandra Lüpkes.

24 Infos über Clewie Kröger vom Hessischen Staatsarchiv Darmstadt.

25 Infos aus: Siegfried Wietstruk: Flugplatz Rangsdorf bei Berlin. Von Rühmann bis Morosow. Gesellschaft für Verkehrspolitik und Eisenbahnwesen 2001. Und Uhse: Mit Lust und Liebe.

26 Wietruck: Flugplatz Rangsdorf, S. 21.

27 »On top of the world«-Zitat von Beate Uhse aus: Jürgen Hobrecht: Beate Uhse. Chronik eines Lebens. Beate Uhse Holding GmbH Verlag, Flensburg 2003, S. 27. Oder auch in Uhse: Mit Lust und Liebe, S. 61.

28 In der Autobiografie von Heinz Rühmann steht, dass er da angefangen hatte, seine Gehaltsforderung höher zu setzen und diese für eine Maschine zu sparen. Andere Quellen sagen, dass die Gage von einem Film gereicht habe, was ich stark bezweifle.

29 Seit August 1935 hatten die Bücker-Flugzeuge das Hakenkreuz. Quelle: Siegfried Wietstruk: Bücker-Flugzeugbau. Die Geschichte eines Flugzeugwerkes. Aviatic Verlag, Oberhaching 1999, S. 35.

30 Damit ist der Erste Weltkrieg gemeint, den man aber erst nach dem Zweiten Weltkrieg so betitelte. Vorher nannte man ihn Weltkrieg oder Großen Krieg.

31 Damals sagte man noch Eskimos. Heute müsste es politisch korrekt Inuit heißen.

32 Info aus: Elly Beinhorn: Premieren am Himmel. Meine berühmten Fliegerkameraden. Langen Müller, München 1991, S. 56.

33 Wietstruk: Flugplatz Rangsdorf, S. 32. Wer das Wettrennen gewonnen hat, ließ sich nicht herausfinden.

34 Gregor Ball: Heinz Rühmann. Seine Filme – sein Leben. Wilhelm Heyne, München 1981, S. 62.

35 Peter Schmalz, »Das Leben als Abenteuer – Elly Beinhorn wird 80«, in: »Die Welt« vom 27.05.1987

KAPITEL 7

36 Sie hatte den Luftfahrerschein für Flugzeugführer am 21.10.1937 ausgestellt bekommen, der an ihrem Geburtstag im Briefkasten von Gut Wargenau lag. Info aus: Günter Schmitt: Die Ladys in den fliegenden Kisten. Brandenburgisches Verlagshaus, Berlin 1993, S. 143. Dass sie ihn persönlich dort erhielt aus: Uhse: Ich will Freiheit für die Liebe.

37 In Uhse: Mit Lust und Liebe steht auf S. 64, dass sie die einzige Frau unter zweitausend männlichen Arbeitern gewesen sei. Aber laut Wietstruk: Bücker-Flugzeugbau waren es 1938, in dem Jahr, in dem sie dort als Praktikantin anfing, insgesamt neunhundertachtzig Angestellte und Arbeiter bei Bücker. Dazu gibt es etliche Fotos in dem letztgenannten Buch, die dort Frauen bei der Arbeit zeigen. Im Laufe der Zeit kamen noch mehr Frauen dazu, die in der Verwaltung arbeiteten.

38 Zu dieser Zeit sagte man Gefolgschaft anstelle von Belegschaft.

39 In der Tat weiß ich nicht, warum sie die Spitznamen Maxe oder Schlosser-Maxe bekam.

40 https://www.deutsche-digitale-bibliothek.de/newspaper/item/MIABIZY6HGR4I4IIDRH7QOJQBYKGJ2XW?query=Berlin&fromDay=11&fromMonth=4&fromYear=1938&toDay=12&toMonth=4&toYear=1938&hit=6&issuepage=1, zuletzt abgerufen am 30.11.2023.

41 Wietstruk: Bücker-Flugzeugbau, S. 68.

42 http://www.daten.rangsdorf.de/DRUCKWERKE/Anzeiger/2014/2014_02_15_Anzeiger.pdf, zuletzt abgerufen am 30.11.2023.

43 Die Quellen sagen, dass sie Kunstflug parallel zum Praktikum machte, was Sinn ergeben würde, da das Fertigkeiten sind, die man als Einfliegerin ausüben muss. Aber in Gloth: Ich dachte, das sei mein Ende, steht, dass sie das im Anschluss gemacht hat, nach dem Praktikum.

44 Ernst Probst: Königinnen der Lüfte in Deutschland. Biografien berühmter Fliegerinnen, Ballonfahrerinnen, Luftschifferinnen und Fallschirmspringerinnen. Grin Verlag 2010.

45 Es gibt wenige persönliche Infos über Hans-Jürgen Uhse. Er scheint ein humorvoller, sportlicher Mensch gewesen zu sein, der das Fliegen genauso liebte wie Beate.

46 In Gloth: Ich dachte, das sei mein Ende, steht auf S. 161, dass Beate selbst von »Pontius zu Pilatus« lief, also verschiedene Stellen abgeklappert hatte bis zum Reichsluftfahrtministerium, das ihr dann die Empfehlung für die Bücker-Werke gab. Andere Quellen wie u. a. Uhse: Ich will Freiheit für die Liebe, beschreiben das mit dem Aero-Club.

47 Laut Probst: Königinnen der Lüfte, S. 152, und anderen Quellen war sie vom 1. November 1937 bis zum 30. April 1938 als Praktikantin bei Bücker. Bei Gloth: Ich dachte, das sei mein Ende, S. 163, steht, dass sie bis zum 31. Dezember 1938 als Praktikantin dort tätig war und im Anschluss als Werksfliegerin bei der Flugschule Rangsdorf eingestellt wurde.

48 Gloth: Ich dachte, das sei mein Ende, S. 165. Beate hatte bei Kunstflügen regelmäßig mit Übelkeit zu kämpfen und schildert, wie sie beim ersten Kunstflug mit Hans in ihren Stulpenhandschuh gekotzt hatte, weil sie keine Tüte für den Notfall dabeihatte.

49 Joachim Uhse: Die Bewertung der Milchleistungen. Das Krüger-Verfahren im Vergleich. Bresl. Genoss.-Buchdruckerei, Breslau 1938.

50 Von Bodo habe ich keine Verbindung zu Hans oder auch später zu Beate gefunden. Bodos Sohn, mit dem ich Kontakt aufgenommen hatte, wusste nicht einmal, dass Bodo mit Beate verwandt war.

51 Franz Josef Görtz, Hans Sarkowicz: Heinz Rühmann 1902–1994. Der Schauspieler und sein Jahrhundert. C.H. Beck Verlag, München 2001.

52 Diese Info war zu Lebzeiten von Lindbergh wohl eher geheim. Nach seinem Tod kam ans Licht, dass er noch vier weitere Beziehungen mit Frauen nebst Kindern in anderen Ländern hatte. Rudolf Schröck u.a.: Das Doppelleben des Charles A. Lindbergh. Heyne, München 2005.

53 Carl Maria Holzapfel/Käte und Rudolf Stocks: Frauen fliegen. Sechzehn deutsche Pilotinnen in ihren Leistungen und Abenteuern. Deutsche Verlagsgesellschaft, Berlin 1931.

KAPITEL 8

54 In Uhse: Ich will Freiheit für die Liebe schildert Beate, dass sie den ersten Platz gemacht habe, aber in Probst: Königinnen der Lüfte steht, dass Melitta Schiller den ersten Platz belegte. Ich orientiere mich an Probst, wobei er von Melitta Schiller spricht, die aber zum Zeitpunkt des Wettbewerbs bereits mit Stauffenberg verheiratet war, weshalb ich diesen Namen benutze. Weitere Quelle: Wietstruck: Flugplatz Rangsdorf, S. 26.

55 Es gibt unterschiedliche Aussagen über ihre Filmrollen, während meiner Recherchen hatte ich u.a. Kontakt zum Bundesarchiv, zur Deutschen Kinemathek, zum Deutschen Technikmuseum Berlin, dem DFF und der Friedrich-Wilhelm-Murnau-Stiftung. Beate schreibt in ihrer Autobiografie, dass sie Hans Albers gedoubelt habe, dafür konnte ich aber keine Belege finden. Das gilt auch für ihre Aussage, sie sei ein Double für René Deltgen in *Wasser für Canitoga* gewesen.

56 Nur bei Gloth: Ich dachte, das sei mein Ende, S. 166, findet sich der Hinweis, dass Beate sich über diese Heirat mit den Eltern überworfen hatte und sie mit Hans allein die Hochzeit plante. Erst als Hans eingezogen wurde, versöhnten sich die Eltern wieder mit ihr.

57 Die Propagandamaschine Hitlers funktionierte einwandfrei: Er kontrollierte die Medien, schaltete sie gleich, indem er alle dieselben Lügen verbreiten ließ, und inszenierte selbst die Überfälle, die an der deutsch-polnischen Grenze auf Deutsche ausgeführt wurden. Weiterführende Links: Hitlers Rede vor der Reichsregierung am 01.09.1939: https://www.1000dokumente.de/index.html?c=dokument_de&dokument=0209_pol&object=translation&st=&l=de oder
über Hitlers Propaganda: https://encyclopedia.ushmm.org/content/de/article/nazi-propaganda
sowie über den Einfall in Polen: https://www.lpb-bw.de/beginn-zweiter-weltkrieg, alle zuletzt abgerufen am 30.11.2023.

58 Vom 04.10.1939 an wurde Rangsdorf für den zivilen Luftverkehr genutzt, bis Berlin-Tempelhof am 07.03.1940 das wieder übernahm.

59 Dank an Jan Kirschner, der mir den Hinweis bezüglich der Trauzeugen gab. Entnommen aus dem Heiratsregister Rangsdorf 35/1939. Beate schreibt fälschlicherweise in ihrer Autobiografie (Uhse: Ich will Freiheit), dass es ein Werksmeister und ein Monteur waren.

60 Gloth: Ich dachte, das sei mein Ende, S. 167. Hier hatte sie noch Zeit gehabt, sich ein Kleid anzuziehen.

61 In Uhse: Ich will Freiheit für die Liebe, und auch in Probst: Königinnen der Lüfte, steht 1942. Jan Kirschner gibt das Jahr 1941 an und auch bei Helmut Bukowski/Rolf Apel: Strausberg. Märkische Heimat für Flieger und Flugzeugbauer. Zur Geschichte der Strausberger Luftfahrt 1913–2001. Satz & LitoCenter Strausberg, Strausberg 2001, S. 38, steht, dass sie ab 1941 dort geflogen ist und insgesamt ca. siebenhundert Starts absolvierte.

62 Eventuell arbeitete sie hier schon als Überbringungsfliegerin, da gibt es unterschiedliche Aussagen in den Quellen.

63 Siegfried Wietstruk: 600 Jahre Rangsdorf. Herausgeber: Rat der Gemeinde Rangsdorf. Druckerei Burgstädt 1974.

64 Bücker hatte keine Jagdflugzeuge produzieren wollen, sondern wollte weiterhin Schulflugzeuge herstellen, aber er kam nicht um die Rüstungsaufträge drum herum. Siegfried Wietstruk: Carl Clemens Bücker. Vom Marineflieger zum Flugzeugkonstrukteur. Förderverein Bücker-Museum Rangsdorf e. V., Rangsdorf 2005.

65 Wietstruk: Flugplatz Rangsdorf, S. 51. Das waren die Zahlen für September 1941. Hier steht auch die Info über die Desinfektionsspritzen.

66 Ich vermute, dass es dieses Krankenhaus war. In ihrer Autobiografie steht Rietberg-Krankenhaus, das es bei Berlin aber nicht gab und mich auf Rittberg gebracht hat.

67 Margarete Räntsch war 1908 niedergelassene Ärztin in Quarnbek, dann bis ca. 1917 an der Kieler Kinderklinik tätig.

68 Gloth: Ich dachte, das sei mein Ende, S. 102.

69 Hermann Frischbier: Preußische Volksreime und Volksspiele. Enslin, Berlin 1867.

70 Hans ist in Rastatt geboren worden und hat als Kind durchaus badische Ausdrücke mitbekommen. Buarschd heißt Kind/Nachwuchs.

71 Udet hatte am 17.11.1941 Selbstmord begangen. Wietstruk: Flugplatz Rangsdorf, S. 33.

KAPITEL 9

72 Hans-Jürgen Uhse kam beim Start zu einem Einsatz ums Leben, als ein anderer Pilot, den er sogar selbst ausgebildet hatte, mit seinem Flugzeug in ihn hineinrollte. Laut Gloth: Ich dachte, das sei mein Ende, S. 169, hatte der Flugschüler ein gebrochenes Bein und Hans einen Schädelbasisbruch, der sofort tödlich war. Hans und Beate hatten die Angewohnheit, dass er jeden Tag bei ihr anrief

und erzählte, ob Einsätze geplant waren, aber dieser Flug fand mitten in der Nacht statt, und er rief sie nicht an.

73 Beate erlebte drei Notlandungen, was früher noch häufiger passierte, da die Motoren unzuverlässiger waren. Am 19.09.1944 hatte sie den schwersten Unfall mit einer Focke-Wolf Fw 190 auf dem Flugplatz Stendal. Sie musste mit ausgefallener Elektrik und ausgefahrenen Landeklappen landen, wobei die Maschine sich überschlug und auf dem Rücken zwanzig Meter durch ein Kartoffelfeld pflügte. Resultat: gebrochene Rippen, »stark blutende Gesichtsverletzungen und die übliche Gehirnerschütterung«, sonst war alles gut, so Beate.

74 In Uhse: *Freiheit für die Liebe* schreibt Beate, dass sich das Flugzeugreparaturwerk Friedrich aufgelöst und sie deshalb die Anstellung gewechselt habe, das stimmt aber nicht. Bis Februar 1945 wurden dort noch Flieger instand gesetzt. Beate wechselte schon 1943.

75 Bei Helmut Bukowski/Horst Kleest: Start und Ziel. Die Geschichte der Allgemeinen Luftfahrt und der Militärfliegerei in Strausberg von 1913 bis heute. Stadtwerke Strausberg, Strausberg 2012, S. 42, steht, dass Beate ab März 1944 als Flugzeugführerin im Überführungsgeschwader Berlin-Tempelhof arbeitete.

76 Wietstruk: Bücker, S. 49.

77 Sie ist am 07.04.1945 von Jüteborg nach Halle (Saar) eine Ju 87 geflogen, am 09.04.1945 von Delitzsch nach Helmstedt eine Bf 109. Am 19. April hatte sie in Staake eine Umschulung auf der Me 262. Am 22. April frühmorgens Flucht aus Gatow. Komischerweise waren die beiden erstgenannten Flüge im Flugbuch so eingetragen, dass zuerst der Flug vom 9. April und darunter der vom 7. April stand.

78 In Beate Uhse, Mit Lust und Liebe, S. 77 schreibt Beate, dass Ulrich für die Beerdigung von Hans für ein paar Stunden Fronturlaub bekommen hatte. Laut Aufzeichnungen vom Stadtarchiv Heilbronn war er nur bis 1943 an der Front. Die Frage ist offen, wo er bis 1945 war.

KAPITEL 10

79 Beate behauptet, dass sie als letzter Pilot vom Flugplatz Gatow aus geflüchtet sei. Beate Uhse, Mit Lust und Liebe. Mein Leben, S. 83. Aber Hanna Reitsch, deutsche Testfliegerin, soll am 26. April von dort aus mit dem Fieseler *Storch* den Generaloberst von Gleim zu Hitler geflogen haben. Hans von Przychowski/Rainer W. During: *Die Berliner Flughäfen*. GeraMond, München 2011, S. 77, oder Albert Speer: *Inside the Third Reich*. Simon & Schuster. New York 1997, S. 638.

80 Bei Beate Uhse: Freiheit für die Liebe schreibt Beate, dass sie an diesem Tag von einem Überführungsflug gekommen sei, aber in ihrem Flugbuch ist keiner eingetragen.

81 In Uhse: Freiheit für die Liebe steht auf S. 97, dass sie um 6:30 Uhr landeten, aber im Flugbuch steht 6:50 Uhr. Hier steht auch, dass sie vier Tage in Barth blieben, aber laut Flugbuch ging es erst am 30. April wieder weiter.

82 In Gloth: Ich dachte, das sei mein Ende, S. 181, wird der Anflug auf Lübeck nicht erwähnt (steht aber im Flugbuch), doch beschreibt Beate diese letzten Flüge so, dass sie unter Baumhöhe flogen, um unerkannt zu bleiben vor den feindlichen Fliegern, aber gleichzeitig Angst vor der deutschen Flak hatten und – um als Deutsche erkannt zu werden – Erkennungsmunition aus den Fenstern schossen. Hans rechts, Beate links.

83 In anderen Quellen wird Lübeck-Blankensee als Flughafen genannt, doch steht im Flugbuch von Beate Uhse Travemünde, und bis zum Ende des Zweiten Weltkriegs gab es tatsächlich dort einen auf dem Priwall, der auch »Luftkreuz des Nordens« hieß.

84 In Uhse: Freiheit für die Liebe steht, dass sie vor dem Flug nach Leck wussten, dass sich Dönitz mit seiner Reichsregierung dorthin abgesetzt hatte. Was aber nicht sein kann, da Hitlers Tod erst am nächsten Tag, am 1. Mai durch das Radio verkündet wurde.

85 http://www.ww2.dk/Airfields%20-%20Germany%20%5B1937%20Borders%5D.pdf, zuletzt abgerufen am 30.11.2023

86 Die Beschreibung verdanke ich einem Zeitzeugen, dem Geschichtsverein Leck und https://www.leck.de/rww/der-flugplatz-leck/, zuletzt abgerufen am 30.11.2023.

87 Hitler hatte zusammen mit Eva Braun Selbstmord begangen, was im Radio bewusst verfälscht wiedergegeben wurde.

KAPITEL 11

88 Holger Piening: Als die Waffen schwiegen. Das Kriegsende zwischen Nord- und Ostsee 1945/46. Westholsteinische Verlagsanstalt Boyens & Co., Heide 1996, S. 39.

89 Name von mir erfunden.

90 Heute weiß man, dass ein Erwachsener an einem Tag kompletter Ruhe siebzehnhundert Kalorien verbraucht. Piening: Als die Waffen schwiegen, S. 59.

91 Gloth: Ich dachte, das sei mein Ende, S. 182: Hier war es ein Unteroffizier, der seine Frau nebst Kind unter den Flüchtlingen suchte. Meine Schilderung basiert auf: Uhse: Ich will Freiheit für die Liebe.

92 Diese Informationen habe ich aus Gloth: Ich dachte, das sei mein Ende. Bei Uhse: Freiheit für die Liebe steht, dass sie angerissen war.

93 http://www.ww2.dk/Airfields%20-%20Germany%20%5B1937%20Borders%5D.pdf, zuletzt abgerufen am 30.11.2023

KAPITEL 12

94 Im Meldebuch steht, dass Hanna und Klaus am 19.04.1945 ankamen, während Beate ab dem 25. Mai in Braderup gelistet wird.

95 Es findet sich der Hinweis, dass Beate die Unterkunft mit einer

Lehrerin teilen musste, ich habe aber keinerlei Daten über diese finden können, somit ist alles über die Lehrerin, mit der sie sich den Raum teilen musste, frei erfunden.

96 Ab September wurden innerhalb des britischen Sektors private Telefongespräche zugelassen, und ab Oktober wurde der zivile Postverkehr über die britische Zonengrenze hinaus gestattet. Infos aus: Piening: Als die Waffen schwiegen, S. 131.

97 Das steht so ohne weitere Details in Beate Uhse, Mit Lust und Liebe. Mein Leben, S. 22.

98 Beate Uhse, Mit Lust und Liebe. Mein Leben, S. 41
Auch in den Büchern über Hjalmar Schacht konnte ich keinerlei Erwähnung von Beate finden. Die Info, dass Hjalmar Beates Patenonkel war, findet sich aber u. a. in ihrer Autobiografie. Nach dem Attentat von Stauffenberg (er startete übrigens vom Flughafen Rangsdorf aus und landete dort auch wieder) auf Hitler 1944 wurde Schacht von der SS festgenommen, da der Verdacht bestand, dass er mit den Attentätern Kontakt gehabt hatte. 1948 wurde ihm im Zuge der Entnazifizierung der Prozess gemacht, und er wurde freigesprochen. Er arbeitete später als Finanzberater für andere Länder und gründete eine Außenhandelsbank.

99 Laut Stadtarchiv Heilbronn war er nur bis 1942 Soldat. Ab 1949 kam er nach Stuttgart, wo er Regierungsrat beim Württembergischen Oberversicherungsamt wurde. Was er bis dahin gemacht oder wo er gewohnt hat, weiß ich nicht. 1954 wurde er Richter in Heilbronn beim Sozialgericht und führte den Vorsitz u. a. in Kammern für Kriegsopferversorgung. Sein Sohn Walter ist auch bereits verstorben und hat keine Nachkommen. Eine Recherche zur familiären Seite von Ulrichs Frau Martha Borrmann lief leider ins Leere. Er starb am 24.03.1984.

100 Beate hatte von dem ehemaligen Flugzeughersteller Messerschmitt das Angebot bekommen, für ihre geplanten Kabinenroller Vorführfahrer zu werden. Allerdings hätte das noch etwas gedauert. Beate Uhse, Mit Lust und Liebe. Mein Leben, S. 92.

KAPITEL 13

101 Infos dazu in Uhse: Ich will Freiheit für die Liebe, S. 106, und Gloth: Ich dachte, das sei mein Ende, wobei sich einzelne Details unterscheiden.

102 Über die Vergewaltigung hat Beate offen in ihrer Autobiografie geschrieben. Dass sie schwanger wurde und abgetrieben hatte, erzählte mir zum ersten Mal ihre ehemalige Haushälterin. Eine Bestätigung davon fand ich in Gloth: Ich dachte, das sei mein Ende, S. 185 ff.

KAPITEL 14

103 Die Biografien der Lehrer und des Flüchtlings habe ich von Stephan Schirmer aus seiner noch unveröffentlichten Chronik.

104 Stephan Schirmer hat u. a. ein Schreiben des Bürgermeisters Detleffsen vom 10.04.1947 vorliegen, das einige der Fehlverhalten Bahrs auflistet.

105 Beate Uhse, Mit Lust und Liebe. Mein Leben, S. 94

106 In der Nachkriegszeit zogen viele Männer zu Witwen und lebten in eheähnlichen Gemeinschaften, ohne zu heiraten. Ein Grund war, dass man Angst hatte, auf die Witwenrente verzichten zu müssen. Silke Kral: Brennpunkt Familie 1945 bis 1965. Jonas Verlag. Marburg 2004.

KAPITEL 15

107 https://gerhildkomander.de/news/328-berliner-geschichte-das-erste-berliner-telefonbuch-1881.html, zuletzt abgerufen am 30.11.2023.

108 Info, dass der Film 1947 in allen Zonen gezeigt wurde: Alfred Bauer: Deutscher Spielfilm Almanach Band 1:1929–1950. Filmladen Christoph Winterberg, München 1976, S. 686.

109 Weiterführender Artikel über Hans Albers und seine Rolle unter den Nazis: https://www.spiegel.de/geschichte/hans-albers-und-seine-juedische-partnerin-hansi-burg-die-liebe-des-luegenbarons-a-8db8b3cc-3104–427c-8090–9283f8aceb40, zuletzt abgerufen am 30.11.2023.

110 Dagmar Herzog: Die Politisierung der Lust. Sexualität in der deutschen Geschichte des 20. Jahrhunderts. Psychosozialverlag, Gießen 2021.

111 Schilderung von Beate Uhse in: Udo Pini: Leibeskult und Liebeskitsch. Erotik im Dritten Reich. Klinkhardt & Biermann, München 1992, S. 326.

112 Ich habe das Ereignis ein paar Monate vorverlegt, um es hier einbauen zu können. Hintergründe: https://www.historisches-lexikon-bayerns.de/Lexikon/Abraxas-Skandal, zuletzt abgerufen am 30.11.2023.

113 Aus: Ludwig von Friedeburg: Die Umfrage in der Intimsphäre. In: Beiträge zur Sexualforschung. Herausgegeben von H. Bürger-Prinz und H. Giese. 4. Heft. Ferdinand Enke Verlag, Stuttgart 1953.
Die Allensbach-Studie erschien vom November 1949 bis Februar 1950 im *Wochenblatt*, ich habe es hier vorgezogen.

114 Der erste sogenannte Kinsey-Report erschien am 5. Januar 1948: *Sexual Behaviour in the Human Male*. Zwölftausend Männer wurden dafür interviewt. Inhaltlich stellte die Methodik ein Novum dar und untersuchte u. a. den sozialen Stand und Alter und nahm die Häufigkeit des Orgasmus als Maßeinheit. Er trennte somit den Sex vom Ziel der Fortpflanzung auf eine Weise, dass man darüber in der Gesellschaft reden konnte. Auch über Themen wie Triebbe-

friedigung, Masturbation und homosexuelle Begegnungen, was für Aufruhr sorgte.

115 Herzog: Die Politisierung der Lust, S. 87. Die Ausgabe kam im Jahr 1948 heraus.

116 Sybille Steinbacher: Wie der Sex nach Deutschland kam. Der Kampf um Sittlichkeit und Anstand in der frühen Bundesrepublik. Siedler Verlag, München 2011, S. 98. Der Artikel erschien allerdings im August 1948.

117 Infos aus: Arno Bammé: Elfriede Rotermund. Die Halligdichterin. Profil Verlag, München 1995, S. 51 ff.

KAPITEL 16

118 Von dem Votivschiff habe ich von der Leiterin des Schifffahrtsmuseums Flensburg, Frau Grigull, erfahren. Infos über das Euken in Arno Bammé: Elfriede Rotermund: Wunder der Weihnacht. Weihnachtserzählungen. Husum Druck- und Verlagsgesellschaft, Husum 2009, S. 155.

119 In Uhse: Liebe für die Freiheit spricht Beate vom Jahr 1950, aber in den Akten steht als Datum der 28.01.1949. Aus: Steinbacher: Wie der Sex, S. 456.

120 Horst hatte Beate tatsächlich angeboten, sie zu heiraten. In Uhse: Ich will Freiheit, S. 119.

121 Die Informationen über den Beginn der Firma unterscheiden sich sehr stark. In der sogenannten Beate-Uhse-Story verdichtete man Beates Biografie zu einem stimmigen Bild, das aber nur einen Teil der Wahrheit abbildete und das erste Personenmarketing Deutschlands darstellte. In Uhse: Ich will Freiheit für die Liebe, S. 116, steht, dass sie bei verschiedenen Herstellern Kondome bestellte, des Weiteren das Buch *Die vollkommene Ehe*, ein Anregungsmittel und zwei Eheberatungsbücher im Angebot hatte. Steinbacher: Wie der Sex, S. 243, erwähnt, dass Beate die Kataloge der Firma Gisela

von Walter Schäfer mitverschickte, bis sie selbst ähnliche Prospekte drucken ließ und bald darauf zur größten Konkurrenz heranwuchs. Vielleicht ist das ein Grund, dass die Firma Gisela in Beates Autobiografie nur kurz erwähnt wird. Nicht alle dargestellten Fakten und Abläufe sind ganz stimmig, was der lange Zeitspanne zwischen dem Geschehen und der Niederschrift geschuldet sein mag. Zum Beispiel fand der Journalist Jan Kirschner heraus, dass Beate bereits im September 1948 einen Raum angemietet hatte, was im Widerspruch zu ihrer Aussage steht, dass sie die Firma bis 1949 ausschließlich im Pastorat abgewickelt habe. Zu Walter Schäfer: Katrin Rönicke: Beate Uhse. Ein Leben gegen Tabus. Residenz Verlag, Wien 2019, S. 47, sowie bei Elizabeth Heinemann: Before Porn was legal. The erotica Empire of Beate Uhse. Universitiy of Chicago Press. Chicago and London 2011.

122 Das Buch wurde in Deutschland viel gelesen. Als es im Dritten Reich verboten wurde, schmuggelten es einige aus dem Ausland ein, und es fand weiterhin Verbreitung. Aus: Pini. Leibeskult und Liebeskitsch, S. 282.

123 Es hat mich verwundert, dass Beate in ihren Autobiografien Elfriede tatsächlich nur auf wenige Nennungen ihres Namens reduzierte. Im Gespräch mit Nachkommen von Elfriede habe ich überlegt, wie das Verhältnis damals wohl gewesen sein könnte.

124 Heinemann: Before Porn, S. 64.

125 Die Info kommt von Jan Kirschner. Mindestens ein amtlicher Brief wurde an diese Adresse geschickt. Die Informationen rund um Beates Lagerräume und darüber, wann welche Broschüren oder Prospekte verschickt worden sind, sind in den mir vorliegenden Büchern und amtlichen Unterlagen allerdings oft widersprüchlich.

126 Heinemann: Before Porn, S. 66.

127 Bei Uhse: Freiheit für die Liebe, S. 121, steht, dass Ewe für zwei Wochen im Gefängnis in Lörrach saß, da er illegal eingereist war. Die Familie von Ewe legte Geld zusammen, damit Beate ihn besuchen konnte.

128 Februar 1951 wurde das in »Versandhaus Beate Uhse« umbenannt. Die ersten Versuche, ihr Gewerbe offiziell anzumelden, sind bis Oktober 1948 zurückzuverfolgen, gelungen ist es ihr im September 1949.

129 Es findet sich die Aussage von Beate, dass die Schrift wegen mangelnder Nachfrage eingestellt wurde. Es muss somit zwischen 1949 und 1952 gewesen sein.

KAPITEL 17

130 Wie Beate auf die Idee mit dem Siegel kam, ist mir nicht bekannt. Uhse: Ich will Freiheit, S. 130.

131 Diese Figur habe ich frei erfunden, und die Namen der anderen Angestellten geändert, solange ich es nicht in den Fußnoten anders angegeben habe.

132 Steinbacher: Wie der Sex, S. 93.

133 Beate Uhse hatte in ihrem Leben auch viel Glück. Schleswig-Holstein lehnte im Bundesrat das damals heiß diskutierte Schund- und Schmutzgesetz ab und stellte somit etliche Verfahren gegen Beate Uhse ein, erst 1953 endete eins mit einer Strafe für Beate, und das sollte auch das einzige bleiben.

134 Der Artikel erschien am 15.03.1951 in der *Quick*. Christoph Frilling: Elly Beinhorn und Bernd Rosemeyer: Kleiner Grenzverkehr zwischen Resistenz und Kumpanei im Nationalsozialismus. Peter Lang, Frankfurt am Main 2009, S. 299.

KAPITEL 18

135 Es gibt zwei verschiedene Daten zur Erscheinung des ersten Katalogs: 1951 und 1952. Da Beate wahrscheinlich zu Jahresbeginn einen neuen Katalog verschicken wollte und es laut den behördlichen Aufzeichnungen Ende Januar zur Beschlagnahmung vonseiten der Polizei kam, beziehe ich mich auf das letzte Datum. Im Katalog selbst steht leider kein Datum.

136 Originalzitat aus dem Katalog, S. 5.

137 Uhse: Ich will Freiheit, S. 129. Der erste Anwalt war Dr. Kickstat, der auf Verkehrsdelikte spezialisiert war, aber trotzdem einen guten Job machte (Rönicke: Beate Uhse, S. 58). Als die Geschichte mit den beschlagnahmten Kundenadressen passierte, stellte sie an seiner Stelle einen Fachmann für Strafverteidigung an, Dr. Kuntze. Zum Zeitpunkt des Mandats von Dr. Kuntze gibt es Angaben von 1952 bis 1953.

138 Das war 1951. Beate ließ eine Routine einführen, um zu überprüfen, ob die Kunden verheiratet waren. Beate Uhse: Sex sells. Die Erfolgsstory von Europas größtem Erotik-Konzern. Droemersche Verlagsanstalt, München 2002, S. 28.

139 Bis 1957 durfte die Frau einen Job nur mit Erlaubnis des Mannes antreten, und auch nur dann, wenn es mit ihren Pflichten in Ehe und Familie vereinbar war.

140 Steinbacher: Wie der Sex, S. 256.

141 Wann Beate genau wen einstellte, ist nicht überliefert. Die nächste Information gibt es zum Jahr 1953, da hatte sie sechzehn Mitarbeiter und fünfzigtausend Kunden.

142 Rönicke: Beate Uhse, S. 53.

143 https://www.merkur.de/lokales/wolfratshausen/muensing-ort29101/muensing-die-goldenen-jahre-der-ambacher-wiedemann-klinik-91216763.html, zuletzt abgerufen am 30.11.2023. Die Klinik musste 2004 schließen und verfällt seitdem.

144 Thomas Steensen: Nordfriesland. Menschen von A–Z. Husum Druck- und Verlagsgesellschaft, Husum 2020, S. 225.

145 Görtz/Sarkowicz: Heinz Rühmann, S. 267.

KAPITEL 19

146 Es gibt verschiedene Aussagen über die Länge, von ein paar Monaten bis zu einem Jahr bei Uhse: Ich will Freiheit, S. 154. Warum sie nicht weitermachte, ist unklar.

147 Magdalena Köster: Brillante Bilanzen. Fünf Unternehmerinnen und ihre Lebensgeschichte. Belz & Gelberg, Weinheim 2005, S. 238.

148 Beate wurde zweiundachtzigmal wegen Beleidigung vorgeladen, jedoch wurden alle Verfahren eingestellt.

149 Uhse: Sex sells, S. 49. Bei Jan Kirschner steht, dass bereits 1952 dieses Foto geschossen und abgebildet wurde, aber es ist in dem Katalog *Stimmt in unserer Ehe alles?* nicht abgedruckt.

150 *Flensburger Heimatlied* der Lehrerin Ida Marquardsen (1868–1941). https://www.wikidata.de-de.nina.az/Flensburg.html. Zuletzt abgerufen am 30.11.2023

151 Ewe hatte das Reformhaus Sonne von 1956 bis 1960.

152 Herzog: Die Politisierung der Lust, S. 147. Es sollte noch bis 1977 dauern, bis das Scheidungsrecht gesetzlich verändert werden sollte. 1961 verschärfte es sich sogar wieder zuungunsten der Frau.

153 In: Uhse: Sex sells, S. 219, steht, dass sie 1961 das erste Mal zur Marketingfortbildung in die USA gereist ist. Jan Kirschner schreibt, dass sie eine von zweitausend Teilnehmern bei der Direct Marketing Association of America in New York gewesen ist.

KAPITEL 20

154 Bärbel arbeitete bei der Firma Dyckerhoff Zement als Fremdsprachenkorrespondentin, die sie als Achtzehnjährige nach Südafrika schickten. Dort lernte sie den Aufseher einer Diamantenmine, Cecil Bergley, kennen und heiratete ihn. Laut Uhse: Ich will Freiheit, S. 205, kam Bärbel jedes Jahr zum Familienbesuch nach Deutschland.

155 Laut Uhse: Ich will Freiheit, S. 162, war es Staatsanwalt Carlson. Nach Beate fand dieses Ereignis 1957 statt, aber laut polizeilichen Unterlagen war das im April 1959.

156 Hannes Baiko wurde 1961 von Beate Uhse eingestellt, der die PR-Abteilung leitete. Infos aus u.a. Rönicke: Beate Uhse, S. 61ff

157 Das war 1957. Steinbacher: Wie der Sex, S. 212.

158 Weitere Firmen bei Steinbacher: Wie der Sex, S. 268: die Firma Interoptik mit Aktaufnahmen und Schmalfilmen, die Firma Dr. med. Lappe mit der Herstellung von Kurmitteln und Heilgeräten, die Firma H.& G. Honemann für pharmazeutische und kosmetische Präparate, die Fravex-Verlagsgesellschaft und das Buchkabinett Bibliotheca Erotica mit seiner Reihe über Erotik.

159 https://www.cicero.de/kultur/potenzprotzerei-unterm-ladentisch/47613, zuletzt abgerufen am 30.11.2023. Die Ausgabe wird 1963 auch gleich beschlagnahmt.

160 Steinbacher: Wie der Sex, S. 269.

161 Herr Schäfer fing erst ungefähr 1970 an, bei Beate zu arbeiten, ich wollte ihn aber Einzug ins Buch halten lassen. Ich habe ihn persönlich getroffen und interviewt.

162 Mit Frau Gießke verband Beate Uhse eine lange Freundschaft. Nachdem Frau Gießke in Ruhestand gegangen war, besuchte Beate sie fast wöchentlich auf einen Kaffee. Die Nachfolgerin hieß Frau Lay.

163 Heute hat das eine andere Hausnummer. Der Rüdersee heißt heute Mühlenteich.

164 So richtig viel Information habe ich dazu nicht zusammenbekom-

men. Es scheint eine alte Baracke gewesen zu sein aus Kriegszeiten. Später stand ein kleines Häuschen dort, das man in dem von ihr veröffentlichten Buch *Die Söhne der Sonne* in Ansätzen sehen kann. Später kamen ein Tennisplatz, eine Sauna und ein kleines Häuschen dazu. Aus Platzgründen kauften sie später das Haus auf der anderen Straßenseite hinzu.

165 Ich habe erzählt bekommen, dass Beate bei den Landwirten aushalf, wenn Not am Mann war, ob sie auf die Kühe aufpasste oder andere Arbeiten übernahm.

166 Ab wann Beate wieder ihre Pilotenlizenz hatte, ist mir nicht bekannt. Ich habe die Information bekommen, dass sie im Mai 1970 Mitglied beim Flensburger Flughafen wurde.

167 Zitat nach Rudolf Steiner.

168 Aus: Steinbacher: Wie der Sex, S. 485.

KAPITEL 21

169 Rönicke: Beate Uhse, S. 86.

170 Steinbacher: Wie der Sex, S. 335.

171 In der Stadt hatte die Firma folgende Adressen: Wilhelmstraße 1a (Produktion und Verkauf), dahinter befand sich der Margarethenhof (Lager, Labor, Nähstube), Gutenbergstraße 12, Auf dem Sandberg (Verwaltung), Neumarkt 8 (Druckerei).

172 Uhse: Sex sells, S. 35 ff. Und Uhse: Freiheit für die Liebe, S. 210 ff.

173 Uhse: Sex sells, S. 35. Das Urteil fiel am 14.03.1972.

KAPITEL 22

174 So sprach man in der damaligen Zeit, was von Ewe durchaus abwertend gemeint war. Übrigens gibt es verschiedene Versionen, wann Ewe von der Existenz von John erfahren haben soll und wann er mit Beate den Versöhnungsversuch probte.

175 Bei Rönicke: Beate Uhse, S. 117, steht, dass er zwar drei Wochen bei ihr war, aber insgesamt ein halbes Jahr Auszeit genommen hat.

176 https://www.deutsche-digitale-bibliothek.de/newspaper/item/MXCRW7KABDYN5UOKLFLX4YTVQJ6JNMU2?query=Beate+Uhse&hit=3&issuepage=1, zuletzt abgerufen am 30.11.2023. Von mir gekürzt wiedergegeben.

177 Diese Summe wird bei Uhse: Ich will Freiheit, S. 223, genannt.

CHARLOTTE VON FEYERABEND

SELMA LAGERLÖF –
SIE LEBTE DIE FREIHEIT UND ERFANG NILS HOLGERSSON

ROMAN

Eine glückliche Kindheit ist das, was Selma Lagerlöf mit im Gepäck hat, als sie in Stockholm eine Ausbildung zur Lehrerin macht: der einzige Weg für unverheiratete Frauen, finanziell unabhängig zu sein. Heiraten wollte sie nie, dafür aber Schriftstellerin werden! Doch der Weg dorthin ist lang und schwer. Selmas Zuhause, das Bauerngut Mårbacka, muss wegen Schulden verkauft werden, doch verliert sie nie das Wichtigste: den Glauben an sich selbst. Sie fliegt höher als die Frauen vor ihr, bricht mit ihren Erzählungen Konventionen, stößt gegen gesellschaftliche Grenzen. Als erste Frau bekommt sie den Literaturnobelpreis verliehen und entfacht mit Nils Holgersson in der ganzen Welt die Sehnsucht nach Schweden. Sie liebt das Reisen und führt eine Dreiecksbeziehung mit Höhen und Tiefen. Selma Lagerlöf schreibt nicht nur direkt aus der Seele Schwedens, sie ist selbst ein Orkan.

»Lebendige Darstellung der privaten Seiten einer außergewöhnlichen Frau. Klug platzierte Originalbriefe holen die gefühlvolle Geschichte immer wieder auf den Boden historischer Tatsachen zurück.« *Buchkultur*

Die Geschichte einer Frau, die ein Imperium gründete – und vielen Kindern Freude brachte

CHARLOTTE VON FEYERABEND

CAROLINE MÄRKLIN – SIE BRACHTE KINDERAUGEN ZUM LEUCHTEN, DOCH KÄMPFTE UM IHR EIGENES GLÜCK

ROMAN

Sie habe Glück gehabt, überhaupt noch einen Mann abzubekommen, sagen die Leute, als Caroline Hettich 1859 im Alter von 33 Jahren den Flaschner Wilhelm Märklin heiratet. In Wahrheit wird sich diese Ehe als sein Glück erweisen: Caroline ist ein charmantes Energiebündel, das mit neuen Spielzeugideen frischen Wind in seine Blechwarenverkäufe bringt. Das 19. Jahrhundert pulsiert von neuen Ansätzen im Denken und Handeln. Eisenbahnen setzen die Welt unter Dampf, und Caroline bietet als eine der ersten weiblichen Handelsreisenden der Männerwelt die Stirn. Doch eine unglückliche Liebe überschattet ihr Schicksal.

»Caroline Märklin – Sie brachte Kinderaugen zum Leuchten, doch kämpfte um ihr eigenes Glück« ist die ebenso anrührende wie abenteuerliche historische Roman-Biografie über die Frau, deren Mut, Charme und Abenteuerlust den Aufstieg der Firma Märklin erst möglich machte.

DROEMER